馬王堆帛書研究

癸巳年冬 文俊題

陳松長

原湖南省博物館副館長、湖南大學嶽麓書院副院長,現任湖南大學岳麓書院教授、博導、岳麓學者、享受國務院特殊津貼專家、西泠印社社員、湖南大學簡帛文獻研究中心和湖南大學中國簡帛書法藝術研究中心主任、香港大學饒宗頤學術館兼職教授;兼任中國秦漢史學會常務理事、中國古文字學會理事;《簡帛研究》《簡帛》《簡牘學研究》《出土文獻》學術雜誌編委。已撰寫或主編《馬王堆帛書藝術》《香港中文大學文物館藏簡牘》《馬王堆簡帛文字編》《湖南古代璽印》《中國簡帛書法藝術編年與研究》《岳麓書院藏秦簡(壹—陸)》等學術著作 20 餘種,在各類學術刊物上發表學術論文 130 餘篇。

陳松長——著

馬王堆帛書研究

商務印書館
The Commercial Press

圖書在版編目（CIP）數據

馬王堆帛書研究 / 陳松長著. —北京：商務印書館，2021（2024.4 重印）
ISBN 978-7-100-19634-5

Ⅰ.①馬… Ⅱ.①陳… Ⅲ.①帛書—研究—中國—西漢 Ⅳ.① K877.94

中國版本圖書館 CIP 數據核字（2021）第 037975 號

權利保留，侵權必究。

馬王堆帛書研究
陳松長　著

商　務　印　書　館　出　版
（北京王府井大街36號　郵政編碼100710）
商　務　印　書　館　發　行
北京中科印刷有限公司印刷
ISBN 978 - 7 - 100 - 19634 - 5

2021 年 5 月第 1 版　　　開本 710×1000　1/16
2024 年 4 月北京第 3 次印刷　印張 27½　插頁 5
定價：198.00 元

目　録

前言 …………………………………………………………… 3

第一章　馬王堆帛書形制研究 ………………………………… 1
　一、帛書的形制特徵探論 …………………………………… 1
　二、帛書中的空白片及相關問題 …………………………… 24

第二章　馬王堆帛書性質與分類 ……………………………… 37
　一、馬王堆帛書的道家傾向 ………………………………… 37
　二、馬王堆帛書的分類理據與細目 ………………………… 44

第三章　馬王堆帛書《易傳》整理與研究 …………………… 50
　一、帛書《繫辭》初探 ……………………………………… 50
　二、帛書《繫辭》校勘劄記 ………………………………… 59
　三、帛書《二三子問》初論 ………………………………… 64

第四章　馬王堆帛書《刑德》研究 …………………………… 74
　一、帛書《刑德》略說 ……………………………………… 74
　二、帛書《刑德》丙篇試說 ………………………………… 87
　三、帛書《黃帝書》中的刑、德概念 ……………………… 93
　四、馬王堆帛書《刑德》甲、乙篇的比較研究 …………… 98

五、試論帛書《刑德》甲、乙篇的撰抄年代 ………………………… 112

　　六、帛書《刑德》的分野說小考 ………………………………………… 120

　　七、帛書《刑德》與《天文氣象雜占》………………………………… 126

　　八、帛書《刑德》乙篇釋文訂補 ………………………………………… 134

　　九、帛書《刑德》甲篇箋注 ……………………………………………… 151

第五章　馬王堆帛書《陰陽五行》研究 ……………………………………… 194

　　一、帛書《陰陽五行》與秦簡《日書》………………………………… 194

　　二、帛書《陰陽五行》甲篇的文字識讀與相關問題 ………………… 203

　　三、帛書《式法》初論 …………………………………………………… 212

　　四、帛書《出行占》中的幾個時稱概念略考 ………………………… 223

第六章　馬王堆帛圖研究 ……………………………………………………… 232

　　一、馬王堆漢墓帛畫"神祇圖"辨正 …………………………………… 232

　　二、馬王堆漢墓帛畫"太一將行"圖淺論 ……………………………… 240

　　三、帛書《天文氣象雜占》研究三題 ………………………………… 252

　　四、帛書《天文氣象雜占》釋文訂補 ………………………………… 265

　　五、帛書《"物則有形"圖》初探 ……………………………………… 282

　　六、帛書"九主圖殘片"略考 …………………………………………… 292

　　七、馬王堆帛書《陰陽宅位宅形吉凶圖》小考 ……………………… 304

第七章　馬王堆帛書書法藝術研究 …………………………………………… 313

　　一、帛書藝術簡論 ………………………………………………………… 313

　　二、帛書書體形態簡析 …………………………………………………… 326

　　三、帛書《陰陽五行》甲篇書法藝術特徵淺析 ……………………… 339

附錄　馬王堆帛書研究論著目錄 ……………………………………………… 346

前　言

　　帛書或稱之為繒書、素書，是中國古代書籍的一種特殊形式。它常與簡牘並列稱為竹帛。《墨子·明鬼篇》："古者聖王，必以鬼神為其務，又恐後世子孫不能知也，故書之竹帛，傳遺後世子孫。"在這段有名的文字中，竹帛並不是一種古代書籍的名稱，而是一種記錄文字的載體。竹乃竹簡、簡牘之省稱。帛乃縑帛，即古代絲織品的總稱。所謂"書之竹帛"，也就是用文字在簡牘和縑帛上記錄下來的意思。

　　"竹帛"作為文字載體的出現時代究竟如何一直沒有結論，但學界所公認的是，商代已肯定有簡牘的使用。《尚書·多士》："維殷先人，有冊有典。"《說文·冊部》："冊，符命也，諸侯進受于王也，象其札一長一短，中有二編之形。"清徐灝《說文解字注箋》："凡簡書皆謂之冊。"許慎的解釋，得到了清代大量出土的甲骨金文的反覆驗證。我們現在從"冊"字的甲骨文字構型就可看出，其字就像若干竹木簡以兩道編繩編組在一起的形狀，而"典"字的上部就是"冊"，其字形也就是將冊放在書案上的形狀。這樣的文字構型足以說明，商代確實已有簡冊，它是與甲骨、金石並行使用的一種文字載體。

　　既然簡冊的使用最遲也是商代，那縑帛的使用時代又如何呢？

　　錢存訓先生曾指出："由古籍中的記載，我們可知縑帛之用於書寫，當在戰國之前。《論語·衛靈公》有'子張書諸紳'之語。《周禮》卷三十說：'凡有功者，銘書于王之大常。'雖紳與大常原不是作為普通書寫之用，但由上列記載，可知孔子時代（西元前551—前479年）已有文字記載於縑帛所制的物品之上。"[①]

[①] 錢存訓：《印刷發明前的中國書和文字記載》，北京印刷工業出版社，1988年。

《晏子》外篇卷七記載："景公謂晏子曰：'昔吾先祖桓公予管仲狐與穀，其縣十七，著之于帛，申之以策，通之諸侯，以為其子孫賞邑。'"這裡所說的"著之于帛，申之以策"也是很明確的說明，早在齊桓公與管仲活動的時代，也就是春秋早期，即公元前7世紀左右就是用"帛"和"策"作為文字載體在使用。因此，王國維曾指出："帛書之古見於載籍者，亦不甚後於簡牘。……以帛寫書，至遲亦當在周季。"[①]應該說，王國維的推斷是很有理據的。

帛書作為一種書信文獻的名稱，大致出現在秦漢時期。《漢書·蘇武傳》記載，匈奴拘扣蘇武后，向漢使詭稱蘇武已死，漢使則以"天子射上林中，得雁，足有帛書"加以斥責。匈奴信以為真，只好釋放蘇武。這裡所說的"足有帛書"的本義應該是其足上附有用縑帛所寫的書信，但帛書二字的連綴使用，足已說明帛書作為一種特殊的文獻名稱早在漢代就普遍使用了。

但遺憾的是，作為具有書籍意義的帛書實物則久已佚失，一直到20世紀中葉才重見於世。

迄今為止，經考古發現出土的帛書原物主要有三批。

其一是英國人斯坦因於1908年在甘肅敦煌漢代遺址中發現的兩件書信類帛書和一片未經染色的素帛。這塊素帛的一面印有墨色印章，一面載有1行28字："任城國亢父，縑一匹，幅廣二尺二寸，長四丈，重廿四兩，直錢六百一十八。"這雖然不是書信，但其所記載的縑帛尺寸，卻與古籍中所載的標準尺寸相符。因此，這也是斯坦因所發現的縑帛材料中最值得關注的一件。除了斯坦因的發現外，甘肅省文物考古研究所曾於1990年至1992年在敦煌懸泉置漢代遺址發現了十件書信類帛書。

其二是蔡季襄先生于1942年在長沙獲得的著名的楚帛書。這件帛書最初稱之為"晚周繒書"，是一件以式圖的形式繪製圖像和抄寫文獻並與月忌曆法有關的術數類文獻。與其一起出土的還有一個很小的竹笥和另一件帛書的很多殘片，實物現都藏於華盛頓賽克勒博物館。

---

① 王國維："簡牘檢署考"，《王國維遺書》第六冊，上海書店，1983年。

其三是湖南省博物館經科學考古發掘，於1973年在長沙馬王堆三號漢墓中發現的大批西漢帛書。這批帛書不僅數量眾多，多達10多萬字，50餘種文獻，而且在形制上第一次向世人形象地展示了古代文獻類帛書的原始面目。

這三批帛書，除敦煌那十二件書信體帛書和一塊素帛外，另兩批比較典型的具有書籍意義的帛書都出在長沙。

儘管重見於世的帛書數量非常稀少，但值得注意的是，就是這有限的帛書發現，已演繹出了綿綿不斷的帛書研究的種種精彩華章，湧現出不少以研究帛書名家的學者。時至今日，有關帛書的研究已成為一種專門的學問，它在出土文獻的研究中成為不可小覷的一個重要方面，其研究的學者和論著之眾多，也是其它學科研究所罕見的現象。

馬王堆漢墓帛書是現在所知出土帛書中數量最多的一種，本人曾在湖南省博物館工作了18年之久，這18年中的大部分時間都在從事馬王堆帛書的整理和研究，但由於能力與水平有限，研究的成果不多。這次承商務印書館的抬愛，命以馬王堆帛書研究為專題，將我這些年來所發表的文章彙集在一起，以專書的形式呈現給讀者。我想，這既是我有關馬王堆帛書研究的一個小結，也是方便學界同仁查找我那些散碎文章的一種不錯的方式。因此，我不揣淺陋，將我所寫的有關馬王堆帛書的研究論文分專題組合起來呈現給大家。現在看來，其中有些研究還很膚淺，但我想這就是當時的水平，這無需加以粉飾或修訂。因此，在文章的彙集中，除了一些文字的訂正和相關內容的調整外，大都一仍其舊，謹候大家的批評指正。

此外，為便於學界同仁查閱和檢索有關馬王堆帛書研究的論著資料，特請嶽麓書院在讀博士生延瑞芳、賀璐璐同學根據我原來編寫的"馬王堆帛書研究論著目錄"體例重新收集並增補了截至2018年9月底的馬王堆帛書研究成果和相關的碩士與博士學位論文。同時，2011年，我在京都大學人文科學研究所訪問的三個月期間，又根據名和敏光先生提供的有關日本學者的馬王堆研究論著目錄加以補充，現仍以"馬王堆帛書研究論著目錄"為名，作為附錄刊於書後，供大家參考。

本書的集結出版，要謝謝葛承雍先生的引薦和推舉，要謝謝杜非先生的關照和支持，更要謝謝編輯魏鍊先生的專業編輯和有力推動。同時，我的學生延瑞芳、賀璐璐同學爲本書所附論著目録的資料搜集和編排付出了不少心力，特別是璐璐同學還負責了本書所附插圖的編選工作，爲保證本書的圖文質量貢獻不少。在此，謹向各位致以誠摯的謝意！

陳松長
2019年歲末記於嶽麓書院

第一章　馬王堆帛書形制研究

一、帛書的形制特徵探論

馬王堆帛書作為一種特殊的文獻體裁，具有與其它出土簡牘文獻完全不同的形制特徵，而這種形制特徵的分析和研究，似乎並沒引起學術界足夠的重視，有的往往是輕描淡寫的簡單介紹而已。其實，對馬王堆帛書的研究如果離開了對其形制特徵的關注和研究的話，那麼，其研究的深入往往會受到一定的影響。

馬王堆帛書的形制特徵大致包括帛書的名義、帛書的製作、帛書的抄寫、帛書的形態等內容。這裡，我們且分別就這些問題做些淺顯的討論。

1.帛書的名義

帛書的載體是帛。帛是絲織品的一個通稱。清代汪士鐸曾專門寫有《釋帛》一文，將帛細分為60多種，可見帛作為絲織品的代稱，具有繁多的品類。

帛同時也是帛書的代稱，如南朝·梁·劉勰《文心雕龍·練字》："至於經典隱曖，方冊紛綸，簡蠹帛裂，三寫易字。"其中簡帛並稱，均指書籍而言。

帛作為書寫的材料，它主要代指絹、繒等幾類。其中絹是由較細的生絲織成的，平紋，質地輕薄，是上等的書寫材料。繒本來是帛的總稱，《漢書·灌嬰傳》："灌嬰，睢陽販繒者也。"顏師古注："繒者，帛之總名。"到後來多專指質地較厚而呈暗色的帛之厚者，明代李時珍《本草綱目·服器一·帛》："素絲所織，長狹如巾，故字從白巾。厚者曰繒。"楚帛書原來叫"晚周繒書"，其質地到底是絹還是繒，似乎沒有非常明確的界定。但改稱帛書，這是取其通稱，相對更加準確。馬王堆帛書的質地都是平紋絹。據《長沙馬王堆二、三號漢墓》①一書中所載的"三號漢墓竹笥內單幅絲織品物登記表"可知，該墓所出的完整的單幅深褐色絹共有十幅，其幅寬大都是50釐米，幅長大都是100釐米左右，其每平方釐米內的經緯密度雖各有不同，但最密的大致是100×70，即每平方釐米中共有經綫100根，緯綫70根，故絹面平整細密。馬王堆帛書的質地大都呈黃褐色，也有呈深褐色者，如帛書《五十二病方》（見圖一）就是其代表之一，它與同墓所出的單幅深褐色絹的經緯密度當大致相同。

圖一

---

① 湖南省博物館、湖南省文物考古研究所編著：《長沙馬王堆二、三號漢墓》，文物出版社，2004年。

2. 帛書的製作

一般認為，帛書的製作比簡牘相對簡單，如張顯成在《簡帛文獻學通論》[①]一書中，對帛書的製作寫得很簡短，他說：

"帛書是視書寫篇幅的需要，取整幅絹帛或整幅的一部分來作為書寫的材料。例如：

敦煌馬圈灣帛書就是一塊長條形的絲帛窄條。

楚帛書是一整幅的絹帛。

馬王堆漢墓帛書既有整幅的絹帛，也有半幅絹帛。

在正式書寫書籍前，還通常將絹帛用硃砂或墨畫好行線。這些朱欄紋行線或墨欄紋行線之間距約七八毫米寬。這樣分行的目的顯然是為了便於正規書寫。"

與之相比，對簡牘製作的介紹，他就用了上10頁的篇幅，從選材、析治、殺青、編聯等四個方面作了比較詳盡的介紹。

很顯然，張先生對有關簡牘的製作程序比較瞭解，對帛書的製作則知之有限。或者說缺乏認識和思考。

其實，帛書的製作至少要包括帛書在抄寫文獻前對絹的加工處理和正式抄寫前對絹面的佈局這兩個程序。此外，帛書的抄寫也應該是帛書製作的一個重要組成部分，因為帛書抄寫的內容較多，我們將在後面單列加以較為詳細的討論。

帛作為書寫材料，無論是絹還是繒，都需要經過加工處理才能用於書寫，從馬王堆帛書的具體實物來看，這種加工處理至少包括上膠、打磨等工序。此外，有的還用深褐色的絲線來編織幅寬的上下天地和作為區域劃分的裝飾線條者，如所謂的《刑德》丙篇（見圖二）就是一個很特殊的例子。它的抄寫文字全部用的硃砂，而其欄格則全是用深褐色的絲線所編制的青黑色的欄格，在其週邊的區域分割線條則是在朱色的雙鉤線內編織以很厚重的深褐色絲線，粗粗看去，就好像是另貼的深褐色錦邊，這在馬王堆帛書中是唯一的一件用深褐色絲線編制黑色框邊，用硃砂抄寫文字的特殊抄本。

給絹上膠，這是保證墨蹟不沿著經緯線滲透的前提。打磨則是保證絹面平整的基礎，鎖(絞)邊則是固定經緯線的一種方式。

---

① 張顯成：《簡帛文獻學通論》，中華書局，2003年。

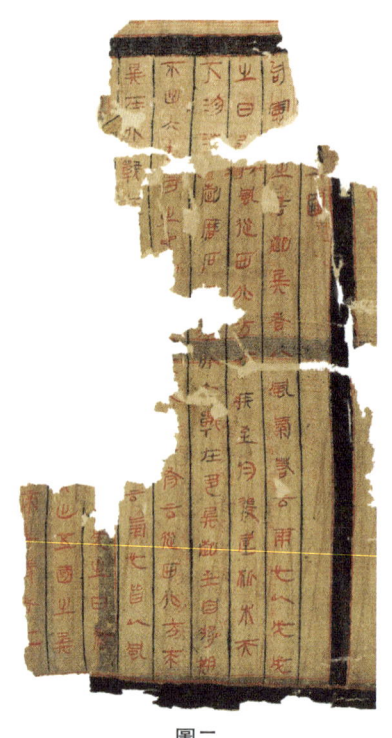

圖二

我們根據帛書碎片的檢測得知，絹帛的表面有一層透明的膠質物，經化驗，類似於我們現在所說的桃膠，這種膠早在秦漢時期已普遍使用。漢代的楊雄在給劉歆的信中說到，他在編撰《方言》時，"常把三寸弱翰，齎油素四尺，以問其異語，歸即以鉛摘次之於槧"。[①]這裡所說的"素"，應該就是素帛的簡稱，而所謂"油素"則應該就是指經過上膠處理後的一種有光澤的素帛。

在上好膠之後，為保證絹面的平整和光潔，有一道打磨研壓的工序，據專家分析，應該是用棒槌滾壓完成。這種滾壓過程，既可使上的膠能勻稱分佈，又可研壓絹面，使其平整光潔，便於書寫。

在做好絹帛加工製作的準備之後，就需要就抄寫內容來進行絹面的佈局。如果是單一的文獻，就大多要預先界畫出朱絲或烏絲欄線，這也就是我們現在所說的朱絲欄和烏絲欄（也有可能是事先用朱絲或烏絲編織的）。如果是圖文混排的，就需要大致界畫出圖表和文字的位置。一般來說，一件帛書的起首，都要留有一行至二行的空白，這方面最具有代表性的是《刑德》乙篇（見圖三）。它是先將要抄寫的範圍都整體勾畫出來，連九宮圖和干支表的位置都給圈畫好了，然後再打上朱絲欄以便抄寫。我們一直說帛書《刑德》是一個整體，所謂的《星占》（或稱《雲氣占》）部分不能單列出來，這文本上的特徵也是一個考慮的方面。

基於這點考慮，我們在分析處理帛書《周易》《易傳》的分件時，也覺得整個《周易》《易傳》就是一件帛書，理由是從抄本上看不出是兩件帛書的標識。原來韓仲民先生認為《繫辭》（見圖四）的前面有一行空白，這應該是

---

① 見《全漢文》卷52，商務印書館，1999年。

第一章 馬王堆帛書形制研究

圖四

馬王堆帛書研究

圖五

分件的依據。但我們核對原件時發現，這行空白正好分成兩截，其下截附在《二三子問》（見圖五）後面，很明顯與《二三子問》是一件帛，因此我們還是認為帛書《周易》和《易傳》就是一件帛書。

至於這朱絲欄和烏絲欄的制法，現在還沒有很明確的解說。我們推斷大致有三種可能，一種是用朱絲和烏絲事先編織的；一種是將絹面繃緊，上下對直後，用墨線或朱線彈出來的，這有點像傳統木工的墨線畫法；另一種可能則是在絹面繃緊後，完全憑技藝用筆勾畫出來的。但是，這後兩種可能都有令人費解之處。如果用前者，現存的馬王堆帛書原件上既找不到上下對直的釘孔痕跡，而且其欄格線條也不勻整一致。如果用後者，則這樣細密的線條，且幅寬達48~50釐米，那整幅畫下來，該是怎樣的線描水平？真有點不可思議。

有關帛書的幅寬，我們現在根據文獻和出土材料已很清楚地知道，戰國至漢初，絲帛整幅的幅寬大都是50釐米左右，斯坦因在敦煌附近發現的那件未經染色的素帛上記載："縑一匹，幅廣二尺二寸，長四丈，重廿四兩，值錢六百一十八。"根據漢尺一般為23釐米左右的尺寸計算，這幅廣二尺二寸是50釐米左右。馬王堆帛書（包括楚帛書）的幅寬現在都是48釐米左右，半幅的24釐米左右，其幅寬的尺寸與敦煌素帛上所記載的基本相同。之所以有1到2釐米的誤差，主要是帛書在長期的存放中經棺液浸泡經緯變形所致。當然，帛書中也有將兩幅或多幅縫合一起作為一件的，如帛書《駐軍圖》《地形圖》（見圖六）等就是其例。

此外如T形帛畫，就是由三幅絹帛縫合起來製成的。至於

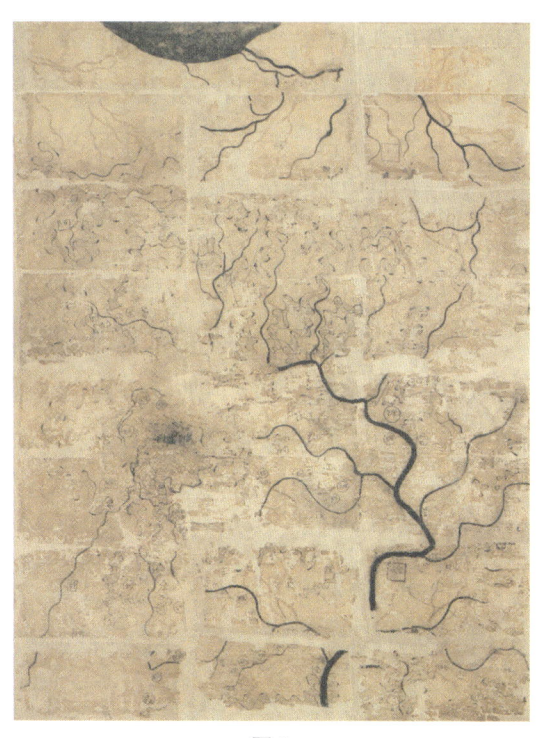

圖六

9

小件的帛圖，如《"物則有形"圖》《九主圖》殘片等，其幅寬大多也是半幅24釐米左右。

至於帛書的長度，大多是根據內容的多寡來決定的。根據敦煌出土素帛上的記載，一匹縑帛的長度是4丈，根據漢尺計算，那一匹縑帛的長度大致有9.2米。我們在馬王堆帛書中還沒發現有這麼長的帛書，現在所知最長的也就是3米多。因此，用所謂的"一整幅的絹帛"來形容馬王堆帛書的長度是沒有意義的，而根據馬王堆帛書的現存長度來界定其是否是一件帛書也是很難成立的。我們在介紹和討論馬王堆帛書時常說的整幅或半幅僅僅是指帛書的幅廣，或者說幅寬而已。

由於馬王堆帛書的長度是根據所抄文獻的長短來決定的，所以其長度並沒有固定的尺寸，大多是在大致的預估之後就開始抄寫，所以常常在抄寫完後，後面多留有較多的空白，如帛書《相馬經》《五星占》（見圖七）、《刑德》乙篇、《老子》乙本、《戰國縱橫家書》等，其後面都留有大量的空白頁，且並不作專門的剪裁，多聽任其留存卷尾。這種留有空白的現象，完全可以作不同的分析和解釋。[①]例如帛書《相馬經》後面之所以留存那麼長的空白頁，很可能因為其內容尚未抄完的結果。而帛書《刑德》乙篇的留尾更值得注意，它有兩種情況，一部分是畫有朱絲欄的，一部分則沒畫。這多少意味著：在抄寫這件帛書前的佈局時，抄手是大致估計了所抄內容的篇幅，因此所劃的朱絲欄足夠帛書內容的抄寫。而所餘的卷尾也並不剪裁的原因，很可能還有覆蓋帛面的作用，也許在當時是有特殊作用的。

至於較小的帛圖，則一般都進行了裁剪，或者是在裁剪好的帛絹範圍內作圖，或者是圖畫完成後再加以剪裁和鎖邊加固，所以在現存的小幅帛圖中，很少留有大量空白者，如《喪服圖》《太一將行圖》《"物則有形"圖》等。

3.帛書的抄寫

從文獻的產生角度來考察，馬王堆帛書絕大部分都是西漢以前各種文獻的抄本。這些抄本所根據的底本不同，也就會出現不同的抄本。最有代表性的是

[①] 陳松長："帛書中的空白頁及相關問題"，《文物》，2008年第5期。

《老子》的兩個抄本。兩者之間不僅文字的字體不同，許多文字和內容也有差異。因此，對抄本本身的仔細研究，往往可以發現許多從文本研究中所難以發現和解決的問題。而對抄本各種形式特徵的分析，往往更能揭示許多隱含在文獻抄寫過程中的信息，而這也常常能幫助我們更好地解讀文獻本身。

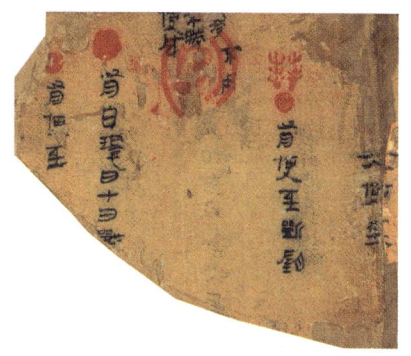

圖八

例如我們在拼綴帛書《天文氣象雜占》時，就曾對第四列中一幅殘存的日暈圖下所題注的"不用"（見圖八）二字不理解。在顧鐵符先生所作的釋文中，就直錄為"不用。有，不勝，使成"。文義上如何理解他沒解釋，我們讀起來更是不知所云。因為在《天文氣象雜占》這幅帛圖上所有的占語文字中，完全沒有"不用"這種類型的占語。後來，我們經過對帛圖本身的反復拼綴，當把這幅殘存的日暈圖（見圖九）拼綴復原後，我們發現，這幅日暈圖原來有上下兩個，上下兩幅圖並不

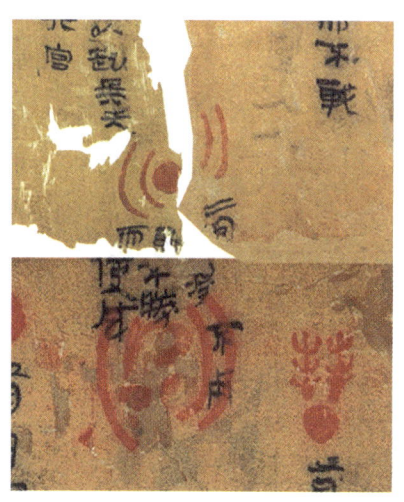

圖九

一樣。上面的那幅並不在第四列的整齊序列中，而是位於第三列與第四列的空隙中，且題記了完整的占語。通過比較，我們恍然大悟，原來"不用"這兩個字並不是所謂占語，而是這幅帛圖在抄寫過程中，由抄寫者所附注的一個抄寫錯誤，它的意思就是下面的這幅圖不用，也就是告訴使用者，下面這幅圖畫錯了，是不用的。因此，這兩個字，與文獻中的所有占語完全無關。如果我們不對抄本的構成特徵進行分析，那這種特殊的現象往往得不到很好的解釋。

帛書的抄寫大都是由專門的抄手來完成的，馬王堆帛書由於內容很多，抄寫的時間跨度較大，我們可以很容易地從帛書字體上判斷其抄手的不同和風格的差異。

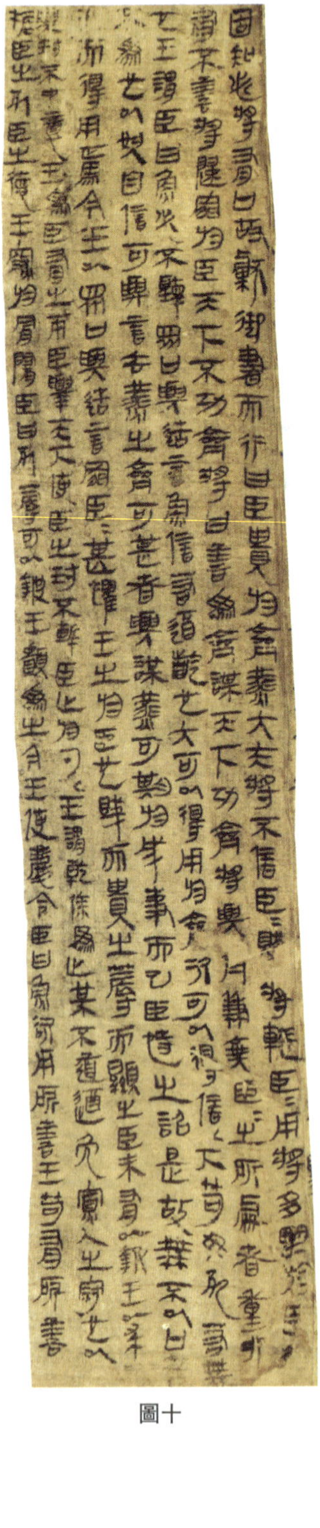

從帛書原件來核驗，我們可以發現，不同的抄本多少可以反映出抄寫者當時的許多信息。首先是一件帛書的抄手數量問題。

一般說來，比較經典的文獻，大都是一種文獻由一位抄手完成，如帛書《周易》《老子》《黃帝書》《五星占》《相馬經》等都是如此。但也有例外，即一篇文獻由多位抄手來完成的。這由多位抄手來完成的文獻抄寫又有不同的情況：

一種是原來計劃由一位抄手進行的，結果因種種狀況導致臨時更換抄手，因而使同一篇文獻呈現出不同的抄手特徵和文字上的風格差異。這方面最具代表性的是帛書《戰國縱橫家書》。這篇文獻現存共211.5釐米長，與帛書《老子》甲本及卷後古佚書現存的318釐米相比並不算長。我們從字體上分析，這篇文獻最初本應是計畫由一位抄手來抄寫的，我們從卷首（見圖十）看上去，這位抄手的水平不錯，其書法剛勁有力，文字伸展自如，卷面清整有序，很少有抄錯的地方。但越往後越發現卷面上的塗改漸漸增多，到了後半段，是抄手的粗心所致，或是抄手的心緒不寧，隨處塗改之處到處都是。也許正因為這位原抄手已不在狀態，故主人臨時叫停，另外找了一位抄手來頂替他繼續抄寫。但這位抄手的書法水平顯然不如第一位，且抄寫之初也頗顯拘謹，故一上來就與前者形成鮮明的反差（見圖十一）。也許是主人感覺不美，也許是這位抄手臨時又有任務，在本卷的末尾（見圖十二），又換了一位抄手。這位抄手的字體風格又明顯不同，不僅字形略顯細

圖十

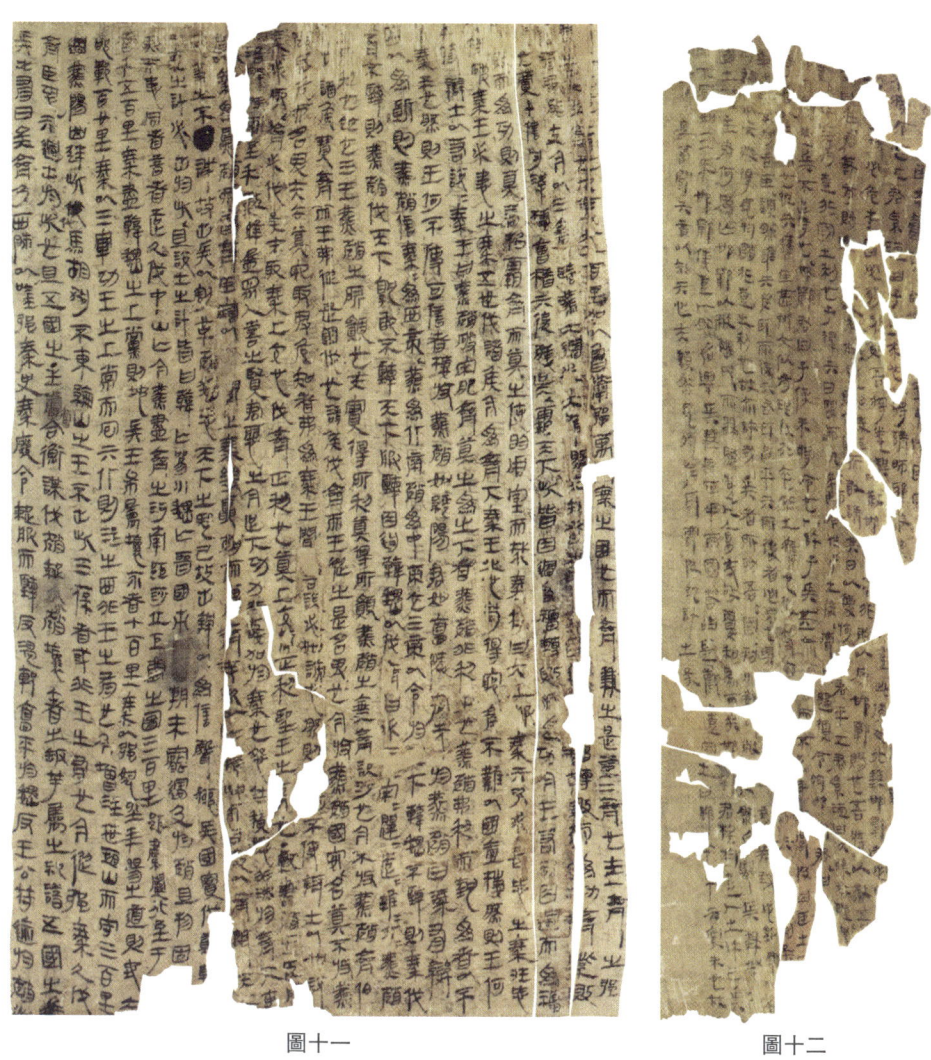

圖十一　　　　　　　　　　　　　　圖十二

小，而且用筆也頗感柔弱，與最前面的書法風格形成明顯的差別，而且在卷尾還剩有大幅的空白。這多少說明這件帛書的抄寫並不是很成功之作。

另一種是開始計劃就是由多位抄手來共同完成的。這方面的代表作是《天文氣象雜占》。我們曾經指出，這件帛書是先由繪圖者先行繪製圖像，然後由兩位抄手同時抄寫題記文字，其中前半段的抄手也許是筆力較弱的緣故，故只抄了一小部分就停下來了，而且這種分工抄寫的理據似乎並不明顯，因為這不是前後連貫的文獻，而是按圖題記，故分工並不很明確，所以帛書所呈現的書體風格佈局也不是太講究。

4. 帛書抄寫中的改錯現象

在文獻的抄寫過程中，出現錯誤是難免的，我們這裡所要討論的主要是帛書抄寫中的改錯現象，也就是當時的抄手對這類抄寫錯誤所採取的補救措施，或者說是這類補救措施在帛書中所保留下來的種種痕跡。至於抄寫過程中的錯簡，因上而誤、因下而訛等文字和語句上的錯誤等，這裡並不展開討論。

大家知道，在簡牘的抄寫過程中，書刀是必不可少的一種工具，抄手如果發現有抄錯的地方，可用書刀將簡牘上寫錯的字削去再重寫。其實帛書的抄寫也一樣，馬王堆三號墓中也出土了銅質的書刀一把，當帛書中出現抄寫錯誤時，也有將錯字刮去再重寫的現象，只是這樣操作相對比較麻煩，所以在帛書上留下了許多有意思的改錯現象。

（1）用硃砂塗抹

這類現象主要表示抄錯了，應該刪除，故用硃砂塗抹，其中有字沒寫完者，如帛書《黃帝書·經法·觀》："宿陽修刑，童（重）陰◎長夜氣閉地繩（孕）者，所以繼之也。"（見圖十三）其中"長"字前面的符號就是字沒寫完就發現寫錯了，然後用硃砂塗抹表示不要的例子。從筆劃上看，抄寫者是準備寫"夜"字，該字還沒寫完就發現抄漏了一個"長"字，於是趕快停筆，改寫"長"字，這個沒寫完的"夜"字，就用硃砂塗抹以表示此為錯字。亦有字形完整者，有如《黃帝書·經法·觀》："陰陽未定，吾未有以名。今始判為兩，分為陰陽。離為◎四時。"（見圖十四）其中"四時"前面就多一個"時"字，它顯然是抄寫完這個"時"字後才發現抄漏了一個"四"字，於是再補寫"四"字，故將這個抄錯了的"時"字用硃砂塗抹以示不要。

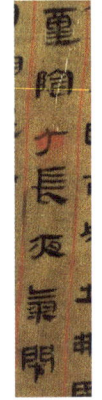

圖十三

圖十四

（2）用硃砂塗抹後再重寫者

在帛書的抄本中，除有用硃砂來標誌抄錯者外，還有用硃砂來塗抹後再改寫者。這種用硃砂塗抹後再重寫的例子中，最具代表性的是帛書《老子》甲本"德經"中的一段文字：

不敢為主而為客，吾不進寸而芮（退）尺。是胃（謂）行無行，襄（攘）

無臂，**執**無兵，乃（扔）無敵矣。鬸（禍）莫（七二行）於〈大〉於无︵適︵（無敵，無敵）斤（近）亡吾吾葆（寶）矣。故稱兵相**若**，則哀者勝矣。吾言甚易知也，甚易行（七三行）也；而人莫之能知也，而莫之能行也。言有君，事有宗。夫唯無知也，是以不［我知。知我（七四行）者希，則］我貴矣。是以聖人被褐而裹（懷）玉。知不知，尚矣；不知不知，**病**矣。是以聖人之不病，以其（七五行）［病病。是以不病。民之不］畏畏（威），則大［威將至］矣。母（毋）閘（狎）其所居，毋猒（厭）其所生。夫唯弗猒（厭），是（七六行）［以不厭。是以聖人自知而不自見也，自愛］而不自貴也。**故去被**（彼）**取此**。勇於敢者［則］（七七行）

所引文中**有背景**的文字在帛書中都是用硃砂塗改後重新改寫的，其中除了"執"（見圖十五）、"若"（見圖十六）兩字比較清楚外，"病"（見圖十七）字就比較糊，而"故去彼取此"（見圖十八）則僅存一些模糊的筆劃而已，可見這種改錯的方法很有問題。

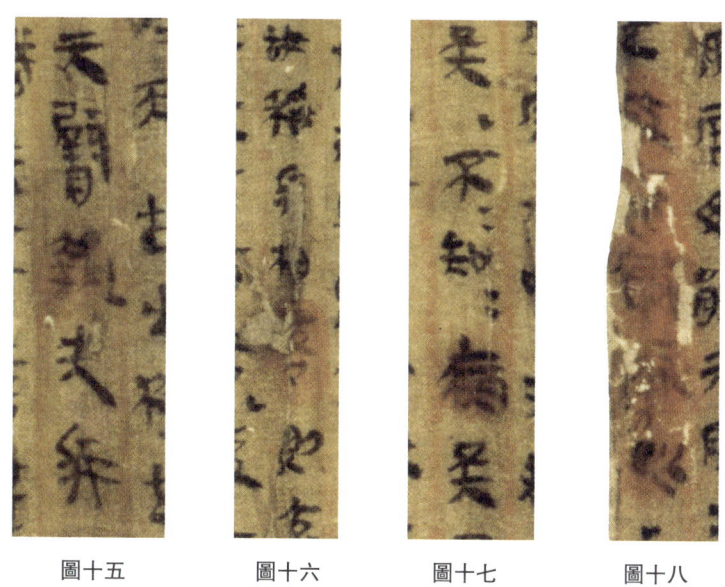

圖十五　　　　圖十六　　　　圖十七　　　　圖十八

（3）用墨塗黑

用墨塗黑是一種最常見的改錯方式，有塗成一塊者，也有塗作兩塊者，但往往使卷面很不好看，特別是在經典文獻的抄寫中，是要儘量避免的。例如帛

圖十九　圖二十　圖二一　　　　圖二二

書《黃帝書》的抄寫，就很少有這種塗黑的墨蹟，即使採用這種改錯的方法也很小心的將其塗成兩小塊，如《黃帝書·道法·國次》："利其齎（資）財，妻其子女，◎是胃（謂）□逆以芒（荒），國危破亡。"抄手在"子女"之後抄錯了一個字，於是他很小心地將其塗成兩個小方塊（見圖十九），這樣即可與分章用的墨丁相區別，又保持了卷面的大致清爽。當然，在其它文獻的抄寫中，多有隨意塗改者，如《出行占》中，有一個干支和所對應的星宿抄錯了欄格，不注明又影響文義的理解，只好劃掉。（見圖二十）更有甚者，《陰陽五行》甲篇中，不僅有單獨的改錯墨塊（見圖二一），而且還有一長串改錯塗墨的例子（見圖二二），這也就在很大程度上影響了卷面的整潔。此外，也有一整行抄錯了後，完全用墨塗黑後另起一行重抄的（見圖二三），如帛書《刑德》甲篇中有關刑德運行文字的記錄就是其例。

（4）在文字中間或旁邊加注小字

這是古代抄本文獻中常見的補缺方式，凡是抄掉了的字，大都可用這種方法來改錯，一般是一兩個字的漏抄可以用這種方式的補救。如《老子》乙本："道恒無名，樸唯（雖）小而天下弗敢臣。""下"字前抄掉了一個"天"字，於是用小字在一旁補上（見圖二四）。又如《黃帝書·經·觀》："寺（待）地氣之發也，乃夢（萌）者夢（萌）而茲（孳）者茲（孳），天因而成之。"其中"茲者"二字就抄

圖二三

掉了，於是用兩小字並排補上（見圖二五）。

（5）用勾識符號標誌抄寫錯誤

如帛書《刑德》乙篇"戊戌不風旬而見師"，多抄了一個"旬"字，於是在其字的左下方用一個半方框的勾識符號將其圈起，表示此字不要（見圖二六）。又《刑德》乙篇："四月有此，兵起秋起，五月有此，兵冬起。"其中"秋起"前多抄了一個"起"字，於是在"起"字的右上角用往下的勾識符號圈起，以示此字作廢（見圖二七）。再如《黃帝書·道法·四度》篇中："功成而不廢，後不奉（逢）央（殃）者。聲華實寡者用也。"其中"奉

圖二四　　　圖二五

（逢）央（殃）"後面的"者"字因下文而衍，故用一個半方框將其圈住，以示不用（見圖二八）。同篇中又有："怀（倍）逆合當，為若又（有）事，雖◎無成功，亦無天央（殃）。""雖"字後先誤抄了"成"字，故在補抄"无成功"後，就用半方框從上面將其圈住，表示此字系誤抄的衍字（見圖二九）。

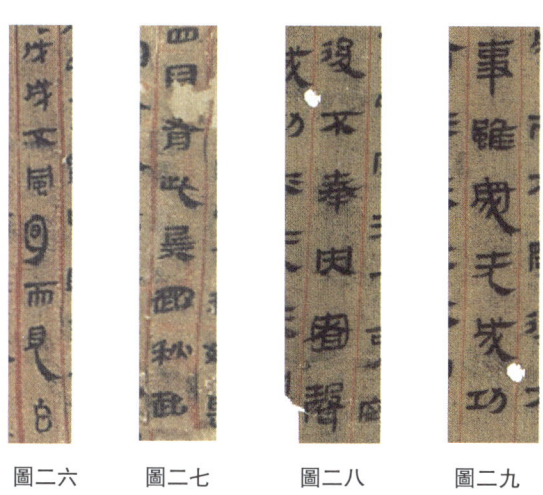

圖二六　　圖二七　　　圖二八　　　圖二九

（6）沒寫完而發現抄錯了不作任何標誌的

如《黃帝書·道法·名理》："見於度之外者，動而◎不可化也。""不可化"前面就是一個沒寫完的"可"字的殘留筆劃（見圖三十）。再如《黃帝

19

書·經法·姓爭》:"天地已成,黔首乃生。勝(姓)生已定,敵者◎生爭,不諶不定。""敵者"後面就殘留一個沒寫完的"爭"字(見圖三一)。這種不成字的殘留筆劃大概很容易識別,所以抄寫者不加任何標識性符號,這樣也會給閱讀者造成一些困擾和麻煩。

(7)用刮削方式處理的

遇到抄錯的現象,當時的抄手也有用削刀進行刮削處理的。《養生方》中就有這樣的改錯現象,如其目錄中的"汹男"二字可能是抄錯了,故想將其刮掉再寫,但或許是刮得太薄,故只好在下面重抄(見圖三二)。同頁中也有刮削後再重抄的例,但結果什麼也看不清,帛書釋文只好缺釋(見圖三三)。這種刮削的痕跡在《戰國縱橫家書》中比較多見,如在不到十行的卷面內,就有多達三處的刮削修改,以至多少影響了卷面的整潔(見圖三四)。

圖三十　　圖三一

  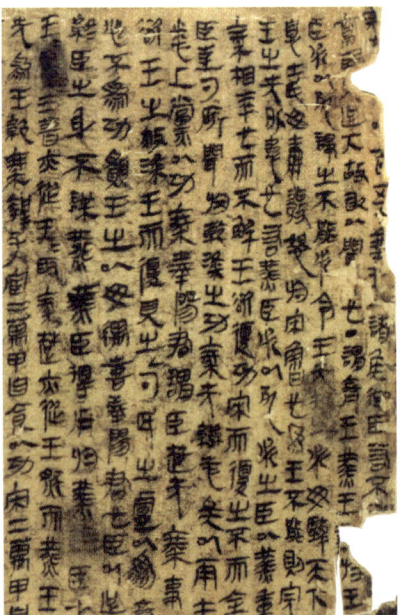

圖三二　　圖三三《養生方》局部　　圖三四《戰國縱橫家書》局部

第一章　馬王堆帛書形制研究

對這種刮削改錯現象，或以為使用了諸如燙染的手法，這是不太可能的。因為溫度太高的話，可能會破壞其經緯線的連接。

（8）抄錯了另起一行重抄的

前面我們介紹了整行抄錯後，全部塗掉，再另行重抄的例子。這種情況對閱讀者來說，是比較容易辨識和處理的，但帛書中還有一行中抄了一大半截後突然中止，另起一行重抄的現象，如帛書《刑德》乙篇中有關分野的文字部分，就出現了這種很罕見的、且不作任何標示的錯誤現象（見圖三五）。其抄寫文字是：

房左驂，汝上也。危，齊西地也。營室，魯。東壁，衛。婁，燕也。胃（九十五行）

房左驂，汝上也。其左服，鄭地也。房右服，梁地也。右驂，衛也。婁女，齊南地也。虛，齊北地也。危，齊西地也。營室，魯。東壁，衛。［鏤（婁），燕也。胃（奎），］魏氏東陽也。參前，魏氏朱縣也。（九十六行）

如果單從這半截抄寫的文字看，似乎並沒什麼大錯，但它突然在"胃"（謂）字後停住了，再另起一行重抄，當然"胃"字在文中不是一句話的結束語詞，一看就是一句話沒抄完的樣子，但為什麼不繼續抄下去呢？我們經過與《刑德》甲篇的比較後發現（見圖三六），原來這裡是抄錯了行數，等於抄掉了一行，如果繼續抄下

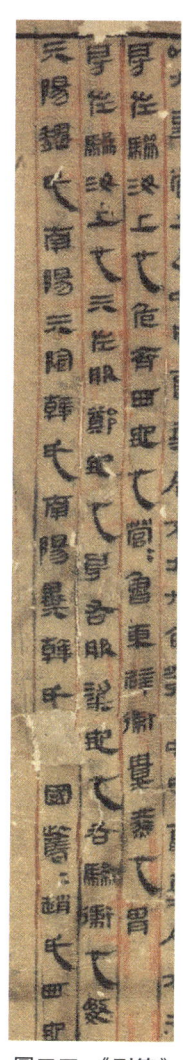

圖三五　《刑德》乙篇局部

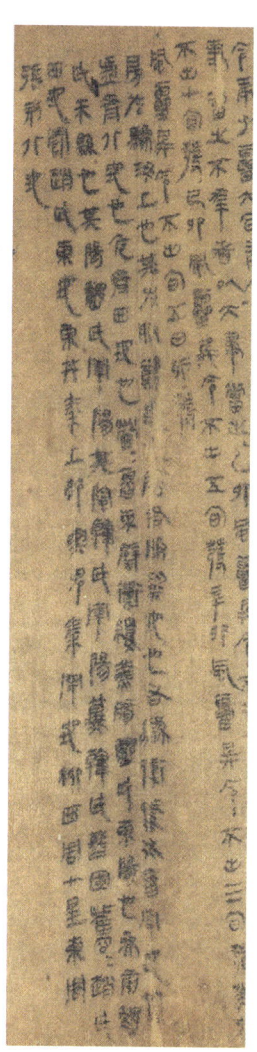

圖三六　《刑德》甲篇局部

21

去，文意就不連貫了，如果用墨來塗掉，卷面又很不整潔，如果將這件帛書廢掉，前面抄寫的內容又那麼多，重抄又費時費工，於是這位抄手採用的不作任何標誌的辦法，另起一行來重抄，這樣即保持了卷面的清潔，又可躲過粗心的主人的檢查。現在看來，這不能不說是一種取巧的辦法，結果卻給後人留下了這樣一個抄寫錯誤的特例。

5.帛書的形態

在歷史文獻中，多有"書於竹帛"之類的記載，例如《越絕書》十三有"越王以丹書帛"的記載，而《韓非子·安危篇》亦有"先王致理於竹帛"的文字。但是，儘管文獻上無數次地提及"書於竹帛"，可帛書到底是一個什麼樣子？其形態到底咋樣？則很少有具體的描述，以致唐代徐堅的《初學記》卷二一上說："古者以縑帛，依書長短，隨事截之。"按照這種說法，似乎帛書並無定制。當然這僅就帛書的長短言，至於帛書的具體形態，也尚未論及。從文獻的角度考察，只有《後漢書·襄楷傳》中的一段記敘倒是對帛書形態作了一次比較具體的描述。其原文是這樣的：

"順帝時，琅邪宮崇詣闕，上其師干吉於曲陽泉水上所得神書百七十卷，皆縹白素、朱介、青首、朱目，號太平清領書。其言以陰陽五行為家，而多巫覡雜語。"

這段話中，有關帛書形制的描寫，基本上可以和已出土的帛書實物相印證。所謂"素"，是由生絲製成，不經漂染的白帛的代稱。"縹白"，是這種帛的顏色。"皆縹白素"是指"神書"的質地而言。"朱介"，李賢注："以朱為介道。"所謂"介道"，當即是馬王堆帛書中的"朱絲欄"，相當於今天的紅色直行欄格。"青首"，李賢注以為是青色的標幟，現據馬王堆帛書驗證，所言標幟未免有臆說之嫌。其實，這"青首"應是指帛書每一篇開始處的墨丁。至於"朱目"，李賢注認為是用紅色書寫的題目，現在看來，這也靠不住。因為帛書實物中除個別篇章用朱文書寫外，尚沒有發現單獨用朱文書寫題目的例子，但是在楚帛書中卻有分段的朱色方框。馬王堆帛書《刑德》乙篇中，也有用朱色的圓點標識篇章節目者。也許這裡所說的"朱目"，正是指這類特有標示篇目的標誌。如果這種推論不錯的話，那麼，《後漢書》上的這段文字，應是對戰國乃至漢代帛書形態的一個簡潔形象的概括描述。特別需要指出的是：這百七十卷的"神書"，"其言以陰陽五行為家，而多巫覡雜語"，這無意中也道中了帛書的基本屬性。僅馬王堆帛書中，就有兩種《陰陽五行》的本子，而楚帛書中多巫覡語，這已是研究帛書者的共識。因此，可以說，這段文字是我們所知對帛書形態進行概括描述的最早、最具體的文獻記載之一。

當然，我們現在所知的帛書實物，其形態也不是完全劃一的。例如楚帛書長僅38.7釐米，幅寬47釐米，按照馬王堆帛書的幅寬數字看，這是一塊長38.7釐米的整幅帛書。這幅帛書的結構比較奇特。帛書四角有青、赤、白、黑四色的樹枝圖像。四邊周有文字十二段，各附一個神的圖形。中間兩大段文字，一段八行，一段十三行，方向顛倒。每段文字又各自分為三節。每節末尾以朱色方框為記。應該說，這件結構奇特的帛書，還不是中國書籍史上最有代表意義的帛書形態，而是一種按某種特定圖式結構來抄寫，並與一定圖像相配的書。對此，李零先生曾指出："帛書所據'式圖'就是六壬式的'式圖'。六壬式是以四分、八分、十二分的圖式為主，配以十二神。""帛書以東、南、西、北代表'四時'，'姑''女''歕''臧'四位和青、赤、白、黑四木表示的四維代表'八位'，十二月代表'十二度'。"①與楚帛書相類似的，還有馬王堆帛書中的《刑德》甲、乙篇和《陰陽五行》。其中《刑德》甲、乙篇中都繪有"九宮圖"和刑德運行干支表，再配以兩大段關於刑德運行和吉凶占測的文字。因此，這也是一種結構特殊，按一定圖式結構來抄寫的書，但這都不足以作為帛書形態的代表來討論。

就帛書形態而言，從書籍史的角度論，最有代表性的就要數帛書《老子》《周易》等長篇文獻了。這批帛書分別抄寫在整幅48釐米寬或半幅24釐米寬的黃褐色絲帛上。絲帛上分別劃有朱欄紋行格（朱絲欄）或墨欄紋行格（烏絲欄），每行字數，凡整幅者，一般在70字左右；半幅者，一般在32字左右。帛書每篇均從右至左直行書寫，每一種帛書的開篇均以墨丁(或稱墨塊)為標記，其末尾多標明題目和字數。文中分段則多用墨點標識。

有關簡帛文獻中的識別符號，也是帛書形制特徵的一個重要方面，已有

---

① 見"楚帛書與'式圖'"，《江漢考古》，1991年第1期。

很多學者做過研究和討論。帛書中一些常見的識別符號如長方形墨丁表示分篇，方形墨丁表示分章，墨點表示分節等。這些大家都耳熟能詳了，因此我們不再作具體介紹。我只是想要指出的是，馬王堆帛書中使用識別符號的兩個現象值得注意：一是凡用篆隸和古隸抄寫的文獻中，都很少用這類分篇、分章或分節的符號，如《老子》甲本及卷後古佚書就完全沒有，《五十二病方》和《足臂十一脈灸經》也沒有。這多少說明這類識別符號的使用並不帶有普遍性，它應該只是某一時期某些抄手慣用的識別符號系統而已。第二，這些識別符號的標識範圍可能並不固定，如帛書《老子》乙本及卷前古佚書和《易傳》中所使用的長方形墨丁很明確是表示分篇的，但在《刑德》乙本中那些長方形的朱丁則顯然不是表示分篇的標識，它也許可以說是所抄的內容來自不同的文本，但無論如何那一行文字都沒抄滿的一兩句話是不可能單獨成篇的。因此，我們或許可以說，這些識別符號的標識範圍也一樣並不帶有普遍性。

　　帛書的存放分兩種形式：用整幅抄寫的，被折成大致十六開的長方形，疊成一塊；一部分用半幅抄寫的，則和那批醫簡卷在一起，形成一種典型的帛卷形式。馬王堆的典籍類帛書多呈這兩種形態，如帛書《老子》甲本、《春秋事語》等就是原始的卷軸形態，而其它如帛書《周易》《易傳》《老子》乙本等就呈折疊形態。這兩種存放的形態才真正向世人展示典型的帛書存放形態。

二、帛書中的空白片及相關問題

　　"空白片"是一部分從沒有人介紹和關注的帛書殘片，由於它沒有文字內容，故在所有的帛書介紹和研究的文獻中，對它都忽略不計，或者是避而不談。其實，這是很不嚴謹的一種做法。

　　這次為了整理出版《長沙馬王堆二、三號漢墓》第二卷[①]，即帛書卷，需要我們按考古學的要求來全面地介紹馬王堆帛書的實際情況，因此，我們對

---

① 《長沙馬王堆二、三號漢墓》(第一卷田野考古發掘報告)已於2004年7月由文物出版社出版。

湖南省博物館庫藏的所有帛書殘片進行了全面的清理。我們發現，在所有的帛書（包括有字殘片）之外，還有一批原始署名為"空白片"的帛片（見圖三七）。

其數量多達98片（其中包括《宅位草圖》等殘片37片。真正的所

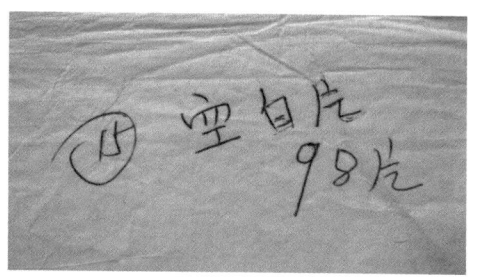

圖三七

謂"空白片"是61片），且每片相對比較完整，都是大致22釐米×16釐米大小，與經棺液浸泡而斷裂的比較成形的帛書大小相同。

面對這一批所謂的"空白片"帛片，我們首先要解釋的是：它們是怎麼來的？它們與帛書文獻的關係如何？

有關帛書的出土和最初的保護整理情況，一般作帛書文獻研究的學者都不太清楚，而當時負責帛書保護的專家也沒有留下多少文字的記載。現在所能查到的有限的文字記載是張耀選先生發表於1982年的一篇題名為《關於馬王堆三號墓出土的西漢帛畫、帛書的裝裱》[1]的文章。他說：

"藏於東邊箱內長方形漆盒（見圖三八）中，發現竹簡中心有一木片上有帛書一卷。又在簡下壓著一卷較寬的帛畫，揭開後有大篇隸書文字和穿著各種服飾，做著各種動作形態的人像。可惜已被竹簡壓碎，最後在漆盒一格內發現一厚疊已成'泥磚'狀的絹帛，面積22釐米×16釐米，厚高8釐米。這一'泥磚'四邊只比格小一點，連手指都不能插進，用手抓和用工具取都會損傷'泥磚'。我們先在上面蓋一張水油紙，後墊一塊棉絮，再從盒內取出，分裝六個塑膠袋，然後用環氧乙烷消毒，並在袋內灌入氮氣密封，隔絕了空氣。外裝木盒運故宮博物院修復工廠後逐一開封施工。當時湖南省博物館由姓周、李的兩位青年同志[2]護來，同時請上海博物館竇治榮同志到我院一起參加這項工作。"

---

[1] 載於《文物保護技術》，1982年第3輯。
[2] 姓周的青年現在是湖南省博物館的周志元副研究員，姓李的青年現在是湖南省文物考古研究所的李利人館員。

圖三八

關於'泥磚'，我們根據修舊書的方法略加改造進行。將'泥磚'放入較深的瓷瓶內，用蒸餾水浸泡，借水的浮力能揭開。先揭十幾疊，十餘人參加工作，每人負責一疊的揭剝成單片，共揭出四百餘片。經國家文物局組織了專家小組，進行分類鑒定，計有'導引圖''閩湘地圖''長沙駐軍圖''鎮墓圖''喪服圖''氣雲星象圖''五星占''戰國策''易經''道德經'甲乙兩份、'相馬經''產經''刑德篇'三份，陰陽五行等二十餘件。"

從這段文字記載中，我們多少可以獲知一些這樣的資訊：

首先，帛書出土時，除裹在一木片上的一卷帛書外，其他都是呈"泥磚"形狀，是粘接在一起的。

其次這塊"泥磚"曾經歷了幾次剝離的過程：一是從漆盒內取出後即分裝六個塑膠袋，也就是說一取出來就被分成了六塊。二是運到北京故宮博物院之後，這六袋帛書經蒸餾水的浸泡後又分成了十幾疊。三是這十幾疊後來被揭剝出四百餘片。

第三是整個揭剝的工作是由十餘人共同完成的。

第四是帛書揭剝的當時並沒有詳細的文字和圖像記載，那帛書的定名都是由當時國家文物局組織的專家小組，也就是馬王堆帛書整理小組來確定的。而其最初的定名與後來整理小組發表釋文時的定名多少有些區別。如所謂"閩湘地圖"就是後來所說的《地形圖》，而"鎮墓圖"也許就是後來所說的《太一將行"圖》等。

不無遺憾的是，有關"空白片"的來源在張先生的文章中並沒有什麼具體的記載，因此，我們只能從所謂四百餘片這個數量上來核對帛書的具體情況。經核對，我們發現，所有抄寫了文獻的帛片還不到300片，餘下的帛書殘片（包括碎片）有30餘片，其他就是所謂"空白片"有98片。我們將三者相加，與張先生所說的四百餘片大致相符。這也就意味著，這些所謂的"空白頁"都是從那所謂"泥磚"上揭剝出來的。換句話說，這些"空白片"都是具體某件帛書的一個組成部分。

面對這批多達98片的"空白片"，我們做了認真仔細的排序和核對。首先確定了其中的37片並不是什麼"空白片"，而是還沒經拼複的"宅位草圖"和"宅位吉凶圖"的帛片殘片。因為這些殘片上都有殘存的線條和標示尺寸大小的文字題記。

其次，我們發現餘下的61片"空白片"又分兩種情況，一種是畫有朱絲欄而沒抄寫文字的所謂"空白片"，一種則是完全沒有畫欄格，只有"倒印文"的帛片。而這種帛片在形制上有一個鮮明的特徵，即上下有深褐色的絹邊。開始我們還以為是在絹上加貼的錦邊，後經顯微鏡檢測才發現，這深褐色的絹邊是特別編織的。此外，這些帛片編制所用的絹絲還有紅色（見帛書《周易》經文和《二三子問》的部分反印文）（見圖三九）和淺黃色（見圖四十）的區別。經與抄有文獻的帛片形制進行比較後，我們或許可以這樣推斷：這種編有深褐色絹邊的帛片並不是用來抄寫文獻的，而是專門用來保護絹面的。

圖三九

圖四十

我們通過對這兩類"空白頁"的反復排序和仔細核對，可以基本確定這61片所謂"空白片"的各自歸屬，它們分別與下列帛書文獻有關：

（1）帛書《周易》《二三子問》8片，都由紅色絹絲與褐色絹絲編織而成，倒印文很清楚（見圖四一）。

（2）帛書《易傳》（從《繫辭》到《昭力》）18片，其中16片有倒印文，上下有深褐色的絹邊（見圖四二）。

另外2片是沒有褐色絹邊，畫有朱絲欄沒抄文字的"空白頁"。

（3）帛書《黃帝書》《老子》乙本16片，上下有深褐色的絹邊，大多有倒印文，看不清倒印文的帛片可根據污漬的痕跡大體確定其位置（見圖四三）。

（4）帛書《相馬經》14片，沒有深褐色的絹邊，都是畫有朱絲欄而沒抄寫文

圖四一

圖四二　　　　　　　　　　　圖四三

字的，其中5片有很清晰的倒印文，可以與《相馬經》的原文相比照和對勘（見圖四四）。

（5）帛書《出行占》2片，沒有褐色絹邊，倒印文很清晰，都是浸染過來的（見圖四五）。

（6）帛書《五十二病方》1片，沒有褐色絹邊、朱絲欄或烏絲欄，有倒印文（見圖四六）。

（7）帛書《陰陽五行》乙篇2片，沒有褐色絹邊，是畫有朱絲欄，沒抄文字的"空白頁"。

我們在大體確定這些所謂"空白片"的歸屬之後，發現有許多值得思考和討論的問題，下面僅就兩個方面做些粗淺的探討。

圖四四　　　　　圖四五　　　　　　圖四六

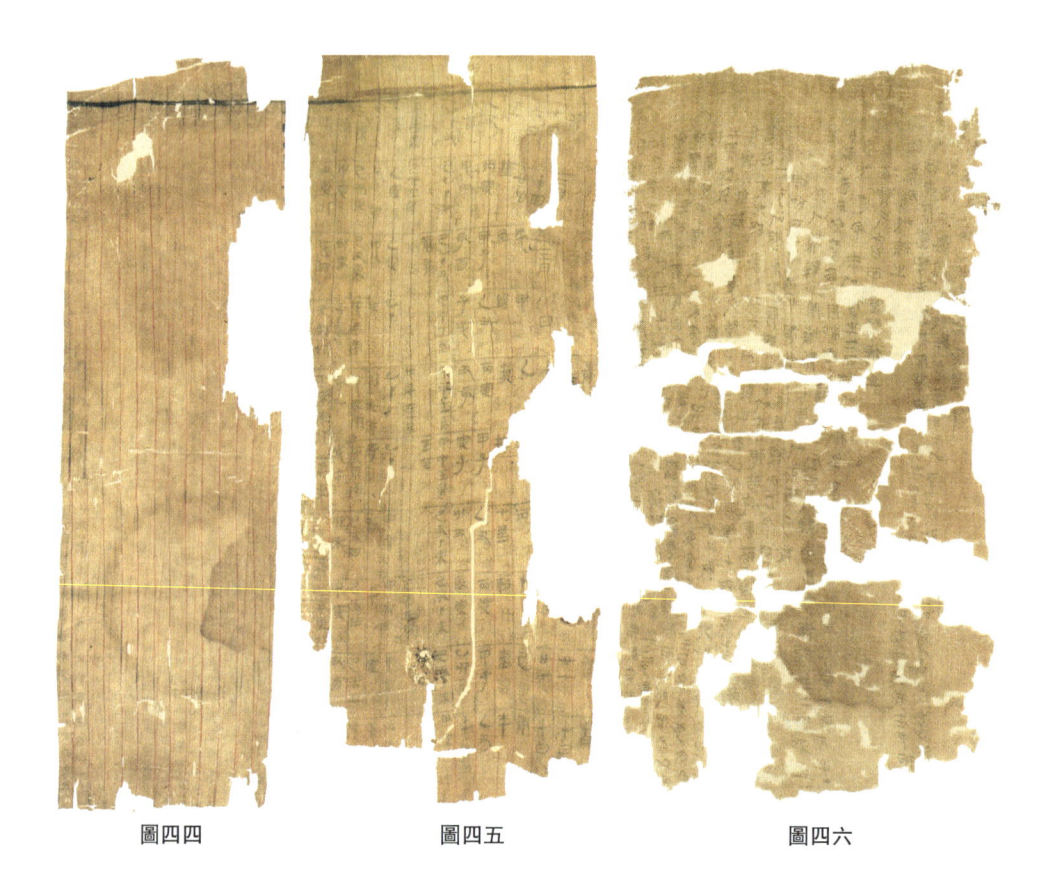

　　首先，從帛書載體的分件上來看，帛書幅長的確定可能直接影響到對帛書本身的完整性的認識。如帛書《相馬經》由於圖版一直沒有整體發表，而研究這件帛書的文章也相當有限，最有代表性的是趙逵夫先生，他曾認為這件帛書宜定名為《相馬經·大光破章詁訓傳》，並引證余嘉錫《古書通例》卷三《古書單篇別行之例》說："馬王堆漢墓出土這部《相馬經》在下葬之時，便只有此《大光破章》一篇。故此篇之經、傳、故訓皆完整無缺，而其他篇文字一概不見。從這個角度上說，馬王堆發現的這部《相馬經·大光破章故訓傳》是完整的，並不殘缺。"①

　　應該說，趙先生對帛書《相馬經》的分析和解說是很有說服力的，就這部《相馬經·大光破章故訓傳》來說，確實"並不殘缺"，但我們現在根據

---

① 馬王堆漢墓帛書："相馬經·大光破章故訓傳發微"，《文獻》，1989年第4期。

帛書"空白片"的拼複後發現，在這篇文獻的第77行之後，還空有14片已經畫好朱絲欄的"空白片"，其中第77行上幾個字的殘缺筆劃在第一張"空白片"的上部找到，兩者正好可以相拼接（見圖四七）。

這樣完全可以確定這14片已經畫好朱絲欄的"空白頁"是接在所謂《相馬經·大光破章故訓傳》之後的。但這麼長的已經畫好欄格的絹帛置於卷尾，在所有的帛書中是唯一僅有的例子。如果說這麼長的"空白片"是卷尾的留空那是說不過去的。因為據我們的考察，每件帛書在抄寫之前，都有一個佈局的階段，有的還用紅線劃出大致的抄寫範圍和圖式的位置，如帛書《刑德》乙本就是典型的例子。一般說來，帛書抄寫之前，大都要劃出朱絲欄或烏絲欄，而在48釐米寬的絹面上劃這些密密麻麻不到1釐米的欄格並不是很容易的事，因此大都是在基本計算好抄寫內容的

圖四七

多少後再劃欄格的，所以一般卷尾的空白欄格都比較少，少則幾行，如帛書《刑德》乙篇，多則幾十行，如帛書《五星占》等。但像這種長達14片，比所抄帛書內容還要長的卷尾顯然是很特殊的。我們從形制上來分析，這件定名為《相馬經》的帛書應該是一件尚沒抄完的文獻，誠如趙先生所分析的那樣，這只是《大光破章》一章而已，它應該還有另外的章節是準備要抄上去的，但不知是什麼原因，這件帛書尚沒抄完就疊進了漆奩盒內，成了這樣一份類似於半成品的帛書文獻。因此，我們在對這件帛書的長度進行介紹時，就應該充分考慮這件帛書形制的特殊性，應該將它卷尾的所有"空白片"計算在內。

其次，帛書的抄寫和存放，可能因抄寫內容的不同，會有完全不同的保存方法。我們現在所知的帛書數量，如果按一篇為一種來分的話，至少有50種以上；如果從內容來看，它至少包括了《漢書·藝文志》所分六略中的藝

文略、諸子略、數術略和方技略等四大類。但我們注意到，與"空白片"有關的帛書並不是每一種都有，而主要是集中在帛書《周易》《黃帝書》《老子》乙本這三種。而且這些"空白片"都是有深褐色絹邊的。這種褐色絹邊，在所有的帛書文獻載體中都沒出現過。因此，這很可能是一種專門設計和製作的絲帛。它的主要作用不是用來抄寫圖書文獻，而是用來保護所抄的帛書原件的。也許是這種帶有褐色絹邊的絲帛本身就比素色絲帛來得複雜，也許是這類絲帛的編織更加費工而愈加珍貴，所以使用量想當有限，故只有特別重要珍貴的文獻才使用這類保護材料。這方面特別能說明問題的是帛書《周易》經文和緊隨其後的《二三子問》的那8片朱紅色的"空白片"。最初，我們還以為是用硃砂染紅的絲帛，後經用顯微鏡檢測，我們驚訝的發現，這8片帛片竟是用硃砂染紅的絹絲和深褐色的絹絲編織而成的（見圖四八）。

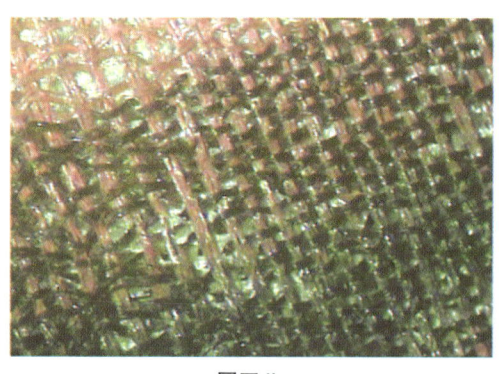

圖四八

那麼，為什麼這8片帛片要用朱染的紅色絹絲來編織呢？

王序先生曾指出："硃砂，是一種礦物，化學成分為硫化汞，三方晶體呈板狀或菱面體狀，有很多別名，通常稱之為丹砂、丹、朱。它以產於辰州（今湖南沅陵一帶）者最著名，故又稱之為辰砂。一般作煉汞的主要原料，質優者除供藥用外，大多研磨成微細粉末作高級顏料，呈大紅色。分散性好，遮蓋力強，色彩鮮麗光輝又非常耐久，廣施於宮殿建築、高級傢俱、工藝品的裝飾和髹漆以及繪畫諸方面。其源流至少可以上溯到西元前十多個世紀以上。由於這種朱紅色是古代五色（青黃赤白黑）制度中的正色之一，所以帝王貴族宮室飾朱門，車乘飾朱輪，身上也要衣朱衣，服朱繡。朱紅色遂成為社會上層階級權勢與地位的象徵。"[1]

---

[1] "漢代織繡品硃砂染色工藝初探"，《十世紀前的絲綢之路和東西文化交流——沙漠路線考古烏魯木齊國際討論會》，新世紀出版社，1996年。

可見，用朱紅色的絹絲織成絹面，並且還用褐色絹絲織邊的這種絲帛，肯定是一種高貴和極其重要的象徵。我們知道，《周易》是古代文獻中最重要的經典之一，也許正是因為這篇經典文獻極其重要，故當時的帛書抄寫者特別用這種朱紅色的絲絹來覆蓋和保護這件抄寫好的經典文獻。值得特別注意的是，這8片帛片所放的位置是呈對角形排列的，它並不是簡單的將一張絲絹覆蓋在抄好的帛書上，而是將48釐米寬的幅面對折裁開，然後分別按一下二上三下四上五下六上七下八上的順序單頁地覆蓋在帛書上。這樣無論是帛書上下對折還是左右對折存放，它們都基本不重複地覆蓋和保護了上下左右的帛書內容。也許正是這種特殊的排列和存放方式造成了帛書《周易》原件中所反映出來的一種特殊的朱色特徵，即帛書《周易》經文和《二三子問》的帛書顏色就奇怪的呈現出一上二下三上四下五上六下七上八下這樣紅色交叉的現象。對這種紅色絲帛現象，我們開始也認為是與有反印文的空白頁一樣，是人為編織的，但我們用顯微鏡檢查發現，這看上去是紅色的絲絹者，並不是用朱絲編織而成的，因為在顯微鏡下看不到紅色的經線或緯線，而且有好幾塊帛的上下都不呈紅色。在否定了用紅色絲線編織而成之後，我們就懷疑他是那8塊特殊的紅色絲絹覆蓋在上面之後，經過長期的棺液浸染之後給染上去的，因為文字的浸染是很常見的一種現象。但我們很快也發現這種解釋是難以成立的，因為根據反印文來分析，那8塊特殊的紅色絲絹所覆蓋的那8片帛書都沒染成紅色，而是保存著黃色卷的本來面目，那說明這種紅色絲線所編成的絲帛是基本不脫色的。這方面王序先生在他的論文[①]中也指出過，他認為硃砂的"遮蓋力強，色彩鮮麗光輝又非常耐久"，"在天然材料中，中國的髹漆工藝

圖四九

---

① "漢代織繡品硃砂染色工藝初探"，《十世紀前的絲綢之路和東西文化交流——沙漠路線考古烏魯木齊國際討論會》，新世紀出版社，1996年。

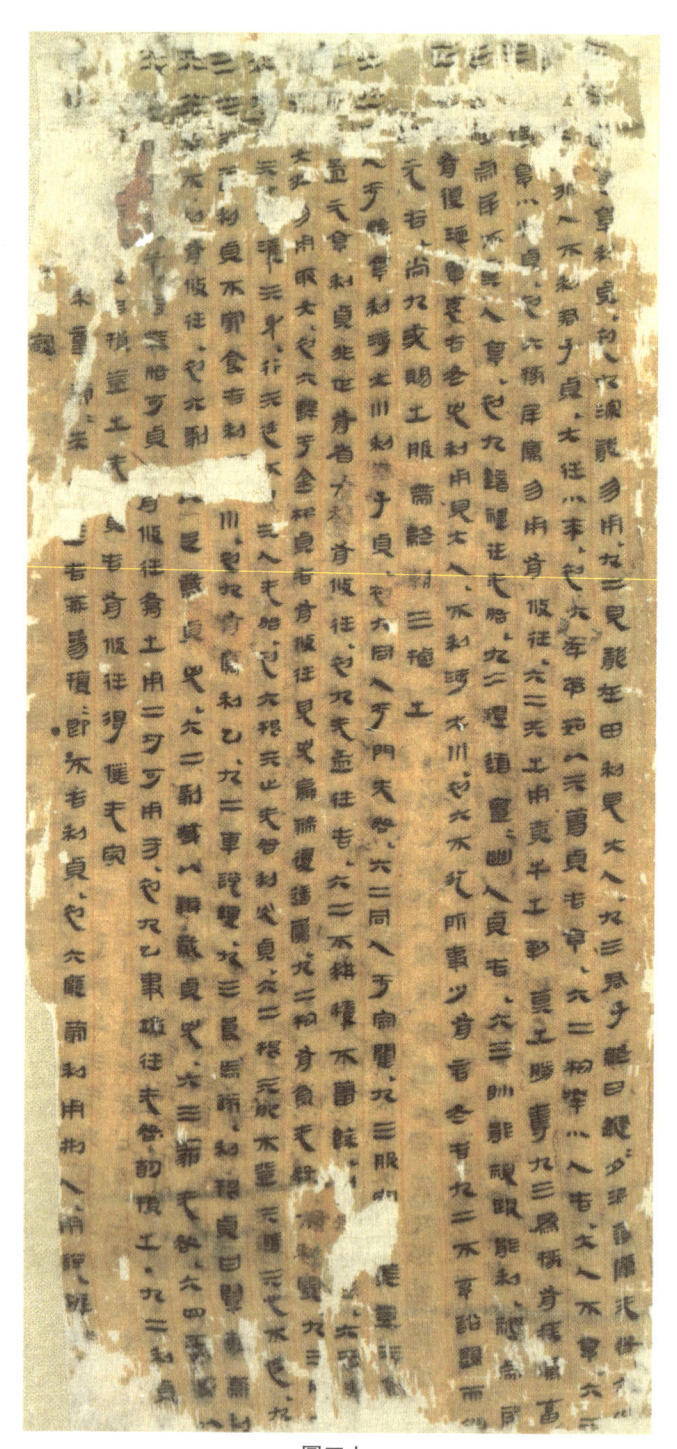

圖五十

自古有名，就目前所知，至少在先商時期便有了油漆加工遺物出土。到戰國時期，已達到精湛無匹的地步。""在出土文物方面，用油漆加工的絲織物，則有漆紗、漆纚之屬。值得特別注意的，是1957年長沙左家塘楚墓出土的矩紋錦殘片。錦面上蓋有朱色印記（見圖四九），雖稍欠完整卻印色濃重，附著也很牢固。"這多少都間接地說明硃砂的附著力遠比墨要強很多，用它染成的紅色絲線所編成的絲帛本身是不容易脫色的。這樣也就排除了朱色浸染的可能。

我們在排除朱色浸染的可能性之後，很快就確定了帛書原件上的8塊朱色絹是在抄寫好帛書《周易》和《二三子問》之後，在放置好用於覆蓋和保護絹面的絲帛後平塗上去的。這方面可以從帛書原件上的色彩差異上得到較好的解釋。首先是帛書《周易》的開篇，即現在所分的所謂"一上"這一頁中，有好幾處比較濃的硃

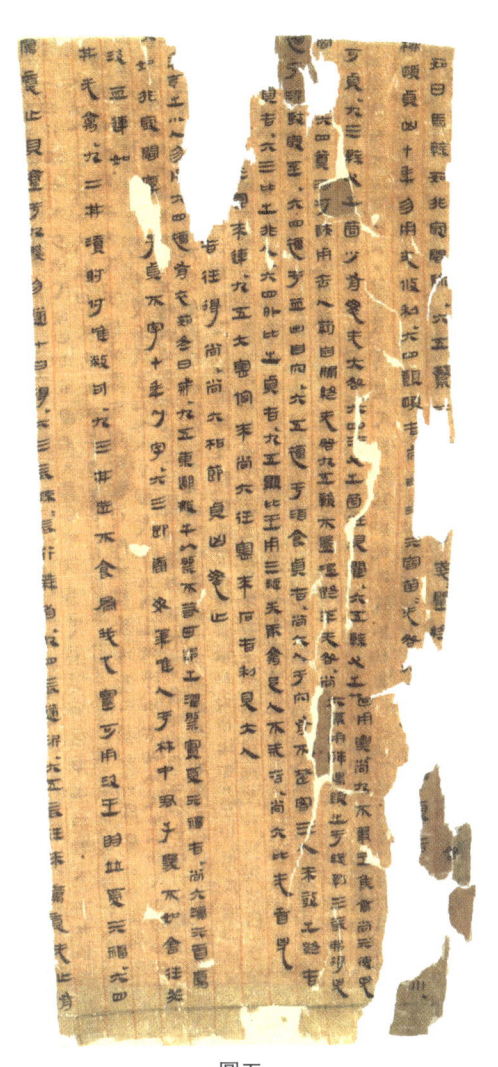

圖五一

砂滴痕（見圖五十）。這些滴痕顯然不是改錯的塗改，而應是平塗絹面之前不小心留下的滴痕。第二是這8片朱色絹的上下都有沒塗朱色的整齊痕跡（見圖五一），並且在交叉的絹面之間也有明顯的塗抹痕跡。因此，我們可以這樣基本判斷，帛書《周易》和《二三子問》在抄寫完畢之後，先用8片朱色為面、褐色為邊的絲帛覆蓋後，再用硃砂平塗其它8片，從而使這一部分整體上都呈紅色，顯得與其他的帛書特別的不一樣。如果我們上面引述的有關朱色高貴的說法可以成立的話，那帛書《周易》肯定是所有帛書中墓主人最看重、最

珍貴的一份文獻。

　　與這部分紅色為體的帛書《周易》和《二三子問》相比，從《繫辭》開始的其他幾篇《易傳》的文獻就沒有這種特殊的待遇了，儘管它們也是用有褐色絹邊的絲帛分別覆蓋和保護，但其絹面已不是紅色，而且帛書本身也不塗硃砂，可見其地位在墓主人看來已是次一等的了。但就是這種次一等的待遇也只有帛書《黃帝書》和《老子》乙本才有，至於其他文獻就基本上沒有這種講究了。如帛書《出行占》和《五十二病方》兩種雖然也有倒印文的所謂"空白片"，但它們都不是專門編織的，因為它們既沒有褐色的絹邊，也沒有足夠的覆蓋帛片，如《五十二病方》就僅有一片而已。此外，其他帛書則連一片這樣的"空白片"都沒有，那這該怎麼解釋呢？如果我們單從帛書內容來考慮的話，既然帛書《老子》乙本和它卷前的《黃帝書》有這種講究的話，那帛書《老子》甲本及卷後四篇古佚書也應該有這種講究，但很遺憾，就是沒有。究其原因，一則也許是幅寬的原因，這種卷在木片上的半幅帛書可能不便使用這種特製的"空白片"，二則或許是抄寫的時代和抄手的習慣使然。但不管怎樣，這種特製的帛書"空白片"的出現至少說明墓主人當時對帛書的抄寫和存放是很講究的，它並不是隨便折疊存放的。同時它也說明，這些帛書雖然存放在一起，但實際上是分等級的，越是那些經典的文獻，其保存方式也就越講究。

第二章　馬王堆帛書性質與分類

一、馬王堆帛書的道家傾向

馬王堆三號漢墓出土的帛書共十餘萬字，按其內容可分為十類：一、《老子》甲本及其卷後佚書；二、《老子》乙本及其卷前的《黃帝四經》；三、《周易》《易傳》；四、《戰國縱橫家書》《春秋事語》；五、《五星占》《天文雲氣雜占》；六、《刑德》三篇；七、《陰陽五行》兩篇；八、《導引圖》《卻穀食氣篇》；九、《五十二病方》《雜病方》《養生方》《胎產方》等醫書；十、《相馬經》《木人占》等。對這十類帛書，過去人們一般將其區分為哲學、歷史、醫學、術數等內容分別進行研究，迄今尚罕見有人加以整體宏觀的把握和論述。但這樣的問題是無法迴避的，即這些看上去似是分屬於不同學科的著作，為什麼被集中在一起，同裝在一個盒子裏隨葬呢？在筆者看來，答案應當是：這批帛書連同那二百支醫簡，本來就是一個有著共同思想內容的有機的整體，這些帛書多數雖出於先秦，但它們作為一個經過編纂的整體，乃是西漢初期道家學派的資料匯編。

（一）

在就各篇帛書的道家思想性質進行論證之前，首先應當確定我們的評判標準。我們根據什麼斷定這些帛書屬於道家學派呢？道家思想的主要特徵又是什麼呢？這個問題初看起來非常複雜，但若注意到這些帛書是出土於漢初墓葬，問題就很簡單了。因為司馬談的《論六家要旨》和班固的《漢書·藝文志》，對道家的思想特徵有着最權威的說明。

司馬談《論六家要旨》說："道家使人精神專一，動合無形，贍足萬物。其為術也，因陰陽之大順，采儒、墨之善，撮名、法之要，與時遷移，應物變化。立俗施事，無所不宜。指約而易操，事少而功多……其術以虛無為本，以因循為用。無成勢，無常形，故能究萬物之情，不為物先，不為物後，故能為萬物主。"

班固在《漢書・藝文志・諸子略》中亦高度概括說："道家者流，蓋出於史官，歷記成敗存亡禍福古今之道，然後知秉要執中，清虛以自守，卑弱以自持，此君人南面之術也。"

這兩家之說雖不盡相同，但他們的見解大致代表了西漢人對道家的基本認識。我們現在來談西漢初年的道家學說，自然當以西漢人的見解為準，斷不可以今人對道家的認識來強解馬王堆漢墓帛書所體現的道家學說。張舜徽先生曾指出"西漢學者多能識得道家深處"[①]，真是一言中的。我們這裏討論西漢初年的道家學說，自然得以西漢人的理解和認識為鑰匙，來還其歷史的本來面目。

根據司馬談、班固的論述，我們可以把當時道家學說的基本要素概括出來。首先，這種學說的實質乃是為萬物主的"君人南面之術"。張舜徽先生曾精闢地指出："這裏所提出的'此君人南面之術'，一語道破了道家學說的全體大用……應該算得是一句探本窮源的話，我們沒有理由不重視它。"他接著分析道：

"《漢書・藝文志》，是以劉歆為底本改編而成的。其中各部類的敘論，絕大部分都是《七略》中《輯略》裏面的原文，像上面所舉介紹道家的一段話，也自然不能例外。那些話不是劉向、劉歆父子校書時，專憑主觀臆造出來的，而是在西漢學者們人所共知的理論基礎上提出來的……所以《七略》裏介紹道家學說'此君人南面之術'的那句話，無疑是西漢學者們共同的認識。劉歆既寫入《七略》，保存了這句極其寶貴的名言，應該被後人看成是研究道家學說的指針。"[②]

---

① 《周秦道論發微》，中華書局，1982年。
② 同上。

所謂"南面之術",也就是指君王統治的權術。這種權術,在先秦文獻中即多稱之為"道",而這種道的最核心的東西乃是"以虛無為本,以因循為用。無成勢,無常形"的"清靜""無為"的統治思想。而這種思想在《老子》一書中曾得到反復的強調。諸如"聖人處無為之事,行不言之教","是以聖人之治也,虛其心,實其腹,弱其志,強其骨","故聖人云:我無為而民自化,我好靜而民自正;我無事而民自富,我無欲而民自樸"等,均是這種"南面之術"的根本性的方法論。

帛書《老子》甲、乙本雖與傳世的河上公注本、王弼注本和傅奕校定本有較大的不同,例如諸本《老子》《道經》在前,《德經》在後,而帛書本則正好相反,是《德經》在前,《道經》在後。又如諸本《老子》分為八十一章,帛書本則不分章等等,但其基本內容和精神實質是一脈相承的,都是"君人南面之術"。唯一大不同的是諸本都稱"道常無為而無不為",但在帛書本中,卻完全沒有"無不為"的字眼。這種根本性的不同,究竟誰真誰假呢?許多學者認為:帛書《老子》甲、乙兩本抄寫的時代不同,書手亦不同,但此處都作"道恆無名",這說明這句話抄錯的可能性極小。[1]而從文義上理解,"道恆無名,侯王若能守之,萬物將自化",讀起來比"道常無為而無不為,侯王若能守,萬物將自化"更為通順流暢。再聯繫三十二章的"道常無名……侯王若能守之,萬物將自賓"去理解,"道恆無名"也應是《老子》的原樣,更何況凡諸本中稱"無為而無不為"的地方,在帛書本中根本就不見蹤影。因此,可以說,"無為"乃是老子哲學的核心,所謂"無為而無不為"當是戰國晚期或漢初以後思想家或史學家改造的結果。

其次,道家學說是融合百家之長而形成的一個龐大體系。司馬談所言"其為術也,因陰陽之大順,采儒、墨之善,撮名、法之要"這種特點,在帛書《黃帝四經》中表現得淋漓盡致。

帛書《黃帝四經》是抄錄於《老子》乙本前的四篇古佚書,共分為《經法》《十六經》《稱》《道原》四篇,其中《經法》主要講述以法治國的道理;《十六經》主要講政治、軍事鬥爭的策略;《稱》主要講施政、行法的方法;

---

[1] 鄭良樹:"論帛書本《老子》",《竹簡帛書論文集》,中華書局,1982年。

《道原》主要是宇宙觀論。這部失傳已久的古佚書，經考證研究，乃是同《老子》同源異流的黃學思想的代表作。其思想内容是漢初道家學說的一個重要組成部分。下面我們且摘引《黃帝四經》的部分内容來驗證一下道家學說兼采眾說之長而自成體系的特點。

所謂"因陰陽之大順"，也就是取陰陽家之精華為道家所用。司馬談曾解釋說："夫春生、夏長、秋收、冬藏，此天道大經也，弗順則無以為天下綱紀，故曰四時之大順不可失也。"（《史記·太史公自序》）這方面，在《黃帝四經·經法》中亦有非常類似而精當的論述：

"天地之恒常，四時、晦明、生殺、柔剛。"

"天地無私，四時不息……過極失當，天將降殃。"

"動靜不時，種樹失地之宜，則天地之道逆矣。"

"四時有度，天地之理也。日月星辰有數，天地之紀也。三時成功，一時刑殺，天地之道也……"

可見，陰陽四時之說，在黃學思想中是一個不可或缺的部分。

所謂"采儒、墨之善"，意思即道家學說兼取了儒家、墨家的長處。儒家的長處是什麼呢？用司馬談的話來說，就是"列君臣、父子之禮，序夫婦、長幼之別"（《史記·太史公自序》）。這一點，《黃帝四經·經法》中曾多次論及，諸如：

"其子父，其臣主，雖強大不王。"

"君臣易位謂之逆，賢不肖並立謂之亂。"

"君臣當位謂之靜，賢不肖當位謂之正。是可知儒家思想亦多為道家所用。"

墨家所強調的是要強本節用，《黃帝四經·經法》中亦反復加以強調說："人之本在地，地之本在宜，宜之生在時，時之用在民，民之用在力，力之用在節。知地宜須時而樹，節民力以使，則財生。"可見，墨家思想亦為道家思想相容並收。

再看司馬談所說的："撮名、法之要。"名家主張"控名貴實，參伍不失"（《史記·太史公自序》）。《黃帝四經·十六經》亦多同此主張云："欲知得失，請必審名察形，形恒自定，是我愈靜，事恒自施，是我無為。"法家的精要是要"不別親疏,不殊貴賤,一斷於法"(《史記·太史公自序》)。《黃帝四經·經法》亦多稱:"法度者,正之至也。而以法度治者,不可亂也。而生法度者,不可亂也。精公無私而賞罰信,所以治也。""是非有分,以法斷之,虛靜謹聽,以法為符。"

從以上對比排列分析可以知道,道家學說確如司馬談所言,是"因陰陽之大順,采儒、墨之善,撮名、法之要"的龐大思想體系。

據班固所說,道家的思想淵源之一乃是"史官"。道家學說其所以能成為"君人南面之術",是因為它能"歷記成敗存亡禍福古今之道"。由於這個緣故,道家著作的系統自然要包括那些論述"古今之道"的歷史類著述。

(二)

馬王堆帛書中的歷史類著作有《戰國縱橫家書》和《春秋事語》兩種。其中《戰國縱橫家書》共二十七章,一萬七千多字。通過整理研究,其內容大致可分三個部分(或以為應分四個部分[①]),其中前十四章為一單元,主要是有關蘇秦遊說的記載。第十五章至第十九章因其每篇之末都有字數統計,而且在第十九篇之末又有這五篇字數的總計,所以,這五篇自為一個單元。最後八章,楊寬先生認為是出於又一種輯錄戰國遊說故事的冊子,因而將其定為一個單元。鄭良樹先生則根據每章中人名的統計,將第二十章至第二十四章及第二十七章稱為一批,而將二十五章及二十六章另稱為一批。[②]但不管到底分為幾部分,大家比較一致的意見是,該書是一種以蘇秦遊說資料為主的戰國縱橫家言論的輯本,大約抄定於漢惠帝時代。它的出土,既為我們提供了比較原始的有關蘇秦的資料,糾正了有關蘇秦的文獻記載中的某些謬誤,又為我們訂正有關歷史文獻提供了強有力的佐證。例如今本《戰國策·趙策四》"左師觸龘願見太后"這一句,《史記》上作"左師觸龍言願見太后"。二者究竟誰是誰非,似很難論斷。今帛書《戰國縱橫家書》所書與《史記》相同,這完全說明《史記》本的正確,從而澄清了這個久疑不釋的訓

[①] "論帛書本'戰國策'的分批及命名",《竹簡帛書論文集》,中華書局,1982年。

[②] 同上。

詁問題。

  帛書《戰國縱橫家書》為什麼會與《老子》《黃帝四經》等書放在一起呢？有人曾這麼認為："縱橫之學"從戰國延至漢初，繼續是一種"熱門"的顯學而廣泛流傳，成為士大夫們輯錄學習的主要資料、模仿操練的一種腳本。因此，它同《老子》等書一起出土是不奇怪的。[①]我們以為，這種見解是比較勉強的。因為且不必詳說劉邦建立漢朝以後，所謂"縱橫之學"實際上已沒有什麼用武之地，就是退一步說，假如同意"縱橫之學"是作為當時"熱門"的顯學而同《老子》等書隨葬的見解，那麼，《春秋事語》這部據張政烺先生考釋為歷史教科書的帛書又為什麼也會同《老子》等書一起隨葬呢？這裏恐怕再不能將《春秋事語》也視為"熱門"的顯學吧？因此，與其以現代人的眼光去釋解二千多年前的文化現象，還不如以漢代人的理解來認識這種文化現象。班固所言"道家者流，蓋出於史官"，這似乎已明確告訴我們，道家和史官本是同源的。道家思想既然主要是"君人南面之術"，那麼，參稽歷史，熟悉歷代君王的"成敗存亡禍福古今之道"自是道家之本分。因而，諸如《戰國縱橫家書》《春秋事語》這類歷記興亡成敗的史書本身也就是漢初道家學說的一個組成部分。

（三）

  馬王堆帛書的其他各種，如《周易》《導引圖》《卻穀食氣》等，也可歸入道家著作的範圍之內。

  先看《周易》。《周易》與道家的思想本是相通的，例如在宇宙觀方面。帛書《易傳·繫辭》說"一陰一陽之謂道"，"易有太極，是生兩儀，兩儀生四象，四象生八卦"。這就是說，世界是一陰一陽構成的，陰陽兩儀又是由絕對存在的太極造成的。由太極變生出陰陽兩儀，再由陰陽兩儀相合變生出四象、八卦乃至萬事萬物。這種認識，與《老子》書中所強調的"道生一，一生二，二生三，三生萬物"的生化原理何其相似！又例如在對事物發展變化規律的認識上，《周易》強調變易、運動和轉化，諸如所謂陰陽變易，否極泰來之

[①] 《馬王堆漢墓》，文物出版社，1982年。

類，《周易》卦爻辭中隨處可見。而《老子》一書亦同樣強調事物的變化、運動和轉化，諸如："合抱之木，生於毫末；九成之臺，起於累土；百仞之高，始於足下。""禍兮，福之所倚；福兮，禍之所伏"等，比比皆是。或許亦正因為這種相同關係，故東漢以後興起的奉老子為師祖的道教就非常注重對《周易》的研究，許多道教名師都做過深入的易學研究。如《宋史·陳摶傳》記載：陳摶好《易》，曾作《無極圖》《先天圖》，並以《無極圖》刻於華山石壁。這無異於說明，《周易》實與道家學說息息相通，關係密切。

帛書《周易》與通行本相校，雖有卦序、卦名、卦體以及用語的諸多不同，但作為《周易》的較原始形式的古本，其思想脈絡和主要內容與通行本是一樣的。它之所以與黃老文獻同出於一個墓中，除了說明它確與黃老思想關係十分密切外，亦間接地說明漢初的道家學說本身就是涵括《周易》在內的。

最後，帛書中的醫書，包括《導引圖》《卻穀食氣篇》等又該怎麼解釋呢？我們以為：漢代初期所盛行的道家思想除了其社會、政治的理論外，還有一個作為道的本體意義的層次，即表現在人體生命層次上的道是我們不應該忽視的。其實，老子本身就是在這個層次上，積極開發科學攝生之道以修道養壽的典型。《史記·老子韓非子列傳》就稱："蓋老子百有六十餘歲或者二百歲，以其修道而養其壽也。"很顯然，司馬遷在這裏所言的"修道"，並不是哲學意義上的修道，而是指的養生之道。從這個角度去審讀《老子》，那諸如"虛其心，實其腹""載營魄抱一、能無離乎？專氣致柔、能嬰兒乎？""致虛極，守靜篤"等語，完全可以視為老子講究心情安靜，思想集中，呼吸柔和，氣貫丹田的練功養生之法。難怪王充在《論衡·道虛》篇中說："世或以老子之道為可以度世，恬淡無欲，養精愛氣。夫人以精神為壽命，精神不傷則壽命長而不死，成事，老子行之，逾百度世，為真人矣。"這說明至少到東漢時期，人們還將老子視為善養生調氣、延年長壽的行家裡手。因此，馬王堆漢墓醫書，包括《導引圖》《卻穀食氣篇》《養生方》《五十二病方》等與《老子》《黃帝四經》《周易》放在一起，這不是偶然的。它應該是與道家學說密切相關的一部分內容，或者說，本來就是道家學說中的養生術。這養生術包括導引、辟穀、去疾、治病等諸多方面，從現代醫學的角度去認識和研究，完全可以將其稱為西漢初年的醫學大百科，儘管它當時也許僅僅是道家學說的養生健身術而已。

二、馬王堆帛書的分類理據與細目

馬王堆三號漢墓出土的帛書（包括帛圖，即有題記文字的圖表），全部出土於三號墓東邊箱內編號為57的長方形黑色漆盒（見圖三八）中（故所有帛書的編號為57—6），該漆盒分上下兩層，內設5個長短大小不等的方格，其中長條形的方格中放置了《導引圖》《老子》甲本及卷後古佚書四種、《春秋事語》和醫簡四種，其餘帛書則呈長方形疊在一起放在一個大方格之中。

馬王堆帛書用墨或硃砂（僅《刑德》丙篇一種）分別抄寫在整幅（48—50釐米）或半幅（24釐米左右）的黃褐色絲帛上。絲帛上分別劃有朱絲或烏絲欄格，每行字數，凡整幅者，一般在70字左右；半幅者，一般是32字左右。帛書每篇均從右至左直行書寫，也有隨圖表四方錯列書寫者，每一種帛書的開篇多以墨丁（或稱墨記、墨塊）為標記，每篇的末尾多標明題目和字數，文中的章節則多用墨點或朱點來標示。帛書的抄寫時代在戰國末年至漢文帝12年（西元前168年）之間，由於抄寫的時代不同，抄手的書藝風格各異，所以帛書所顯示的字體形態也多不相同。歸納起來，大致可分為篆隸、古隸、漢隸三種。

所謂篆隸，就是用隸書的筆意、篆書的結構抄寫的帛書，如《陰陽五行》甲篇（或稱"篆書陰陽五行""式法"）和以《五十二病方》為代表的馬王堆醫書共十一種。這類字體的抄寫時代較早，應該是戰國末年至秦漢之交，漢字隸變過程中處於較早階段的代表性字體之一。

所謂古隸，就是與秦隸極其相近的一種字體，它間於篆隸。字體結構上隸變的痕跡已非常明顯，在筆劃上已點、挑、波、磔並舉；在線條的運用上則方圓並重，粗細相間，顯得相當的自由舒展，古意盎然。如《老子》甲本、《春秋事語》《戰國縱橫家書》等。如果從書法藝術的角度來審視，這類古隸抄寫的帛書是馬王堆帛書中最具藝術審美價值的精華所在。

所謂漢隸（或稱今隸），就是字體的構形比較規範，用筆已比較有規律，字形呈扁方形，筆劃左波右磔對比強烈，字距行間規整有序的一種比較成熟而定型的漢隸字體。這類字體的帛書如《周易》《老子》乙本、《相馬經》、《五星占》等，都是當之無愧的代表作。

帛書的形制雖有整幅和半幅之分，但都是呈手卷式展開。長的如帛書《老子》甲本及卷後古佚書就有318.2釐米長；短的如帛書《春秋事語》，也有55.3釐米。這些手卷式的帛書在漆奩盒內存放時呈兩種狀態，一種是以木片為軸心卷成一卷，如《老子》甲本及卷後古佚書和《春秋事語》，一種則分別折合成16開大小的長方形疊放在一起。絕大多數帛書都是這種存放方式。

馬王堆帛書的準確字數是多少，尚不能確定。因為帛書在揭表的過程中，造成了許多的殘片和碎片，其中那些碎片的字數難以準確計算。現經統計（碎片上的字只能大略估計），大約是11萬5千餘字。

關於馬王堆帛書的種類，亦有好幾種說法。最先發表的《馬王堆二、三號漢墓發掘的主要收穫》[①]一文中稱"共有20多種書籍"，後來，或稱為26件，或稱為28種，或稱為30餘種，其中最為詳細列出帛書編號目錄的是韓仲民先生在《長沙馬王堆漢墓概述》[②]一文中所作的分類。按照他的分類，馬王堆帛書共有15大類40餘種。當然，這僅是帛書整理初期所作的大致分類，且分類的標準和理據又各不相同。有的是以件為單位，有的是以種為單位，故所得的結果多不相同。從分類的理據來看，有的參照現代的圖書分類法來給帛書分類，有的則是按照現代的學科分類來給帛書分類，故其分類的結果也多有差異。現在，通過近40年來馬王堆帛書的整理和研究，學界對帛書內容的研究已比帛書發現初期拓展了許多，對帛書的認識也深入了不少，故而對帛書的定名、分類，也有了更清楚的界定。下面我們且按《漢書·藝文志》的圖書分類，以一篇帛書作為一種，包括文字較多的帛圖在內，將馬王堆帛書大致分為5大類共50種，其具體目錄如下：

[①] 見《考古》，1975年第1期。
[②] 見《文物》，1974年第9期。

1. 六藝類

57-6① 《周易》(或稱《六十四卦》)

57-6② 《二三子問》(或稱《二三子》)

57-6③ 《繫辭》

57-6④ 《衷》(或稱《易之義》《易贊》)

57-6⑤ 《要》

57-6⑥ 《繆和》

57-6⑦ 《昭力》

57-6⑧ 《春秋事語》

57-6⑨ 《戰國縱橫家書》

57-6⑩ 《喪服圖》

2. 諸子類

57-6⑪ 《老子》甲本

57-6⑫ 《老子》乙本

57-6⑬ 《五行》篇(或稱《德行》篇)

57-6⑭ 《九主》篇(或稱《伊尹·九主》,含《九主圖》殘片)

57-6⑮ 《明君》篇

57-6⑯ 《德聖》篇(或稱《四行》篇)

57-6⑰ 《經法》

57-6⑱ 《經》(或稱《十六經》《十大經》)

57-6⑲ 《稱》

57-6⑳ 《道原》

3. 數術類

57-6㉑ 《五星占》

57-6㉒ 《天文氣象雜占》

57-6㉓ 《陰陽五行》甲篇(或稱《篆書陰陽五行》《式法》)

57-6㉔《陰陽五行》乙篇（或稱"隸書陰陽五行"）

57-6㉕《出行占》

57-6㉖《木人占》

57-6㉗《相馬經》

57-6㉘《"太一將行"圖》（或稱《社神圖》《神祇圖》《辟兵圖》《太一辟兵圖》《太一祝圖》）

57-6㉙《刑德》甲篇

57-6㉚《刑德》乙篇

57-6㉛《刑德》丙篇（這是原帛書整理小組的定名，究其內容，與《刑德》甲、乙篇的內容差異很大，但在沒有確定更好的定名以前，我們仍暫時沿用原來的定名。）

4.方技類

57-6㉜《足臂十一脈灸經》

57-6㉝《陰陽十一脈灸經》甲篇

57-6㉞《陰陽十一脈灸經》乙篇

57-6㉟《脈法》

57-6㊱《陰陽脈死候》

57-6㊲《五十二病方》

57-6㊳《養生方》

57-6㊴《雜療方》

57-6㊵《胎產書》

57-6㊶《卻穀食氣》篇

57-6㊷《導引圖》

5.其他

57-6㊸ 宅位草圖（見圖五二）

57-6㊹ 小城圖

57-6㊺ "物則有刑"圖

地形圖

駐軍圖（這兩幅圖另有編號）

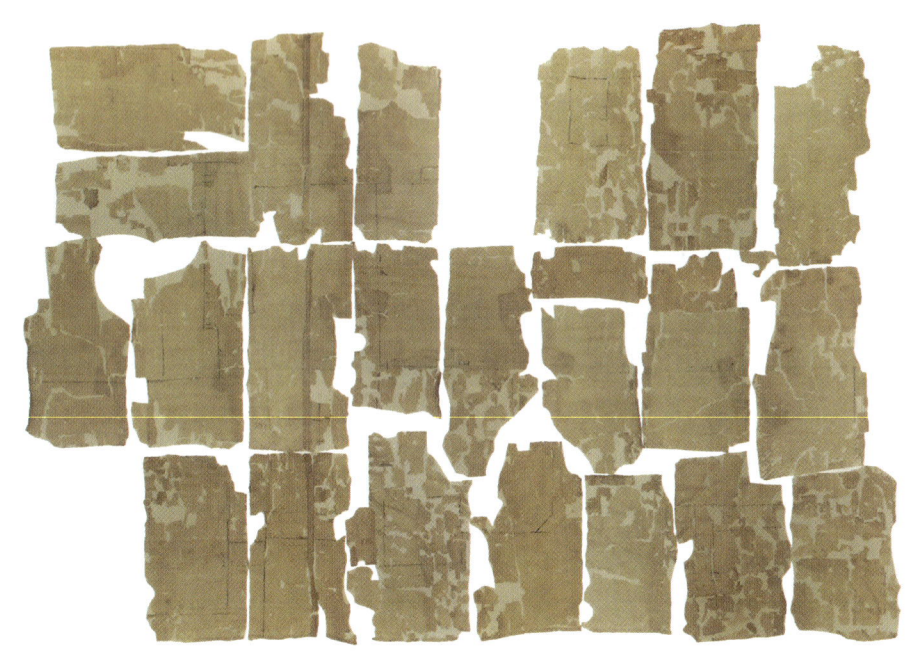

圖五二

57-6㊻ 宅形、宅位吉凶圖（見圖五三）

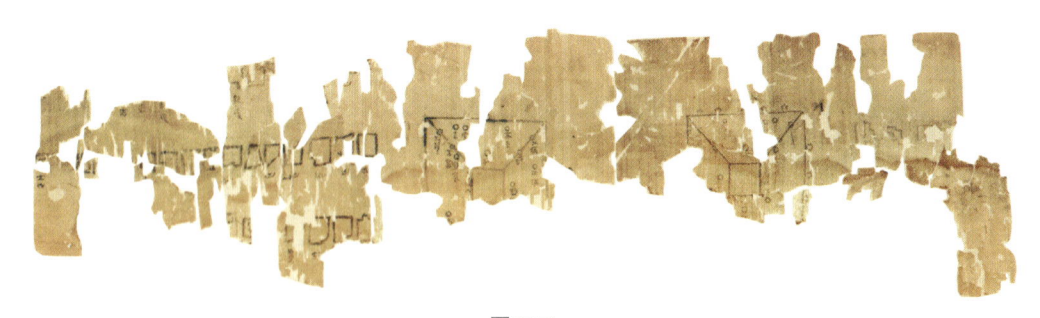

圖五三

此外，還有兩種沒有題記文字的圖：

57-6㊼ 城邑圖（或稱《街坊圖》《園廟圖》《居寢圖》）

57-6㊽ 幡信圖（或稱《符籙》《卦象圖》）

以上的大類劃分，按現代學科分類標準來衡量，似乎並不怎麼科學，但考慮到帛書產生的時代和其本身內容的複雜性，我們以漢代人自己的圖書分類來劃分，這也許分得更清楚些。更何況《漢書・藝文志》的圖書分類，至今也是相當科學而有權威的圖書分類法之一。當然，我們在將帛書進行分類的時候，也多有猶疑不定的時候。如《戰國縱橫家書》，在《漢書・藝文志・藝文略》中有"戰國策三十三篇"，但在"諸子略"的縱橫家這一類中又有"蘇子三十一篇"。帛書《戰國縱橫家書》中有許多關於蘇秦遊說的新資料，也曾有人就認為是已佚的"蘇子三十一篇"，對此，該怎樣歸類呢？我們根據馬王堆帛書整理小組將其最後定名為《戰國縱橫家書》和許多學者徑稱其為別本《戰國策》的傾向，同時參照李學勤先生在《馬王堆帛書與〈鶡冠子〉》[①]一文中的歸類，暫將其歸入六藝類之中。至於帛書的分篇和定名，由於並無後世文獻可一一參照，故研究者見仁見智，有些篇名至今尚未定於一尊，所以我們姑且比較各家之說，按一篇文獻為一種的原則來切分，然後選一種我們覺得定名稍勝者置於前面，後面再用括弧注出其或名，至於學界並不認同的個別定名就不詳列，以免多生歧異。

---

① 《江漢考古》，1983年第2期。

第三章　馬王堆帛書《易傳》整理與研究

一、帛書《繫辭》初探

帛書《繫辭》（見圖五四）自從1973年出土以來，雖間有學者對其進行過不同程度的介紹和研究，但由於種種原因，其全文和圖版遲遲未能與學人見面。時值馬王堆漢墓挖掘出土二十周年之際，為迎接馬王堆漢墓國際學術討論會的召開，筆者和傅舉有先生合作編撰出版了《馬王堆漢墓文物》一書。當時的初衷乃是集中薈萃馬王堆漢墓出土的文物精品，給學術界提供一份翔實而形象的研究材料，同時有選擇地刊出一批尚未發表的新材料。考慮到帛書《易經》《繫辭》在學術界，特別是在思想史研究中的重要價值，故第一次選刊了帛書《易經》和《繫辭》的全部圖版。最初並未考慮發釋文，後因出版社的同志反復強調釋文的必要性，才在該書即將付梓前，匆促地趕寫了《繫辭》的釋文。因時間緊迫和條件所限，釋文未能細細斟酌，亦未來得及請專家審定，即交付出版了，故該書收入的《繫辭》圖版和釋文都留下了一些不應該有的遺憾。現在蒙《道家文化研究》慨允，再次刊發帛書《繫辭》的釋文，筆者對《繫辭》的圖版重新進行拼接，核對原物，同時參稽時賢之說，對釋文進行了較為仔細的復覈和校訂。下面僅就筆者在帛書《繫辭》的圖版拼接和釋文過程中所想到的幾個問題做些粗略的探討。

1.關於帛書《繫辭》的篇幅

帛書《繫辭》出土以後，不少學者對其進行了不同程度的整理和研究。

第三章　馬王堆帛書《易傳》整理與研究

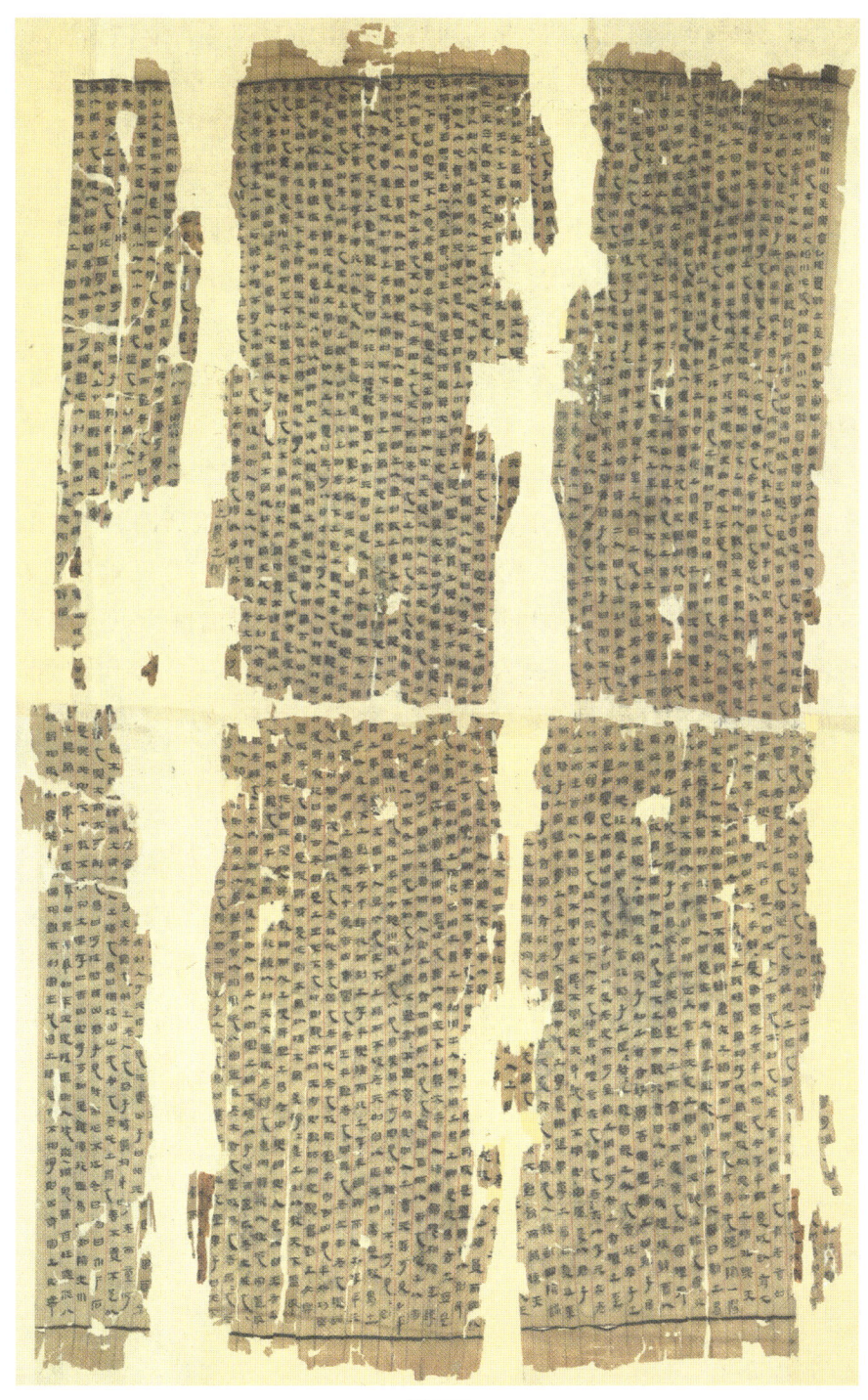

圖五四

特別是以已故的于豪亮先生的《帛書周易》[①]為代表，認為帛書《繫辭》分上下兩篇，上篇三千餘字，它包括通行本《繫辭上》的第一章至第十二章（其中缺第八章），還包括通行本《繫辭下》的前三章和第四章的一部分、第七章的一小部分以及第九章。下篇則從"子曰易之義"開始，三千七百餘字，它包括三個部分，一部分是不見於通行本的兩千餘字，一部分則是通行本《說卦》中的前三節，最後一部分則是通行本《繫辭下》的第五章、第六章、第七章的一部分和第八章。上下兩篇合計六千七百餘字。

這種意見當時得到了很多學者的認可，以至許多言及帛書《繫辭》的文章或論著中，均援引其說。後來，韓仲民先生根據自己整理帛書的體會，對此提出了異議。他在《帛書〈繫辭〉淺說——兼論易傳的編纂》[②]一文中，認為帛書《繫辭》不分上下篇，只有三千餘字。而所謂下篇實際上是另一篇佚書。隨後，張立文先生在《〈周易〉帛書淺說》[③]一文中亦支持韓仲民先生的觀點，並將所謂下篇的古佚書徑稱為《易之義》。這兩位先生對於帛書《繫辭》的認識，主要基於以下幾點理由：第一，馬王堆帛書中分篇的標誌是多在篇首畫有墨丁。帛書《繫辭》的第一行"天尊地卑"的頂端標有墨丁，而在第四十八行"子曰：易之義"的頂端亦標有墨丁，這與帛書《二三子問》《要》篇的首行頂端標有墨丁一樣，均是分篇的標誌。第二，帛書《周易》六十四卦不分上下篇，中間亦沒有墨丁標誌，因此，帛書《繫辭》亦無上下篇之分。第三，帛書《繫辭》所缺的通行本中的章節並不全見於所謂"下篇"之中，還散見於另一篇帛書中，因此，並不能因為文中有《繫辭》通行本中的章節，就認為它一定是《繫辭》的下篇。第四，所謂帛書《繫辭》上篇其實已籠括了通行本上下兩篇的主要內容，特別是其首尾章節均很完整，完全沒有必要將另一篇古佚書劃定為其下篇。

應該說，這些理由已很有說服力，而王葆玹先生在這些理由的基礎上，從帛書《繫辭》能夠解決通行本《繫辭》"重卦"說的自相矛盾這一點上，又

---

① 《文物》，1984 年第 3 期。
② 《孔子研究》，1988 年第 4 期。
③ 《中國文化與中國哲學》，1988 年號，三聯書店，1990 年。

有力地支持了韓、張兩先生的觀點"。①

筆者在編選帛書《繫辭》的圖版時，曾反復比較這兩種意見，最後決定取韓、張二先生之說，只編發了從"天尊地卑"到"失其所守，其辭屈"共四十七行，這不僅是筆者以為韓、張兩先生的理由很有說服力，而且筆者從其內容的理解和文義的連貫性認識上，亦覺得韓、張二位先生的意見比較可取。

帛書《繫辭》與通行本相校，主要是缺通行本《繫辭上》的第八章和《繫辭下》的第五、六、八章及第七章的一部分。關於《繫辭上》的第八章之所以在帛書中闕如，有些學者已做過一些分析。筆者以為，這一章全是討論筮法的內容、結構、作用以及行筮的方法、步驟等，其本身與《繫辭》所着重闡述的易學原理就有根本的區別。帛書中沒有這一章，倒是更顯得主題明確，層次分明些。加上這一章，反而有蕪雜之感，以至宋代的朱熹不得不將"天一，地二；天三，地四；天五，地六；天七，地八；天九，地十"這一句論述天地之道的話抽出來，加在"大衍之數五十"的前面，以牽合文義。《繫辭下》的第五、六、八章和第七章的一部分，其內容多為稱述周文王、顏回的文字，歷來是學者們將《繫辭》認定為儒家著作的標志。其實，只要我們仔細地比較一下《繫辭》的其他章節，就會發現，它們那闡述問題的方式和著眼點都是迥然不同的。例如："子曰：《易》，其至矣乎？夫《易》，聖人所以崇德而廣業也（《繫辭》上第六章）。"這裏強調，《周易》是至高無上、無所不包的東西，它是聖人充實德行、擴大業績的工具。但在通行本《繫辭》下的第六章中卻又說："《易》之興也，其於中古乎？作《易》者，其有憂患乎？"第八章中更說："《易》之興也，其當殷之末世、周之盛德邪？當文王與紂之事邪？"完全把《易》的興起和功用與周文王聯繫了起來，儼然一種"祖述堯舜，憲章文武"的口氣，與《繫辭》上中對《易》的高度評價形同實別，甚至可以說大相徑庭。

帛書《繫辭》中，完全沒有這幾章稱贊周文王、顏子的內容。這一方面顯示了《繫辭》本身思想的連貫性，避免了在易學原理闡述中儒道思想的混

---

① 王葆玹："從馬王堆帛書本看《繫辭》與老子學派的關係"，《道家文化研究》第二輯，上海古籍出版社，1992年。

雜；另一方面，我們仔細推敲帛書《繫辭》中省略這些章節的前後文義，發現它們本來就是非常緊湊的一個整體，只是被漢以後的易學家們硬加分解，插入了一些章節。為了說明的方便，我們姑且先錄出帛書《繫辭》第四十二行至四十四行的部分文字：

善不責（積）不足以成名，惡不責（積）不足以滅身。小人以小善為無益也而弗為也，以小惡［為無傷而弗去也，故惡責（積）而不可］蓋也，罪大而不可解也。《易》曰：何校滅耳，凶。君子見幾而作，不位冬（終）日。《易》曰：介於石，不冬（終）［日，貞吉。介石如焉］，毋用冬（終）日，斷可識矣。君子知物知章，知柔［知剛，萬夫之望。若夫雜物撰德，辨］是與非，則下中教（爻）不備，初，大要。存亡吉凶，則將可知矣。

這一段文字，在通行本中，被切分在第四章和第七章之間，中間插入了大量的儒家說《易》的理論。其實，這段文字本來就是一個完整的段落，它主要是說明君子能見幾而作，能從其端倪辨析事物的是與非，能根據易之初爻推知存亡吉凶。整個段落可以分作三個層次去理解：第一層是說小人不能見微知著，故以小善為無益而弗為，以小惡為無傷而弗去，以至最終造成惡積而不可蓋、罪大而不可解的惡果。第二層是說君子能"見幾而作，不位冬（終）曰"，所謂"幾"，幾微也，也就是事物發展變化的苗頭。正因為君子能從事物發展的苗頭中知曉其發展的趨勢和結果，故能成為"萬夫之望"。第三層是根據《易》之爻象以辨是非的原理來說明見微知著的方法和重要性。這一層中，特別值得注意的是：帛書作"［若夫雜物撰德，辨］是與非，則下中教（爻）不備，初，大要。存亡吉凶，則將可知矣"，而通行本則作"若夫雜物撰德，辨是與非，則非中爻不備，噫亦要存亡吉凶，則居可知矣"。這裏，帛書本中所強調的是以初爻為推知存亡吉凶的"大要"；聯繫上文理解也就是要善於"見幾而作"，見微知著以推知事物之"存亡吉凶"。而通行本中則是將"下中爻不備"改成了"非中爻不備"。一字之差，其意思也就相差萬里了。所謂"非中爻不備"乃是漢代流行的以象數解易學派的重要觀點之一。"中爻"，也就是六爻中的二、三、四、五爻，這些爻位的中不中，正不正，當不當，應不應，比不比，是象數派易學家辨析是非、判斷吉凶的重要依據。因此，在通行本《繫辭》的第六章中，就加入了大量的以中爻判斷吉凶的言論。諸如：

其初難知，其上易知，本末也。

二與四同功而異位，其善不同，二多譽，四多懼，近也。

三與五同功而異位，三多凶，五多功，貴賤之等也。

其實，這些都是漢初以後的易學家們的理論，至少在傳抄帛書《繫辭》的西漢初年，尚沒有將這種理論插進《繫辭》中來。此外，通行本中的"噫亦要存亡吉凶，則居可知矣"一句還頗為費解。其中的"噫亦要"三字就曾令歷代學者為之困惑。例如尚秉和先生就在"噫"字下斷句，視其為發語詞。清代王引之則認為："噫亦，即抑亦也。"視其為轉語詞。殊不知這兩個字乃是後人傳抄誤改所致。帛書中作"初，大要"，這不僅可以冰釋後人的誤解，而且其文義亦與該段開頭的"見幾而作"遙相呼應，構成一個完整的整體。因此，筆者以為，從帛書行文的内在聯繫和文義的連貫性上考察，這三千餘字的帛書《繫辭》乃是一篇首尾完整、内容明確、文思通貫的易學理論專著，完全沒有必要將抄在其後的另一篇古佚書劃定為它的下篇。基於上述認識，筆者在編選《繫辭》圖版時，只選取了前三千餘字共四十七行，而將"子曰：易之義"以下裁斷，視為另一篇易傳的古佚書。

2.關於帛書《繫辭》的時代

帛書《周易》釋文刊發後，對帛書《周易》與通行本《周易》孰先孰後的問題，曾在學術界引起過熱烈的討論。帛書《繫辭》與通行本既然有着很大的差異，那麼，對其編抄時代的考證，自然是一個必須首先解決的問題。對此，于豪亮先生在《帛書周易》一文中已指出：帛書《繫辭》中的卦名比帛書《周易》更為古奧，例如帛書《周易》中的"屯""渙""訟"等卦名基本上與通行本相同，而帛書《繫辭》則分別作"肫""奐""容"等。這至少可以說明，帛書《繫辭》的傳本不會晚於帛書《周易》。王葆玹先生在《從馬王堆帛書本看〈繫辭〉與老子學派的關係》一文中指出：《繫辭》是戰國晚期的作品，帛書《繫辭》的編定時間至遲也應是在秦代。而根據"重卦"問題上的矛盾說法只見於《繫辭》通行本，不見於帛書本，與《說卦》一致的"兼三才而兩之"一節也僅見於通行本，不見於帛書本等方面推論。帛書本的編定時間肯定早於通行本，而且比通行本更為可靠。他同時進一步指出：通行本乃是漢初學者對帛書《繫辭》改編的產物，這些學者將帛書《繫辭》與《易之義》的部分文字合編在一起，加以增刪，便產生了"伏羲畫卦、文王重卦"的易學史觀。這改編的工作大概是在高后臨朝稱制的時期完成的。

筆者以為，于、王兩先生的意見是言之有據，較為客觀公允的。筆者並不準備去鈎稽典籍來論證帛書《繫辭》的時代，而只是從帛書《繫辭》本身與通行本的文字、語句的差異的分析中，說明帛書本與通行本的先後問題。

（1）帛書《繫辭》保存了較多的戰國古文的形體。例如：

"天尊地庳"的"尊"寫作"奠"；

"方以類聚"的"聚"寫作"冣"；

"憂虞之象"的"虞"寫作"虖"；

"悔吝也者"的"悔"寫作"慜"；

"俯以觀於地理"的"俯"寫作"顚"；

"知崇禮卑"的"崇"寫作"鳶"；

"不出戶牖"的"牖"寫作"牅"；

"吉凶與民同願"的"願"寫作"頨"；

"聰明俊知"的"聰"寫作"亞"；

"天垂象"的"垂"寫作"舌"；

"掘地為臼"的"掘"寫作"𣃔"；

"弦木為弧"的"弧"寫作"杔"。

其他諸如"其"作"亓"、"於"作"歸"、"聖"作"耶"之類，是處可見。由是可知帛書《繫辭》多少保留了戰國古文的一些痕跡和特點，這也就無異於說明它比通行本的傳抄時間更早一些。

（2）帛書本較好地保留了《繫辭》的原始面目，較為樸實而易於理解，沒有通行本那麼多象數理論和玄妙色彩。例如：

乾坤，其《易》之緼邪。（通行本）

韓康伯先生注："緼，淵奧也。"虞翻注："緼，藏也。"孔穎達疏曰："乾坤是易道之所緼積之根源也。是與易為川府奧藏。"今人徐志銳更加以發揮說："乾坤，非指乾坤二卦，而是指奇偶兩畫。因乾坤為純陽純陰之卦，歸根結底不外奇偶兩畫，而六十四卦不外是乾坤的奇偶兩畫交錯而成，所以奇偶兩畫有無窮的變化，它蘊藏著極其深奧的道理。"①

這裏且不說徐先生將乾坤二字解為奇偶兩畫是如何以臆斷做新解，就是韓、虞、孔三位注疏大師的解釋，也是就字釋意，強為演繹，以至將"縕"這個動詞引申做名詞，解釋為易道縕積的根源。因此，讀來總有未安之感。今帛書本作"鍵（乾）川（坤），其《易》之經與？"一字之差，竟說明易學家們千百年來費盡心智所作的解說都是徒勞的。原來《繫辭》本來就不玄妙，極其易解。所謂"鍵川，其《易》之經與"，無非是強調指出乾坤乃是易學推衍的核心、綱領，是故《繫辭》開篇就說："天尊地卑，乾坤定矣。"韓康伯亦注明："乾坤，其易之門戶。"而帛書《繫辭》中緊接著"鍵（乾）川（坤），其《易》之經與"之後就指出："鍵（乾）川（坤）成列，易位乎其中。鍵（乾）川（坤）毀則無以見《易》矣。"顯示出鍵（乾）川（坤）在《易》中的地位和作用。事實上，《繫辭》通篇都是以乾坤為綱而展開論述易學原理的。帛書本作"鍵（乾）川（坤），其《易》之經與"，也就更易於理解，上下文義也更通暢。

《易》與天地準，故能彌綸天地之道。（通行本）

王肅注："綸者，纏裹也。"虞翻注："彌，大。綸，絡。謂《易》在天下，包絡萬物。"徐志銳先生依之語譯此句曰："《易》書是以天地為準則，所以包羅天地萬物的規律。"

其實，《易》並不能包絡天地萬物的規律，而只是足以闡釋天地萬物的規律。帛書《繫辭》作："《易》與天地順，故能彌論天下之道。"這裏雖然只有兩字不同，但讀來宜然理順得多，"《易》與天地順"，不僅免去了將介詞"與"改作"以"帶來理解的麻煩，而且直接明瞭地說明瞭《易》能大論天地之道的原因：即《易》，或者說易學理論本身就是順從天地陰陽的規律而形成的，故下文才有"仰以觀於天文，俯以察於地理，是故知幽明之故"的發揮和闡述。此外，帛書《稱》中有"知天之所始，察地之理，聖人糜論天地之紀"的記載。"糜"與"彌"本係同聲假借，所謂"知天之所始，察地之理"，

---

① 《周易大傳新注》，齊魯書社，1986年。

正是"《易》與天地順"的絕好注腳,而"麋論天地之紀"與"彌論天地之道"語意全同,由是亦可知帛書本不誤,而通行本顯然是誤抄訛傳的結果。

"仁者見之謂之仁,知者見之謂之知,百姓日用而不知,故君子之道鮮矣。顯諸仁,藏諸用,鼓萬物而不與聖人同憂,盛德大業至矣哉。"(通行本)

"仁者見之胃之仁,知者見之胃知,百生(姓)日用而弗知也,故君子之道鮮。和(聖)者仁勇,鼓萬物而不與眾人同憂,盛德大業至矣幾(哉)。"(帛書本)

兩相比較,通行本在"顯諸仁,藏諸用"之前缺少主語。舊注以為是"道"造就萬物而顯示出其仁的功績,但因為誰也看不到"道"的具體作為,故其仁都隱藏在各種功用之中。"道"鼓舞推動萬物生長,聖人則吉凶與民同患,所以"道"不與聖人同憂。這種解釋儘管在此處可以勉強說通,但與《繫辭》中其他關於聖人與《易》關係的闡釋則扞格不通,例如《繫辭》上:"聖人設卦觀象,繫辭焉而明吉凶";"夫《易》,聖人所以崇德而廣業也";"夫《易》,聖人之所以極深而達幾也";"子曰:《易》有聖人之道四焉者。"有關《易》與聖人的關係,《繫辭》中還有多處,都將聖人與《易》連在一起,而所謂"道",正是《易》所推衍的理論支柱,試想:"道"不與聖人同憂,那聖人豈不是與"道"、與"易"隔著一層,那所謂"盛德大業"又何從談起呢?今帛書本根本就沒有"顯諸仁,藏諸用"的玄妙用語,而是"聖者仁勇,鼓萬物而不與眾人同憂",這既使語意豁然貫通,沒有了缺主語的語病,而且與《繫辭》中多次論及的聖人的功德遙相呼應。由是可知帛書本遠較通行本更好地保留了《繫辭》的原貌。

"聖人有以見天下之賾,而擬諸其形容,象其物宜,是故謂之象。"(通行本)

"(聖)人具以見天下之請(情)而不疑(擬)者(諸)其刑(形)容。以馬〈象〉其物義,是故胃(謂)之馬〈象〉。"(帛書本)

按,這段話在《繫辭》中凡兩見。通行本中,兩處一字不差。帛書本中則"請"字作"業","而"字和"疑"字之間有一個字的殘泐空隙,據上引這一段可補一個"不"字。通行本和帛書本的這個差異,正好說明通行本是在帛書本的基礎上加以修飾調整的本子。其次,兩個本子中的一個"不"字的有無卻隱含着根本意思的區別。通行本是："聖人有以見天下之賾，而擬諸其形容，象其物宜，是故謂之象。"據舊注可知，賾，雜亂也。其句意乃是聖人看到天下最雜亂的事物，模擬其形狀，象其事理，這就叫作卦象。其實，《易》的卦象，極為簡單，均由陰、陽二爻組合而成。這陰陽二爻實際上並不能模擬天下萬物的形狀，而只能涵括天下萬物生長發展的事理。帛書本兩處都做："聖人具以見天下之請（情），而不疑（擬）者（諸）其形容，象其物宜，是故謂之象。"這就頗合易理，所謂"極天下之請（情）存乎卦"，正是對此的極好注腳。也許有先生會說：《繫辭》中不是接着就說："擬之而後言，議之而後動，擬議以成其變化"嗎？殊不知帛書本中根本就不是這麼回事，而是"知之而後言，義之而後動矣。義以成其變化"。這也就有力地說明帛書本較真實地保存了《繫辭》的本來面目，而通行本無疑是晚出其後，並多經訛傳臆改的本子。

二、帛書《繫辭》校勘劄記

帛書《繫辭》的圖版和釋文在《馬王堆漢墓文物》[①]一書中首次披露後，學術界，特別是哲學界一時反響強烈。許多知名學者紛紛撰稿，對帛書《繫辭》展開了多角度的研究，其研究成果，大多集中刊載在《道家文化研究》第三輯的馬王堆帛書研究專號上。筆者因工作之便，曾對帛書《繫辭》做了初步的整理和釋文，當時因時間匆促，又加之本人學識淺陋，故所作釋文謬誤很多。後來《道家文化研究》主編慨允，同意筆者對《繫辭》釋文進行修訂後重新刊出。與此同時刊出的，還有張政烺先生的《馬王堆帛書·周易·繫辭校讀》和台灣大學中文系黃沛榮先生的《帛書〈繫辭傳〉》校證等。這些先生的研究和校定，無疑是對帛書《繫辭》的整理和釋文的極大促進。筆者不敏，但經反復校勘，又偶有所得，現僅以劄記的形式略記一二，以就正於方家。

（1）"易則惕知，閒（簡）則易從，惕知則有親，惕從則有功。"

[①] 傅舉有、陳松長：《馬王堆漢墓文物》，湖南出版社，1992年。

這一段見於帛書《繫辭》第二行，對其中的三個"惕"字，我在兩次釋文中，都曾參照通行本，寫出其通假字"易"，以為"惕""易"本就相通，似乎無需深究。黃沛榮先生注意到了這兩個字的不同，但他卻說：

"此句'易''惕'雜用，故知'惕'即'易'字，唯是作'惕'者皆為'容易'之義，作'簡易'解者不用'惕'字。"

細校張政烺先生的釋文則不然。對這段文字，張先生從本字釋文，僅在"易從"下面作了個注解曰：

"'易從'，依本句文例，當作'惕從'。"

由此可以判斷，張先生是不贊成"易""惕"雜用，或"易""惕"相通說的。按其釋文，易、惕顯然是有區別的兩個字，這兩個字在後來的文字發展演變中，雖然是"易"存"惕"廢了，但在漢初的帛書中，應是有明確區分的，其區別何在呢？

《說文·人部》："惕，輕也。"

《蒼頡篇》："惕，慢也。"

《廣韻》："惕，相輕慢也。"

可見，"惕"並不單是"容易"的意思，而是輕慢之意，用現代漢語來說就是"瞧不起"的意思。用在這裏，正是道家輕知無為思想的反映。由是而啟示我們深刻反省的是，歷史文獻中儘管通假現象極其普通，但我們在審形定義時，最好不要輕易地去求其通假，而應細細斟酌其本意。

（2）"廣大肥天地，變迵（通）肥四〔時〕，陰（陽）之合肥日月，易閒（簡）之善肥至德。"

這一段見於帛書《繫辭》第十行，其中反復出現的"肥"字，一般都把它隸定為"肥"，通"配"，以為這兩字音近相借，而且帛書《老子》乙本，《伊尹·九主》《養生方》等釋文中都將此字隸定為"肥"，因此，筆者亦曾照釋之。今細審原物，其實並非如此，該字右邊從己不從巴，只是"己"字的那一折豎寫得較粗而已。對此，中國人民大學的張立文教授倒是獨具慧眼，他指出：

"帛書《繫辭》此四字均清晰可辨，且寫法相同，均作'肥'。……《類篇》：'肥，薄也。'《說文》：'配，酒色也，從酉己聲。''肥'字從肉己聲，同聲系相借。肥疑借為'妃'。《周易·豐·初九爻辭》：'遇其配主。'《經典釋文》：'配，鄭作妃。'《詩經·匏有苦葉》，鄭箋：'為之求妃偶。'《經典釋文》妃本作配。《左傳》文公十四年，'子叔姬妃齊昭公'。《經典釋文》'妃本作配'。是為'配、妃'互通之證。……"

張先生的考證不僅字形吻合，而且稽考文獻，信而有徵，完全可以成定論。由是可見，詳審字形，實乃釋文之關鍵，儘管我們的釋文於形於義相差均不太遠，但終有差異，實當訂正之。

（3）"重門擊柝（柝）。以挨（俟）抜（旅）客"

此句見於帛書《繫辭》第三十五行。其中的"挨"字，我兩次釋文中都誤釋為"疾"。之所以誤釋，是因為該字形體因帛書浸潤的痕跡，與帛書中的疾字形體非常接近。張政烺先生訂正為"挨"，並在帛書十一行的"挨禮"下作注曰：

"挨假為等。帛書《老子》甲本、《春秋事語》中，矣字皆作癸。《戰國縱橫家書》248行以下尤為明顯。等禮即有等級、有差別的禮。《經典釋文》謂《繫辭》京房本作'等禮'。"

按，張先生所釋，就字形而言，應無疑義，但這一字形在帛書《繫辭》中出現過四次。在第十一行和二十九行中都是和"禮"字聯在一起，故釋其為"等禮"完全沒有問題。這裏是"以挨客"，如果將"挨"解釋為"等"的通假字，當然也未嘗不可，也許是張先生擔心這裡所釋的"等"和前面的解釋沒有區別，故換了一個同義詞"待"。這樣，"挨"和"待"就純粹是語音的通假關係了。竊以為與其純從語音相通的關係上考慮，還不如兼及形音義而求通假更好些，因此，這個"挨"字當是"俟"的通假字，"俟"猶待也，其義相同，而字形亦相近矣。

又"抜"字，張先生徑釋為"旅"，《篇海》曰："抜，音義同旅。"是知此說不可移易。但從釋文通例考慮，此處的釋文，似應仍用注明通假古今的常用辦法標示之為好，即"以挨（俟）抜（旅）客"。

（4）"天地之大思曰生，耴（聖）人之大費曰立立（位）。"

這兩句見於帛書《繫辭》第三十二行，黃沛榮先生認為"大思"，今本作"大德"，疑帛書本原作"大恩"，誤為"大思"耳。

61

張政烺先生的校讀中則簡注曰：

"大思"，韓本作"大德"，思疑是恩之誤。

"費"字"韓本作實"，"立字不當有重文符號，可刪去後一立字。"

按，以上所作的考注，都是依據韓本或通行本立論，似有強古人就今人之嫌。其實，就文尋釋其意，帛書所作，似並不是字形之誤，也不是誤加重文符號。筆者以為，這兩句話中"思""費"兩字的詞義，乃可用古漢語中常見的語義互補現象來解釋。為什麼說"天地之大思曰生"呢。《繫辭》云："是故天生神物，聖人則之。"可見天地間生出來的東西，非同一般，乃是聖人效法的對象，豈可不費思量？又聖人所最注重的，乃是定尊卑貴賤，尤如《繫辭》開篇所云：庳（卑）高已陳，貴賤立（位）矣。"聖人設卦現象，繫辭焉而明吉凶"。可見，貴賤定位，正是聖人最費思索的事情，因此，這裡的"大思""大費"，正語義互補，乃是大費思量的意思。而如果我們按照通行本的文字去解釋，其前後兩句的語義就欠呼應。立（位）的重文符號，竊以為並非妄加，去掉重文符號，固然句式上比較對稱，語義也通暢，但加上這個重文符號，不僅沒妨礙文意，而且更突出了聖人對貴賤定位的重視，因此，帛書原本為此，似亦不必強加刪除之。

（5）"木為耒耨，耨耒之利以教天下。"

此句見於帛書《繫辭》第三十三行，耨字下有重文符號，故筆者釋文時，將其分屬上下句之尾首。張政烺先生在校讀中則認為："耨耨耒之利，衍一耨字。"按，原文中僅有重文符號，並沒衍出一字。帛書的抄寫者做這一重文符號，只有兩種可能，一是其抄本原就衍出一字；一是其行文中本應有兩個耨字。如果參照這通行本定是非，那這裡不僅是多了一個字，而且"耨"字的位置亦應挪後，即作"耒耨"，而不是"耨耒"。但如果我們從帛書本身思考問題，那這個重文符號放在這裡就並非是隨意所為。《說文·木部》："耨，薅器也。"段注："蓐部曰：薅，披去田草也。耨者，所以披去之器也。耨，刃廣六寸，柄長六尺。"可見耨和耒都是古代從事農作的必備之具，與耨相通，從語法上說，耨耒是近義並列詞，按照漢語習慣，並列詞可換位，說"耨耒'，稱"耒耨"都未嘗不可，例如通行本即稱耒耨。因此，帛書此句的重文符號，正標明此處應釋為"耒耨"和"耨耒"兩個詞。而如果認為這個重文符號是衍文的話，那後面的"橣末"，緊承前面的"楺木為末"而來，突然出現一個"橣"字，就有突兀的感覺。從這些方面考慮，筆者仍以為這裡不是什麼衍文，而應以帛書原文釋文較妥。

（6）"[雜物撰德，辨]是與非，則下中教（爻）不備，初，大要，存亡吉凶，則將可知矣。"

這幾句見於帛書《繫辭》第44行，通行本作："雜物撰德，辨是與非，則非中爻不備，噫，亦要存亡吉凶，則居可知矣。"兩相校勘，不僅字詞相差很大，而且文意亦完全不同，可以說是兩種完全不同的易學觀點。張先生的校讀則作了另一種句請：

"若夫雜物撰德，辨是與非則下，中教（爻）不備，初大要，存亡吉凶則將可知矣。"

這樣句讀，雖可作些不同的解釋，但其釋文已明確了帛書與通行本的根本不同。筆者在拙文《帛書〈繫辭〉初探》（見《道家文化研究》第三輯）一文中曾論及這段釋文，認為帛書所強調的是"初，大要"。即以初爻為推知事物存亡吉凶的"大要"，也就是帛書前面所提到的要善於"見幾而作"，見微知著以推知事物的未來發展趨勢。通行本所強調的則是"非中爻不備"，也就是要以中爻的中不中、正不正、當不當、應不應、比不比作為判斷"存亡吉凶"的依據。這是兩種截然不同的易學觀點，而這也正可作為判斷帛書本和通行本孰先孰後的絕好證據。張先生的句讀，將"則下"二字屬上讀，則文意有了明顯的不同，那這"下"字就不是易學術語中的"下爻"，而是一個評價不高的形容詞。照此理解，後面的"中爻不備，初大要"在語義上也就略嫌費解了。因此，筆者仍以為此句應句讀為：

"若夫雜物撰德，辨是與非，則下中教（爻）不備；初，大要，存亡吉凶，則將可知矣。"

（7）關於帛書《繫辭》的篇題。

筆者在作帛書整理時，曾特別注意過這個問題，因帛書《繫辭》最後的"辭屈"兩個字，是從原拼綴錯了的帛片上剪下來綴上去的，這塊帛片上共只有六個字，另四個字正跟第四十六行上的文字相屬，而"屈"字後是一塊相對完整的空帛（見《馬王堆漢墓文物》圖版），至少有兩個字以上的空間沒有墨跡。根據帛書《要》《繆和》《昭力》題寫篇名多只空一格的慣例，故筆者在釋文中沒敢擅填篇題。張先生在校讀中末尾特別加上了"〔系〕□□□□"，並注曰："原有尾題，字已殘損，不知共是幾字。"這不禁令我愕然良久，但不知這個尾題的殘損字樣與篇尾的"屈"字到底隔幾個字的距離？如果正好就隔兩個字的空間，那就太棒了；如果不是，這就非常奇怪。當然，如果真如張先生所注，那帛書《繫辭》的篇幅問題，也就無需再作什麼討論了。

三、帛書《二三子問》初論

帛書《二三子問》是馬王堆三號漢墓出土帛書《易傳》的一篇。它與帛書《六十四卦》同抄在一幅帛上，共三十六行，約二千五百餘字。張政烺先生據其內容名之為《二三子問》。①于豪亮先生則將其分為兩篇，認為"自'二三子問曰'至'夕沂若，厲，無咎'止"為帛書《周易》卷後佚書的第一篇。而第二篇的"篇首文字殘缺，至'小人之貞也'止"。②誠然，"二三子問"僅在於先生所說的第一篇中出現過三次，在第二篇中沒再出現，而且"夕沂若厲，無咎"以下留有三個字的空間，這似乎意味著該篇已告一段落。但我們從這兩千多字的文字內容考察，發現它幾乎全部是孔子對易經卦爻辭的解說。這可以通篇的"孔子曰"為其明證，而且依照帛書分篇的慣例，當以篇首的墨丁為記，至於行末留有空間，並不能作為分篇的依掘。例如帛書《老子》甲本中的德經和道經之間就留了大半行的空間，讓道經另起一行，但人們誰也不會將《老子》德道經分作兩篇文章去處理。因此，我們且從張政烺先生的意見，將這二千五百餘字統稱為《二三子問》，視為一篇進行分析討論。

帛書《二三子問》因處於該件帛書折疊的最外層，所以殘破較多，有大塊缺字。又因無別本可供參考，整理相當困難。現存的帛書《二三子問》原件分作四塊高24釐米、寬約10釐米的長方形殘片，因當時特殊的歷史條件所制約，儘管整塊的帛書大多得以完好的拼裱，但許多小塊的帛書殘片多有誤

---

① "帛書《六十四卦》跋"，《文物》，1984年第3期。
② "帛書《周易》"，《文物》1984年第3期。

拼、倒拼、錯拼之處，從而給帛書的釋讀帶來了極大的困難。我們在釋讀《二三子問》這一篇二千五百餘字的過程中，就先後利用照片剪貼，拼複了二十餘處。當然，這些拼綴並不一定正確，但至少比現存原件進了一步，多少恢復了一些帛書原貌（見圖五五）。①至於帛書的大塊缺文，亦只好闕如，以待他日地下材料來補充。

（一）

帛書《二三子問》以問答的形式，分別對乾、坤、蹇、鼎、晉、屯、同人、大有、謙、豫、中孚、少過、恒、解、艮、豐、未濟等卦的部分卦、爻辭進行了解說。這些解說是怎樣地帶有儒家的政治哲學的色彩，我們且放在下文討論，先就其所引的卦、爻辭原文論，就極有助於校勘帛書《六十四卦》。下面略舉幾例以明之。

（1）帛書《六十四卦》的殘缺部分可因之得到一些補充。例如帛書《六十四卦》的鼎卦九四以下的爻辭都殘缺了，只剩下尚九最後"無不利"三個字。而帛書《二三子問》中則有"鼎折足，復公莡，其刑屋，凶""鼎王強（弼），[大]吉，無不利"等爻辭記載，正可補帛書《六十四卦》之缺，其中特別是關於"鼎王強（弼），[大]吉"的解說，特別有助於對通行本訛傳的破解，從而進一步認識周易的本來面目。通行本將這句爻辭寫作"鼎玉鉉，大吉"，以至歷代的注解家都費盡心機，給"鼎玉鉉"作詮解，如《象》傳曰："'玉鉉'在'上'，剛柔節也。"完全以象傳中通用的爻位說來推論，而強調名物訓詁的詮釋者則認為"玉鉉"是嵌玉之鼎鉉。②其實，從現有的考古發現材料所知，根本就沒有什麼鼎上嵌玉的實例，更不用說嵌玉之鼎鉉了。而帛書《周易》原文也並不是"鼎玉鉉"，而是"鼎王強"。也許就因為漢隸中"王"和"玉"字相近，"強"和"鉉"字有點輪廓相同而致使書手們訛抄、訛傳至今。當然，如果單從形體上看，這個結論似乎還難以叫人信服，但帛書《二三子問》中，所載"孔子曰"的那段話，完全可以證明此說不誣。

---

① 《二三子問》的釋文見《道家文化研究》第三輯，上海古籍出版社。
② 《帛書周易校釋》，湖南人民出版社，1989年。

圖五五

"孔子曰：鼎大矣。鼎之遷也，不自往，必人舉之，大人之貞也。鼎之舉也，不以其止以守乏，□□□□□□□□□□□賢以舉，忌也。明君立正（政），賢輔弱（弱）之，將何為而不利？故曰'大吉'。"

這段話中，不僅同樣出現了一個"弱（弱）"字，而且其内容都是賢臣輔弱"明君立政"之意。因此完全可以說，鼎卦的上九爻辭，至少在漢代初年仍是"鼎王弱（弱），大吉"，而不是令人費解的"鼎玉鉉，大吉"。

（2）帛書《六十四卦》的一些異體字、通假字可因之而知其本字。例如晉卦的卦辭，帛書《六十四卦》作"康侯用錫馬蕃庶，晝日三綾"，其中"錫""綾"較為生僻，特別是"錫"字，字書未見。有人曾以形說字曰："其字從長從易。長，久遠之謂。易，交易也。予人之物謂之賜，讓人永遠佔有謂之賜。"①這樣臆釋，有多少可信的程度我們不必評說，但它卻間接地說明這個異體字給人們理解帛書《六十四卦》的原文造成了一些困擾。其實，《二三子問》中，"錫"字作"錫"，"綾"字寫作"接"。這就說明，"錫"只不過是"錫"的異文，並無"予人之物"和"讓人永遠佔有"的詞義差別。

再如豫卦，帛書《六十四卦》作餘卦，其中六三爻辭作"杅餘，悔"。有人曾因之釋意曰："杅，飲水器，引申為飲水。杅餘，飽飲。飽飲，是古人所反對的。古人提倡節制飲食，俗語尚有十飽傷身之說。因此斷以'悔'占。"②這種牽強雖說頗費心機，但因不明古人傳抄中的通假現象，說來說去總不得原旨。帛書《二三子問》中討論六三爻辭時，即作"盱予，悔"。由是可知，"杅"本來就是"盱"的通假字。我們詮解文意，當以其本字為依據，如果強以通假字作解，則將遠失其意。

（3）帛書《六十四卦》的一些卦爻辭。可因之而便於理解，或者說，可以因之而更明確瞭解卦爻辭的本來面目。例如未濟的卦辭，帛書《六十四卦》中作"未濟：亨小狐氣涉，濡其尾。無攸利"。通行本作"未濟：亨。小狐汔濟，濡其尾。無攸利"。這裡氣/汔或是通假關係，但"小狐汔濟"是什麼意思。歷來注解費神得很。尚秉和先生曾引《說文》和干寶注云："汔，《說文》

---

① 《帛書周易校釋》，湖南人民出版社，1989年。

② 同上。

涸也。干寶云：小狐力弱，汔乃可濟。今水未涸，故濡其尾。"這種解釋，顯然是就"汔"之本字作解，當然也可為一說。《周易音義》中注云："汔，許訖反。《說文》云：水涸也。鄭云：幾也。"很明顯，鄭氏所云，乃是用通假釋意。我們知道，"氣""汔"都是入聲沒部字，而"幾"乃是陰聲微部字，按照古韻分類，微、沒乃陰入相配，微部、沒部字例可通假。因此，鄭氏所釋的"幾"，也就是用讀破的訓詁方法，釋出了"汔"的本字，也許鄭氏的這個確解並沒得到歷代易學家的重視，但沒想到，在時隔千百年之後，馬王堆漢墓出土的帛書《二三子問》竟證明了鄭氏所釋的正確。《二三子問》在討論未濟卦辭時徑作："未濟：享（亨）。[小狐]涉川，幾濟。濡其尾，無迺（逌）利。"這段卦辭：既確實了"汔"或"氣"都是"幾"的通假字，同時，因為多了"涉川"二字，也就使原來通行本中較為費解的"小狐汔濟"和帛書本中的"小狐氣涉"的文意豁然貫通。原來該卦的卦辭本應是"小狐涉川，幾濟，濡其尾，無迺利"。通行本漏了"涉川"二字，而帛書本則在漏抄"涉川"二字的同時，又將"濟"字誤抄成了"涉"字（因前面漏抄"涉川"的"涉"字），從而出現了"小狐氣涉"的文句。今有《二三子問》的卦辭面世，未濟的卦辭也就宜然理順了。原來《周易》的卦辭爻辭，最初並不象今天所見通行本那樣古奧難懂。

（二）

大家知道，帛書《繫辭》中沒有"大衍之數"章，這在一定程度上意味著帛書《易傳》不大講究占筮。而帛書《二三子問》則不僅隻字不提占筮，而且連卦象、爻位都全不論及，而全是用儒家的政治哲理來引申發揮，詮釋卦爻辭。這與通行本《易傳》中的《彖傳》《象傳》等有着詮釋方法上的本質區別。

在易學研究中，相傳是孔子及其門人撰錄的《十翼》中，《彖傳》和《象傳》多被認為是最有系統的著作。《彖傳》專釋卦辭，而《象傳》則增釋爻辭，兩傳雖然各有異同，或認為並不是出於一人之手，[①]但兩傳在釋經的方法

---

① 李鏡池：《周易探源》，中華書局，1991年。

上，就多取爻位，卦象作解。例如晉卦，其卦辭是："康侯用錫馬蕃庶，晝日三接。"《彖傳》曰："晉，進也。明出地上，順而麗乎大明，柔進而上行，是以'康侯用錫馬蕃庶，晝日三接'也。"尚秉和先生曾指出："明出地上謂離，順謂坤，柔進而上行謂五，進居地上，得君位也。"尚先生的詮解雖然不多，但一一道出了《彖傳》以卦象和爻位解經的方法。所謂"明出地上謂離，順謂坤"。這就是從其卦象取義。晉卦的卦體是下坤上離，據《說卦傳》："坤為地。離，明也。離為日。"今卦象是離在坤上，故云"明出地上"。又據《說卦傳》"坤，順也"。故順也就是坤的代名詞，而離為日，日即大明。麗，附麗，依附也。在古人的意識裡，太陽從地面升起，而大地又依賴陽光照耀才萬物生長，故坤地為下離日為上，有坤地依附離日之象。故云："順而麗乎大明。"所謂"柔進而上行謂五，進居地上，得君位也"，則是以爻位釋經了。按《易》例，陽爻為剛，陰爻為柔。"柔進而上行謂五"，即指晉卦中的第五爻。這一爻在卦體中是陰爻，但其位置卻是爻位說中的主爻，也就是至尊之位，故云"得君位也"。柔本居下，今離卦既已居於坤卦之上，而離卦的陰爻又上居君主的至尊之位，自然是"柔進而上行"之象。以此象徵着君主雖弱而大明，居下位的群臣均能依附和順從。因此，康侯作為柔順之臣，下能安邦定國，上能依附明君，以至君主一日之間三次接迎其貢奉，完全是一派君明臣順的氣象。[①]

《彖傳》釋卦辭如此，《象傳》亦同其說。《象傳》曰："明出地上，晉。君子以自昭明德。"所謂明出地上，"晉"和《彖傳》完全一樣，是從其卦象取義。只是後面加了一句，要那些"君子"觀此卦象去昭明自己所固有的德性。

現在看來，《彖傳》《象傳》的詮釋方法，因其卦象、爻位說的理論太專，一般人看來，未免有點玄妙之感，但帛書《易傳》中的《二三子問》則完全不同。它完全不談卦象爻位，而是逕從儒家的政治哲學中取義發揮。例如對晉卦的卦辭，就作了如下一段精彩的議論：

"《易》曰：'康侯用錫馬番（蕃）庶，晝日三接。'孔子曰：此言聖王之安世者也。聖人之正（政），之（牛）三弗服，馬恒弗駕，不憂（擾）乘牝

[①] 徐志銳：《周易大傳新注》，齊魯書社，1986年。

馬，□□□□白□□□□粟時至，芻稿不重，故曰'錫馬'。聖人之立正（政）也，必尊天而敬眾，理順五行，天地無災，民□不傷，甘露時雨聚降，飄風苦雨不至，民聰相酬以壽，故曰'番（蕃）庶'。聖王各有三公，三卿，'晝日三［接］'□□□□□□者也。"

這段詮釋，完全拋開《彖》《象》傳中的卦象爻位說，而是直取卦辭，以"聖王安世"的理論為核心，逐詞加以詮解和發揮，充分體現了儒家那種經世治用的政治哲學。因此，我們可以明顯地看出，帛書《二三子問》與傳世的通行本《易傳》中的《彖傳》《象傳》有著本質的不同。這也就說明，至少在西漢初年，還有着不同於今本的《易傳》在流行。

也許有人會說，光憑這一個例子，似乎還不足以說明這個問題。其實，帛書《二三子問》中可不是就這麼一個例子。而是通篇都是這樣，例如：

"《易》曰：'抗（亢）龍有悔。'孔子曰：此言為上而驕下，驕下而不佁（殆）者，未之有也。聖人之立正（政）也，若遁（循）木，俞（愈）高俞（愈）畏下，故曰'抗（亢）龍有悔'。""卦曰：'君子終日鍵（乾）鍵（乾），［夕沂若，厲，無咎。］孔子曰：此言君子務時。時至而動，□□□□屈力以成功，亦日中而不止，時年至而不淹。君子之務時，猶馳驅也，故曰'君子終日鍵（乾）鍵（乾）'。時盡而止之以置身。一身而靜，故曰'夕沂若。厲，無咎'"。

像上舉的例子，《二三子問》中比比皆是，因此，毫無疑問，帛書《二三子問》乃是一篇有別于傳世《易傳》，早已失傳而復得的漢初易傳著作。

（三）

帛書《繫辭》的圖版和釋文刊出前後，有關帛書《繫辭》的學派性質，在學術界有着完全不同的看法，或以為帛書《繫辭》為道家的傳本[1]，或以為帛書《繫辭》不可能是道家的傳本，而只能是儒家的易說。[2]這種自由的學術爭鳴，自然極有益於人們對帛書《易傳》的正確認識。這裡，我們並不想

---

[1] 陳鼓應："馬王堆出土帛書《繫辭》為現存最早的道家傳本"，《哲學研究》，1993年第7期。
[2] 廖名春："論帛書《繫辭》的學派性質"，《哲學研究》，1998年第7期。

對帛書《繫辭》的學派性質發什麼議論，還只是將帛書《二三子問》和帛書《繫辭》作些簡單的比較，認為他們雖然是同墓所出的帛書《易傳》，但又不是出於一人之手的兩篇各有千秋的《易傳》著作。這一點，我們可以從帛書《繫辭》和《二三子問》中對同一句卦爻辭的不同解釋得到說明。

帛書《繫辭》和《二三子問》中言及同一卦爻辭者有三處，但每一處的解釋，兩者區別都很大。例如：

帛書《繫辭》："鳴鶴在陰，其子和之，我有好爵，吾與璽羸之。曰君子居其室，言善則千里之外應之，倪（況）乎其近者乎。出言而不善，則千里之外回之，倪乎其近者乎？言出乎身，加於民，行發乎近，見乎遠。言行，君子之區（樞）幾（機）。區（樞）幾（機）之發，營辰之斗也。言行，君子之所以動天地也。"

帛書《二三子問》：["鳴鶴在陰。其子和之，我]有好爵，與璽（爾）羸已"其卦曰：□□□□□□□□□□□□□其子隨之，通也。昌（倡）而和之。和也，和同至矣。好爵者，言者（旨）酒也，弗戒以□□□□□□□□□□□□之德，唯飲與食，絕白分□。"

很顯然，帛書《繫辭》是就其爻辭的前兩句作理性的發揮，並歸結為君子言行的重要，對於後兩句，則闕而不論。帛書《二三子問》則不同，它沒有太多理性的推演，而是就文釋意。對前兩句，強調其"和同"的意義和價值。對後兩句的解釋，雖然殘缺得比較厲害，但我們仍可從其留存下來的語句中知道。它是扣住爻辭本意，從"飲與食"的角度作的串釋。這樣，與帛書《繫辭》的詮釋就有着很大程度上的差別。

又如：

帛書《繫辭》："抗（亢）龍有悔，子曰：貴而無立（位），[高而無民]，賢人在其下位而無輔，是以動而有悔也。"[1]

這段話，與通行本《文言傳》同，尚秉和先生曾為之作過注腳曰："在上故貴，失正故無位，失位故無民。乾為賢人，既非九五之位則臣下也，三無應，故曰無輔。有此三因，故動而有悔。"

---

[1] 《周易尚氏學》，中華書局，1981年。

從尚先生的這段扼要的解釋，我們知道，帛書《繫辭》對乾卦上九的解說，無非是採用了爻位說的理論在進行闡發。前面我們已經指出，帛書《二三子問》中，通篇不言卦象爻位，同樣，對乾卦上九爻辭的解釋，也與帛書《繫辭》截然不同。

帛書《二三子問》："《易》曰：'抗（亢）龍有悔。'孔子曰：此言為上而驕下，驕下而不佁（殆）者，未之有也。聖人之立正（政）也，若遁（循）木，俞（愈）高俞（愈）畏下，故曰'抗（亢）龍有悔'。"

可以說，這種解釋與帛書《繫辭》中的解釋在方法上是完全不同的。因此，我們足可看出，二者絕不是出於一人之手，不然，對同一爻辭的解釋，應不至於出入這麼大。

除上舉兩例外，尚有對解卦上六爻辭的解釋，二者亦大不相同。帛書《繫辭》和通行本《繫辭》基本相同，只是個別語詞有差異。帛書《二三子問》則完全另出新說曰："此言人君高志求賢，賢者在上，則因尊用之。"由是可見，帛書《二三子問》雖與帛書《繫辭》同出於一墓之內，且都是《易傳》的內容，但二者實有不同，斷不是出於一人之手。

我們說帛書《二三子問》與帛書《繫辭》不是出於一人之手。那麼，二者是否就分屬於不同的學派呢？這個問題，本文不便展開討論，但有一點是能夠，也應該明確的，即帛書《繫辭》的學派性質還有待於學術探討，而帛書《二三子問》的學派性質則是很明顯屬於儒家學派的。理由之一是，該篇很明確地標明了答難釋《易》的人是孔子，儘管這也許並不是孔子自己所記，但撰寫該篇的作者至少也應是孔子的再傳弟子，或者至少也是儒學陣營中的人，不然他就不會抬出儒學的權威孔子來作解釋人。理由之二是，該篇的內容沒有一絲毫的道家釋《易》的痕跡，通篇全是從聖君治國、舉賢任能、施教安民等方面對《周易》進行儒學政治哲理的發揮和引申，什麼占筮、卦象、爻位等易傳的內容，在這裡全然不見。因此，我們沒有理由去否認其儒家易學的學派性質。由此，我們亦覺得應該重新評價和肯定孔子與《周易》的關係。

《史記·孔子世家》："孔晚而喜《易》，序《彖》《繫》《象》《說卦》《文言》。"據此，被後人稱為"十翼"的《彖·上》《彖·下》《象·上》《象·下》《文言》《繫辭·上》《繫辭·下》《說卦》《序卦》《雜卦》十篇解釋

《周易》的文字，傳統的看法認為都是孔子所作。但自宋代歐陽修在《易童子問》中提出質疑，後經清人崔述在《洙泗考信錄》中詳證《彖》《象》均非孔子所作。這樣，又經過今人如李鏡池先生等人的多方面探討考證[①]，曾基本上推翻了古人關於"十翼"為孔子所作的傳統說法。但是，馬王堆帛書《易傳》的面世和研究，又為孔子作《易》提供了堅實而可信的例證。因此，儘管我們無法落實孔子作"十翼"的真實性與否，但從帛書《二三子問》中的記載可知，《史記》的記載大致不誣。孔子至少曾對《周易》作過一些口頭闡釋。他的弟子及後人曾對之作過記錄整理或補充加工。這些記錄無疑反映了孔子的儒學思想。通行本"十翼"顯然是這種記錄的結果，而帛書《二三子問》更是這種記錄現存最早的抄本之一。

[①] 李鏡池：《周易探源》，中華書局，1991年。

第四章　馬王堆帛書《刑德》研究

一、帛書《刑德》略說

馬王堆帛書《刑德》共有甲、乙、丙三篇，其中乙篇（見圖三）相對較為完整。整篇帛長84釐米，寬44釐米，圖形及色彩均比較清晰，文字首尾完整，只是中間略有殘缺。

甲篇（見圖五六）則絲帛的經緯線有些變形，但圖文還較為清晰，驗其內容，與乙篇基本相同，只是書體差異較大而已，故完全可以與乙篇校對互補。

丙篇（見圖五七）則殘破太甚，已很難拼合，很難句讀。現存原物共裝裱為18片殘片（實際殘片數量遠不只18片）。該篇全部用朱文書寫，間附有粗重的褐色邊框。從殘存的片斷文字看，其內容與甲、乙兩篇亦大致相同，衹是該篇均用朱紅書寫，是否別有含義，尚待研究。本文僅以乙篇為主，輔之以甲篇，就帛書《刑德》的有關內容做些簡略的介紹和分析。

1.《刑德》內容略說

帛書《刑德》乙篇由三部分組成。第一部分是位於帛書右上部的"刑德九宮圖"；第二部分是與"九宮圖"並列，位於其左的刑德運行干支表；第三部分則是兩篇關於刑德運行規律和兵陰陽家的文獻。這三部分又互相聯繫，構成一個有機的整體。

"刑德九宮圖"（見圖三）用紅、黃、黑等顏色繪成。正中是一黃色圓環，環中用墨色繪有一個兩分的小圓，小圓與大環之間用射線切分為等分的十格，每一格中分別注有文字。參照甲篇，其文字大致應是："德，戊午；刑，戊子。辛卯，大音。壬辰，雷公。
癸巳，雨師。巳未，豐隆。庚
申，風伯。壬戌，雷公。辛酉，
大音。癸亥，雨師。庚寅，風
伯。己丑，豐隆。"其中的"德"
和"刑"，乃是太陰運行的專
稱。《淮南子·天文訓》："太陰所居，
日德，辰為刑。"清代訓詁大師
王念孫在《讀書雜志》卷十二
中論及此句曰："'日'下脫'為'
字，'日為德，辰為刑'，相對為
文也。"這就是說，早在《淮南
子·天文訓》中就已明確指出：
所謂"德""刑"，其實乃是太陰
在運行過程中兩個具有特定意義
的名稱。"大音"則是歲陰的別
名。《史記·天官書》："涒灘歲，
歲陰在申，星居未。以七月與東
井、輿鬼晨出，曰大音，昭昭
白。其失次，有應見牽牛。"其
它諸如豐隆、風伯、雷公、雨師
等，則為人們所熟悉。在先秦文
獻，特別是《楚辭》中習見的司
掌雲、風、雷、雨的尊神，在這
裏，和刑德一起統為兵陰陽家占
測軍戰吉凶的天神。在帛書《刑
德》乙篇中，有一段文字可以作
它的絕好注腳：

"凡以風占軍吏之事，子午，

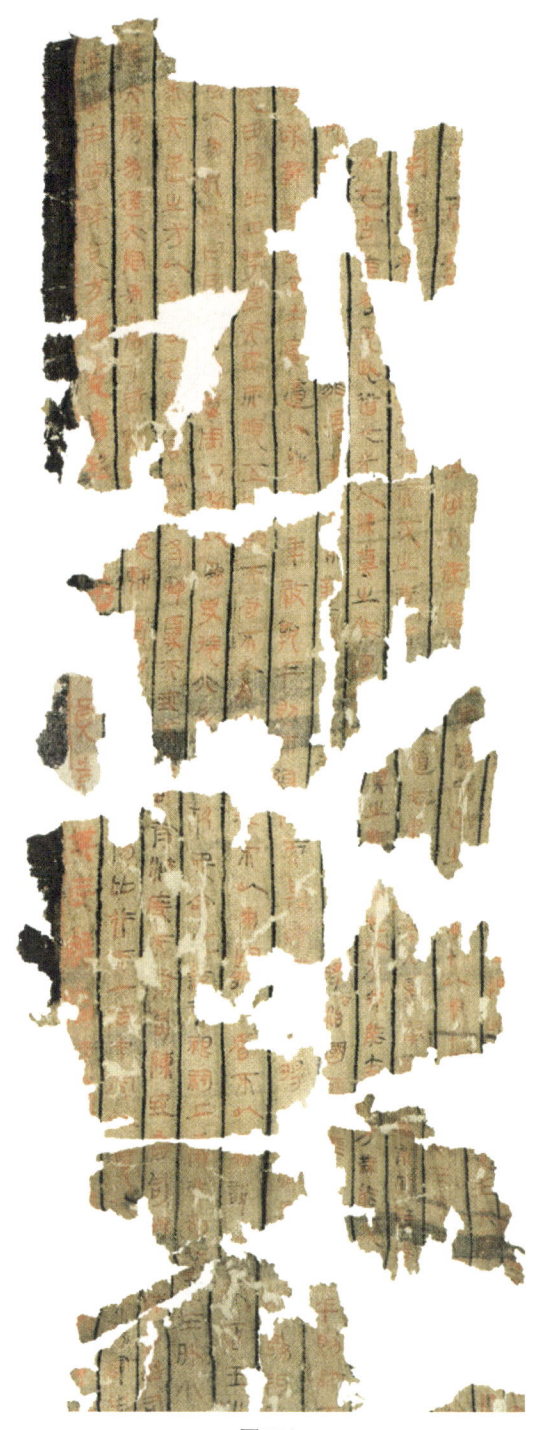

圖五七

刑德，將軍。丑未，豐隆，司空。寅申，風伯，侯。卯酉，大音，尉。辰戌，雷公，司馬。巳亥，雨師，塚子。各當其日。"

除上述文字外，帛書甲篇中還在圓環中標有"土"字。由是可知這在五行中屬土，位處中央，而其顏色取黃色，正與土相配。是為"刑德九宮"的中宮。

"刑德九宮圖"的方位和同墓出土的馬王堆帛書地圖、駐軍圖的方位相同，亦是上南下北，左東右西。這既有五行方位的明確標示，又有綫條粗細和不同顏色的明顯區別。其中木所居的東宮和其側宮東南宮的綫條又粗又重，黑裏透藍，有一種潤澤感，似乎意味着草木的蓬勃生機。火所居的南宮和其側宮西南宮則用朱色繪成，以示南方主火的五行觀念。金所居的西宮和其側宮西北宮則用雙鈎綫描出，呈其白色，以顯示五行中以金為白的特點。水所居的北宮和側宮東西宮則用較細的墨綫繪成，也許這種細瘦的線條正象徵着北方的清冷和肅殺。上述八宮在圖形上明顯地分成正宮和側宮兩大類，其正宮均作正方形。每個正宮切分作十一個大小不等的欄格。其中十個欄格中分別注明干支和刑德諸神之名。另一個大格內則都繪一個按十二度的空間結構運行的式圖。這種式圖不僅在緊鄰的刑德運行干支表中呈有規則的整齊排列，而且在馬王堆帛書《禹藏圖》[①]和《陰陽五行》隸書本中反復出現。據《淮南子·天文訓》所知，此圖中的十字形乃是表示"四仲"，即二繩所指的四方之正，也就是十二辰中的子、午、卯、酉。而L形則是表示"四鈎"，也就是居於"四仲"左右，夾持"四維"的四對辰位，即十二辰中的丑寅、辰巳、未申、戌亥。而刑德的運行就是按照這種圖式歲主一辰地運轉的。以東宮為例，在第一排正中兩格分別注明："甲午，刑德。"這就是說，此宮中刑德居於甲午。再按干支運轉的秩序，從右至左的五格內分別填注："乙未，豐隆；丙申，風伯；丁酉，大音；戊戌，雷公；己亥，雨師。"這六個干支所記的諸神，乃是刑德日徙的司掌之神。這在《刑德》乙篇的那兩篇文字中有清楚的注解："凡以風占軍吏之事，子午，刑德，將軍；丑未，豐隆，司空；寅申，風伯，侯；卯酉，大音，尉；辰戌，

[①] 《馬王堆漢墓帛書》肆，文物出版社，1985年。

雷公，司馬；巳亥，雨師，塚子。各當其日。"

"其初發也，刑起甲子，德起甲午，皆徙庚午，居庚午各六日；刑徙丙子，德徙丙午，居各六日；皆徙壬午，各六日；刑德不入，徑徙甲午，各十二日；刑徙庚子，德徙庚午，各六日；皆徙丙午，各六日；刑徙壬子，德徙壬午，各六日；德徙戊午，刑不入中宫，徑徙甲子；德居中六日，徙甲午。"

這是關於刑德日徙規律的一段詳細說明，其中特別引人注目的是刑德所居之宮，多以六日為期。而每一宮中的六日又分別由刑德、豐隆、風伯、大音、雷公、雨師六神司掌著。這也就直接說明了九宮中何以多注六日干支和這些"各當其日"的神名的原因。

除上述六格外，在第二排正中兩格內分別標有"大天，夏至。北昌，冬至。"大天"或是"昊天"的別稱。《爾雅·釋天》："春為蒼天，夏為昊天，秋為旻天，冬為上天。"郝懿行疏注曰："正義引李巡曰：'春，萬物始生，其色蒼蒼，故曰蒼天。夏，萬物盛壯，其氣昊大，故曰昊天。'"由是可知昊、大義正相通，故昊大連言之。《說文解字》中昊的字形作"界"，並解釋曰："春為昊天，元氣昊昊也。"到底是春為昊天還是夏為昊天，歷代學者曾難以定說。今以帛書所記的"大天，夏至"來品衡，似乎應以《爾雅》所釋為更可信。"北昌"一名他書未見，饒宗頤先生曾以為"卝昌或即後來祥氣之'昌光'"。他認為"卝字讀為斧，斧從卝得聲，與光同紐字，卝昌為光昌之倒言"。① 這雖不失為一種大膽的推論，但考其字形，該字實作"𠁼"形，甲篇作"𠁼"，乃是"北"字的通常寫法。在《刑德》乙篇的兩篇文字中，"北"字乃數見，或作"𠁼"，如"虛，齊北地"；或作"𠁼"，如"口以北移"。據此，九宮圖中應釋為"北昌"，而不是"卝昌"。"北昌"其名雖未見經傳，但從"大天，夏至"的意義去推斷，"北昌"當是古代關於冬至，乃至冬季的一個特殊的專稱。至於"夏至""冬至"何以要特別注明，並在每宮中居正中之位置，是因為日至之日乃是刑德運行的重要基點。《刑德》乙篇中就明確解釋說：

---

① 饒宗頤："馬王堆《刑德》乙本九宮圖諸神釋——兼論出土文獻中的顓頊與攝提"，《簡帛研究》第 1 輯，1993 年 10 月。

"刑德之歲徙也，必以日至之後七日之子午卯酉。"

可見，刑德歲徙，就是以日至為基準去計算其運行規律的。

此宮中還有一格内注有："乙卯，大皞。"這裏"乙卯"這個干支和上述六神各司其日的干支不相聯屬。它是《刑德》中所講的"四根"之一。帛書《刑德》乙篇中說：

"德在木，乙卯為根；在金，辛卯（當為'酉'字之誤）為根；在火，丙午為根；在水，壬子為根；在土，戊戌為根。"

"凡均始司成，四極司生，二根司殺。乙卯、丁未、辛酉、癸丑，四極也，卯、酉，二根也。雨之則吉，風寒有氣，凶。"

由是可知，這個干支"乙卯"乃是"司殺"的二根之一。"大皞"即"太皞"，為古帝名。《禮記·月令》："孟春之月，其帝大皞，其神句芒。"按照古代兵陰陽家的認識，"太皞"是陰陽五行學說中司掌東方之帝。

"刑德九宮圖"中的南宮、西宮、北宮與上述東宮的形式排列和干支、神名等都大致相同，祇是"四根"的干支和帝名各有不同：南宮是"丙午，炎帝"，西宮是"辛酉，大皞"（參稽《刑德》甲篇，"大皞"乃應是"小皞"，即五帝中之"少皞"），北宮是"壬子，湍王"。"湍王"即司掌北方之帝"顓頊"。對此，饒宗頤先生曾率先做過一段很精彩的考證：

"以《禮記·月令》及《呂氏春秋·孟冬紀》'孟冬其帝顓頊'證之，此一與炎帝相對之神，非顓頊莫屬。甲骨文耑字作 ※（甲11.3），此字當是從水從※，為顓之異文，王則為項之省書，或略稱之曰湍（顓）王。《墨子·非攻》下：'高陽乃命［禹］於玄宮'，高陽即顓頊有天下之號。《莊子·大宗師》：'顓頊得之，以處玄宮。'李頤云：'玄宮，北方宮也。'楚及秦皆奉顓頊為遠祖，秦本紀云：'秦之先帝顓頊之苗裔。'故秦景公大墓石磬有云：'高陽有靈，三方以鼏'。而顓頊之名，未見於出土文物，是圖作'湍王'，乃為首次，故極可貴。"

正宮之外，四個側宮均作丁字形，每宮均切割成十個方格，分別填注有刑德、豐隆、雷公、雨師等神名和干支。和正宮相比，沒有"夏至""冬至"這兩個時標，沒有大皞、炎帝等帝稱，沒有十二度的刑德運行式圖，故每一個宮内都有空格。其中東南、東北兩宮各空三格；西南、西北兩宮則各空兩格。特別耐人尋味的是，這四個側宮中都分別標有一些頗難索解的名稱，下面僅就手頭資料所及，做一些簡略的考索。

西南宮中注有"丁未，聶氏。丙丁（當是'子'字之誤）司鬬"。"丁未"在《刑德》中是四極之名（見前所引述）。聶氏，饒宗頤先生指出："聶氏當即攝提，絕無疑問。"①他從古音學和文獻中的異文、通假例證中證明："氏"與"是"古通；"祇"或作"提"；"是"或作"提"；"提"或作"祇"；是知"氏"與"提"古每借用。聶之所以是"攝"的借字，大概是太簡單之故，饒宗頤先生沒有去做考證。事實上，古文獻中聶、攝通假者，確是處可見。如《禮記·內則》"聶而切之"，《經典釋文》："本文作攝。"《山海經·海外北經》："聶耳之國，為人兩手聶其耳。"郭注："言耳長，行則以手攝持之也。"由是可知，饒宗頤先生斷言"聶氏"即"攝提"，確是堅實之論，無需有半點疑惑。"攝提"多用為星名，在本圖中顯然是用為神名。饒宗頤先生據《淮南子·地形訓》的"諸稽、攝提，條風之所生也"指出，攝提乃是八風神之一，此不失為一家之說。

"丙丁，司鬬"，鬬字或疑讀為閹，進而認為閹即開字。"司鬬"即司開，猶如《開元占經》中所引《河圖》所云的開樞，開陽之類。②筆者以為：似乎不必從通假中求解，鬬，《類篇·卷三》云："交爭也。"與"戰""鬥"的意思相近，故鬬、鬥多相通用。帛書《刑德》中有一段文字，可為"司鬬"作一注腳："占軍戰，講也。以丙子為六分，以為六旬，攻城圍邑，疾西風而城拔，東風不拔。"此處所言占測軍戰之道，必以"丙子"為六分，可見"丙子"與"軍戰"之間，在兵陰陽家看來，有著某種必然的，或者說是約定俗成的聯繫。因此，"司鬬"或許就是司戰的神名。

東北宮中有"癸□，矛□"。據甲篇所示，知是"癸亡［丑］，矛強"。《史記·天官書》："杓端有兩星，一內為矛，招搖；一外為盾，天鋒。"《集解》孟康曰："近北斗者招搖，招搖為天矛。"帛書《刑德》乙篇中有言："德

---

① 饒宗頤："馬王堆《刑德》乙本九宮圖諸神釋——兼論出土文獻中的顓頊與攝提"，《簡帛研究》第 1 輯，1993 年 10 月。

② 饒宗頤"馬王堆《刑德》乙本九宮圖諸神釋——兼論出土文獻中的顓頊與攝提"，《簡帛研究》第 1 輯，1993 年 10 月。

在木，名曰招搖，以此舉事，眾也大勞。"不知典籍上所言的"天矛"是否是"矛強"的異稱。如果是的話，那就應是"德在木"時的一種專稱。饒宗頤先生曾疑"矛強"或即"禺強"，又作"伯強"，是八風名之一。這亦是一種推論，正確與否，尚待更多的出土文獻來證明。

西北宮有"癸亥，青🗌"，東南宮有"丁巳青🗌"。甲篇的東南宮則作"丁巳，青🗌"。其中一字不識，但從其三個字的形體看，雖然各自的形符不同，但相同的是，其主要構件均是從目從羊，故其音很可能是從羊得聲，因此饒宗頤先生疑其為青陽之陽的借字，這不無道理。但青陽是少昊帝之字號，為何東南宮和西北宮中都用青陽之名，它與另兩宮的"聶氏""矛強"是什麼關係，尚待進一步研究。

此外，西北宮中還有"氣雲"一欄，甲篇中亦有此二字，祇是沒寫在欄格內，而是書於西北宮的外側。值得注意的是，九宮圖中的所有欄格內，均有相應的干支和日至，唯獨這裏沒有，而且在甲篇中還置於欄格之外。這也許說明"氣雲"乃是刑德運行的一種輔助的觀測依據。馬王堆帛書中有一卷"天文雲氣雜占圖"，可能正是這《刑德》九宮中所記"氣雲"的詳細圖釋。也許，兩者之間還有一種尚待解釋的特殊關係呢。

帛書《刑德》的第二部分是刑德運行干支表（見圖五八），該表分為六列，每列由十個朱色式盤組成。每個式盤的右下方整齊地墨書了從甲子至癸亥六十干支。每一個干支所居的式盤辰位標志線上，按左旋的方向，從子午綫的子這個辰位開始，分別用墨點標明了刑德運行中"歲居一辰"的規律。甲篇在刑德運行干支表左側有這樣一行文字："［今皇］帝十一年，大陰在巳，左行，歲居一辰。大陰在所，戰，弗敢攻。"我們查對甲篇干支表，在"乙巳"這個干支的式圖內，正標有"今皇帝十一"的字樣，而這一式圖的左上方，即位於四鈎的"巳"這個辰位上，正有一個標志刑德運行位置的墨點。因此，我們亦進一步知道，這個刑德運行干支表乃是大陰歲行的實際記錄。

這個刑德運行干支表並沒有詳細記載每個干支所代表的年號，但其中記錄的幾個重要年號，則為我們準確判斷帛書的抄寫年代提供了最有說服力的證據。

甲篇中有兩個年號，一是"壬辰"為"張楚"的年號，一是"乙巳"為"今皇帝十一"的年號。查歷史紀年干支表可知，"乙巳"正是漢高祖十一年的年號。表中稱"今皇帝"，說明甲篇是在漢高祖在位期間抄成的。同時亦說明甲篇抄寫的準確年代應是公元前205年以後。乙篇中共有三個年號，一是"壬辰"為"張楚"的年號。這與甲篇相同。二是"丁未"為"孝惠元"。三是"乙卯"為"秦皇帝元"。這三個年號的干支，與歷史紀年的干支完全相同。其中特有意義的是，乙篇中沒有"今皇帝十一"的紀年，而有"孝惠元"的紀年。這就意味著乙篇抄寫的準確年代是在孝惠帝元年，即公元前194年以後。同時，也就間接地說明，甲篇的抄寫年代應是漢高祖11年（公元前205年）至漢孝惠帝元年（公元前194年）之間。我們知道，馬王堆帛書的字體主要分古隸和今隸兩種，《刑德》甲篇是用古隸抄成，乙篇則用今隸寫成。而這兩篇所抄寫成的時間又僅隔十餘年。這至少可以說明兩個問題。第一，它說明馬王堆帛書中與甲篇字體相同的其他古文獻抄本，大致均是漢高祖十一年至孝惠元年之間抄成的。而與乙篇字體相同的另一些古文獻抄本，則都應是漢惠帝元年至漢文帝12年之間抄成的。第二，它說明漢字隸變的過程其實並不像人們所常說的那樣，經歷了一個漫長的過程，直到東漢時期隸書纔漸趨成熟，而是在秦漢交替之際，漢字的隸變已日漸完成。至漢文帝初年，規範的漢隸已基本形成。至於東漢以後的標準隸書，祇不過是在此基礎上的進一步完善和美化而已。

帛書《刑德》的第三部分是兩篇首尾完整的文章。第一篇共61行，每行25字左右，共1500餘字。其主要內容是關於刑德運行規律的解說和對刑德九宮圖的詮釋。例如文章開篇就指出：

"德始生甲，大陰始生子，刑始生水，水，子。故曰：刑德始於甲子。"

然後，詳細地敘述了刑德歲徙的規律：

"刑德之歲徙也，必以日至之後七日之子午卯酉。德之徙也，子若午；刑之徙也，卯若酉。刑德之行也，歲徙所不勝而刑不入宮中，居四隅。甲子之舍始東南以馮行廿歲而壹周，壹周而行德四通，六十歲而周，周於癸亥，而復從甲子始。刑德初行六歲而並於木，四歲而離，離十六歲而復並木，大陰十六歲而與德並於木。"

這段文字中，首先說明刑德歲徙，必以日至為基準。這無疑直接地說明了刑德九宮圖中為什麼四個正宮內都注明"冬至""夏至"的原因。其次，所謂"子、午、卯、酉"，乃是《淮南子·天文訓》中所講的"四仲"，即四方之正。第三，"歲徙所不勝"，則明確揭示了刑德是按照五行相生相剋的規律運行的。刑德九宮圖中，東南西北中各宮分別標有木、火、金、水、土的五行屬性。根據五行相生相剋的理論可知，木不勝金，金不勝火，火不勝水，水不勝土。而刑德運行是"歲徙所不勝"，那麼其運行的軌跡就是，從屬木的東宮開始，第二年就徙居屬金的西宮，第三年則徙居屬火的南宮，第四年就徙居屬水的北宮，第五年則徙居屬土的中宮。這樣周而復始，"行廿歲而壹周"，而壹周正是刑德在五宮中走了"四通"。第四，"刑不入宮中，居四隅"者，則說明刑德在歲徙過程中，德多居正宮而刑多居於四隅的側宮。這一點，在甲篇的刑德九宮圖中填注得更明確。該圖的正宮中，乾脆就祇有一個"德"字，而不像乙篇一樣，將刑德合寫在一起。至於"六十歲而周，周於癸亥，而復從甲子始"則應是對刑德歲徙干支表的一種概括，與"廿歲而壹周"所述的刑德在九宮中的歲徙規律應有區別。

在詳細敘述刑德歲徙的規律後，文中接著又詳盡地敘說了刑德日徙的規律：

"其初發也，刑起甲子，德起甲午，皆徙庚午。居庚午各六日。刑徙丙子，德徙丙午，居各六日，皆徙壬午，各六日。刑德不入，徑徙甲午，各十二日。刑徙庚子，德徙庚午，各六日，皆徙丙午，各六日。刑徙壬子，德徙壬午，各六日。德徙戊午，刑不入中宮，徑徙甲子，德居中六日，徙甲午。"

我們將這段文字與刑德九宮圖相對勘，可以說，其日徙規律是相當清楚的。它亦是按照"歲徙所不勝"的五行相生相剋理論運行的。而刑、德在每一宮中所停留的時間均是六日或十二日，其"初發"又是"甲子""甲午"。這不僅可以和九宮圖中每一宮內各有六個干支欄格相印證，而且亦是對"必以日至之後七日之子午卯酉"這句話的具體詮解。

刑德的歲徙、日徙都是有其固定程式的。同樣，刑德在其運行的週期中，還有一些特定的專門術語和一些參稽刑德運行的情況占測戰爭勝負吉凶的專門規定。例如：

"德在木，乙卯為根；在金，辛卯（'卯'字當是'酉'字之誤）為根；在火，丙午為根；在水，壬子為根；在土，戊戌為根。"

"凡均始司成，四極司生，二根司殺。乙卯、丁未、辛酉、癸丑，四極也。卯、酉，二根也。雨之則吉，風寒有氣，凶。"

讀着這些近似於訓詁一樣的專門術語的解釋，我們回過頭來理解"刑德九宮圖"中的某些干支和神名，就知道原來東宮中的大皞，西宮中的〔少〕皋，南宮中的炎帝，北宮中的湍（顓）王（頊）乃是四根之神。而西南宮中的聶（攝）氏（提），東北宮中的矛強則是四極之神。它司掌著天地生靈，具有極大的權威性。

又如："倍（背）刑德，單（戰），勝，拔國。倍（背）德右刑，單（戰），勝，取地。左德右刑，單（戰），勝，取地。左德倍（背）刑，單（戰），勝，取地。倍（背）德左刑，單（戰），勝，不取地。倍（背）刑右德，單（戰），勝，不取地。右德左刑，單（戰）敗，不失大吏。右刑德，單（戰），勝，三歲將死。左刑德，單（戰），半敗。"

這是一段以刑德的左右前背測定戰爭勝敗的規定。《史記·天官書》：太白"出東為德，舉事左之迎之，吉。出西為刑，舉事右之背之，吉，反之皆凶"。又《淮南子·天文訓》："凡用太陰，左前刑，右背德。"清代王念孫就此考證曰："此當為右背刑，左前德，寫者顛倒耳。《五行大義》論配支干篇曰：從甲至癸為陽，從寅至丑為陰，陽則為前為左為德，陰則為後為右為刑，右背刑，左前德者，所以順陰陽也。"① 我們從《史記》和王念孫的考證知道，所謂刑德的前背左右、實乃兵陰陽家的一種理性規定。因為陽為前、為左、為德、陰為後、為右、為刑，所以凡順陰陽者則吉，凡逆陰陽者則凶、依此去梳理帛書《刑德》中的文意，也就豁然明朗了。

帛書《刑德》的第二篇文章主要是關於以雲氣、風、雨、雷占測戰爭勝負吉凶的規定。全文分十一節，每節講一種占法。如第一節主要講月暈雲氣占：

"月半白半赤，城半降半施；盡赤盡施，盡白盡降。月小中赤，餘盡白，城中將死，其人降。月大光赤，主人出，單（戰），不勝，城拔。月

---

① 《讀書雜誌》卷十二，上海古籍出版社，2014年。

大據有光，主人出，單（戰）。月七日不弦（弦），主人將死。月北頃陰，國得地，月椐受衡，其國安；月大受繩，其國亡地。月八日南陛陰，國亡地；月不盡八日北陛陽，國亡地。月軍（暈）壹重，三復之，主人出，單（戰）勝。月軍（暈）二重，倍滿在外，和成外；倍滿在中，和成中，月比其國'憂。有軍於外，軍傷。月薄，其主病，中赤日，並鼎尺杅月，其主死，有軍，軍罷。"

從第二節至第十節，每一節都是一種占法，祇是各節所占測的依據各有不同而已。唯有最後一節，即第十一節乃是關於二十八星宿與地望的說明頗值得注意。因為它與歷史文獻中的記載多有不同。例如它的星宿分野既按列國劃分，但又不僅如此，而是星宿分"左服""右服"等，列國又分方位區域。如：

"房左驕汝上也。其左服，鄭地也。房右服，梁地也。右驕，衛也。婺女，齊南地也。虛，齊北地也。"

此外，該篇在說明星宿與地望的關係時，僅僅標記了房、婺女、虛、營室、東壁、參、星、觜觿、東井、輿鬼、柳、七星、張等星宿和相關的地望。這似乎說明這篇帛書中所講的星宿分野並不是《史記·天官書》那樣單純的地望分野，而應是專門配合刑德運行以供使用者占測戰爭勝敗吉凶用的星宿分野。這種分野的特定範圍，亦為人們推尋帛書作者的國別提供了可信的綫索。

2.《刑德》的研究價值簡說

第一，帛書《刑德》為我們提供了兩幅秦漢時期所繪製的完整刑德九宮圖。該圖不僅繪製精細，五行方位清楚準確，而且刑德在九宮中的運行規律清晰可尋。這無疑給我國傳統的數術學研究提供了嶄新的材料。

眾所周知，數術作為一個學科的類目，最早見於《漢書·藝文志》："歆於是總群書而奏其七略，故有輯略，有六藝略，有諸子略，有詩賦略，有兵書略，有數術略，有方技略。"至於人們現在所能看到記有數術活動的最早材料，乃是殷墟甲骨中所記錄的商王從事各項活動的占卜結果。春秋戰國時期，儘管數術的種類包括了卜筮、星占、陰陽、五行、占夢、占浸兆等多種內容，但迄今為止，像帛書《刑德》這樣彩繪明晰的刑德九宮圖尚屬首次發現。它完全可以和已出土的西漢初期的六壬式盤和太乙九宮盤對比進行研究，更全面地揭示西漢初期所流行的數術學的內涵和本質。

第二，帛書《刑德》第一次向人們展示了兩幅由六十個式盤組成的干支表。這種干支表不像殷墟甲骨上所刻契的干支表那樣，純為記載和檢索紀年用，而是按十二度的式圖結構，根據刑德歲徙的規律，在干支表中詳細而準確地標明了太陰運行的方位、軌跡和一些有特殊意義的紀年。這種非常專門化的干支圖表，乃是出土文獻中所罕見的，因此尤其顯得珍貴，具有很大的研究的價值。

第三，帛書《刑德》第一次給人們提供了兩篇西漢初期的兵陰陽家所使用的數術類文本。如前所述，數術早在西漢時期已見諸典籍，不僅《漢書·藝文志》上有專門記載，而且在《史記·天官書》《淮南子·天文訓》中亦多有敘說，但無論是傳世的歷史文獻中還是出土文獻中，還沒有發現有時代比帛書更早的詳釋刑德運行規律和占測戰爭勝負吉凶的長篇文獻。因此，帛書《刑德》的面世，無疑是傳統數術研究獲得嶄新進展的重要因素，勢必在學術界產生重大影響。

二、帛書《刑德》丙篇試說

馬王堆帛書《刑德》丙篇因其殘破太甚，出土20餘年來，基本上沒人對其作過介紹。筆者雖因工作之便，有機會隨時目驗原物，但亦因其殘缺不全，無法拼綴而一直不敢妄加評介。筆者曾在《帛書〈刑德〉略說》[①]一文中附帶說了一句："從殘存的片斷文字看，其內容與甲、乙兩篇亦大致相同。"現在看來亦是很不準確的。因為筆者去年有幸忝列重新啟動的馬王堆帛書整理小組之列，得有機會看到了原帛書整理小組已經作過的整理拼貼樣本，從而加深了對帛書《刑德》丙篇的認識。現不揣譾陋，僅就認識所至，淺述一二如下，不當之處，敬祈方家指正。

---

① 《簡帛研究》第1輯，法律出版社，1993年。

帛書《刑德》丙篇原件雖已分切裝裱爲18塊殘片，原帛書整理小組已經對其做了基本復原的拼綴工作。儘管其中尚有許多殘缺無法填補，但其基本情貌已比較清楚：這是一卷呈長方形的帛書手卷，幅寬48釐米，幅長大約82釐米，其内容大致由兩部分組成（見圖五八）。第一部分是位於帛書右上方並列的三個圖；第二部分則是位於三個圖下方及左側共約73行文字。這些文字雖因殘缺太多而句讀不易，但那些殘存的文句多少還能透露出其大致的數術類文獻意義。應該說，其圖其文當是互有關聯的有機組合，儘管我們現在還不能太確切地一一說清楚其中的關聯所在。

圖五八

帛書右上方並列的三個圖，均見於帛書《陰陽五行》乙篇。居首的是"天一圖"。《陰陽五行》乙篇上的"天一圖"較爲完整，且已刊出過圖版。[1]《刑德》丙篇中的"天一圖"則殘缺得只剩下東西兩方中的十四個神名，但就是這殘存的十四個神名，正可補帛書《陰陽五行》乙篇上的殘缺，即西方七神，按序是"刑、德、小歲、斗縠、太一、大陰、大陽"。帛書《陰陽五行》乙篇中所殘的"小歲、斗縠"二神名，正可由此補出，從而使該圖得以相應完整的識讀。其中"小歲"乃是"斗勺"之別名。《淮南子·天文訓》："斗勺爲小歲，正月建寅，月從左行十二辰。咸池爲太（大）歲，二月建卯，月從

---

[1] 《馬王堆漢墓文物》，湖南出版社，1992年。

右行四仲,終而複始。""斗毃"或即"斗極"之別稱。《爾雅·釋地》:"北戴斗極爲空桐。"疏曰:"斗,北斗也。極者,中空天極星,其一明者,太一之常居也,以其居天之中,故謂之極。極,中也,北斗拱極,故云斗極。"帛書《刑德》丙篇殘存的文字中尚有"此用斗之大方也"的記載,所謂用斗之法,或許正與這"斗毃"神煞有關。

第二幅圖是刑德小遊圖,它與帛書《刑德》乙篇中的"刑德九宮圖"[①]實質上相同,只是刑德六神小遊的排列方式不一樣。它是按照四方五行正奇宮排列法排列的。每一個宮内都注明其六神之神名和當日的干支。例如北方正宮内即分別注明:"壬午刑德,癸未豐隆,[甲申風]柏,乙酉大音,丙戌雷公,丁亥雨師。"這與《刑德》甲、乙篇中的刑德九宮圖中的北方正宮所記之六神與干支是一樣的。不同的是它没有《刑德》甲、乙篇九宮圖中的八方神和有關日至的記録。此外,其中宮亦是呈方形,分別注明戊子、戊午六神名及干支,這樣比《刑德》甲、乙篇九宮圖中的刑德六神排列更易於識讀和瞭解。這幅刑德小遊圖亦見於帛書《陰陽五行》乙篇,只是該圖在《陰陽五行》乙篇中殘缺得更厲害,所剩僅是北宮、西北宮、西南宮和東北宮殘缺不全的幾行刑德六神的文字而已。

第三幅圖亦見於帛書《陰陽五行》乙篇。該圖作正方形,中間劃有圓圈表示中宮,在四方及中宮分別注有:甲子、乙酉、東門;丙子、丁酉、南門;庚子、辛酉、西門;壬子、癸酉、北門;戊子、己酉、□[門]。在四個角上分別劃有兩個向正宮延伸擴展的棒槌狀圖形。這種圖形是否是代表八宮,或者八風還是八方,尚不清楚。但從其干支所記,乃是五子和五酉,其中五子所處之方位,正可與《協紀辨方書》中的"太歲巳下神煞出遊日"所記對應:

"曆例曰:'太歲出遊日者,甲子日東遊,己巳日還位,丙子日南遊,辛巳日還位,戊子日遊中宮,癸巳日還位,庚子日西遊,乙巳日還位,壬子日北遊,丁巳日還位,共出遊二十五日。'《考原》曰:'出遊日各以五子日幹爲所往之方。甲爲東方木,故甲子日東遊,丙爲南方火,故丙子日南遊、庚爲

---

① 《馬王堆漢墓文物》,湖南出版社,1992年。

西方金，故庚子日西遊。壬爲北方水，故壬子日北遊。戊爲中央土，故戊子日遊中宫。五者生數之極，故各出遊五日，共五五二十五也。'"①

如果這種對應可以成立的話，該圖或可稱爲"太歲遊日圖"。但是，這記日干支除五子之外，還有五酉日，在睡虎地秦簡《日書》中的"蓋忌"篇中，有"五酉、甲辰、丙寅，不可以蓋，必有火起，若或死焉"②的記載，但不知此圖中的"五酉"是否與此"蓋忌"有關？此外，圖中所標示的五門顯然與睡虎地秦簡中的"置室門圖"大不相同。亦與大六壬術中的天、地、人、鬼四門有別。有意思的是，在帛書殘存的"傳勝"遊年的文字中，尚存有"遊於天門，十八日而去，反於其所長立者""遊於鬼門，三日而去，及於其所長立者"的文句。遺憾的是，殘存的文句中僅存此大六壬術中的二門，而圖形中可識的則只有東、南、西、北四門，且中宫究爲何門，則無法知曉。因此，這五門在古代數術的五分系統中是代表五位、五行？或者與大六壬中的天地人鬼四門有什麼關係，暫還說不清楚。至於這五門與五子、五酉的關係如何，亦尚待進一步的研究。

在這三幅圖的下方和左側是大約73行文字。這些文字雖然殘缺不全而句讀困難，但從殘存的文句中大致可以看出如下一些內容：

（1）有關"傳勝"遊年的內容：

"傳勝正月舍於□□□□□〔其〕日遊，舍於亥，六日而去，反於其所長立者。〔二〕月傳勝舍於〔東宫〕，木分也，其日遊，舍於寅，八日而去，反於其所長立者……"

"凡傳勝之神，五行各有長，句陳長之，恒陳長之，泰一長之，□□長之，句刑長〔之〕"。

"傳勝"究竟爲何神名，現尚無法確定。大六壬術的十二支神中有"傳送"和"勝光"二神名，它們分別是金神和火神的專稱，但不知"傳勝"是傳送、勝光二神的簡稱否？至於"五行各有長"的神名"句陳、恒陳、泰一、句刑"均見之於帛書《陰陽五行》乙篇的"天一圖"中，其中"泰一、句刑"

---

① 《中國方術概觀·選擇卷》，人民中國出版社，1993年。
② 劉樂賢：《睡虎地秦簡日書研究》，臺灣文津出版社，1994年。

亦見於《刑德》丙篇殘存的"天一圖"帛片中。

（2）有關刑德占的內容，如：

"迎刑倍（背）德，戰者不勝，亦毋（無）失也。"

"迎刑右德，戰者勝，三年將死。"

"迎刑左德，戰者不勝，失地，幾不出三年將死。"

"倍（背）刑右德，戰者勝。"

"[倍（背）刑]左德，戰者勝。"

"倍（背）刑迎德，戰者不勝，毋工，不出三年將死。"

"迎德倍（背），戰者勝，得地復歸，幾不[出]二年將死。"

這些內容，在帛書《刑德》甲、乙篇中都有，但其文字略有不同，例如《刑德》乙篇中記載：

"倍（背）刑德，戰，勝，拔國。倍（背）右刑，戰，勝，取地。左德右刑，戰，勝，取地。左德倍（背）刑，戰，勝，取地。倍（背）德左刑，戰，勝，不取地。倍（背）刑右德，戰，勝，不取地。右德左刑，戰，敗，不失大吏。……倍（背）刑迎德，將不入國，如入有功，必有後央（殃），不出六年，遝（逮）將君王。倍（背）德迎刑，深入，衆敗吏死。迎德右刑，將不入國……左刑迎德，戰，敗，亡地，左德迎刑，大敗。"①

很顯然，兩者文字可以互相補充，加深理解。例如《刑德》丙篇中的"倍（背）刑迎德，戰者不勝，毋工，不出三年將死"的"毋工"，其"工"字是讀爲"攻"還是"功"，似乎兩者都可成立，但參照《刑德》乙篇上的"倍（背）刑迎德，將不入國，如入有功，必有後央（殃）"來理解，那顯然是讀爲"功"比較準確，所謂"毋工"，也就是"無功"之意。

（3）有關用斗之法的記載

衆所周知，在已出土的六壬式的天盤上，多以北斗居天盤中心，四周再環列十二月或十二神、干支、二十八宿。②但這天盤上所繪的北斗星怎樣使用的，多語焉不詳。令人欣喜的是，在《刑德》丙篇中則有一段明確的文字，

---

① 陳松長："帛書《刑德》乙本釋文校讀"，《湖南省博物館四十週年紀念論文集》，1996年。
② 李零：《中國方術考》，人民中國出版社，1994年。

記述了用斗之法：

"此用斗之大方也。故曰左青［龍而右］白虎，前丹蟲而後玄武，招搖在上，□□在下，乘龍戴斗，戰必勝而功（攻）必取，善者從事下。"

這段文字足可使我們聯想到湖北曾侯乙墓出土漆箱蓋上所繪的青龍白虎所環繞的北斗星圖以及安徽阜陽雙古堆漢墓M1出土的漆木式天盤等。尤其是上海博物館藏的六朝銅式的背面銘文中有這樣一段文字：

"前一騰蛇，前二朱雀，前三六合，前四勾陳，前五青龍；後一天後，後二太陰，後三玄武，後四太常，後五白虎，後六天空。"這段文字中的四象正可與《刑德》丙篇中的這段文字對應。而四象即代表一種十二神的認識，早就由陳夢家先生在討論"漢代占時、測時的儀具"時已經指出，[①]至於何爲用斗之法，恐怕要算帛書上的這段文字是最早的了。遺憾的是，這段文字的前面一部分殘缺，而且在《刑德》丙篇中並無北斗星圖或諸如阜陽雙古堆漢墓M1出土的那種式盤可以參驗。唯一可以聯繫的是在"天一圖"的西方七神中有"斗觳"之神名。

（4）有關諸值神的記載

在三幅圖形的左側，在殘剩的帛書上有"大陽爲建,大陰爲衝""光日月，比四時，宜天地而順五行""沕昌柱矢四遊"等殘存的文句。這些文句中的"大陽""大陰""日月""沕昌"以及"青龍""白虎""句陳"等神煞名均見於《陰陽五行》乙篇的"天一圖"中。因此，這段文字是否與"天一圖"有關，尚值得研究。其中特別值得注意的是還有"黃帝四戰四剋"的記載。所謂"黃帝四戰"，亦是一個很值得研討的問題。

通過上述初淺的描述，我們可以看到，《刑德》丙篇的內容與已發表的《刑德》乙篇[②]顯然不同。我們說過，《刑德》甲、乙兩篇雖亦有不同，但其圖形，內容文字基本相同，尤其是星占部分，很明顯地看出乙篇是甲篇的抄本。[③]因此，二者完全可以互校互補，是名符其實的甲、乙篇。其性質如帛書《老子》的甲、乙本一樣。但《刑德》丙篇無論在圖形上還是文字上都與甲、

---

① 《考古學報》，1965年第2期。
② 《馬王堆漢墓文物》，湖南出版社，1992年。
③ 陳松長："帛書《刑德》乙本釋文校讀"，《湖南省博物館四十周年紀念論文集》，1996年。

乙篇迥然不同。相反的是，其三個圖形均見於尚未發表的隸書《陰陽五行》的本子上。這就不能不令我們去重新審視其定名的正確與否。當然，這件帛書中確實還有關於刑德占的內容，但這一部分僅是該帛書中的一小部分而已，就是在三個圖形中，那刑德小遊圖亦僅是三個圖中的一個。因此，簡單地將其稱爲《刑德》丙篇，似乎並不準確，尤其是對那些沒機會接觸原始資料的學人來說，更有誤導之嫌。依筆者之淺見，從內容上的比較看，與其稱其爲《刑德》丙篇，還不如稱其爲隸書《陰陽五行》乙篇。當然，迄今爲止，帛書《陰陽五行》的定名是否準確？因其尚沒發表，故無從討論，但就筆者目驗所及，所謂篆書《陰陽五行》和隸書《陰陽五行》，實際上也是兩個大不相同的本子，至少在圖形上就僅有一個鈎繩圖可以對應。而見於《刑德》丙篇上的那三幅圖，在篆書《陰陽五行》中全不見影子。因此，我覺得，就圖形來講，那只有《刑德》丙篇和隸書《陰陽五行》才可校互補，故其定名至少要跟隸書《陰陽五行》相近才是。

三、帛書《黃帝書》中的刑、德概念

眾所周知，在馬王堆漢墓帛書中，有被原帛書整理小組定名爲《刑德》的甲、乙、丙三種帛書。這三種出土文獻的性質，乃如《漢書‧藝文志‧數術略》五行類中所例舉的《刑德》七卷一樣，是秦漢時期的兵陰陽家用於軍事占測方面的數術類文本。而其"刑德"概念則完全是數術化了的抽象概念，即與豐隆、風伯、大音、雷公和雨師並列的刑德六神之一。它分別分佈于《刑德》甲、乙兩篇的"甲子表"和"九宮圖"中，其文字所記大都是"刑德"在"甲子表"和"九宮圖"中運行規律的說明，諸如"德始生甲，太陰始生子，刑始生水，水子。故曰：刑德始生甲子。刑德之歲徙也，必以日至後七日之子午卯酉。德之徙也子若午，刑之徙也卯若酉。刑德之行也，歲徙所不勝而不入刑中宮，居四隅。……"這類文字。與《淮南子‧天文訓》中的文字多有相似之處，是完全抽象化了的數術概念，所謂"順時而發，推刑德，隨斗擊，因五勝，假鬼神而為助者也。"（《漢書‧兵書略》）"凡用太陰，左前刑，右背德"（《淮南子‧兵書略》）

之類，顯然是對這種刑德概念的具體運用。但同是一個墓葬中出土的帛書《黃帝書》中，其所多次使用的"刑德"概念，卻與帛書《刑德》甲、乙、丙三篇中的刑德內涵完全不同。

帛書《黃帝書》分為《經法》《經》（又稱十大經、十六經）、《稱》《道原》四篇（有學者將之稱為《黃帝四經》）。"刑德"一詞在前三篇中都有出現，唯獨在《道原》中沒有（這間接說明《黃帝書》並不是成於一人之手）。就是在前三篇中，其出現的頻率也很不相同。其出現頻率最多的是《經·姓爭》篇，其"刑""德"就分別出現了20次。下面我們且擇其例句分別條列分析。

"刑"字在《黃帝書》中所用的義項如下：

1. "刑"字讀如"形"字例

《道法》："虛無刑（形），其裻冥冥，萬物之所從生。"

"虛無有，秋毫成之，必有刑（形）名。刑（形）名立，則黑白之分已。"

"是故天下有事，無不自為刑（形）名聲號矣。刑（形）名已立，聲號已建，則無逃跡匿正矣。"

"反索之無刑（形），故知禍福之所以從生。"

"名刑（形）已定，物自為正。"

"故能至素至精，惜（浩）彌無刑（形）然後可以為天下正。"

《論約》："亡刑（形）成於內而舉失於外者滅。"

余明光先生注釋曰："刑名，即形名，原指形體和名稱。"《尹文子·大道上》："名者，名形者也；形者，應名者也。……故形名者不可正也。"這裡的名，指的是法令、名分、言論等。所謂"刑（形）名立，則黑白之分已"，就是主張審合刑名，循名以責實；分清是非黑白，慎賞明罰。[1]

2. "刑"字讀如"型"字例

《觀》："逆順無紀，德虐無刑，靜作無時，先後無名。"

---

[1] 《黃帝四經與黃老思想》，黑龍江人民出版社，1989年。

余明光先生注："德，指助人，虐，指害人。無刑，沒有定型。這句話的意思是，幫助人與殘害人也沒有一定的準衡"。①

陳鼓應先生注："德虐，猶賞罰，無刑，猶無常，謂沒有定則。《爾雅·釋詁》：'刑，常也。'《禮記·禮運》注：'刑，猶則也。'《國語·越語下》：'德虐之行，因以為常'與此義近。"②

兩位所說雖有詳略之別，但取義是一樣的，即"刑"讀如"型"，亦即"準衡""定則"之意。

3. "刑"字用作"正"字例

《五正》："內刑已得，後［乃］自知屈其身。"

《孟子·梁惠王上》"刑於寡妻"注："刑，正"。內刑即自我端正、自我完善。

4. "刑"字用作"法"字例

《兵容》："兵不刑天，兵不可動，不法地，兵不可措，不法人，兵不可成。"

《五正》："反義逆時，其刑視蚩尤。反義懷（背）宗，其法死亡以窮。"

《稱》："善為國者，大（太）上無刑，其次正法。"

句例中"刑""法"互文，是知"刑"即用作"法"講。

5. "刑"字用作"罰"字例

《君正》："國無盜賊，詐偽不生，民無邪心，衣食足而刑伐（罰）必也。""有佴（恥）則號令成俗而刑伐（罰）不犯，號令成俗而刑伐（罰）不犯則守固戰勝之道也"。

刑罰連文，這是刑用作罰的顯例，其它諸如：

《君正》："以刑正者，罪殺（誅）不赦者。"

---

① 《黃帝四經與黃老思想》，黑龍江人民出版社，1989年。
② 《黃帝四經今注今譯》，臺灣商務印書館，1995年。

《論約》:"三時成功,一時刑殺,天地之道也。"

"逆順是守,功溢於天,故有死刑。"

"不有人戮,必有天刑。"

《亡論》:"一曰妄殺賢,二曰殺服民,三曰刑無罪。"

這種例句在《黃帝書》中出現的頻率較多,刑、罰互訓是較為常見的用法。

6. "刑"字用作"秋冬"義例

《觀》:"春夏為德,秋冬為刑。先德後刑以養生,姓生已定,而適(敵)者生爭,不諶(戡)不定,凡諶(戡)之極,在刑與德,刑德皇皇,日月相望,以明其當,而盈□無匡(枉)。"

"夫並(秉)時以養民功,先德後刑,順於天。"

這與《管子·四時》中所使用的概念是一樣的,即"德始於春,長於夏,刑始於秋,流於冬"。"刑德者,四時之合也,刑德合於時則生福,詭則生禍"。

《姓爭》:"刑德皇皇,日月相望,以明其當。望失其當,環視(示)其殃。天德皇皇,非刑不行,繆(穆)繆(穆)天刑,非德必傾。刑德相養,逆順若成。刑晦而德明,刑陰而德陽,刑微而德章(彰),其明者以為法,而微道是行。"

在帛書《黃帝書》中,"刑"字的所用義項,大致是上述六種。其實,從語義學的角度看,這些義例,都是詞義的通假和引申義。所謂型、法、罰、正,其語義均可相通,就是"刑為秋冬"的這個義項,也是從秋冬萬物蕭殺這種現象中引申出來的。因此,這六個義項只是在不同的上下文中其取義不同而已。其中只是以刑為秋冬的這種時間性的概念,與人們所習見的形、型、法、罰、正之類義項相隔較遠一點而已。

"德"字在《黃帝書》中所用的義項如下:

1. "德"字用作"慶賞"義例

《觀》:"逆順無紀,德虐無刑,靜作無時,先後無名。"

《果童》:"地俗德以靜,而天正名以作,靜作相養,德虐相成。"

96

《越語下》："德虐之行。"韋昭注曰："德謂有所懷柔及爵賞也，虐謂有所斬伐及黜奪也。"《韓非子·二柄》："何謂刑德？曰：殺戮之謂刑，慶賞之謂德。為人臣者畏誅罰而利慶賞，故人主自用其刑德，而群臣畏其威而歸其利矣。"

2. "德"字用作"賢者"義例

《君正》："一年從其俗，二年用其德，三年而民有得。"

"俗者，順民心也，德者，愛勉之也。"

《周禮·司士》注："德謂賢者。"依此，余明光、陳鼓應二位先生在注釋中都將其釋為"有德行的人"。

3. "德"字用作"德行"義例

《君正》："無父之行，不得子之用；無母之德，不能盡民之力。父母之行備，則天地之德也。"

《六分》："天下太平，正以明德，參之於天地，而兼覆載而無私也，故王天［下］。"

"王天下者有玄德，有□□獨知□□□□王天下而天下莫知其所以。"

《稱》："時極未至，而隱於德，既得其極，遠其德。"

上列數句中的"德"字，都是德行、德澤、品德之類的語義。如《君正》中的"無父之行"和"無母之德"的行、德二字就是文意互補，均是德行之意。故余明光先生在翻譯這段文字時，就譯為"如果沒有父親般的品德，那麼，就連自己的子女也不能聽從使喚；如果沒有母親般的品德，就不能使老百姓為自己盡力"。其它如"明德"即美好的德行，"玄德"即"至德"，亦即非常高尚的品德。而所謂"隱於德"，意即隱居不出以修德行。"遠於德"，意即廣布其德行。

4. "德"字用作"春夏"義例

《觀》："春夏為德，秋冬為刑，先德後刑以養生。"

"是故贏陰布德，［重陽長，晝氣開］民功者，所以食之也。"

《太平禦覽》卷二二引《範子》曰："德取象於春夏，刑取象於秋冬。"這與上述"刑"為秋冬的取義一樣。"德"之所以有"春夏"這個義項，也是從春夏萬物滋長潤澤的現象中引申出來的。

上面我們將帛書《黃帝書》所使用的"刑""德"概念做了一個簡略的歸類分析，通過分析，可以得出如下兩個結論：

（1）從詞匯的發展角度看，在《黃帝書》中，"刑""德"大多是作為單音節詞分開使用，這反映了詞匯生成過程中較早期的使用情況。大家知道，學界對帛書《黃帝書》的研究已經較一致地認為，《黃帝書》應是黃老學派中的早期著作。陳鼓應先生更是明確指出："一般學者認為它成書於戰國末期，將它的時代拉晚了一、二百年。唐蘭先生根據司馬遷'申子之學，本於黃老而主刑名'等的記載，以及今存《申子》受《黃帝四經》影響的情況，推定它成書的下限在申不害相韓，即西元前三五一年之前，是值得重視的。從各方面的情況來看，《黃帝四經》成書的年代相當早，應在戰國中期之前。"①這也就告訴我們，"刑""德"這種單音節分開使用居多的情況，乃是戰國中期左右刑德概念的使用現狀。

（2）從語義的使用情況看，在《黃帝書》中，基本上使用的是"刑""德"的本義和引申義，即與"文武""道法"之類概念可以對應的政治思想概念，還沒有多少數術的內涵。就是"春夏為德，秋冬為刑"的這種把四時和刑德聯繫起來的概念使用也還遠不是帛書《刑德》中所使用的概念。這與我們所常見到的諸如《左傳》《論語》等文獻中的刑德概念的使用情況是一致的。因此，我們是否可以這樣認為，諸如《淮南子·天文訓》中所說的"陰陽刑德七舍"，《漢書·藝文志·數術略》五行類中的《刑德》七卷等兵陰陽家的刑德理論，乃是戰國中期以後才發展開來的。而帛書《刑德》的成書年代，其上限亦應是戰國中期以後。

四、馬王堆帛書《刑德》甲、乙篇的比較研究

馬王堆帛書《刑德》共有甲、乙、丙三篇，其中丙篇的內容與甲、乙兩

---

① 《黃帝四經今注今譯》，臺灣商務印書館，1995年。

篇相比，差異較大，[①]故暫不放在一起討論。甲、乙兩篇的內容則基本相同，因此，我們亦可以甲、乙本稱之。

帛書《刑德》甲、乙、丙三篇的釋文和圖版目前還沒有全部發表，但自1992年由湖南出版社出版的《馬王堆漢墓文物》一書刊佈了帛書《刑德》乙篇的圖版和釋文以來，已引起學界的高度重視。不少學者相繼撰文，對其進行了不同層面的研究和探討。[②]為了給學界提供進一步深入研究的資料，筆者不揣譾陋，對帛書《刑德》甲、乙篇試作一個比較研究，以期對帛書《刑德》的內容有一個較準確而全面的瞭解和認識。

我們前面說甲、乙兩篇的內容基本相同，是說兩個本子的組成部分大致相同，即都有刑德小遊九宮圖、刑德大遊甲子表、刑德大小遊的文字說明和日月雲氣雜占的大篇文字等四個部分。特別是從雲氣雜占的文字對勘中，我們還發現這部分文字很可能是乙篇照抄甲篇的，因為乙篇中的一個抄寫錯誤正是抄寫甲篇時的錯行所致。[③]

1. 帛書《刑德》甲、乙篇內容的異同

我們說甲、乙兩篇的組成部分大致相同，並不是說它們就完全一樣。從整體上看，至少有三個方面的不同。

其一，兩者在四個部分的排列組合上完全相反。乙篇是從右至左先列刑德小遊九宮圖、刑德大遊甲子表，再在這兩個圖表的下面詳列刑德小遊的文字說明，最後才是以通欄的形式書寫雲氣雜占的大篇文字（見圖五九）。《刑德》甲本則相反，它從右至左是先分兩截書寫日月雲氣雜占的大篇文字，然後是先列刑德大遊甲子表，再列刑德小遊九宮圖，最後才是在這兩個圖表的下面記錄刑德大小遊的文字說明（見圖六十）。

[①] 陳松長："帛書《刑德》丙篇試探"，《簡帛研究》第3輯，1998年。
[②] 饒宗頤："馬王堆《刑德》乙本九宮圖諸神釋"，《江漢考古》，1993年第1期；陳松長："帛書《刑德》略說"，《簡帛研究》第1輯，1993年；李學勤："帛書《刑德》中的'軍吏'"，《簡帛研究》第2輯，1996年；［法］馬克·卡林諾斯基（Marc Kalinowski）："馬王堆帛書《刑德》試探"；劉樂賢："馬王堆漢墓星占書初探"，《華學》第1輯，中山大學出版社，1995年。
[③] 陳松長："帛書《刑德》乙本釋文校讀"，《湖南省博物館四十週年論文集》，湖南教育出版社，1996年。

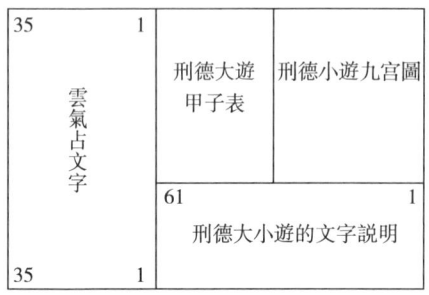

馬王堆帛書研究

35　　　　　1	刑德大遊甲子表	刑德小遊九宮圖
雲氣占文字		
	61　　　　　　　　　1	
35　　　　　1	刑德大小遊的文字說明	

刑德小遊九宮圖	刑德大遊甲子表	30　　　　　1
		雲氣占文字
81　　　　　　　　1		59　　　　　31
刑德大小遊的文字說明		雲氣占文字

圖五九 《刑德》乙篇四部分排列組合位置示意圖 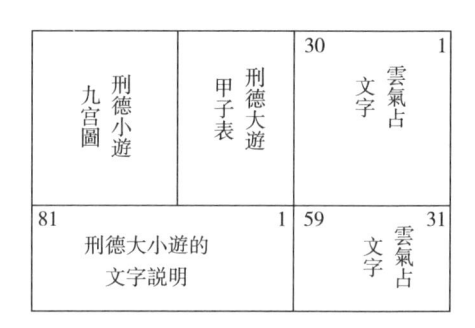　　圖六十 《刑德》甲篇部分排列組合位置示意圖

其二，兩篇的抄寫時間不同。甲篇的甲子表上明確記有"今皇帝十一年"，即漢高祖十一年（前196年），這說明《刑德》甲篇是漢高祖在位時抄寫的。乙本上有"孝惠元"的記載，這說明《刑德》乙篇是惠帝元年（前194年）以後抄寫成的。

其三，兩篇的字體不一樣。甲篇的文字是用古隸體抄寫而成，具有一種隨意成形、自由不羈的古樸風格；而乙本的文字則用很規範的近似於八分的漢隸抄寫而成，具有一種規整秀麗的典雅氣象。

如果從局部來看，兩者的差異那就更多，兩篇既可互相勘對補充，又可相互比較而明其義理。下面我們且以已刊的《刑德》乙篇的內容排列為序，就兩者的局部差異部分作些比較分析。

（1）刑德小遊九宮圖的異同

《刑德》乙篇九宮圖的中宮分成12塊，每塊中的文字由於色塊的浸染而無法屬讀，其四個側宮都畫為10格，每個側宮中都留有兩個空格沒寫文字（見圖六一）。甲本的九宮圖則略有不同，其中宮不分欄隔，也沒有色塊，文字基本完整，正可補乙本的文字之缺失。而其四個側宮則都只有七格，每格都有文字，其西北宮的"氣雲"二字由於沒有欄隔而寫于其側宮之外，其西南宮則由於殘缺而不知乙本上已有的"丙丁司鬭"是寫於什麼位置（見圖六二）。此外，特別值得注意的不同是，在甲篇中四個正宮都只有"德"而無"刑"，即"甲午，德、丙午，德、庚午，德、壬午，德、戊午，德"。乙本中則"刑德"連書，即"甲午，刑德、丙午，刑德、庚午，刑德、壬午，刑德"。

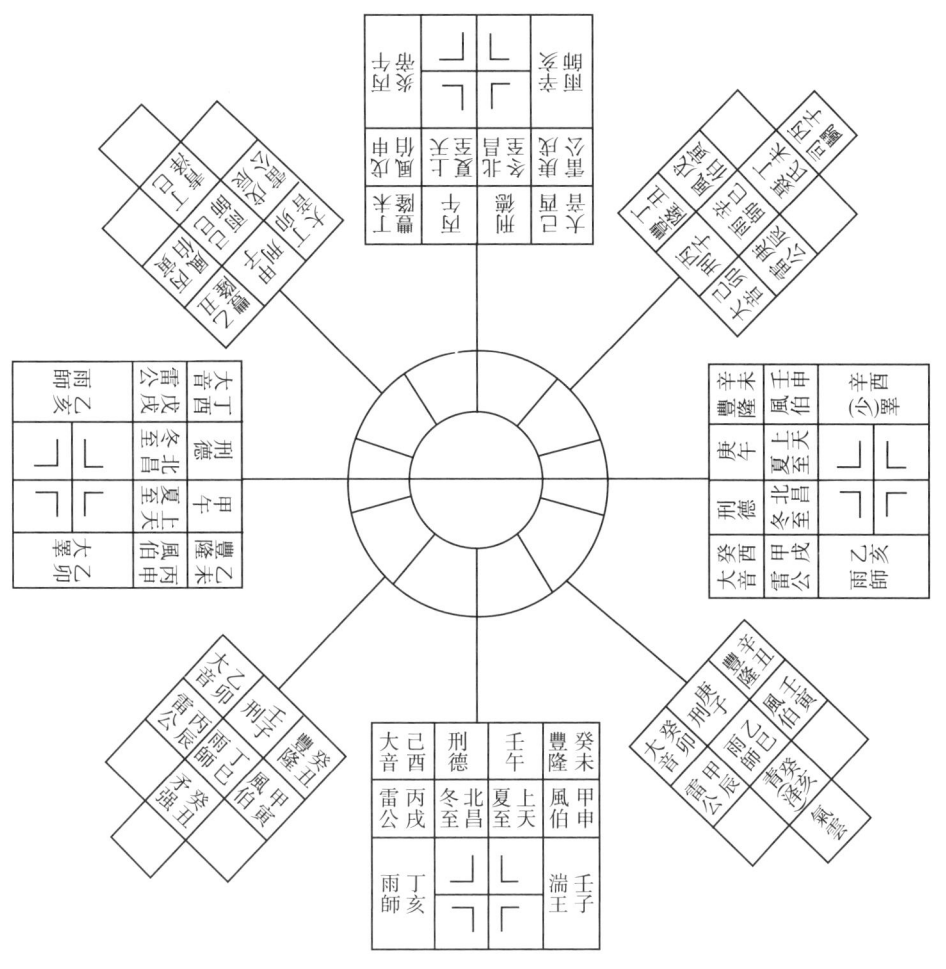

圖六一 《刑德》乙篇小遊九宮示意圖

這種不同該怎麼解釋呢？按照刑德小遊的文字說明，我們發現甲本顯然有抄寫的疏漏，因為就在甲篇的文字說明中，也將刑德並居正宮的規律說得很清楚，即："十一年十二月己亥上朔刑德以其庚子（應是"庚午"之誤）並居西宮，丙午刑德並居南宮。壬子刑居東北宮，德復居西宮。戊午刑德並居中宮。甲子刑居東南宮，德復居西宮。庚午刑德並居西宮。丙子刑居西南宮，德居西宮。壬午刑［德並居北宮］，戊子刑［居中宮，德］居西宮。甲午刑德皆居東［宮］。庚子刑居西北［宮，德］居西宮。十一年乙巳上朔刑［德］以丙午並居南宮。壬子刑居北宮，德居南宮。戊午刑德並居中宮。甲子刑居東

101

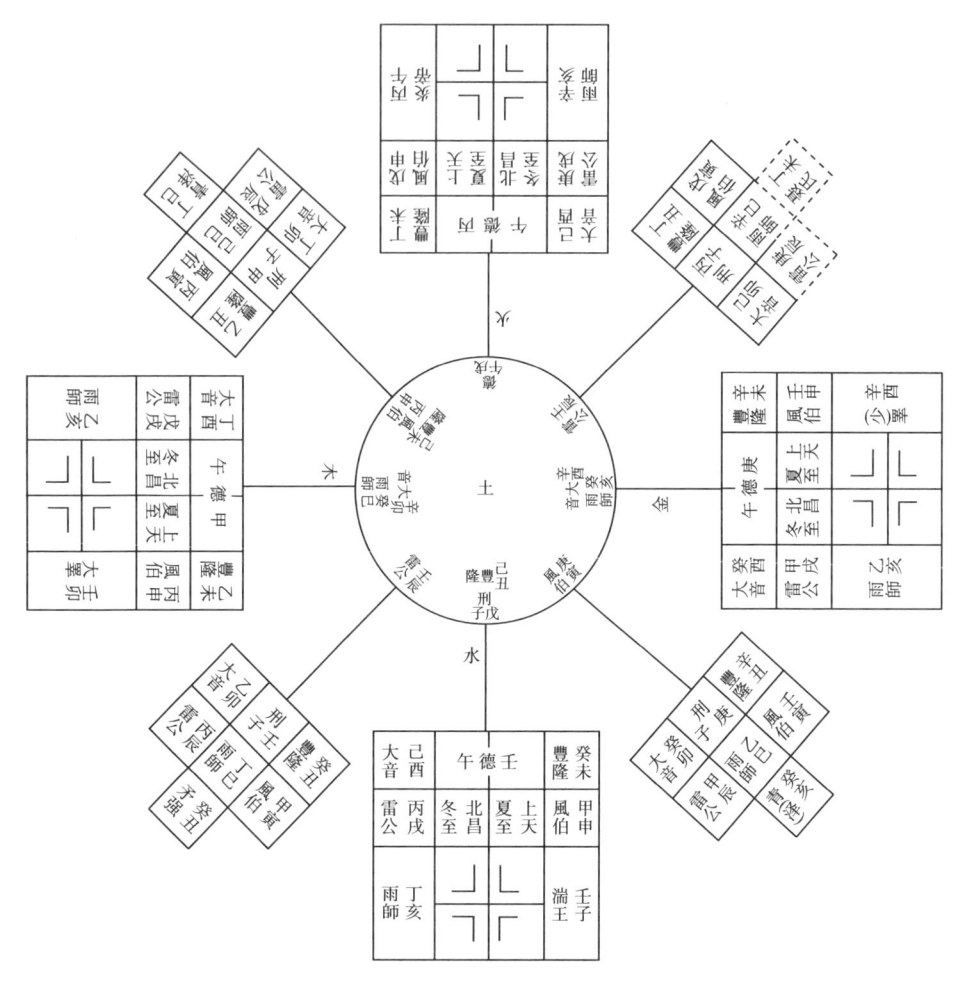

圖六二 《刑德》甲篇小遊九宮示意圖

北（應是"東南"之誤）宮，德居南宮。庚午刑德並居西宮。丙子刑居西南宮，德居南宮。壬午刑德皆居北宮。戊［子］刑居中柱北市，德居南宮。甲午刑德皆居東宮。庚子刑［居西北］宮，德居南宮。［丙午］刑德復並南宮。此刑德小遊也。"

不僅甲本的文字說明如此清楚，而且乙篇上的說明文字也很明確："刑德六日而並遊也，亦各徙所不勝。刑以子游於奇，以午與德合於正，故午而合，子而離。"

由此可見，甲篇所繪九宮圖上各正宮中所注的"德"應是"刑德"之省，或者說是抄寫的疏漏，因此當以乙篇為准，否則就與兩個本子中的文字說明無法對應。

（2）刑德大遊甲子表的異同

在乙篇中，刑德大遊甲子表除中間有一塊殘缺外，其圖表和文字清楚可識，它起於甲子，終於癸亥，分六行用60個鉤繩圖標注每年的干支和太陰。刑德運行于十二支的位置，並在"壬辰"這一年注有"張楚"，在"丁未"這一年注有"孝惠元"，在"乙卯"這一年注有"秦皇帝元"三個年號（見圖六三）。甲本雖比乙本殘破較甚，但亦毫不影響對其內容的識讀，它同樣起於甲子，終於癸亥，其鉤繩圖的排列和太陰、刑德的標示與乙篇完全一樣，所不同的是，除同樣有"張楚""秦皇帝元"兩個年號外，沒有"孝惠元"的年號，而在"乙巳"這一年注有"今皇帝十一"的年號（見圖六四）。應該說，這兩個甲子表並沒有什麼大的不同，但特別值得注意的是，在甲篇的左側有兩行乙本所無的題記：

"□□□□也，黑者德也，白者□也。"

"[今皇]帝十一年太陰在巳，左行，歲居一辰，太陰在所，戰，弗敢攻。"

這兩行題記顯然是對該干支表的詮注。對此，曾有學者對其做過探討①，但也許是未能覈驗原件，故訛誤之處在所難免。其中"黑者德也"，顯然是對鉤繩圖中黑點的注釋，至於"白者"後所缺的字似應補為"刑"字。如果此說不誣的話，那麼，它就應該是對鉤繩圖中白點的注釋。據此，我們細看乙篇的鉤繩圖中確有白點，只是其白點四周都有黑色的輪廓，初看上去就像墨點一樣，故或以為是黑點。經細覈原件，我們發現，每個黑點中都泛白，似乎是先有墨點，然後再點上的白粉，或者說是先有墨底，然後再加上的白點，因此看起來黑中泛白。之所以有這種情況，竊以為正是太陰與刑用同一個點來表示的緣故。這樣，乙篇中有關刑德大遊的文字似乎也就有了比較可信的理解。如：

"德始生甲，太陰始生子，刑始生水，水，子。故曰：刑德始於甲子。"

---

① [法]馬克·卡林諾斯基："馬王堆帛書《刑德》試探"，《華學》第1輯，中山大學出版社，1995年。

103

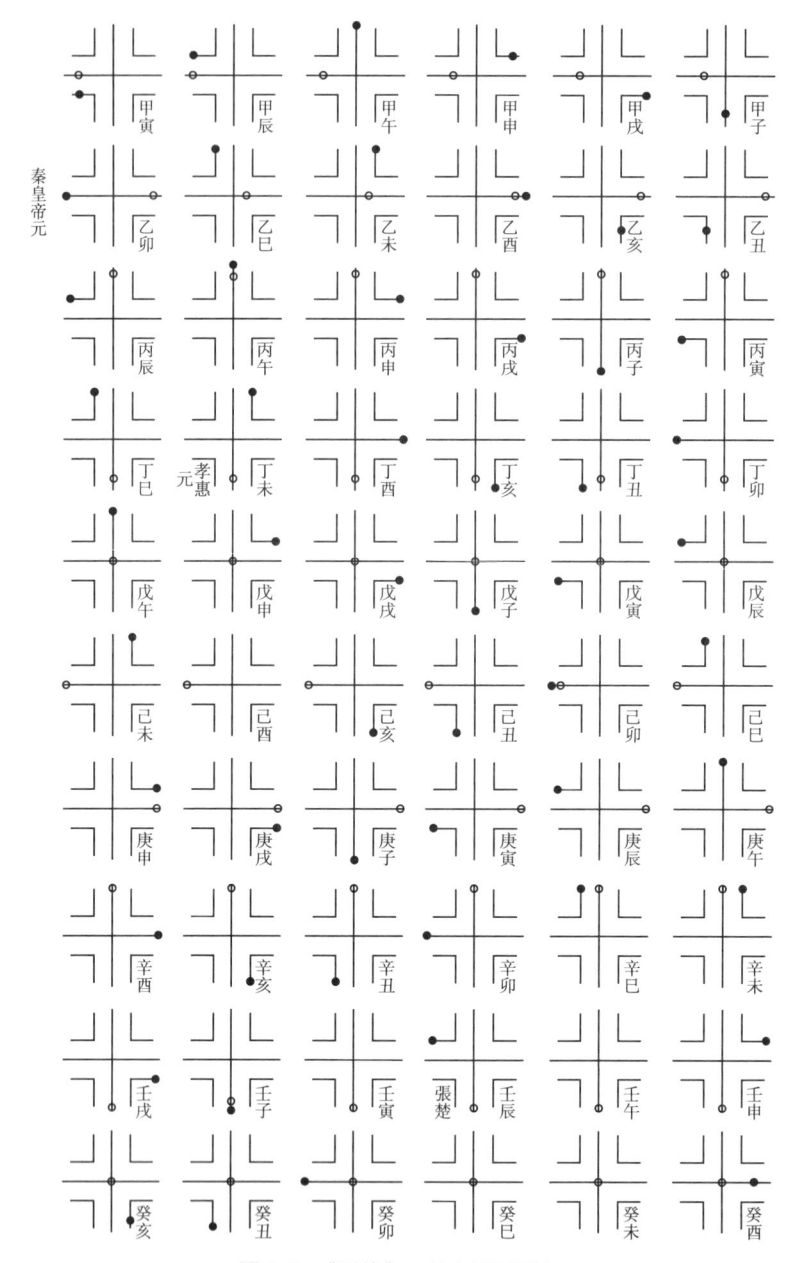

圖六三 《刑德》乙篇大遊甲子表

根據甲子鉤繩圖中的標示我們知道，甲子這一年是德居東方，屬木，而六壬術中的天干與五行的屬性關係告訴我們，甲為陽木。因此，所謂"德始生甲"也就是德居東方。而"太陰始生子"則是太陰在子。而後面的"刑始

104

圖六四 《刑德》甲篇大遊甲子表

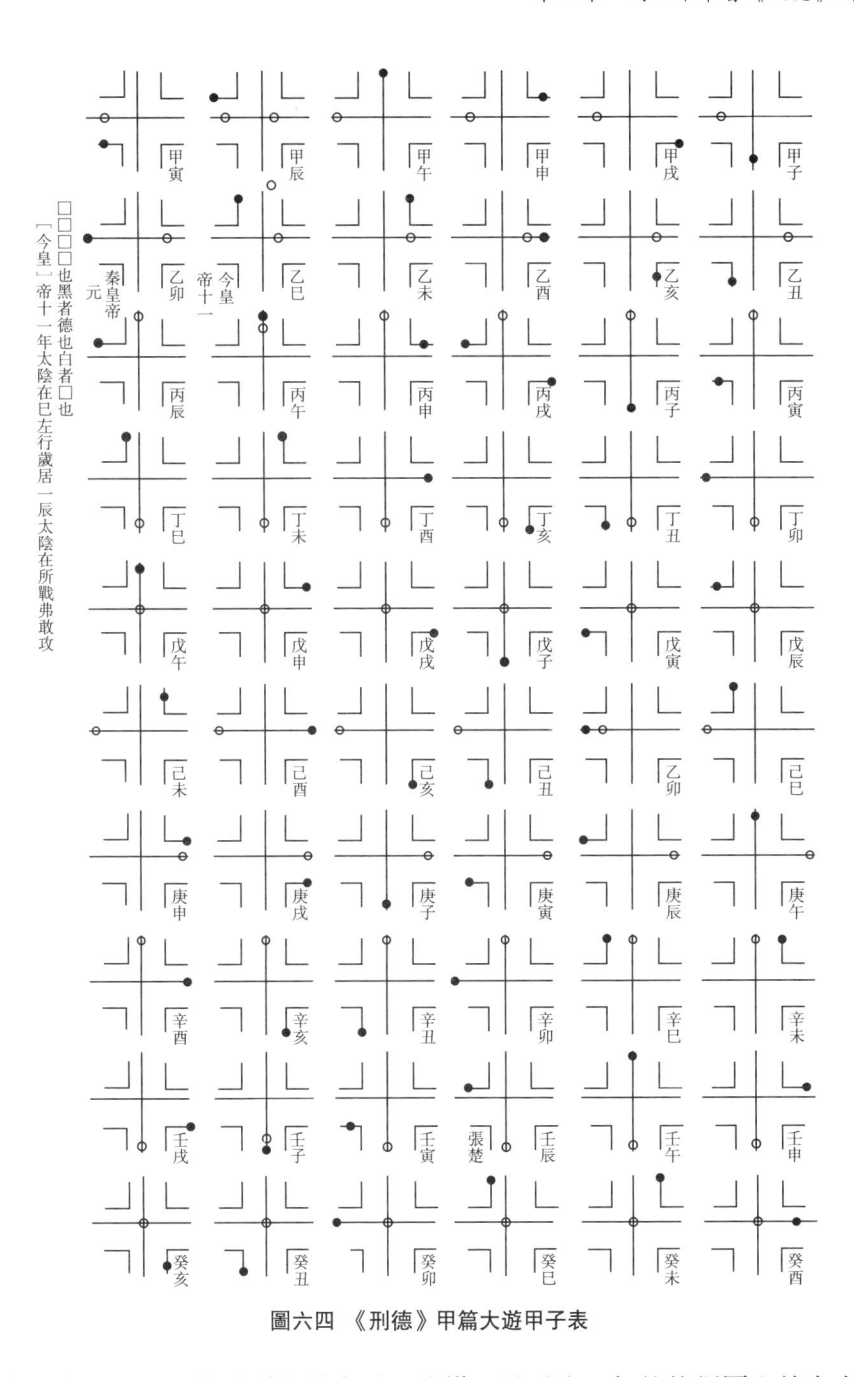

"生水，水，子"則說明刑也是在子。這樣，甲子這一年的鉤繩圖上就在十二支的子位上用黑底白點來表示刑與太陰，而在東方的卯位上用黑點來標明德。這也似乎意味著在這幅刑德大遊干支表中，太陰與刑是用同一個黑底白點來

105

表示的，也只有這樣理解。那題記中的"今皇帝十一年太陰在巳，左行，歲居一辰"的太陰位置才能在干支表的鉤繩圖中得到落實。當然，太陰是"歲居一辰"，故在鉤繩圖的十二支上每歲都有標示，而刑德歲游是"刑德之行也，歲徙所不勝而刑不入中宮，居四隅"。因此，鉤繩圖上刑的歲遊在五行方位上或與太陰相重，或與德相合，而不另外再作標示。

（3）刑德大小遊文字說明的異同

關於刑德大小遊的文字說明，乙篇共有61行，甲篇則有81行，兩篇的文字有好些相同的。如有關刑德左右向背的一段文字，甲本是：

"倍（背）刑德戰，勝，拔國。倍（背）德右刑戰，勝，取地。左德右刑戰，勝，取地。左德倍（背）刑戰，勝，取地。倍（背）德左刑戰，勝，不取地。倍（背）刑右德戰，勝，不取地。右德左刑戰，敗，不失大吏。右刑德戰，勝，三歲將死。[左刑德]戰，半敗。[倍（背）刑]迎德，將不入國，如人有攻（乙本作功），必有後央（殃），不出六年，遝（逮）將君王之。倍（背）德迎刑，深入，衆敗吏死。迎德右刑，將不入國。迎刑德戰，軍大敗，將死亡。左刑迎德戰，敗，亡地。左德迎刑，大敗。"

儘管這段文字的最後兩句在甲篇中是很特別地抄在這一段開頭的兩句下面，有些不合排列規範，但乙篇還是毫不受其干擾地抄錄了下來，除改"攻"為"功"，刪掉了"君王"後面的"之"字之外，內容上完全相同。此外，如兩本中的"凡以風占軍吏（甲篇是"軍事"）之事""謹司三戌以觀四旁""凡占戰之道"等段落亦基本相同，因而兩本正可互校互補。當然，除了這幾段基本相同的文字之外，兩篇的內容至少還有以下三個方面的不同。

首先是兩篇的着眼點不一樣。甲篇主要是圍繞"今皇帝十一年"來描述刑德小遊、大遊與其他日月、風氣、刑德、雷公、大音、風伯、雨師、豐隆等占法的，因而在其行文中就兩次出現了"十一年"的文字。乙篇則不同，通篇沒有一個具體的年號，而是比較概括地對刑德的大小遊進行較為抽象的描述。很顯然，它已不是針對某一個特定年份所撰述的文本。

其次是甲乙篇上都有一些各自獨有的內容。例如甲篇一開篇就是："五行有六康，有十勝，有廢日，有勝日，木不勝金與火，火不勝水與土，土不勝木與金，金不勝火與水。"

這樣一段關於五行相勝的理論在乙篇中完全找不著。同樣，乙篇開篇中所述有關刑德大遊的規律，即：

"德始生甲，太陰始生子，刑始生水，水，子。故曰，刑德始於甲子。刑德之歲徙也，必以日至之後七日之子午卯酉。德之徙也，子若午；刑之徙也，卯若酉。刑德之行也，歲徙所不勝而刑不入宮中，居四隅。"

這些在甲篇中也不見蹤影。由此也可看出兩篇文字的側重點各有不同。

第三是看上去大體相同的內容在行文和抄寫上亦有差別。例如同是關於刑德五根的內容，乙篇是：

"德在木，乙卯為根。在金，辛卯為根。在火，丙午為根，在水，壬子為根，在土，戊戌為根。凡雖倍（背）刑德，勝，不取地。"

甲篇則是：

"德在木，乙卯為根。在金，辛酉。在火，丙午。在水，壬子。在土，戊子。凡五根雖倍（背）刑德，勝，不取地。"

兩相比較，我們可以看出，雖然是同樣的內容，也有句法和干支等方面的不同。例如乙篇是在第一句之後承前省了一個"德"字，而甲篇則在第一句之後，承前省略了"德"和"為根"三個字，因而顯得更加簡潔。至於干支，覈驗兩本的刑德九宮圖，其五根的干支甲本無誤，而乙篇則將"辛酉"誤成了"辛卯"，將"戊子"誤成了"戊戌"。此外，乙篇還漏抄了"五根"兩個很關鍵的字，出現一句"凡雖倍（背）刑德"這樣不合句法習慣，語義上頗為費解的句子。由此我們也可看出，乙篇很可能是以甲篇為底本而改寫抄錄的。而在其改寫抄錄的過程中，其抄手時或清醒細心，可以修正甲篇中的筆誤和疏忽，如九宮圖的正宮中改"德"為"刑德"之類；時或粗心大意，又出現許多不應該有的錯誤，給後人留下許多疑惑。

（4）雲氣占文字的異同

對這一大段文字的認識，還有不同的理解。有的稱其為"天象雜占"[1]，有的則稱其為"星占書"。[2] 筆者以為，這段文字除了最後一段是有關二十八宿

---

[1] ［法］馬克·克林諾斯基："馬王堆帛書《刑德》試探"，《華學》第1輯，中山大學出版社，1995年。

[2] 劉樂賢："馬王堆漢墓星占書初探"，《華學》第1輯，中山大學出版社，1995年。

的分野之外，其他都是有關以日月雲氣占測戰爭勝負與人事吉凶的内容。因此，稱之為"天象雜占"似乎太泛，而稱之為"星占書"，則又似乎太偏。考慮到帛書的九宫圖中本來就有"氣雲"二字，而這段文字又主要是講日月雲氣的占測内容，因此，我們改稱為"雲氣占"。

應該說，在兩個本子中，這段文字的差異最少，基本上是乙篇照抄甲篇。但就是這種照抄，由於編排的要求不同，抄手和抄寫字體的不一樣，還有抄寫時的粗心，也給我們留下了許多可資比較的地方。

首先，是在文字的排列佈局上，甲篇中的這段文字雖是位於篇首，但它的排列則是配合後面的甲子表和九宫圖的位置，將文字分成上下兩欄排列，從而使整幅帛書按上下兩欄書寫。乙篇則不同，這段文字雖是位於篇末，但它並不受甲篇文字排列格式的影響，也不管前面所抄内容的排列模式如何，而是通欄直書而下，自成一格。這多少也說明乙篇儘管是照抄甲篇，但它並不是漫不經心地照抄，而顯然是有自己的編排要求的。

其次，在文字的校勘上，根據甲篇，我們可以校出乙篇中許多明顯的抄寫錯誤。例如乙篇中有"月旬五日不盡，其國亡地"這樣一句話，讀起來很不好理解，怎樣才叫作"月不盡"呢？而且還是"旬五日"。從文意上看，所謂"旬五日"應該就是十五日，按常規這一天應是月圓之日，那為什麼要"月不盡"而"其國亡地"呢？真叫人迷惑。覈校甲篇，其義豁然明瞭。原來這裡是寫作"月旬五日不盈，其國亡地"，即逢十五而月不圓，其國自有亡地之兆。這樣明白易懂的一句話，卻由於抄手的粗心，將"盈"字誤抄成了一個形近的"盡"字，從而叫人百思不得其解。如果沒有甲篇可供校勘，那也許就會給人們留下一個謎。

又如，乙篇中有這樣一句："日徒毋光，主人不勝，□月毋光，主人不勝。"初讀起來，似乎日月無光，主人不勝，好像也沒什麼不對，但聯繫上下文來看，就總覺得有點不對頭。因為上下文中都是關於"軍戰""軍急""軍疲""軍畏"之類占測軍隊作戰時主客雙方勝與不勝的内容。這裡為何就沒有占測的事件呢？而且都是主人不勝，也似乎不合章法。校勘甲篇，我們發現，這裡又是抄手犯的錯。原本應該是"日徒毋光，軍戰，客不勝，月毋光，主人不勝"。

再如在甲篇中有三處反復出現過這樣一句話：

"司張軍而疾西風，軍戰矣。

司張軍以丙子雨，將有歸者。

司張軍而雨，兵遂歸。"

其中三個"司"字都應讀為伺，與候是同義詞。但乙篇的抄手在抄寫時，也許是覺得"司張軍"三個字不太好理解，故想當然地加了一個"馬"字，結果變成了"司馬張軍而疾西風"，其語義也就變得截然不同。但當他抄到後面出現了"某至丙子，復司之"的時候，他或許發現這裡再也不能加一個"馬"字了。因此，在後面的兩句中，也就再沒擅自亂加"馬"字，但其前面所加"馬"字也不作修正處理。

更令人驚訝的是，乙篇中還有整行抄錯的現象。如第九十五行，一共抄寫了21個字，即：

"房左驂，汝上也。危，齊西地也。營室，魯。東壁，衛。婁，燕也。胃"

按照這一段文字的抄寫通例，一行寫下來應該是60字左右，但這一行則只抄了21個字，而且最後單寫一個"胃"字，顯然是沒有寫完，且後面留著很長的空白不寫而另起一行又抄上了如下的內容：

"房左驂，汝上也。其左服，鄭地也。房右服，梁地也。右驂，衛也，婁女，齊南地也。虛，齊北地也。危，齊西地也。營室，魯。東壁，衛。婁，燕。胃，魏氏東陽也。參，前魏氏朱縣也。"

兩相比較，我們發現其上一行之所以突然停止而另起一行重抄，是因為抄漏了許多內容，待其發現時，在帛上已無法修改，故只好另起一行重抄。至於其抄錯的原因，我們在覈對甲本時發現，其誤抄的起始處"危，齊西地也"在甲本中正和"汝上也"並排相列。由此我們可以推斷，其抄錯的原因乃是抄手錯看了一行造成的。

這樣整行的抄寫錯誤，竟然也不做任何標誌地保留了下來，這無異於提醒人們在檢讀出土文獻時，務必格外小心，不要被其抄寫的錯誤所迷惑。

從上述所作的比較可以看出，有關雲氣占的文字顯然是甲篇所保存的較為原始和真實，基本上是應以甲篇為准。當然，乙篇中也有個別地方對詮解甲篇有助。例如甲篇中有這樣一句話：

"日耳（珥）佩，客環（還）。月佩耳（珥），主人環（還）。"

其中佩字不識，《說文》不載此字，查《廣韻》有此字，注曰："方戎切，音風，地名。"很顯然，這對我們理解文句一點幫助也沒有。但在乙篇中，此字寫作"佩"。如果不是乙篇因字形相近而誤抄的話，那麼，這個佩字置於句中，就要好理解得多。對此，劉樂賢先生認為，"佩似不宜以本字解之。按，佩可以讀為倍，則'珥佩''佩珥'都是說既倍且珥。"①筆者則以為，以本字解之似亦可通。從語意上說，佩尤戴也。《開元占經》卷七《日占三》："甘氏曰：日戴珥，天子有賀喜。日戴且珥，天子有子孫昌。期不出其年。夏氏曰：日戴而珥，有令德。"又卷十二《月占二》："《荊州占》月珥且戴，不出百日，主有喜。"因此可見，乙篇亦偶有其長處，至少能幫助人們多角度地去理解甲篇的文字內容。

2.帛書《刑德》甲、乙篇的關係

通過以上的異同比較分析，我們可以看到，帛書甲乙篇之間儘管有其相承的一面，但更多的是乙篇對甲篇的調整和修改。這不僅表現在其各部分排列位置的調整，而更重要的是對刑德大遊和刑德小遊文字的帶規律性的概括。而這種調整和修改似乎並不是隨意為之，而是與其各自的功用目的緊密相關的。我們認為，其中甲篇是專為漢高祖十一年而繪製抄錄的，是一種以刑德法來占測當年戰爭勝負、人事吉凶的實用性文獻。而乙篇則不是專為特定的哪一年而抄錄，而是在孝惠元年以後幾年內將其作為帶有規律性的文本抄成的。我們之所以有這種認識，主要基於以下兩點理由：

（1）甲篇中反復出現漢高祖十一年的年號，而且這些年號都出現在很突出的位置上，即：

①在刑德大遊甲子表的"乙巳"這一年標明"今皇帝十一"。歷史紀年告訴我們，"乙巳"這一年正是漢高祖十一年。這裡寫"今皇帝"，則說明它是漢高祖在位的時候所寫，也就是漢高祖十一年當年所寫。

②在刑德大遊甲子表的左側有一段題記也標注了這個年號："今皇帝十一

---

① 劉樂賢："馬王堆漢墓星占書初探"，《華學》第 1 輯，中山大學出版社，1995 年。

年太陰在巳，左行，歲居一辰，太陰在所，戰，弗敢攻。"這裡不僅是出現了漢高祖十一年的年號，而且強調這一年凡太陰所在的地方，如有戰事，則不宜進攻。這無疑是用太陰運行位置來預測此年戰爭吉凶的一句很重要的占語，故單獨作為題記寫出來以醒目。

③在刑德小遊的文字描述中，兩次出現了十一年的年號，一次是"十一年十二月己亥上朔，刑德以其庚子並居西宮"，一次則"十一年乙巳上朔，刑德以丙午並居南宮"。不僅如此，而且其整個刑德小遊都是圍繞着這兩個特殊的記時展開的（具體見前面所引釋文）。由此可見，甲篇完全是為漢高祖十一年這樣一個特殊的年份撰制，而乙篇則完全不一樣。為方便比較，我們將乙篇中有關刑德小遊的文字亦錄之如下：

"刑德六日而並遊也，亦各徙所不勝，刑以子游於奇，以午與德合於正，故午而合，子而離。

戊子刑德不入中宮，徑徙東宮。戊午德人，刑不入，徑徙東南宮。其初發也，刑起甲子，德起甲午，皆徙庚午，居庚午各六日。刑徙丙子，德徙丙午，居各六日。皆並壬午，各六日。刑德不入，徑徙甲午，各十二日。刑徙庚子，德徙庚午，各六日。

皆徙丙午，各六日。刑徙壬子，德徙壬午，各六日。德徙戊午，刑不入中宮，徑徙甲子，德居中六日。徙甲午，〔刑從，因甲〕子〔十〕二日。德居甲午六日，刑德皆並，復徙庚午，戰，欲倍（背）〔之右之，勿迎勿左〕。"

很顯然，這裡已沒有具體的紀年，也不是專對哪一年來說刑德小遊，而是一開始就稱"刑德六日而並遊也，亦各徙所不勝，刑以子遊於奇，以午與德合於正，故午而合，子而離"。即用最簡短的幾句話，將刑德小遊的運行規律講得簡潔易懂，然後按照刑德運行的規律，將刑德在九宮圖中的運行線路和各自所居的方位和時日作了例舉性的說明。這無疑是對帛書刑德小遊九宮圖的一種導覽式的詮釋，它並沒有甲篇那樣專為哪一年服務的功用目的。

（2）漢高祖十一年是一個不尋常的年份。據文獻記載，在這一年內，相繼有趙相國陳豨反於代地、淮陰侯韓信謀反于關中、梁王彭越謀反於梁、淮南王黥布反於淮南，真可謂多事之秋，漢高祖更是疲于平叛戡亂。除此之外，還特別值得一提的是這一年五月"詔立秦南海尉趙佗為南粵王，使陸賈即授璽綬，與剖符通使，使和集百越，無為南邊患害"(《資治通鑒·漢紀四》)。在這樣一個戰爭不斷的年份，對一個因戰功而在孝惠二年封侯的利蒼來說，應深諳刑德法來占測戰爭的勝負。因此，特製一份可供查覈而且實用的刑德法圖譜應該是極平常的事。而乙篇則不一樣，它的抄寫時間已到了孝惠元年以後，此時大規模的戰事已經沒有，而利蒼也于孝惠二年被封為軑侯。因此，作為針對漢高祖十一年而特製的《刑德》甲篇已沒多少價值，但也許是該本在當年還真有作用，或者是當年還憑此立過戰功，故在其封侯後仍將其修改調整，歸納其帶規律性的東西，重抄一本，以備戰時之需。我們知道，利蒼死于高后二年，由此似乎也可以推斷，乙篇應是軑侯利蒼在長沙相位期間所抄寫。故其抄寫時間應該是在孝惠二年（前193年）至高后二年（前186年）之間。也就是說，帛書《刑德》甲、乙篇乃是軑侯利蒼生前所用之物，並將其傳給了第二代軑侯，也就是馬王堆三號墓的墓主利豨。

我們討論帛書《刑德》甲、乙篇不同的功用目的，就是要說明甲篇乃是乙篇的祖本。又因甲本是為漢高祖十一年而制，有其特殊的功利目的，故乙篇乃是利蒼封侯之後，在甲篇的基礎上進行調整、修改，然後請人抄錄而成的另一個本子。

五、試論帛書《刑德》甲、乙篇的撰抄年代

一般說來，所謂撰抄年代，都是指撰寫和抄寫兩個不同的年代。這是有着很大差別的兩個概念。筆者在以前寫的幾篇介紹帛書《刑德》的小文章中，多次提到帛書《刑德》的抄寫年代。當時就是想將撰寫和抄寫區別開來處理的，但隨着對帛書《刑德》認識的加深，越來越發現它的撰抄年代並不能截然分開，因為它並不象《老子》《周易》那樣的經典性文本，其成書的年代和抄寫的時代是可以截然分開的。它是一種實用性的或者說是工具型的文獻，在其抄寫的過程中往往又根據不同的目的和要求在進行撰述。也就是說，帛書《刑德》甲、乙篇中既有抄寫的內容，也有當時撰著的內容。因此，我們在這裡所說的撰抄年代，也就是一個概念，即指帛書《刑德》甲、乙篇的製成時代，也就是其成書年代。

第四章 馬王堆帛書《刑德》研究

我們之所以這樣認為，是因為我們在對帛書甲、乙篇進行比較研究的時候發現①，儘管乙篇基本上是照抄甲篇，而且有明顯抄錯的痕跡②，但就是在抄寫的過程中，也對甲篇進行了許多方面的調整和修改。如最直觀的是在其內容佈局的調整上，將甲篇中的雲氣占（或稱星占書）和刑德法這兩部分整個調了一個位置，而且在刑德法這一部分中還將九宮圖擺到了刑德運行干支表的前面。很顯然，這種調整是將刑德法放到了首要或者說是更重要的位置。此外，甲篇中特別明確地記載着"今皇帝十一年"的年號，而且在刑德法的文字中還兩次出現了"十一年"，其刑德的運行也是圍繞著"今皇帝十一年"，即漢高祖十一年展開的。乙篇就不一樣，完全沒有"今皇帝十一年"的記錄，就是關於刑德的運行，也不是圍繞"十一年"展開，而是進行比較抽象的刑德運行理論的概括和描述。對此，法國的馬克·卡林諾斯基（Marc Kalinowski）先生曾指出"不管怎樣，確實應該考慮乙篇獨立於所有具體的上下文闡述刑德小遊理論，而甲篇則將這種理論具體運用于漢高祖十一年。③因此，從這種意義上說，乙篇也並不是照抄甲篇，而是在甲篇的基礎上進行了許多的修改和調整。那也就是說，這已不是一種嚴格意義上的抄本，而是另一種撰著。

在這種前提下，我們認為，其中甲篇就是專為漢高祖十一年而繪製撰抄的，而乙篇則不是專為特定的哪一年而繪製撰抄，而是在孝惠元年以後幾年內將其作為帶有規律性的文本製成的。我們之所以有這種認識，主要基於以下兩點理由：

（1）甲篇中反復出現了漢高祖十一年的年號，而且這些年號都出現在很突出的位置上，即：

①刑德大遊甲子表的"乙巳"這一年標明"今皇帝十一"。

歷史紀年告訴我們，"乙巳"這一年正是漢高祖十一年。這裡寫"今皇帝"，則說明它是漢高祖在位的時候所寫，也就是漢高祖十一年當年所寫。

---

① 陳松長："帛書《刑德》甲、乙本的比較研究"，《文物》，2000年第3期。
② 陳松長："帛書《刑德》乙本釋文校讀"，《湖南省博物館四十周年紀念文集》，湖南教育出版社，1996年。
③ ［法］马克·卡林諾斯基："馬王堆帛書《刑德》試探"，《華學》第1輯，中山大學出版社，1995年。

②在刑德大遊甲子表的左側有一段題記也標注了這個重要的年號："今皇帝十一年太陰在巳，左行，歲居一辰，太陰在所，戰，弗敢攻"。

這裡不僅是出現了漢高祖十一年的年號，而且還強調這一年凡太陰所在的地方，如有戰事，則不宜進攻。這無疑是用太陰運行位置來予測此年戰爭吉凶的一句很重要的占語，故單獨作為題記寫出來以醒目。

③刑德小遊的文字描述中，兩次出現了十一年的年號，一次是"十一年十二月己亥上朔，刑德以其庚子並居西宮"，一次則是"十一年乙巳上朔，刑德以丙午並居南宮"。不僅如此，而且其整個刑德小遊的都是圍繞著這兩個特殊的記年展開的，其文如下：

"十一年十二月己亥上朔刑德以其庚子（應是"庚午"之誤）並居西宮，

丙午刑德並居南宮。

壬子刑居東北宮，德復居西宮。

戊午刑德並居中宮。

甲子刑居東南宮，德復居西宮。

庚午刑德並居西宮。

丙子刑居西南宮，德居西宮。

壬午刑［德並居北宮］，

戊子刑［居中宮，德］居西宮。

甲午刑德皆居東［宮］。

庚子刑居西北［宮，德］居西宮。

十一年乙巳上朔刑［德］以丙午並居南宮。

壬子刑居北宮，德居南宮。

戊午刑德並居中宮。

甲子刑居東北（應是"東南"之誤）宮，德居南宮。

庚午刑德並居西宮。

丙子刑居西南宮，德居南宮。

壬午刑德皆居北宮。

戊［子］刑居中宮，德居南宮。

甲午刑德皆居東宮。

114

庚子刑〔居西北〕宮，德居南宮。

〔丙午〕刑德復並南宮。

此刑德小遊也。"

由此可見，甲篇完全是為漢高祖十一年這樣一個特殊的年分撰制的。而乙篇則完全不一樣，為方便比較，我們將乙篇中有關刑德小遊的文字亦錄之如下：

"刑德六日而並遊也，亦各徙所不勝，刑以子游於奇，以午與德合於正，故午而合，子而離。

戊子刑德不入中宮，徑徙東宮。戊午德入，刑不入，徑徙東南宮。其初發也，刑起甲子，德起甲午，皆徙庚午，居庚午各六日。刑徙丙子，德徙丙午，居各六日。皆並壬午，各六日。刑德不入，徑徙甲午，各十二日。刑徙庚子，德徙庚午，各六日。

皆徙丙午，各六日。刑徙壬子，德徙壬午，各六日。德徙戊午，刑不入中宮，徑徙甲子，德居中六日。徙甲午，〔刑從，因甲〕子〔十〕二日。德居甲午六日，刑德皆並，復徙庚午，戰，欲倍（背）〔之右之，勿迎勿左〕。"

很顯然，這裡已沒有具體的紀年，也不是專對哪一年來說刑德小遊，而是一開始就稱"刑德六日而並遊也，亦各徙所不勝，刑以子遊於奇，以午與德合於正，故午而合，子而離"。即用最簡短的幾句話，將刑德小遊的運行規律講得簡潔易懂，然後按照刑德運行的規律，將刑德在九宮圖中的運行線路和各自所居的方位和時日作了例舉性的說明。這無疑是對帛書刑德小遊九宮圖的一種導覽式的詮釋，它並沒有甲篇那樣專為哪一年服務的功用目的。

（2）漢高祖十一年是一個不尋常的年份，據史書記載，在這一年內，相繼有趙相國陳豨反於代地、淮陰侯韓信謀反于關中、梁王彭越謀反于梁，淮南王黥布反於淮南，真可謂多事之秋，漢高祖更是疲于平叛勘亂，勞師動眾。除此之外，還特別值得一提的是這一年五月"詔立秦南海尉趙佗為南粵王，使陸賈即授璽綬，與剖符通使，使和集百越，無為南邊患害。"（《資治通鑒·漢紀四》）成而使緊鄰長沙的南越保持了相當長一段時間的歸順和平靜。在這樣一個戰爭不斷的年份，作為一個因戰功而在孝惠二年封侯的利蒼來說，必然是在高祖麾下衝鋒陷陣的一位將軍，作為將軍，自應深諳刑德法來占測戰爭的勝負，因此，為一個戰事不斷的年份特製一份可供查核而實用的刑德法圖譜應該是極平常的事。而乙篇則不一樣，它的抄寫時間已到了孝惠元年以後（在乙篇的干支表中有"孝惠元"年的記載），此時大規模的戰事已經沒有，而利蒼也于孝惠二年被封為侯，因此，作為針對漢高祖十一年而特製的《刑德》甲篇已沒多少價值，但也許是該本在當年還真有作用，或者是當年還憑此立過戰功，故在其封侯後仍將其修改調整，歸納其帶規律性的東西，重新撰抄一本，以備戰時之需。我們知道，利蒼死于高后二年，而乙篇的干支表中亦沒再出現"孝惠元"以後的高后或文帝的年號，由此似乎也可以推斷，乙本應是軑侯利倉在長沙相位期間所撰抄，其時間應該是在孝惠二年（公元前193年）前後，或者說是孝惠元年製成也未嘗不可。這也就是說，帛書《刑德》甲、乙篇乃是軑侯利蒼生前所用之物。在其身後，作為重要遺產傳給了其兒子，即馬王堆三號墓的墓主。

我們把帛書《刑德》甲篇的撰抄年代定在漢高祖十一年（公元前196年），乙篇的撰抄年代定在漢惠帝二年（公元前193年）前後，但我們並不是說這種兵陰陽的刑德理論也形成於這個時期。這裡，我們應將兩者區分開來。我們認為，帛書《刑德》甲、乙篇僅僅是漢初所流行的刑德法中現存比較完整的兩個本子而已。據現在已發表或報導的考古材料所知，有關刑德的材料還見於安徽阜陽雙古堆漢簡[①]、山東臨沂銀雀山漢簡[②]和最近湖南沅陵虎溪山的沅陵侯漢墓出土的漢簡。[③] 儘管這些報導介紹都很簡略，且這些簡都殘缺得厲害，但所報導的那些殘簡所載的內容似乎並不能拿來與帛書的文字相對勘。由此可見，雖說同是刑德的內容，但文本則不一定相同，就象同是日書，卻有不同的本子一樣。它說明這種刑德法的數術，各自有其發展的承傳關係。雖是同一個時代，但在不同人的筆下，再根據不同的目的和要求，也就撰抄成了不同的文本。

我們講帛書《刑德》的撰抄年代在西漢初年。那麼，這類刑德法的兵陰陽理論又形成於什麼年代呢？這裡，我們可以分兩塊來說明。

首先是帛書中的雲氣占（或稱星占書）這一部分。這也是很明顯的抄寫

---

① 胡平生："阜陽雙古堆漢簡數術書簡論"，《出土文獻研究》第4輯，1998年。
② 《銀雀山漢墓竹簡》[壹]，文物出版社，1985年。
③ "虎溪山1號漢墓後期發掘整理又獲成果"，《中國文物報》，1999年10月17日。

內容。其中乙篇是完全照抄甲篇。那甲篇所抄寫的內容形成於什麼年代呢？這方面，劉樂賢先生作過很好的推論，他說：

"下面要討論的是星占書內容的形成年代，不妨先引用其末尾一段占星宿分野的文字：

房左驂，汝上也；其左服，鄭邑也；房右服，梁（梁）地也；右驂，衛也。婺女，齊南地也。虛，[齊北地也]。[危]，齊西地也。營室，魯。東壁，衛。婁，[燕。胃（胃）]，魏氏東陽也。參前，魏朱縣也；其陽，魏氏南陽；其陰，韓氏南陽。畢，韓氏箸（晉）國。嘴（觜）觿，趙氏西地。罰，趙氏東地。東井，秦上[郡。輿]鬼，[秦]南地。卯（柳），西周。七星，東周。張，[荊北地]。①

類似講分野的文字，古代星占書中多有記載，但具體內容與帛書不盡相同。之所以不盡相同，是因為它們的流傳過程及所代表的時代各不一樣。帛書是西漢早期寫本，未經後人加工，其中所用地名似可視為當時實錄（傳世文獻分野說中往往不同時代的國名揉雜在一起。其原因主要在於它們曾經後人整齊劃一）。如果這種估計不誤，則帛書中的地名可以用來判定其形成年代。具體地說，帛書的形成年代必須符合如下條件：魯、東周、西周尚存，秦已設上郡，魏之南陽尚未歸秦。現將有關年代排列如下：

西元前367年　　周分為東周、西周
西元前315年　　秦取上郡地
西元前304年　　秦設立上郡
西元前284年　　魏獻南陽給秦
西元前256年　　楚滅魯
西元前255年　　秦滅西周
西元前249年　　秦滅東周

綜合以上諸條件，可以推定星占書的內容約形成於公元前304年至公元前284年之間。"②

---

① 此處的釋文根據校讀本做了一些修訂。
② 劉樂賢："馬王堆漢墓星占書初探"，《華學》第1輯，1995年。

按：一說魏獻南陽在魏安釐王四年，即公元前273年。如果此說可成立的話，那其下限也可推遲十幾年而進入戰國晚期。

其次是帛書中的刑德法這一部分，也就是甲、乙篇各自都有撰述的部分。這部分內容的形成年代並沒有可資作年代排列的内證材料，但我們亦可從有關數術類出土文獻的排列和刑德這個數術概念在古文獻中出現的時代來推斷這種數術理論形成的大致年代。當然，像帛書《刑德》這樣比較成形的數術理論的形成必須具備如下兩個條件，一是刑德這個概念已是抽象化了的數術概念；二是刑德運行的九宮圖式應已出現。

眾所周知，數術類的出土文獻最早的當推長沙子彈庫戰國楚墓出土的戰國中期的楚帛書，但它主要是講曆忌之術的數術書，並無刑德的痕跡。湖北江陵九店楚墓出土的竹簡中，有日書和關於兵死者的禱辭，但這些戰國中期的數術文本中也沒有刑德的概念。帛書《黃帝書》（或稱《黃帝四經》）現在學界比較一致的認為其成書于戰國中期。筆者曾對帛書《黃帝書》中的刑德概念作過分析。[①]結果發現，在《黃帝書》中，其所使用的"刑""德"概念基本上用的是其本義和引申義，即與"文武""道法"之類概念可以對應的政治思想概念，還沒有多少數術的內涵，就是"春夏為德，秋冬為刑"的這種把四時和刑德聯繫起來的概念使用也還遠不是帛書《刑德》中所使用的概念。因此，得出的結論是：在《黃帝書》形成的戰國中期，帛書《刑德》的概念尚沒有形成。同樣，我們檢索先秦諸子文獻，如《管子·四時》《韓非子·二柄》《鶡冠子》中出現了為數有限的幾次刑德概念，也都是生殺、慶賞之類的意思。而真正與帛書《刑德》概念相近的只在下列兩種文獻中出現過：

"制以五行，論以刑德，開以陰陽，持以春夏，行以秋冬。"（《莊子·說劍》）

"梁惠王問尉繚子曰：黃帝刑德，可以百勝，有之乎？尉繚子對曰：刑以伐之，德以守之，非所謂天官、時日、陰陽、向背也。黃帝者，人事而已矣。"（《尉繚子·天官》）

《莊子·說劍》屬於《莊子》外篇，一般認為是後人所偽作，其成文的時

---

① 陳松長："帛書《黃帝書》中的刑德概念"，《文史》，2000年第4輯。

代這裡自可存而不論。而《尉繚子》一書，則隨着銀雀山簡本的出土，其非偽書已成定論，但其成書年代肯定不是梁惠王時代，即公元前369年至公元前319年的戰國中期，而應是戰國晚期的作品。這方面，錢穆先生在《先秦諸子系年》一書中有很精確的論證，他指出：

"《史記》尉繚子說秦王在始皇十年，今尉繚書有梁惠王問，年世不相及。考《史記》，繚既見欲亡去，秦王覺，因止以為秦國尉，則所謂尉繚者，尉乃其官名，而逸其姓也。若是，則魏豈得有尉繚？而秦之繚又系魏之大樑人，以此言之，知非兩人矣。"因此他認為：

"竊疑《史記》載繚事已不足盡信，書又稱梁惠王問，則出依託，其殆秦賓客之所為，而後經後人羼亂者耶。"

如果錢先生的推論無誤的話，那據《史記》所記，《尉繚子》成書的年代就應該在秦始皇十年，即公元前237年左右。這也就說明，上引《尉繚子》一書中類似帛書《刑德》數術概念的形成年代應是戰國末年的公元前237年前後。它比帛書"星占書"形成的年代要晚近半個世紀。

關於九宮式盤，其實物有阜陽雙古堆西漢墓出土的髹漆木胎太一行九宮式盤。許多學者對其形制、演式與源流等進行過很好的研究。[①]這裡我們不談九宮式盤本身，我們僅引述李學勤先生的一段話來說明這類九宮式盤出現和流行大致時代。李先生在討論郭店楚簡中的《太一生水》時指出：

"簡文有一處確鑿無誤的數術性質的證據，即：

'太一藏于水，行于時'。

這兩句話只有作數術解釋，才能夠講通。原來，這裡說的是後世所謂太一行九宮數術的雛型。……

自然，產生'太一生水'的年代下限即西元前300年左右，太一周行的理論不會太複雜。當時說'太一藏于水，行于時'只意味著太一長居北極，始于北方，周行四時，恐怕沒有結合八卦而形成九宮。到百餘年後，太一行九宮式盤的時期，這種理論已發達成熟了。"[②]

---

① 嚴敦傑："式盤綜述"，《考古學報》，1985年第4期；李學勤："九宮八風及九宮式盤"，《古文獻叢論》，上海遠東出版社，1996年；李零：《中國方術考》，人民中國出版社，1993年。

② 李學勤："太一生水的數術解釋"，《道家文化研究》第十七輯。

按照李先生的推論，那麼，帛書《刑德》所賴以運行的九宮圖，其形成的年代也應是九宮式盤所出現的時代，即公元前200年左右，也就是秦漢之交的時期。

從上面的引述和論證，我們看到這樣一個事實，即帛書《刑德》甲、乙篇中的三部分各自形成於不同的時期。"星占書"形成于戰國中晚期之交的公元前284年前後；刑德概念及理論則形成於戰國晚期之末的公元前237年左右；九宮圖類的式盤則出現流行於秦漢之際的公元前200年上下。這也正好說明，帛書《刑德》的文本內容並非形成於一時，而是經歷了上百年的發展才逐步成型。也正因為這樣，我們才不能將帛書《刑德》甲、乙篇的撰寫和抄寫年代截然分開。因此，我們才可以說，帛書《刑德》的撰抄年代也就是其成書年代，其具體年代就在漢高祖十一年和漢惠帝二年左右。只是在成書的過程中，既照抄時代較早的星占書的內容，也富有創造性地將形成於戰國末年的刑德概念和流行於秦漢之際的九宮圖式融成一體，撰就了這樣一份不見於經傳的兵陰陽的刑德法文本。

六、帛書《刑德》的分野說小考

帛書《刑德》的甲、乙篇中都有一段關於分野的記錄，其甲篇作：

"房左驂，汝上也。其左服鄭地也。房右服，梁地也。右驂，衛。婺女，齊南地也。虛，齊北地也。危，齊西地也。營室，魯。東壁，衛。婁，燕。胃（胃），魏氏東陽也。參前，魏氏朱縣也。其陽，魏氏南陽，其陰，韓氏南陽。畢，韓氏晉國。觜觿，趙氏西地，罰，趙氏東地。東井，秦上郡。輿鬼，秦南地，柳，西周。七星，東周。張，荊北地。"

乙篇因是抄錄甲篇的，故其內容基本相同，爲便於比較，我們也錄之如下：

"房左驂，汝上也。危，齊西地也。營室，魯。東壁，衛。婁，燕也。胃。
房左驂，汝上也。其左服鄭地也。房右服，梁地也。右驂，衛。婺女，齊南地也。虛，齊北地也。危，齊西地也。營室，魯。東壁，衛。婁，燕。胃（胃），魏氏東陽也。參前，魏氏朱縣也。其陽，魏氏南陽，其陰，韓氏南陽。畢，韓氏晉國。觜觿，趙氏西地，罰，趙氏東地。東井，秦上郡。輿鬼，秦南地，柳，西周。七星，東周。張，荊北地。"

衆所周知，有關分野的理論，起源很早。早在《周禮・春官・宗伯》中，就有"以星土辨九州之地"，以觀"天下之妖祥"的記載。有的學者曾作過如下的推斷：

"分野觀念不僅在遠古時代已具雛形，而且同其他事物一樣，也經歷了由簡而繁的完善過程。人們或許對參商別離的故事並不陌生。故事中高辛氏的長子閼伯和次子實沈分別定居在商丘和大夏之間。大火星和參星就成爲殷人和晉人的主祀之星了。參星實沈配於晉而稱晉星。大火閼伯配于殷而稱商星。這大概就是分野思想的起源。

最早的分野形式可能以北斗作爲一種中介星象。因爲在十二次誕生以前，二十八宿天區必須通過斗柄所指的方向才能與地平方位建立聯繫，這也就解決了古人在如何將天區與地域合理配合時所遇到的困難。《史記・天官書》在這方面保留了最原始的記錄。司馬遷把北斗在分野體系中的這種作用視爲由來已久的方法，而且他所列出的分野體系，明顯是一種比二十八宿周天分野更原始的形式：

斗勺　　　自華以西南

斗衡　　　中州河、濟之間

斗魁　　　海岱以東北

這是我們迄今所知最早的分野體系。比這晚出的分野形式在司馬遷的著作中也被保留了下來：

秦　　　太白　　　狼、弧（井、鬼）

吳、楚　　熒惑　　　鳥衡（柳）

宋、鄭　　歲星　　　房、心

燕、齊　　辰星　　　虛、危

晉　　　辰星　　　參、罰

宋爲殷代遺民，宋、晉分別配以心宿和參宿，這是最早的既定配合。以此爲基點，正可以將二十八宿方位與列國方位完好地對應起來，因此也最切實際。此後，周天的劃分雖然日趨精確，但是，星宿與列國的分配卻逐漸蛻化爲一種純粹形式的聯繫了。

《呂氏春秋》記載了另一種早期分野形式。它是將天上的九個區域與地上的九州對應的。這種形式使人很容易聯繫到禹平水土定九州的傳說，並且可以放心地把他的時代定在戰國。然而，就天與九州如何配合，《呂氏春秋》卻沒有講到。司馬遷在《天官書》中兼收的另一種分野形式發展了這一觀點，這是按十二州的格局劃定的。我們把這個分野體系整理如下：

角、亢、氐　　　　　兗州
房、心　　　　　　　豫州
尾、箕　　　　　　　幽州
南斗　　　　　　　　江湖
牽牛、婺女　　　　　揚州
虛、危　　　　　　　青州
營室、東壁　　　　　並州
奎、婁、胃　　　　　徐州
昴、畢　　　　　　　冀州
嘴觿、參　　　　　　益州
東井、輿鬼　　　　　雍州
柳、七星、張　　　　三河
翼、軫　　　　　　　荊州

《淮南子·天文訓》的分野體系與此十分相似，不同的是它採用了二十八宿與列國對應的形式：

角、亢　　　　　　　鄭
氐、房、心　　　　　宋
尾、箕　　　　　　　燕
斗牛　　　　　　　　越
女　　　　　　　　　吳
虛、危　　　　　　　齊
室、壁　　　　　　　衛
奎、婁、　　　　　　魯

胃、昴、畢	魏
觜、參	趙
井、鬼	秦
柳、星、張	周
翼、軫	楚

很明顯，這與司馬遷同時注意到的北斗五星分野法已大不相同。"它表現出的是一種十分混亂的組合。燕的分野已與過去同齊共分虛、危的情况不同，而分有尾、箕，吳的分野也與過去同楚共分柳宿不同。而分斗、牛、女，燕、越、吳三國分野比鄰，已講不出任何道理。魏、趙各有分野而取代了晉，證明這個體系顯然是戰國時代韓、趙、魏三家分晉後形成的。魏分野合十二次的大樑，趙分野嗣晉而爲實沈，從分野發展的角度看還勉强是合理的"。①

我們不厭其煩的引用這些推論，無非是想説明中國古代的天文分野占很早就已出現，並在戰國時代就已相當成熟了。但我們也應看到，在上面所引的推論中，其所引文獻都是出自《史記》和《淮南子》。而《吕氏春秋》中雖出現了將天上的九個區域與地上的九州對應的分野形式，但究竟怎樣配合，尚不太清楚。其意思也就是說，這種分野的理論雖出現於戰國，但其成熟的配合還是在漢初司馬遷的時代。其實，現在的考古發現已説明，至少在秦漢之交的時候，這種分野的理論已是相當細密了，因爲在馬王堆帛書《刑德》甲、乙篇中就有這類分野的明確記載。

值得注意的是，帛書中的二十八宿只出現了"房、婺女、虛、危、營室、東壁、婁、胃、參、畢、觜觿、東井、輿鬼、柳、七星、張"等十六宿，且中間插有一個"罰"星，其所對應的列國也較細。爲便於比較，我們且排列如下：

房	汝、鄭、梁、衛
婺女、虛、危	齊
營室	魯
東壁	衛

---

① 馮時：《星漢流年——中國天文考古録》，四川教育出版社，1996年。

婁	燕
胃、參	魏、韓
畢	韓晉
觜觿、罰	趙
東井、輿鬼	秦
柳	西周
七星	東周
張	荊

與《淮南子·天文訓》所列的分野比較,其差別並不大。儘管其星宿所列不全,但其分野對應的關係已基本確定。當然,如果從地理學的角度來考慮,這種分野的劃分,還有許多的隨意性。對此,邢義田先生曾做過很好的分析。他認爲:

"地區的劃分,隨着時代而有所不同,因而分野說也就難以形成一定的標準。就通行以《史記·天官書》及《漢書·地理志》所記上的兩者比較,就可以看出有很大的出入。因爲是傳承流派的不同,這一類假科學的設計,就會有種種不同的排列法,譬如八卦的兩種排列方法,無法調和,便只好用先天八卦和後天八卦兩種不同的名稱來解釋。二十八宿的方位,因爲觀測時間和月份的標準不同,也會產生差異出來。譬如斗牛應在丑方。漢代丑屬牛當然和二十八宿有關,但《漢書·地理志》所載,'秦地於天官東井、輿鬼之分野也'。'魏地,觜觿、參之分野也'。'周地,柳、七星、張之分野也'。'韓地,角、亢、氐之分野也'。'趙地,昴、畢之分野也'。'燕地,尾、箕分野也'。'齊地,虛、危之分野也'。'魯地,奎、婁之分野也'。'宋地,房、心之分野也'。'衛地,營室、東壁之分野也'。'楚地,翼、軫之分野也'。'吳地,斗分野也'。'粵地,牽牛、婺女之分野也'。這就和《史記·天官書》多少有些出入。若依照《史記·天官書》,那就是:'角、亢、氐,兗州;房、心,豫州;尾、箕,幽州南;斗,江、湖;牽牛、婺女,揚州;虛、危,青州;營室、東壁,並州;奎、婁、胃,徐州;昴、畢,冀州;觜觿、參,益州;東井、輿鬼,雍州;柳、七星、張,三河;翼、軫,荊州。'大致看來差不多,其實其中就有許多不同處。今就其顯然不同的來說,如同:

124

角、亢、氐，《史記》以爲兗州（山東），《漢書》以爲韓氏（河南）

房、心，《史記》以爲豫州（河南），《漢書》以爲宋地（蘇北）

室、壁，《史記》以爲並州（山西），《漢書》以爲衛地（河南）

奎、婁、胃，《史記》以爲徐州（蘇北）《漢書》以爲魯地（山東）

觜、參，《史記》以爲益州（四川），《漢書》以爲魏地（山西）

其中就差異很大，若再就東西南北的方位來說，那就東面地方，所應的星宿可能在西；西面的地方，所應的星宿反而在東。更顯然這種配置具有很大的任意性，所以梁玉繩的《史記志疑》說：以宿配州，或多或少，地廣者星反少，地狹者星反多。《淮南天文訓》《漢書地理志》，以郡國配二十八宿，嗣後言分野者，雖有異同，遞爲祖述；唐李淳風、僧一行更辟發無疑，而獨不宗史記。……占地於天，必天應乎地而始驗，乃揚州在南而斗牛在北；青州在東，而虛、危在北；冀州在北，而昴、畢在西；雍州在西，而井、鬼在南；往往相反而不相應。……故宋周密《癸辛雜識》以分野爲疏誕也。

其實分野說和二十八宿值日法，都同樣是屬於'占星術'的一種，並非嚴格地從地理學者的立場以某一節氣中某一時辰地理的位置和天象經度作爲標準創造出來的，其基礎上當然'疏誕'。不過古人確實相信，也就使得二十八宿的值日法及分野說具有民俗上和社會上的意義，因而它們的來源去脈，甚至和科技上的關係都值得檢討了。"[1]

邢義田先生的分析，應該說是很好地揭示了古代分野說並不科學的本質。既然它是"占星書"的一種，那其分野的目的也就是想借天象來解釋"天下之妖祥"。因此我們並不能用地理學者的眼光來衡量和檢測其分野的科學性，而應該努力去解釋這類分野說後面所蘊涵的所謂"民俗上和社會上的意義"。準此來思考和認識帛書《刑德》中的分野說，我們是否可以這樣認爲：

首先，帛書的分野說並不是原始或早期未經整齊劃一的分野說。眾所周知，有關分野的理論，起源很早。早在《周禮·春官·宗伯》中，就有"以星土辨九州之地"，以觀"天下之妖祥"的記載。《左傳》中也有參星配於晉而稱晉星，大火星配於殷而稱商星的記載。這說明早在春秋戰國時代，人們

---

[1] 邢義田："《漢晉西陲木簡新考》校記"，《史語所單刊》甲種之二十七，1985年。

就在嘗試着以天上的星象來代指地上的疆域,以聞揚其天地一體,妖祥互見的觀念和認識。因此,比起前述以北斗或恒星來進行分野的體系來,帛書的分野說顯然不是什麼原始的分野體系。

其次,這種分野說既然不是什麼原始的分野體系,為什麼又與傳世文獻中所記載的分野說有如此多的不同呢?這主要是因為它並不是專為著述而抄寫的分野體系,而是在漢高祖十一年這個特殊的年頭裏,漢初的星占家因兵戰的需要而為軑侯編製的分野情況。它跟《刑德》甲篇一體,都應是在漢高祖十一年這個多事的年頭裏為利蒼跟隨劉邦東征西討的戰事服務的。

我們曾經專門討論過帛書《刑德》甲、乙篇的撰抄年代,明確指出:帛書《刑德》甲篇完全是為漢高祖十一年這樣一個特殊的年份撰製的。[1]那麼,漢高祖十一年又是一個怎樣不尋常的年份呢?據史書記載,在這一年內,相繼有趙相國陳豨反於代地、淮陰侯韓信謀反於關中、梁王彭越謀反於梁、淮南王黥布反於淮南,真可謂多事之秋。這年漢高祖更是疲於平叛戡亂,勞師動眾。可以想見,在這樣一個戰爭不斷的年份,作為一個因戰功而在孝惠二年封侯的利蒼來說,必然是在高祖麾下衝鋒陷陣的一位將軍。作為將軍,自應深諳刑德法來占測戰爭的勝負與否。因此,星占家為其特製一份可供查核而實用的刑德法圖譜和分野圖應該是極平常的事。而從上面所引述的幾個事件的地望來看,也並不難看出帛書分野所指的實際意義。代屬趙國,即今山西省的東北部,是觜觿和參(罰)宿的分野。關中屬秦,乃東井、輿鬼的分野。梁是房右服的分野。淮南在楚的北面,是張的分野。這些地域正是劉邦平叛戡亂、往來征戰的地方。作為劉邦的戰將,自當非常熟悉這些地望和分野。由此我們對帛書分野中為什麼缺少吳越等地分野的原因也就有了比較可信的解釋。因為這年的大事都在平叛戰事之中,故吳越等地的地望及分野自可略而不記。

七、帛書《刑德》與《天文氣象雜占》

帛書《刑德》甲、乙篇中都有很長一篇關於星占內容的文字。劉樂賢先

---

[1] 陳松長:"試論帛書《刑德》甲、乙本的撰抄年代",《國際儒學研究》第11輯,2001年3月。

生曾將其直稱爲"星占書"，並指出其"所述似與刑德無關，而與星占文獻相近"。確實，如果從這部分文字看，其内容與刑德的運行和占法是全不相同，但我們還不太好解釋的是，爲什麼在帛書《刑德》的甲、乙篇中都有這篇文字。而且通過比較，乙篇是在甲篇的基礎上抄寫修改的，且對刑德運行的規律進行了歸納和較大幅度的修改，唯獨對這部分文字照抄不誤。如果與刑德完全無關，那乙篇爲什麼還要將其抄在一起呢？其原因可能還是它們之間本來就有着内在的聯繫，或者說刑德占法本身就包括有星占術（具體地講還是雲氣占）的内容，只是我們因刑德法失傳而不太清楚而已。這一點，筆者曾在介紹帛書《刑德》時指出：

"西北宮中還有：'氣雲'一欄，甲篇中亦有此二字，但是沒寫在欄格内，而是書於西北宮的外側。值得注意的是，九宮圖中的所有欄格内，均有相應的干支和日至，唯獨這裏沒有，而且在甲篇中還置於欄格之外，這也許說明"氣雲"乃是刑德運行的一種輔助的觀測依據。馬王堆帛書中有一卷《天文雲氣雜占》（一般稱爲《天文氣象雜占》），可能正是這《刑德》九宮中所記"氣雲"的詳細圖釋。"[①]

現在看來，這應該不只是一種推測，因爲刑德九宮圖中既然列有"氣雲"這一項，那麼刑德占法中自然少不了這部分的内容。儘管在刑德運行規律的描述中沒有"氣雲"的具體說明，但隨後用一大篇文字來單獨敍述"氣雲"的占法，自然並無不可。況且帛書《刑德》九宮圖中特別注明"氣雲"二字，且並不與具體的干支相配。這也許意味着，在刑德法的操作過程中，"氣雲"的觀察和占測是有其特殊地位和作用的，而那些有關星占（其實主要還是日月雲氣占）的文字，或許正是對這種特殊性的闡述。因此，我們以爲，還是應將這部分關於星占的文字作爲帛書《刑德》甲、乙篇的一個組成部分來研究和處理。

我們說，星占是帛書《刑德》的一個組成部分，那《天文氣象雜占》作爲帛書《刑德》"氣雲"和星占的圖譜之說是否能成立呢？我們的回答是肯定的。這可從幾個方面來比較說明。

---

① 陳松長："帛書《刑德》略說"，《簡帛研究》第1輯，1994年。

首先，從倆件帛書的性質來看，倆者是完全一樣的，都是漢初兵陰陽的文獻。帛書《刑德》的這種性質自不用說，而帛書《天文氣象雜占》的性質，亦有兩位學者作過很明確的論斷。

早在1978年，顧鐵符先生在簡述《天文氣象雜占》時就指出：

"《天文氣象雜占》的占文，除了'賢人動''邦有女喪''有使至'……等一小部分占文之外，其餘的都是'客勝''主敗''軍疲''城拔''邦亡''益地''失地'……等關係軍事方面的。這和一同出土的《刑德》等一樣，都是屬於兵家陰陽，亦即軍事迷信的書。"①

1992年，魏啟鵬先生在顧鐵符先生的基礎上作了進一步的闡述。他指出：

"《雜占》的第一列和第二列的開頭所繪雲狀多種，當爲兵家望氣所用。《通典》卷一百六十二《風雲氣候雜占》引太公云：'凡興軍動衆陳兵，天必見其雲氣，示之以安危，故勝敗可逆知也。其軍中有知曉時氣者，厚寵之，長令清朝若日午，察彼軍及我軍上氣色，皆須記之。''氣者軍之大要，當令三五人登高若臨下察之，進退以氣爲候。'與帛書《雜占》可以互證。從第二行中部起，一直到第五列，繪識的主要內容是暈，亦即漢代學者所稱日旁氣、月旁氣。《漢書·藝文志·數術略》有《漢日旁氣行事占驗》兩種，一爲三卷，一爲十三卷。古望氣之術，占驗吉凶，尤其重視觀察日旁雲氣之色，也包括'日旁氣白者爲虹'等，《漢書·陳勝傳》：'周文，陳賢人也，嘗爲項燕軍視日，事春申君，自言司兵。勝與之將軍印，西擊秦。'服虔注曰：'視日旁氣也。'這是視暈而占驗兵事的實例，正與此書相同。在第六列繪織有二十八宿中的房、心、尾三宿，用來對照熒惑；北斗七星則排在第六列末尾。第六列中部乃爲二十九幅彗星圖占，熒惑即火星，歷來爲星相家和兵家所重視。《史記·天官書》稱其'出則有兵，入則兵散。以其舍命國。熒惑爲悖亂，殘賊、疾、喪、饑、兵。''其行東、西、南、北疾也。兵各聚其下；用戰，順之勝，逆之敗。'至於'彗星者，天之忌也。'(《淮南子·天文訓》)《開元占經》卷八十八'彗星占'引石氏、甘氏及《黃帝占》諸書，皆有'衝破之下，當有兵誅''長爲兵爲喪，短爲水爲饑''一見則掃除凶穢，必有滅

---

① "馬王堆帛書《天文氣象雜占》簡述"，《文物》，1978年第2期。

國，臣弑其君，大兵起，國易政'等占辭。《雜占》與之同調，而重視軍旅饑疲、將死主亡，更爲突出。通過以上對《雜占》的整體觀察和分析，可以肯定它是兵家所用的天文氣象占驗之書，顧鐵符先生認爲屬兵陰陽家的意見是正確的。《雜占》所列雲、氣、星、彗星四大部分，還表明它是比較成熟的兵陰陽家編著。……"①

兩位先生的推論，無疑有力地說明了帛書《天文氣象雜占》確屬漢初兵陰陽的文獻。它的性質與帛書《刑德》是一樣的。由此，我們也可推論，既然二者同一性質，那其中相關的内容互相補充，也是非常自然的事。因此，我們將帛書《天文氣象雜占》作爲帛書《刑德》中有關"氣雲"、星占文字的補充和圖示，自當無可厚非。

其次，從其内容來比較，帛書《刑德》中的星占部分與《天文氣象雜占》的圖像和文字大部分可以對應。爲了充分地說明這種對應的特點，我們無妨將二者的相同之處做些粗線條的比較。例如帛書《刑德》的星占部分，其内容主要集中在月、日、風、雨、雷、氣占及分野等方面，其中尤以月、日所占的篇幅較多：

"［月半白半］赤，城半降半施，盡［赤］盡施，盡白盡降。月小中赤，［餘盡白］，城中將［死，其人降。月］大光赤，［主］（一行）人出戰，不勝，城拔。月大椐有光，主人出戰。月七日不弧（弦），主［人將死，月北］頃（傾），陰國［得地。月椐］受衡，其國（二行）［安］。月立受繩，其國亡地。月八日南陛，陰國亡地。月不盡八日北陛，陽國亡地。月軍（暈）［□重，□□三］複之，主人（三行）［出戰］，勝。月軍（暈）二重，倍（背）在外，私成外，倍（背）滿在中，私成中。月比，其國憂，有軍於外，軍傷。月［溥（薄）其主］病，中赤，白杵（四行）［鼎尺］㧉月，其主死，有軍（暈），軍疲。去浦在月中，其國後死。在前，臂（辟）人死。月旬五日不盈，其國亡［地。月光］如張蓋，其（五行）國立［君］，三夾之，其國立將軍。上陛月色黃白。王問：月交軍（暈），一黃一赤，其國白衣受地名城

---

① "帛書《天文氣象雜占》的性質和纂輯年代"，《馬王堆漢墓研究文集》，湖南省出版社，1994年。

［也。月］交軍（暈），盡赤，二（六行）主遇，起兵，既日爲侯。月食，其國貴人死。用兵者，從所者攻之，勝得地。日左耳（珥），左國有喜。日右［耳（珥）］，右國有喜。左（七行）右皆耳（珥），三軍喜和。日戴耳（珥），軍前；月戴耳（珥）主人前。日耳（珥），客環（還），月耳（珥），主人環（還）。日交軍（暈），軍畏，日連軍（暈），人主大遇。（八行）盡白大和；盡赤，兵起。攻，憂國，先者得地多。日重軍（暈），軍畏。日割，結交。申，不戰。日門，軍戰，客不勝。［星］與月門，軍戰（九行），主人不［勝］。月三大重，主人戰。日垣，軍疲，未講也。日開，軍疲，未講也。日中寅耳（珥），割地，城。日前有黃帝（十行）之申，壹有二，大戰而使其道，客勝。日出而陰，晝見其無軍（暈），國有憂。有軍（暈），軍疲，客勝。有沖日者，貫日以赤軍（暈），大戰（十一行）客不勝。日徒毋（無）光，軍戰，客不勝。月毋（無）光，主人不勝。朝日日軍（暈），軍急。莫（暮）日日軍（暈）軍緩。五帝出，有軍（暈），軍疲。無軍（暈），國（十二行）破。見其臨以命之，其發也，有事，遷一時，毋（無）事，不出三年而發。日軍（暈）九重，天下有立公［伯］，日食爲王，月食（十三行）爲後日晨食又，以智（知）國之毀者之所有。軍（暈）日而耳（珥），軍前；月軍（暈）（十四行）而耳（珥），主人前而畏。營（熒）入月中，所宿其國內亂。大正入內中，主人大勝藩兵。"（十五行）[1]

很顯然，月占與日占在漢代兵陰陽家的觀念中佔有極其重要的位置。同樣，在帛書《天文氣象雜占》中，也有大量的篇幅來描繪和記載日月的圖像和占法，例如：

"月軍（暈）不成，利以攻城，城道完者所。"

"月六軍（暈）到九軍（暈），天下有亡邦。十一軍（暈），天下更號，十三軍（暈），［天下］更王。"

"月食星，有亡邦不出地之星。"

"黃雲在月下，客不勝。"

---

[1] 陳松長："帛書《刑德》乙本釋文校讀"，《湖南省博物館四十周年紀念文集》，湖南省教育出版社，1996年。

"兩月並出，有邦亡。"

"月銜兩星，軍疲，有邦亡□。"

"黃雲夾月，邦賊趙。"

"有白環日，七日戰。"

除數以十計的日、月占的圖像和占文外，在該帛書的末尾還有一長段關於日、月暈占的文字，茲節錄如：

"·有雲赤入日月軍（暈）中，盡赤，必得而地□。"

"·日月皆珥，大和，唯攻，且去之，毋兵，天下遇，雲如讒屬日，當者邦君賊，日月同。"

"月有三卯，日月食，不爲央（殃），北宮。日月出兵，爲小邦，吉。兵爲，不日朔皆出於西方，天下□。"

"·有赤雲入日月軍（暈）中，□赤，大勝，地入。日軍（暈）珥，人主有□。軍在外，有悔，圍邦。見日月軍（暈）中有白雲出，城降，兵不用。"

"·日適爲憂，其占善吉，則後有熹。"

"·赤日黑日皆出，大盜得。日出，赤上有二耳（珥），歲熟。"

"·日有珥，邦君有行，有行而珥，行不成。日軍（暈），有雲如車笠出軍（暈）中，圍，降。"

"·日及雲裏，白日入環，俞如幹，其君死之。"

"·日有三珥，其邦有大喪。日鬩（鬭），其邦內亂，戰不勝，亡地，其君不死。玄日鬩（鬭），邦多死者。"

"·黑雲出，興兵，大水，不戰。"

"·黑雲裏日，兵興。黑雲質滅日，雨。黃雲裏日，雨。"

"·有赤雲如雉屬日，不出三月，邦有兵，□□入日，日不□邦，當者滅亡。"

通過比較，我們可以看出，兩者都是關於日、月暈、珥、顏色的占語，且多可相互補充發明，相得益彰。例如有關日、月珥的占語，帛書《刑德》乙篇云：

"日左耳（珥），左國有喜。日右［耳（珥）］，右國有喜。左右皆耳（珥），三軍喜和。日戴耳（珥），軍前；月戴耳（珥）主人前。日耳（珥）

佩，客環（還），月耳（珥），主人環（還）。"

這是將日、月左右戴珥的情況分別占測，但在《天文氣象雜占》中，則不言左右，而只說：

"日有三珥，其邦有大喪。"

"日有珥，邦君有行，有行而珥，行不成。"

"日月皆珥，大和。唯攻，且去之，毋兵，天下遇。"

很明顯，其中的"左右皆珥，三軍喜和"與"日月皆珥，大和"正可相互應證發明。而左右珥與三珥之占語和"邦君有行"與"客還""主人還"之間的內涵又可互補。此外，我們在刑德九宮圖中所見到的"氣雲"二字，還可在《天文氣象雜占》中看到其注腳：

"氣雲所出，作必有大亂兵也。"

再如有些特殊的語詞，兩者也可相互發明。例如帛書《刑德》乙篇中有：

"占軍戰講也，以丙子爲六分，以爲六旬。攻城圍邑，疾西風而城拔，東風不拔。司（伺）張軍而［疾西風］，軍戰矣。東風而講。雨壓之，軍卻舍。某（謀）至丙子，復司（伺）之。春，甲子；夏，丙子；秋，庚子；秋夏間，戊子；冬，壬子。以此雨［僕，當］下有戰，軍在野，戊寅疾西風，樓戟奪，軍大（搖）。軍在野，癸卯魚至，癸卯戰，攻城者如是。［以壬戌癸］亥雨，軍講"。

對這段話中的"講"字，開始我們還不太明白，因此在斷句時，也就讀爲："占軍戰，講也。"①至於"講"該作何解，也沒去深究，以爲是最常見的語詞而忽視之。其實，就是這種最常見的語詞，最容易造成誤解。這次，我們通過《天文氣象雜占》的比較才發現，原來的句讀理解是有問題的。因爲在《天文氣象雜占》中，"講"字並不與"戰"放在一起出現，而是作：

"出軍，先者欲講，應之合，且講，不合，講。"

這裏出現了三次同樣的"講"字，很顯然，它是一種特定的占測物件，並不是對"占軍戰"的講解。經查證，原來這裏所用的乃是它的本義，《說

---

① 陳松長："帛書《刑德》乙本釋文校讀"，《湖南省博物館四十周年紀念文集》，湖南省教育出版社，1996年。

文·言部》："講，和解也。"《戰國策·秦策》云："卒使公子池以三城講於三國，之兵乃退。"又《戰國策·趙策》云："引兵而歸，因使人索六城於趙而講。"可見，"講"的這種本義在古文獻中乃是很常見的用法，只是我們沒有在意而已。以之來重讀帛書《刑德》的這段話，也就非常明白了。原來所占的物件就是戰與和兩個方面，故後面所說是："司（伺）張軍而疾西風，軍戰矣，東風而講。"用現在的話來說，就是如出軍而遇西風，當戰，如遇東風，則當和解。而《天文氣象雜占》中所說的意思也就是：先出軍者欲講和，是否講和就當觀測天象是否相應，如驗之相合，權且和解，如不相合，也當和解。

第三是關於列國的分佈。儘管帛書《刑德》上所記列國是天文分野的內容，而《天文氣象雜占》上所列則是雲氣占的內容，且文字多寡也很不一樣，但其對國別的記錄，也同樣可以互相比勘來說明一些問題。

帛書《刑德》中所記的國名有：鄭、梁、衛、齊、魯、韓、趙、魏、燕、秦、東周、西周、荊共十三個。劉樂賢先生據此考證帛書《刑德》中的星占書這一部分的成書年代應在公元前304年至公元前284年之間。[①]

在《天文氣象雜占》中則有下列各國的雲氣圖：
"楚雲如日而白

趙雲

中山雲

燕雲

秦雲

戎雲

濁（蜀）雲

韓雲

魏

衛雲

宋雲

---

① 劉樂賢："馬王堆漢墓星占書初探"，《華學》第1輯，中山大學出版社1995年。

齊雲

越雲"

魏啓鵬先生認爲："《雜占》與《兵書》等所列諸雲，代表着正在戰場上活躍的邦國。因此，《雜占》雲圖所列十四國，當時均未滅亡。楚滅越在公元前333年，秦滅蜀在公元前316年。這段文字的大體形成，當不晚於這兩個時代。"①

如果這兩個推論大致不誤的話，那也就意味着這兩件帛書中有關分野占和雲氣占的內容都是出自戰國晚期。儘管前後有着二三十年的差距，但這種差距正能比較出一些問題。例如在《刑德》的分野中，僅將楚國列在各國之末尾，且用"荊"這個帶有貶意的字來稱其名，可見其地位已是何等的低下。但在《天文氣象雜占》中則不同，楚不僅排在最前面，而且只有在其雲圖旁才注有"楚雲如日而白"的題記。由此亦可想見楚在《天文氣象雜占》製作的當時，其地位是怎樣的重要和有分量。由此也可推論帛書《天文氣象雜占》的製作年代當在楚滅國之前，而帛書《刑德》中星占的內容當成于秦滅楚以後。

八、帛書《刑德》乙篇釋文訂補

帛書《刑德》乙篇的釋文，筆者曾配合其圖版一起刊發在《馬王堆漢墓文物》②一書中。當時因各種條件的制約，其釋文錯謬和闕如之處頗多，在很大程度上削弱了這份珍貴資料的準確性。為此，筆者曾在一些學者研究成果③的基礎上，同時參稽《刑德》甲篇和《陰陽五行》乙篇，專門做過一次該釋文的校讀④工作。由於該文以重刊校讀後的釋文為主，故好些校勘訂正之處

---

① "帛書《天文氣象雜占》的性質和纂輯年代"，《馬王堆漢墓研究文集》，湖南出版社，1994年。
② 該書系傅舉有與筆者合著，湖南出版社，1992年。
③ 饒宗頤："馬王堆《刑德》乙本九宮圖諸神釋——兼論出土文獻中的顓頊與攝提"，《江漢考古》，1993年第1期；馬克·卡林諾斯基："馬王堆帛書《刑德》試探"，《華學》第一期，中山大學出版社1995年。
④ "帛書《刑德》乙本釋文校讀"，《湖南省博物館建館四十周年論文集》，湖南教育出版社，1996年。

無法說明。因此，本文再以劄記的形式，對該釋文進行一次逐行的校勘訂補，以期彌補原釋文的遺憾與不足，但本人學識有限，不當之處，敬請大家多予指正。

第一行：

"刑始生水，孔子故曰：刑德始於甲子。"

按：原文"水"字下是重文符號，並無"孔"字，應改為：

"刑始生水，水，子。故曰：刑德始於甲子。"

第二行：

"必以日至後七日之子午卯酉。"

按：原文"至"字後有"之"字，釋文缺漏，應補為：

"必以日至之後七日之子午卯酉。"

第四行：

"甲子之舍，始東南□□。"

按：原文"東南"後面兩字殘損，當時僅能辨認第二字從"水"旁，故作闕如處理。今參照帛書《陰陽五行》乙篇中有關刑德運行規律的文字可知，這兩字應是"以馮"二字。"馮"即"馮"字，魏寇憑墓誌中即將"馮"字寫作"馮"。"馮"猶行也。《說文·馬部》："馮，馬行疾也。"帛書此字當用"馮"字的本義，"始東南以馮"，即"東南以行"也。故此句應補為：

"甲子之舍，始東南以馮。"

第六行：

"刑德六日而並於斿（游）也。"

按：原文並無"於"字，此句衍文，當刪。應改為：

"刑德六日而並斿（遊）也。"

第十二行：

"刑〔徙甲〕子二日。"

按：原件"刑"字下缺損，約有二至三字的空白，"子"字殘留一大半，"二"字前有缺塊。現依據帛書《陰陽五行》乙篇中相同的文字內容來訂補，此句應為：

"刑〔從，因〕子〔十〕二日。"

第十三行：

"欲倍（背）［刑德］□□□□□□。"

按：原文中"倍"字殘缺，"刑德"二字亦是當時根據上下文意臆補上去的。現根據帛書《陰陽五行》乙篇中有關同一內容的文字訂補，此句應改釋為：

"欲倍（背）［之右之，勿迎勿左］"。

第十四行：

"以子午為衝，未除寅□□□□□□□□□□□其。"

按：原文"寅"字後殘缺，而"未除寅"三字亦沒句讀。現據帛書《陰陽五行》乙篇可訂補一部分，即：

"以子午為衝，未、除、寅、大火、午、小火。□□□□□□□其"。

其中"未除"乃是"未為除"的省文。"寅，大火，午，小火"亦是"寅為大火""午為小火"的省文。

第十五行：

"子為衝，丑為除，午［為衝］□□□□□□□□。"

按：據帛書《陰陽五行》乙篇可補為：

"子為衝，丑為除，午［為衝，未為除］□□□□□□□除。"

第十六行：

"非□□□□□□□□□□刑。"

按：據帛書《陽陽五行》乙篇，"刑"字前可補"雖左迎"三字。

第十七行：

"德勝取地。大火，可以火，兵伐邑，便□□□□□□□。"

按：此行斷句有誤，後之闕文據帛書《陰陽五行》乙篇可補。"德"字承前行是"雖左迎刑德"，故應在"德"字逗開；"可以火"不成文，應改在"兵"字下斷句，"可以火兵"的"火"即前文"大火"之省稱。"大火"乃十二次之一，又為心宿之代稱。"可以火兵"即可以在"大火"出現時起兵。"便"字後的闕文可補為："便地益封，踐山破國"。其實"踐山破"三字帛書原件上尚殘留着，只是因有筆劃缺損而不敢確定而已。經訂補，此句應改為：

"德，勝，取地。大火，可以火兵，伐邑，便［地益封］，踐山破［國］。"

第十八行：

"人月五日奇。"

按："人"字應改釋為"入"字。湖北睡虎地秦簡《日書》的"室忌篇"中有"凡入月五日，月不盡五日，以築室，不居；為羊牢馬廄，亦弗居；以用垣宇，閉貨具"。所謂"入月五日"即指每月的第五日。

第二十六行：

"倍刑迎德，將不入國，如人有功，必有後央，不出六年，還將君王。"

按：此行釋文中有二字誤釋，第一是"如人有功"的"人"是"入"的誤釋。帛書中"人""入"區別不大，且多有寫作"人"字者，都應以上下文意來判斷。此句承上句的"將不入國"而來，"入"即"入國"的承上省略。第二是"還"字是"逯"字的誤釋。"逯"猶"逮"也。"逯將君王"即前面所謂"後央（殃）"在不出六年的時間內將逮及君王。

第二十九行：

"大陰□□□□□□□陰四合，勝刑德。"

按：據帛書《陰陽五行》乙篇，在"陰四合"前可補"迎者大將死"五字。其實，細看原文"將死"二字尚殘存部分筆劃，而由於"死"字末筆拉得較長，故此處殘缺應是七個字的空。因此，此句應改為：

"大陰□□，〔迎者大〕將死，陰四合，勝刑德。"

第三十一行：

"巳亥，雨師冢子，各當其曰，以□。"

按："眾"字是"冢"字之誤排。"冢子"猶言冢宰。《周禮·天官》注云："冢宰，大宰也。"該行最末一字的闕文，細審原件，其實筆劃俱全，是一"奇"字。況且帛書《刑德》甲本亦正作"奇"字，是為明證，與下行文字聯讀。"以奇風殺鄰"，即以上文所說的"奇日"之風殺，語意亦正相聯貫。

第三十二行：

"〔其官有事，若□〕事，〔乃有罪〕。"

按：這一行字在原件上都殘損殆盡，僅有一"事"字可以辨識。原釋文都是參照帛書《刑德》甲本補釋的，其中"若"字後一字不太清楚，故闕如。

137

現反覆核驗帛書《刑德》甲篇原件。此字乃是"無"字,且放在文中亦怡然順暢,故此處應補為:

"〔其宮有事,若無〕事,〔乃有罪〕。"

第四十行:

"取人一每,賞償以百里,殺人奴婢,賞以敵(嫡)子。"

按:此句中的"賞"是"償"的通假字。第一個"賞"字後的"償"字乃是其假字。這裡缺排了一個括弧,誤成了衍文。第二個"賞"字則沒注明其假字,應予補出。故此句應改為:

"取人一每(畝),賞(償)以百里,殺人奴婢,賞(償)以敵(嫡)子。"

第四十二行:

"是胃發箭。"

按:第四字應釋為"箭"字。"箭"即"筋"的古文。"發筋"是什麼意思,待考。

第四十四行:

"御有憂而無後央。"

按:"御"是"迎"字之誤釋,承上句末的文字下來,此句應改讀為:

"將迎有憂。而無後央(殃)。"

第四十七行:

"以此舉事,其行不徑,是胃不果。"

按:"徑"字誤釋,于文意亦不通。據帛書《陰陽五行》乙篇知此字應是"疾"字。所謂"其行不疾,是胃不果"也就是指行動不迅速,所以沒什麼結果。

第四十七、四十八行:

"必毋迎德以地五年,軍壹迎之□,單(戰)多死。"

按:此句有誤釋、誤讀之處,其闕文亦可據帛書《刑德》甲篇補出。其中"壹"字是"歸"字之誤釋。闕文乃是"用"字。細味其文意,乃是講迎德與否的吉凶,故此句應改讀為:

"必毋迎德以地,五年軍歸;迎之用單(戰),眾多死。"

138

第四章　馬王堆帛書《刑德》研究

第四十九行：

"［若見戊□、□］。"

按：此句都據帛書《刑德》甲篇補。其中"戊"字為"戈"字之誤，後兩個字闕文。經仔細驗看帛書原件，實乃"雲鉤"二字，將之放在上下文中，正相切合，故此句應改釋為"［若見戈雲、鉤］雲，帚雲"。所謂戈雲、鉤雲、帚雲，都是兵陰陽家在觀測雲氣時所歸納出來的幾種雲氣形象的專稱。

第五十行：

"若清寒疾風僇殺，暴［疾發□折木天下□□］。"

按：此句斷句欠妥。"發"字後的闕文，據帛書《刑德》甲篇原件，可補為"屋"字，故可改為：

"若清寒疾風，僇殺暴［疾，發屋折木，天下□□］。"

第五十一、五十二、五十三行：

"其當［□□□□□□曰，駕三，其當戊己，三旬一日］。駕卅，其當丙丁，四旬三日，駕［□，其當□□，□□□日，駕六，壬］癸，斿日，決不用數。"

按：此段因帛書原件已殘，好些文字都是據帛書《刑德》甲篇補出的。其中的闕字則是《刑德》甲、乙兩篇都殘者。現仔細分析其內容，主要是"城邑兵起"所當之天干與所駕之數目。因此，根據文理再參稽帛書《刑德》甲篇，可作訂補如下：

"其當［甲乙，二旬□日，駕三；其當戊己，三旬一日］，駕卅；其當丙丁，四旬三日，駕□；［其當庚辛，五旬五日；駕六；壬］癸斿（遊）日，決不用數。"

第五十四行：

"必以戊戌之奇，風至於刑［不發］，室薺礫石也。"

按：此句句讀有誤。"奇風"即前面所說的"以奇風殺鄰"之"奇風"，亦即奇日之風，不可斷開。又"發室"尤前面所說的"發屋折木"的"發屋"，亦不能斷開，故此句應改讀為：

"必以戊戌之奇風，至於刑，不發室薺（飄）礫石也。"

139

第五十六行：

"岠下涓以至靜入，則四旬三日，距靜入以至雞鳴，則三旬一日而戰。"

按："靜入"的"入"都應改釋為"人"。"靜人"和文中的"下涓""雞鳴"都是一個特定的時間段。其中"下涓"在上行中作"日下涓"。上承"市行"這個特殊的時間段，故應相當於文獻中所常見的"日入"這個時間段。而"靜人"這個時間段上承"日下涓"，下接"雞鳴"，故應該是人們所常說的夜深人靜的子夜這個時間段。因此，此句中的"靜入"應釋為"靜人"比較妥當。

第五十七行：

"戊戌不風而見日雲。"

按："日雲"乃是"白雲"之誤釋。

第六十行：

"雖癸卯雨。猶氏必單也。"

按："氏"當是"是"的通假字，應加注明。

第六十二行：

"月北頃。陰，國得地。"

按：此句中斷點有誤，應改為"月北頃（傾），陰國得地"。劉樂賢指出："陰國、陽國習見於兵陰陽和星占術著作。"《開元占經》卷九"日與月俱蝕十八"引《洛書》曰："日月俱蝕，有亡國：月先即陰國當之，日先即陽國當之。"①

第六十三行：

"月八日南陛陰，國亡地，月不盡八日北陛陽，國亡地。"

按：此句中將"陰國""陽國"讀斷都是不對的，其理由見上則之說明，此句應改讀為：

"月八日南陛，陰國亡地；月不盡八日北陛，陽國亡地。"

第六十三行：

"月軍□重"，"月軍二重"。

---

① 劉樂賢："馬王堆漢墓星占書初探"，《華學》第一期，中山大學出版社，1995年。

按:"軍"乃是"暈"之通假字,應加注其假字。即:"月軍(暈)□重""月軍(暈)二重"。

第六十三行:

"倍潏在外,和成外,倍潏,在中,和成中。"

按:此句中"倍"字皆是"背"的通假字,"和"字應改釋為"私"字。劉樂賢指出,私、和二字在秦漢時代字形極為相近,有時頗難區分。細審照片,帛書此字似與第六十六行"三軍喜和"及"大和"的"和"字微有不同。所以,以字形而論,釋"私"要優於釋"和"。[①] 其實,所謂"微有不同"根本就看不出來。只是參照文獻記載,《開元占經》卷一五"月重暈二"引《帝覽嬉》:"月暈再重,倍在外,私成於外;倍在内,私成於内。"《靈臺秘苑》卷八"月暈氣":"重暈,大風起。若有背在外,則私成於内。"這些文獻記載中均作"私"字,是可將其改釋為"私",字形上則"和""私"本不相分。漢代私印中就多將"私"字刻鑄成"和"字者,例不勝舉。因此,此句應改釋為:

"倍(背)潏在外,私成外,倍(背)潏在中,私成中。"

第六十四行:

"月溥,其主病。中赤白,並鼎尺杸月,其主死。"

按:"溥"當讀為"薄",《開元占經》卷一七"月薄蝕二"引《帝覽嬉》:"月赤黃無光曰薄。"[②] "並"字是"杵"之誤釋,"白杵",不能讀斷。"鼎尺"猶言"大尺""長尺"也。"杸",《五音集韻》:"都冷切,擊也。""杸月"也就是擊月,意即"衝月"。《開元占經》卷十一"月中有雜雲氣十"引《荊州占》曰:"有雲如杵,長七尺沖月,所宿國主君將死。"又引京房《易飛候》曰:"白雲如杵,長七尺衝月,所宿之國入主死,杵柄中月,王后死。入月中,王后當之,月戴珥,主人來疾。"可見有雲如杵衝月,其主將死,這和帛書所記基本相同。因此,這一句應改讀為:

"月溥(薄)其主病;中赤,白杵鼎尺杸月,其主死。"

---

① 劉樂賢:"馬王堆漢墓星占書初探",《華學》第一期,中山大學出版社,1995年。
② 劉樂賢:"馬王堆漢墓星占書初探",《華學》第一期,中山大學出版社,1995年。

第六十四行：

"去誧，在月中，其國后死。□前，辟入死。"

按：劉樂賢指出：去誧當讀為去甫，《神農本草經》的蛤蟆，陶弘景《名醫別經》一名蟾蜍，一名䱉，一名去甫。帛書其實就是以蟾蜍出現於月中為占。《開元占經》卷一一一引《荊州占》："月中蟾蜍不見。天下失女主。"由是該句應為讀為："去誧（甫）在月中，其國后死。"但值得注意的是，帛書的占法與《荊州占》的占法正好相反，一為月中不見蟾蜍，一為在月中，這是什麼原因，仍需進一步探討。①

"前"字前面所缺的字據帛書《刑德》甲篇可補為"在"字。"辟"應讀為"嬖"，嬖人，幸臣也。《左傳·宣公十二年》"嬖人伍參欲戰"，其"嬖人"即指幸臣而言，此外"嬖人"亦可指姬妾，如《左傳·隱公三年》："公子州吁，嬖人之子也。"依此，該句應補釋為："在前，辟（嬖）人死。"

第六十五行：

"月文軍，一黃一赤，其國白衣受地，名城也。月文軍，盡赤，二主遇，起兵。"

按：此句的兩個"文"字是"交"之誤釋，"軍"應讀為"暈"，故此句應改為：

"月交軍（暈），一黃一赤，其國白衣受地，名城也。月交軍（暈），盡赤。二主遇，起兵。"

第六十五行：

"既日□侯。"

按：據帛書《刑德》甲篇，所闕之字乃是"為"字。

第六十五、六十六行：

"日左耳，左國又喜，日右耳，右國有喜，左右皆耳，三軍喜和，日戴耳。軍前。月載耳，軍前。日耳佩，客環。月耳佩，主人環。"

按：此句中的七個"耳"字均應讀為"珥"，兩個"載"字均應讀為"戴"，兩個"環"字均應讀為"還"。

---

① 劉樂賢："馬王堆漢墓星占書初探"，《華學》第一期，中山大學出版社，1995年。

第六十六行：

"［日文］軍，畏：日連軍，入，主大遇。"

按："文"乃"交"字之誤釋。"軍"應讀為"暈"，"入"應改釋為"人"，"日交軍（暈）"的"軍"字下有重文符號。故此句應改讀為：

"［日交］軍（暈），軍畏。日連軍（暈），人主［大］遇。"

第六十六行：

"［攻□□，先］得地多。"

按：據帛書《刑德》甲篇原件知此句可補為：

"［攻憂國，先］者得地多。"

第六十七行：

"日割結文申，不戰。"

按："文"字乃"交"字之誤釋。"戰"是"單"之通假字。"日割"和"結交"是兩種不同的日占法。《開元占經》卷六"日分毀"引《孝經內記圖》曰："日分割，君失亡。"又引《河圖》曰："日割，國分。"所謂"日割"也就是"日中分""日裂""日毀"。這是一種凶兆。"結交"則是另一種日占法，《開元占經》卷七"日交"中引王朔曰："日有交。交者，青赤如暈狀，或知合背，或正直交者，偏交者，兩氣相交也。或相貫穿，或相背交，主內亂，軍中不和。""申"字下文有"日前黃帝之申"，可知是一種日占法。因此，"日割""結交"和"申"要點開，故此句應改為：

"日割、結交、申，不單（戰）。"

第六十七行：

"日开，軍罷，來講也。日中寅耳，割地，城。"

按："日开"的"开"字是"開"字的誤排。"耳"字應讀為"珥"。

第六十八行：

"日出而陰，盡見其無軍。國有憂。有軍，軍罷，客勝。有衝日者，重日以赤。軍大單（戰）客不勝。"

按："無軍""有軍"和"赤軍"的"軍"都應讀為"暈"字。"重"字乃"貫"字之誤排。"赤軍（暈）"不能讀斷，應改在"軍（暈）"字下斷句。

第六十八行：

"日徒毋光，主人不勝，□月毋光，主人不勝。"

按："徒"字是"徒"字之誤排，"毋"應為"無"。值是注意的是，此句"日毋光"和"月毋光"都是占的"主人不勝"，但帛書《刑德》甲篇則作："日徒毋光，軍戰，客不勝。月毋光，主人不勝。"由此可知乙篇所抄當有筆誤。

第六十八、六十九行：

"朝日軍，日軍急，莫曰軍，曰軍緩。五帝出，有軍，軍罷，無軍，其國破。"

按：這句話中的重文符號特別值得注意，同一個"軍"字的重文，前者要讀為"暈"，後者則要讀其本字。劉樂賢指出，此句應讀為："朝日日軍（暈），軍急；莫（暮）日日軍（暈），軍緩。五帝出，有軍（暈），軍罷；無軍（暈），其國破。"①

第六十九行：

"日軍九重，天下有立公相。"

按："軍"字應讀為"暈"。"公相"的"相"字是"柏"字之誤釋，應讀為"伯"。②

第六十九、七十行：

"日脣食所以知之，康風如食，頃四至，從東北方來。"

按："脣"應即"晨"。"日晨食"即"日晨蝕"也，故應在"食"字下逗開。後面的"食頃"是一個時間段名詞，不能分斷，故此句應改為：

"日晨食，所以知之，康風如食頃四至，從東北方來。"

其中"康風"猶"大風"也。《開元占經》卷九"日蝕而寒風雨雹雷十六"引京氏《易傳》云："宰相大臣因專權日蝕，先大風，日食時，日居雲中，四方無雲也。"又引京氏曰："日蝕為亂為兵，已蝕而風，是謂兵起已蝕而雨，是謂分殃。"

---

① 劉樂賢："馬王堆漢墓星占書初探"，《華學》第一期，中山大學出版社，1995年。
② 劉樂賢："馬王堆漢墓星占書初探"，《華學》第一期，中山大學出版社，1995年。

第七十行：

"月之食也，以知國之毀者，之所有軍，日而耳，軍前，月軍而耳，主人前而喪。"

按："之所有"要屬上句，"軍"應屬下句。"月之食也，以知國之毀者之所有"意即月食乃毀國之人當之。《開元占經》卷十七"月薄蝕"引《荊州占》云："月蝕，則失刑之國當之。"其意與之基本相同。又"軍日而耳"和"月軍而耳"中的"軍"都應讀為"暈"，"耳"都應讀為"珥"。"喪"乃"畏"字之誤排，故此句應改釋為：

"月之食也，以知國之毀者之所有。軍（暈）日而耳（珥），軍前；月軍（暈）而耳（珥），主人前而畏。"

第七十一行：

"攻城圍邑，疾西風而拔，東風不拔，司馬張軍而□城。軍單矣。"

按：此句"疾西風而拔"的"拔"字前漏排了一個"城"字。"司馬張軍而□城"的闕文應是"疾"字，倒是闕文後面的"城"字僅殘留一點筆劃，似不能確認為"城"字，應讀闕如。又"司馬張軍"在帛書《刑德》甲篇中沒有"馬"字，僅作"司張軍"。考慮到帛書《刑德》甲、乙篇中後面都反復出現過"司張軍"，而無"司馬張軍"，故可推定"司馬"的"馬"當是抄手在不經意時的誤抄。劉樂賢指出，"司張軍"的"司"都應讀為"伺"。伺訓為伺候、伺望，亦即與候風、候氣的候同義。[1] 是說可取。

"東風而講，雨壓之，軍卻，舍某，至丙子復司之。"

按："壓"為"厭"之誤排，"舍某"二字應分屬上下句，"軍卻舍"即軍退避一舍之意，"某"應讀為"謀"，"司"應讀為"伺"。全句應改為："東風而講。雨厭之，軍卻舍。某（謀）至丙子復司（伺）之。"

第七十二行：

"戊寅，疾西風，樓戟奪，軍在野，癸卯［雨］至癸丑，單（戰），攻城者如是。"

按：帛書《刑德》甲篇在"樓戟奪"後面有"軍大榣（搖）"三字。據文

---

[1] 劉樂賢："馬王堆漢墓星占書初探"，《華學》第一期，中山大學出版社，1995年。

意可知"疾西風，樓戟奪"乃是凶兆，應該有對軍隊不利的占語。因此，帛書《刑德》乙篇似是抄漏了這三個字。

第七十三行：

"戊子雨，其明日報以風，兵報月而起，司張軍，以丙子雨，將有歸者。"

按："報"字應讀為"抱"。《開元占經》卷七"日抱"引如淳注《漢書》曰："氣如半環：向日為抱。"又引京氏曰："氣聲外赤內，曲向日月為抱，兩軍相當，順抱者勝。""司張軍"的"司"應讀為"伺"。

第七十三行：

"庚子雨，便將死。"

按：劉樂賢指出，"便"與從扁得聲的字讀音相近，常可通用。《說文·言部》引便作諞，是知便與偏通，便將也就是偏師之將，故"便"應讀為"偏"。①

第七十四行：

"冬（終）日城者，百里雨逻，三日城者，千里司張，軍而雨，兵遂歸，雨，軍百里而歸。"

按：此句斷讀有誤。劉樂賢指出，此句應改讀為：

"冬（終）日，城者百里；雨逻三日，城者千里，司（伺）張軍而雨，遂歸；雨軍，百里而歸。"②

第七十五行：

"正月軍兵備載而遂行，兩軍及三軍，兵遂行，三軍壹悉，五軍再悉，六軍三悉，其法出三歲乃已。"

按：此句中的"軍"字都應讀為"暈"。據《刑德》甲篇，"其法出"之後還有一個"入"字。因此，此句應改為：

"正月軍（暈），兵備載而遂行，兩軍（暈）及三軍（暈），兵遂行。三軍（暈）壹悉，五軍（暈）再悉，六軍（暈）三悉，其法出［入］，三歲乃已。"

---

① 劉樂賢："馬王堆漢墓星占書初探"，《華學》第一期，中山大學出版社，1995年。
② 劉樂賢："馬王堆漢墓星占書初探"，《華學》第一期，中山大學出版社，1995年。

第七十六行：

"以丙申雨，兵用雨所來者勝。"

按："所"字後漏排了一個"從"字，應補。

第七十七行：

"行中，戊己發，日□，庚辛發，夕，壬癸發。"

按："行中""日□""夕"都是相對時段的專稱。"行中"猶言"日中"，"日"字後的闕文乃是"咒"字。劉樂賢指出，"日咒"可能就是睡虎地秦簡《日書》中的"頤"，亦即賈誼《鵩賦》中的"日施"，都是"日斜"的意思。①

第七十八行：

"不出十日，罷。"

按："十"字應改釋為"七"。第八十行中的"去軍六七里"的"七"字與此寫法完全一樣，且帛書中凡"十"字的橫劃較短，而"七"字橫劃均較長，故宜改釋。

第七十九行：

"攻城圍邑，知客與主人相勝。以日軍，雲如雞雁相隨，出月日，軍中主人勝，入而客勝。"

按：此句中的"軍"都應讀為"暈"，其句讀應作如下修訂：

"攻城圍邑，知客與主人相勝以日軍（暈），雲如雞雁相隨出日月軍（暈）中，主人勝，入而客勝。"

第七十九行：

"軍在野，軍，氣青白而高，軍單，勝，軍，氣赤而高，軍大搖。軍，氣黑而卑，沒戟。"

按："軍氣"二字不可讀斷。"軍氣"之顏色與高低是星占書中常見的占測依據。《乙巳占》卷九就有"將軍氣象占第五十四""軍敗氣象占第五十六"等占軍氣的內容。故此句應改讀為：

"軍在野，軍氣青白而高，軍戰，勝。軍氣赤而高，軍大搖。軍氣黑而

---

① 劉樂賢："馬王堆漢墓星占書初探"，《華學》第一期，中山大學出版社，1995年。

卑，沒戟。"①

第七十九、八十行：

"用見，乃毋居命氣，此胃將敗而□□□者也。氣痞而氏，見奪，期此，去軍六七里，望之法也。"

按："胃"應讀為"謂"，所闕的三字中，第三字可辨出乃是"色"字。"氏"應讀為"低"，"奪期"不應讀斷，"期"應讀為"旗"。故此句應改為：

"用見，乃毋居命氣，此胃（謂）將敗而□□色者也。氣痞而氏（低），見奪期（旗），此去軍六七里，望之法也。"

第八十一行：

"司日〔將行，遇氣薄而之□□〕遇戰矣，兵從適入"。

按："司"應讀為"伺"，所闕之字《刑德》甲篇上作"雙因"，可補。"適"應讀為"敵"，"入"應改釋為"人"。準此，此句應讀為：

"司（伺）日〔將行，遇氣薄而之雙，因〕遇戰矣，兵從適（敵）人。"

第八十一行：

"望其氣，痞皿康赤客死。其鄉有痞皿康赤者，下必〔流〕血。"

按："痞皿"之"皿"是"血"字之誤寫。《刑德》甲篇中的"血"字可以為證。"流"字原件不闕，應釋為"溜"，讀為"流"，故此句應改為：

"望其氣。痞皿（血）康赤，客死；其鄉（向）有痞皿（血）康赤者，下必溜（流）血。"

第八十二行：

"〔□□□兵之遷，恆月諸五日，旬七日，二〕旬九日，司彗星不見也，可入，圍城。可出，圍城。犯申，攻□，說□人。"

按：細核《刑德》甲篇，句首應改為〔□□□□之復必□月諸五日，旬七日〕，"司"應讀為"伺"，"說□人"應改為"出毄（擊）歐（毆）人"。

第八十三行：

"〔日□出，成曲，其下有小地也，主有之〕，直而饑。赤降之，其短如

---

① 劉樂賢："馬王堆漢墓星占書初探"，《華學》第一期，中山大學出版社，1995年。

杵，其赤慭堵，下不有拔邑，必有［有］流血之單（戰）。"

按：闕文據《刑德》甲篇可補為"陰"字，"小地"之"小"為"火"字之誤排。"降"字乃"絳"之誤釋。"之"乃"出"之誤釋。①"必有［有］"衍出一"有"字。應刪。故此句應重釋為：

"［日陰，出成曲，其下有火地也。主有之］，直而饑。赤絳出，其短如杵，其赤慭（悔）堵，下不有拔邑，［必有］流血之單（戰）。"

第八十三、八十四行：

"如雨所及，無軍，而望氣若［紛而非紛］。"

按："軍"字應讀為"暈"。

第八十四行：

"□焉作，上作下興，陵□印其舉，［深而有工］。"

按：據《刑德》甲篇句首的闕文應作"簪"，句中的闕文應作"偃"。句讀應改為：

"簪焉，作上作下，興陵偃印（抑），其舉［深而有工（功）］。"

第八十五行：

"［其高］半朷者，旬二日。［二朷者，二旬。三朷者，三旬。四朷者，四旬。五朷者，五旬。］"

按：方括號內的二十字，均據帛書《刑德》甲篇補釋。原釋文將其統劃在第八十四行這一行內，現仔細勘對，在原第八十五行之前有一行空白行，而且這一行的上部又都已殘缺。我們按第八十四行所殘缺的帛書文字的空地計算，大致只能容納8個字左右，因此，應將"三旬"以下的12個字劃歸第八十五行。這樣，帛書《刑德》乙篇的實際行數應多出一行，即一共是九十七行，而不是原圖版中所注明的九十六行。本文自八十四行以下所列的行數，即比圖版中所注明的行數要多一行，其準確行數請參照筆者所著的《帛書〈刑德〉乙本釋文校讀》②中所作的釋文。

---

① 劉樂賢："馬王堆漢墓星占書初探"，《華學》第一期，中山大學出版社，1995年。
② "帛書《刑德》乙本釋文校讀"，《湖南省博物館四十周年論文集》，湖南教育出版社，1996年。

第八十六、八十七行：

"其鄉若明〔若〕曰者，其鄉乃〔凶〕，□百軒三見，乃留皿。〔苦骨其處，政見百里，卯見三〕〔百里，政上，七百里，十月而戰諸。歲文之日，雨而蘠赤，三版而澤〕遷，五版黃危，謀。至文曰，後□□。"

按：此句中誤釋者有："若明若曰者"中的"曰"乃是"白"字之誤，"歲文之日"和"至文日"的"文"都是"交"字之誤。"赤"是"夜"字之誤，"後"是"復"字之誤。除此誤釋外，句讀也多有不對，現改讀如下：

"其鄉若明〔若〕白者，其鄉乃矍百軒。三見乃留血〔苦骨。其處正見百里，卯見〕三〔百里，政上七百里，七月而戰。諸歲交之日，雨而蘠，夜三版而淳，遷五版黃危，謀至交日，復。"

"凡戊子雷，避□。"

按：所闕之字據《刑德》甲篇應補為"麿"字，其義待考。

"城中氣膏而高，不剽不見，城不拔。氣黑而卑，不剽見。若〔毋氣〕城拔。"

按：句中兩"不"字都是"木"字之誤釋，應改之。

第九十一行：

"氣茅實以高，不剽不見，固以北移。"

按："不剽"亦應改為"木剽"。

第九十五行：

"房左驕，汝上也。危，齊西地也。營營，魯東，壁，衛。婁，燕也。胃。"

按：此句中"驕"是"駿"之誤釋。"營營"是"營室"之誤釋。"東壁"是星宿名，不可讀斷[1]，故應改為："營室，魯；東壁，衛；婁，燕也。胃。"這一行有一特殊現象，即在"胃"字下突然停止，這是什麼原因呢？我們經與《刑德》甲篇對勘，發現這一行開始所抄的"危，齊西地也"，在甲篇中正和起首的"房左駿，汝上也"並排相接。由是可知這一行是抄手在抄寫時走神，誤抄到另一行去了，在抄到"胃"字時，才猛然發現，故突然停住，另

---

[1] 劉樂賢："馬王堆漢墓星占書初探"，《華學》第一期，中山大學出版社，1995年。

起一行重抄。這樣也就留下了古人誤抄的痕跡。由是亦可幫助我們發現，帛書《刑德》乙篇的這一部分關於星占的內容完全是以甲篇爲依據抄錄的，故文字除字體不同外，可以說内容完全相同，不同的只是在抄寫時，乙篇將甲篇的上下兩欄分寫改成了通欄抄寫而已。

第九十六行：

"房左驕，汝上也。""右驕，衛也。""營營，魯東。壁，衝，婁，〔燕陽□氏〕東陽也。參前，魏氏朱縣也。"

按："驕"應改爲"驂"，"營營"應讀爲"營室"，"東壁"不能讀斷。"婁"字後所補闕文不確，據《刑德》甲篇，應改爲："婁，〔燕；胃（胃）魏氏〕東陽也。"又"參前"的"前"字屬下句，應改爲："參，前魏氏朱縣也。"

第九十七行：

"畀，晉國，舊，趙氏西地，剛，趙氏東地。"

按："畀"應改釋爲"畢"，"舊"應改爲"觜"，"剛"乃"罰"之誤釋。[①]《史記·天官書》："參爲白虎三星，直也爲衡，右下有三星，銳曰罰，爲斬刈事，其外四星，左右肩股也。"晉灼注曰："星邪列爲銳。"可見罰乃是參宿右下所斜列的三星。

九、帛書《刑德》甲篇箋注

1. 雲氣占部分（見圖六五）

馬王堆帛書《刑德》有甲、乙兩個抄本。乙篇的圖版和釋文在1992年出版的《馬王堆漢墓文物》一書中刊佈以來，已有不少的學者對其進行了不同角度的研究和探討，特別是胡文輝先生曾專門撰寫過《馬王堆帛書刑德乙篇研究》[②]，劉樂賢先生則曾在《簡帛數術文獻探論》[③]一書中分別以"《刑德》乙

---

① 劉樂賢："馬王堆漢墓星占書初探"，《華學》第一期，中山大學出版社，1995年。
② 《中國早期方術與文獻叢考》，中山大學出版社，2000年。
③ 湖北教育出版社，2003年。

151

篇占文補注"和"馬王堆帛書《星占書》釋叢"為題，對帛書《刑德》的內容做過比較詳細的研究和討論。現在，我們在各位時賢研究成果的基礎上，對帛書《刑德》的內容試做一次全面的箋注，希望這樣既能對大家閱讀和理解帛書《刑德》的內容有所助益，又能對帛書《刑德》的進一步的深入研究有所幫助。

筆者曾在《帛書刑德甲、乙本比較研究》[①]一文中指出，帛書《刑德》乙篇是以甲篇為底本撰抄的，因此，對帛書《刑德》內容的箋注就當以甲篇為主展開。故我們且以《刑德》甲篇為主進行箋注，至於乙篇中不同的部分文字，我們將在箋注中加以說明。

"［月半白半］赤[(1)]，城半降半施[(2)]，盡［赤］盡施，盡白盡降[(3)]。月小，中赤[(4)]，［餘盡白］，城中將［死，其人降[(5)]。月］大光赤[(6)]，［主］〈一行〉[(7)]人出戰，不勝，城拔[(8)]。月大梧[(9)]有光，主人出戰。"

（1）"月半白半赤"。即以月的顏色為占。方括號內的文字據帛書《刑德》乙篇補，下同此。《史記·天官書》："太陰之精上為月。月者，天地之陰，金之精也。"《乙巳占》卷二云："夫月者，太陰之精，積而成象，魄質含影，稟日之光，以明照夜，佐修陰道。以之配日，女主之象也。以之比德，刑罰之義也。列之朝廷，諸侯大臣之數也。是以近日則光斂，猶臣近君，卑而屈也。遠日則光滿，為其守道循法，蒙君榮華，而體勢申也。""白""赤"，月之顏色。

（2）"城半降半施"。城，城邑。降，降服。《左傳·隱公十一年》"其能降以相從也"注"降，降心也"。

施，劉樂賢注（下面簡稱劉注）："施，是陳屍示眾的意思。《國語·晉語三》：'及文公入，秦人殺冀而施之。'注：'陳屍曰施。'星占書中，月赤色是爭鬥與死人之象。《開元占經》卷十一引京氏《妖占》曰'月變色，青為饑與疫，赤為爭與兵，黃為德與喜，白為旱與喪，黑為水，民半死'。又引《荊州占》：'月赤如赭，大將死于野。'又曰：'月色赤如血，有死王，以宿占國。'帛書施、降並列，施應是屠城陳屍的意思。"

按：據《荊州占》所記，月赤都只是"大將死于野""有死王"而已，並

---

① 《文物》，2000年第3期。

無"屠城陳屍"之慘烈的記載,而帛書下文中還有"月大光赤,主人出戰,不勝,城拔"的占語,"月大光赤"也只是"城拔"而已,何至於"屠城陳屍"呢?因此,竊以為"施"當讀為弛。《周禮‧地官‧小司徒》:"凡征役之施捨。"鄭注:"施,讀為弛。"《周禮‧地官‧鄉師》:"辨其可任者,與其施捨者。"注:"施捨,謂應複免,不給徭役。"弛有捨棄、改易之義,用在這裡,或許是該城改易主人的意思,換言之,也就是城被攻陷而易主的意思。

(3)"盡赤盡施,盡白盡降"。赤為施之因,降為白之果,二者因果分明。在行文上與前兩句互相補充。

(4)"月小,中赤,餘盡白"。這是一種以月的大小和顏色來占測的月象,即月亮看起來很小,中間赤色,其餘都是白色。

(5)"城中將死,其人降"。這是上一月象的占測結果,即守城之將死,其城民會降服。《開元占經》引《高宗占》曰:"月大無光,城不降;月小無光,城降。"

(6)"月大光赤",即月大而有光,赤色。《開元占經》引《荊州占》曰:"月赤如赭,大將死于野"。又曰:"月赤如血,有死王。以宿占國。"

(7)"〈一行〉"。此為帛書原件的行數,下同,不再注。

(8)"城拔",即城被攻陷。這是"月大光赤"這種月象的占測結果。

(9)椐,讀為居。《說文》:"居,蹲也。"居即箕踞之意。《漢書‧陸賈傳》:"箕踞見賈。"師古曰:"箕踞,謂伸其兩腳而坐。"在此意為類似於直角形的彎曲。下文有"月椐受衡,其國安。月立受繩,其國亡地"。其中"椐""立"相對成文,可為參證。

這一節是講月占中的月色、月光占,它在月占中占有很重要的地位。《乙巳占》卷二:"月若變色,將有災殃。青為饑而憂,赤為爭與兵,黃為得與喜,白為旱與喪。黑為水,人病且死。月若晝明者,月為臣,日為君,臣以明繽君,當在其時,不可與君爭力竟能,晝明者,此奸邪並作,不救,則失其行而必毀矣。其救也,出退強臣,斷絕奸佞,近忠直,親賢良,則月得其行,不專明矣。"《開元占經》則分為"月光明""月變色""月光盛""月無光"等四個專節來加以說明。其中多有與帛書相對應者,我們在注中已列出,但我們也看到，帛書《刑德》的內容也有與之不盡相同者。如帛書上說的月色白、赤，主要是針對攻城圍邑而言，並不是《乙巳占》或《開元占經》中所說的"白為旱與喪"。而月的光亮與否，也僅與戰的凶吉有關，並沒有《乙巳占》中所言那一套君臣之間的類比關係。因此，我們可以看出，帛書《刑德》的星占部分是專為兵戰服務的兵陰陽的數術理論。

月七日不弧(1)，主［人將死。月北］頃(2)，陰國(3)［得地。月梮］受衡(4)，其國〈二行〉［安］。月立受繩(5)，其國亡地。月八日南陛(6)，陰國亡地。月不盡八日北陛(7)，陽國(8)亡地。

（1）"弧"字乙篇作弦，從文義上看，此字也顯然是弦字之誤寫。古人將月亮狀如弓弦時叫弦，按月亮的運行規律，每月初七、初八月上弦，二十二、二十三日月下弦。古代的兵陰陽家認為，如果月亮該弦的時候不弦，乃是不祥之兆。因此，月弦當不當日，乃是兵占的重要內容。《開元占經》卷十一中有"月當弦不弦不當弦而弦十八"一節，茲錄之如下，以作參考。

"《荊州占》曰：月生六日而弦，大臣為政，不用主命。

《荊州占》曰：月生七日而弦，主人勝，客不勝，主人將死。

《荊州占》曰：月未當弦而弦，是謂兵起。當弦不弦，國有大兵。

《郗萌占》曰：不當上弦而弦，國兵起。

《荊州占》曰：未當下弦而弦，臣下多奸。

《荊州占》曰：月生八日而弦，天下大安。八日而不弦，攻人城者不勝。

《河圖帝覽嬉》曰：月十日不弦，以戰不勝，主將死。當弦弦也，是謂大安。"

按：這段文字中兩處有誤，其一是"月生七日而弦，主人勝，客不勝，主人將死"。"月生七日而弦"，這是符合規律的吉兆，故其占是"主人勝，客不勝"。但前面既已說"主人勝，客不勝"後面就不應該再有"主人將死"。劉樂賢指出，"頗疑《荊州占》在'主人將死'之前脫'月生七日不弦'一句"。現在帛書《刑德》中的"月七日不弦，主人將死"，可確證《荊州占》之訛脫。其二是《河圖帝覽嬉》中的"月十日不弦"應是"月七日不弦"之訛誤。漢以前的文獻中，七、十的字形相近，容易錯訛。而月十日本就不弦，無兆可言。因此，此處顯為"七"字之訛誤。

此外，《天文要錄》卷五之廿一引應劭："月生十一日弦，主人勝，不可攻。大月八日弦，主人勝，不可攻。未當弦而弦，當弦而不弦，並有大兵。應弦不弦，攻城不克。十日不弦，主人將死，客勝，所宿國兵弱。"按，此摘引中也兩處有誤。一是"十一"的"十"是"七"字之誤抄，而"一"當是因十而出現的衍文，因為月亮的運行週期中不可能有"十一日弦"的情況出現，加之占語是"主人勝，不可攻"乃是吉兆的占語，更說明這"十一"有誤。二是後面的"十日"也是"七日"的誤抄，理由同上。

（2）"頃"，乙篇寫作"傾"。《說文》："頃，頭不正也。"徐灝注："頃、傾古今字。"《說文》："傾，仄也。"《禮記·曲禮下》："傾則奸。"注：傾或為側。"月北頃"猶言月北斜或月北向。《開元占經》卷十一中的"月行陰陽四"引京房《易飛侯》曰："月入八日北向，陰國亡地。月不盡八日北向，陽國亡地。"可見"月北頃"即月北向之義。

（3）"陰國"，《開元占經》卷九"日與月俱蝕十八"引《洛書》曰："日月俱蝕，有亡國：月先即陰國當之，日先即陽國當之。"又卷一二"月與五星合宿同光芒相陵三"，引《河圖帝覽嬉》"月與太白相過，月出其南，陽國受兵；月出其北，陰國受兵"。又引《海中占》"太白出月右，陰國有謀；出左，陽國有謀……"。又卷一一"月行陰陽四"所引。京房《易飛候》之文曰："月入八日北向，陰國亡地；月不盡八日北向，陽國亡地。"據此可知，"陰國""陽國"乃是兵陰陽家常用的習語。

劉注："'陰國'與'陽國'的劃分，由所處之相對方位而定，帛書《五星占》：'越、齊、[韓、趙、魏者]，荊、秦之陽也；齊者，燕、趙之陽也；魏者，韓、趙之陰也；韓者，秦、趙之陽也；秦者，翟之陽也。'"

（4）"月椐受衡"。"椐"讀為居、踞，意為曲尺形的彎曲。"衡"，《廣雅》"衡，橫也"，在這裡也就是平正的意思。

"受"，劉注："是'中''應'的意思。《開元占經》卷十五'月暈一'引《石氏占》：'月暈受衡，所在之國安。'《荀子·勸學》：'故木受繩則直，金就礪則利。'其'受繩'的用法與帛書相同。"

按：今依劉注引申之，《勸學篇》中的"受"和"就"相對成文，語義相同，知"受"也可作"就"解。《廣韻》："就，即也"。"就"也有"靠近""接近""趨向"之義。《禮記·曲禮》"主人就東階,客就西階"就是其例。因此,我們可以理解"受衡"即接近或趨向平横的意思。

劉注:"本句的'月椐受衡'與'月立受繩'是相對為文。'受繩'形容直、豎,'受衡'形容平、横,意義恰好相對。'立'是直立的意思,而從居或與居讀音相同的'句'得聲的字多有彎曲之義(如踞、句、笱、鉤),故'立'與'椐'也可以說是意義相對。但此處'月椐'似宜理解為'月亮横向平處於天空',這樣方可與'受衡'相諧。"

按:劉注在這裡還有點犯難。既然"'月椐'似宜理解為'月亮横向平處於天空',這樣方可與'受衡'相諧",那"月椐"的"椐"理解為彎曲又有點不通。其實,我們前面所釋特別講到"踞"為"箕踞",其形狀本為曲尺形,亦有其横平的一面,因此與"受衡"並不矛盾。

(5)"月立受繩"。繩,猶直也。《淮南·本經》:"故謹於權衡準繩。"《淮南·說林》:"行險者不得履繩。"注:"繩,直也。""月立受繩"乃是描寫月亮直立於天空中的形狀。

(6)"月八日南陛"。劉注,"月八日"當是"月入月八日"之省。睡虎地秦簡《日書》"室忌篇"中就有這樣的記日法:"凡入月五日,月不盡五日,以築室,不居;為羊牢馬,亦弗居;以用垣宇,閉貨貝。""入月五日"即每月第五日。據此,"月八日"亦當是每月第八日的意思。

"陛"。劉注:"《說文解字》說'旨'從'匕'聲,而'匕''比'古音相同,故'陛'可讀為'指'。'南陛''北陛'是指向或偏向南、北的意思。"同時,劉還指出,《開元占經》占十一"月行陰陽四"引京房《易飛候》"月入八日北向,陰國亡地;月不盡八日北向,陽國亡地",與此句式一致。疑帛書"陛"作動詞用,與京房《易飛候》的"向"字同義。

按:"陛"字似乎並不必如此費解,按其本義理解也無大礙。"陛"的本義本是臺階的意思。《墨子·備城門》:"陛高二尺五,廣長各三尺,遠廣各六尺。""陛"作為臺階使用,還見於漢初建築用石的題款之中。1942年在山東曲阜城南魯故城内靈光殿舊址出土的一塊刻石上就刻有"魯六年九月所造北陛"的題款,故這塊建築用石也就以"魯北陛刻石"而命名。這裡的"魯六年"是指西漢魯恭王劉餘六年,即漢景帝中元元年(公元前149年)。帛書在

158

這裡用"陛"來稱指，當指其位置比較高而已。故《說文》曰："陛，升高階也。"可見"南陛"就是南面的高階，"北陛"就是北面的高階。泛言之，也就是南面與北面的特定位置。因此，所謂"月八日南陛"也就是說每月的第八日月居南面的高階上，而下面的"月不盡八日北陛"也就是每月的倒數第八日月居北面的高階上。因此，將帛書與《開元占經》所引京房《易飛候》比較，可以看出其"月入八日北向"應是"南向"之誤。

（7）"月不盡八日北陛"。"月不盡八日"與"月入月八日"相對成文，即每月倒數第八日。

（8）"陽國"與"陰國"相對，是兵陰陽家占測時區分地望的常用習語。在帛書《五星占》的"五星總論"中，就對當時列國孰陰孰陽有明確的界定，詳見前面的"陰國"注。

這一節是講月占中的月弦占和月行陰陽占。在《開元占經》中分列為"月行陰陽"與"月當弦不弦，不當弦而弦"兩節。兩相比較，我們發現，"月弦占"的內容，在帛書中僅有一句，而《開元占經》中則有一大段，可見有關月弦占的理論確是後出轉密。而"月行陰陽"的內容，僅有京房《易飛候》的"月入八日北向，陰國亡地。月不盡八日北向，陽國亡地"可與帛書對應。其它諸如班固《天文志》曰："月失節度，而亡行出陽道，則旱，風出陰道，則陰雨。"京房《妖占》曰："月行南為旱，行北為水，當道天門馴之間，天下大安，五穀大得，人主延年益壽"等占辭都不見於帛書，而帛書中的"月椐受衡，其國安。月立受繩，其國亡地"之類的占語也不見於《開元占經》。因此，兩者之間多可互補而豐富其兵占的內容。

月軍[1][□重[2]，□□三]復之，主人〈三行〉[出戰][3]，勝。月軍二重，[4]倍潚[5]在外，私成外，倍潚在中，私成中[6]。月比[7]，其國憂，有軍於外，軍傷。月[薄[8]，其主]病，中赤，白柕〈四行〉[鼎尺]尌月[9]，其主死。有軍，軍罷[10]。去誧[11]在月中，其國后死。在前，臂（擘）人[12]死。月旬五日不盈，其國亡[地][13]。[月光]如張蓋，其〈五行〉國立[君][14]，三夾之，其國立將軍[15]上陛，月色黃白，王問[16]。月交軍，一黃一赤，其國白衣受地名城[也[17]。月]交軍，盡赤，二〈六行〉主遇，起兵[18]。

（1）"軍"讀為暈。月軍即月暈也。《開元占經》卷十五"月暈"引《石氏占》曰："月傍有氣，圓而周匝，黃白，名為暈。"巫咸曰：月之暈者，臣專權之象。又引京房《易傳》曰："凡月暈，七日無雨，大風兵作，土功起。"

（2）"重"字及前後均殘損。據《刑德》乙篇補出"重"和"三"兩字。"重"應指月暈的層次而言。《開元占經》卷一五"月重暈二"引《石氏占》："月以十二月八日暈再重，大有風，兵起；三重，天下兵大亂。""月暈再重，天下大風起。"可見月暈重乃為凶象。

（3）"出戰"，據《刑德》乙篇補。

（4）"月軍（暈）二重"猶如《開元占經》卷一五的"月重暈二"。

（5）"倍潏"。《呂氏春秋·明理》："其日有鬭蝕，有倍潏，有暈珥。"注："倍潏，暈珥，皆日旁之危氣也。在兩旁反出為倍，在上反出為潏。"據此，倍潏乃為日之旁氣，但帛書所記顯然是指月旁氣。《開元占經》卷十二"月背潏二"引京房《易傳》曰："月背潏，其國有反者。"又引《春秋緯感精符》曰："背潏以週邊月者，臣馳縱叛逆，欲相殘賊，不知之氣也。"按，古書中倍潏或作倍僑、倍譎、背譎、背璚，都是同音相通。由此可見，倍潏既可指日旁氣，亦可指月旁氣。

（6）"倍潏在外，私成外，倍潏在中，私成中"。《開元占經》卷一五"月重暈二"引《帝覽嬉》："月暈再重，倍在外，私成於外；倍在內，私成於內。"《靈臺秘苑》卷八"月暈氣"："重暈，大風起。若有背在外，則私成於內。"按，背即倍。其中《帝覽嬉》所載與帛書基本一致，而《靈臺秘苑》所引之文則稱"背在外，則私成內"，與帛書和《帝覽嬉》所記之文恰好相反。這應該是傳抄過程中的訛誤所致。

"私"，結黨營私的"私"。劉注："私成外""私成中"，指臣下瞞著君上搞陰謀詭計。《韓非子·備內》："為人主而大信其子，則奸臣得乘於子以成其私，故李兌傅趙王而餓主父。為人主而大信其妻，則奸臣得乘其妻以成其私，故優施傅麗姬殺申生而立奚齊。"《漢書·主父偃傳》："且夫兵久則變生，事苦則慮易，使邊境之民糜敝愁苦，將吏相疑而外市，故尉佗、章邯得成其私，而秦政不行，權分二子，此得失之效也。"同書《丙吉傳》："君侯為漢家相，奸吏成其私，然無所懲艾。"三處"成其私"，都與帛書的"私成"意思相同。

（7）"月比"。"比"與"並"語義相同。故比猶並也。"月比"疑為"月並見"或"月並出"之省。《開元占經》卷十一"月並出及重累"引京房《易傳》云："君弱而婦強，為陰所乘，則月並出。"又引《荊州占》曰："三月並見，其分有立諸侯，而亡女主。有競兩月並出，天下治兵，異姓大臣爭朝為害。王者選能授之。月重出，皆為異兵殘害，為天下亂首，將有亡天下之象。"按，月並出乃為凶兆，帛書所記："月比，其國憂，有軍於外，軍傷。"其取象和占語與"月並出"大致相同。

（8）"月薄"。"薄"字據乙本補。《開元占經》卷十七"月薄蝕二"引《帝覽嬉》："月赤黃無光曰薄，毀傷曰蝕。皆不祥，善惡各有為其國。"又引京房《易傳》："日月不交而蝕曰薄。"孟康曰："日月無光曰薄。"又引《河圖帝覽嬉》曰："月薄，所宿國主疾。"可見月薄乃為凶兆。帛書云"月薄，其主病"，其取象完全相同。

（9）"中赤，白杵［鼎尺］杠月"。"鼎尺"據乙篇補。"鼎尺"猶言大尺、長尺也。"杠"，《五音集韻》："都冷切，擊也。""杠月"也就是擊月，意即沖月。《開元占經》卷十一"月中有雜雲氣"引《荊州占》曰："有雲如杵，長七尺沖月，所宿國主君將死。"又引京房《易飛候》曰："白雲如杵，長七尺沖月，所宿之國人主死。杵柄中月，王后死。入月中，王后當之。月戴珥，主人來疾。"據此可以推知，帛書所記之"白杵"當是"白雲如杵"之簡省，而"鼎尺杠月"即"長七尺沖月"的意思。而帛書之"其主死"與《開元占經》中的"所宿國主君將死"的語義和占語亦相同。

按：劉注將"中赤"和"白杵鼎尺杠月"連讀，解釋為"有赤白色狀如杵、鼎、尺之雲氣於月中撞擊月"。這似有兩處不妥，一是句法上這8個字連讀比較彆扭，而上引《易飛候》中說得很明確，是"白雲如杵"。因此，這裡也應該是"白杵"。至於"赤"字完全可以屬上讀"中赤"，即月中有赤色。這本就是凶兆之一，放在此與下面的白雲如杵杠月並不矛盾。二是將杵、鼎、尺並列，認為它們是三種不同的器物不太合適。首先是鼎、杵、尺不是相類似的東西，其次是上引《荊州占》的文字告訴我們"有雲如杵，長七尺沖月"。也就是說，雲的形狀僅如杵而已，"長七尺"是對杵的一種形容。因此"鼎尺"也應該是對"白杵"的一種形容用語。

161

（10）"有軍，軍罷"。"軍罷"即罷師返回。《開元占經》卷十五"月暈"引《帝覽嬉》曰："月暈，兵春起，不勝。"其義與帛書相近。

（11）"去蒱在月中，其國后死"。劉注："去蒱"應讀為"去蚨""去甫"。《爾雅·釋魚》："鼀𪓰，蟾諸。"郭璞注："似蝦蟆，居陸地，淮南謂之去蚨。"陶弘景《名醫別錄》："蝦蟆，一名蟾蜍，一名𪓰，一名去甫，一名苦蠪。"是知"去蒱"即"蟾蜍"，俗名"癩蛤蟆"。國后，可能是邦后的避諱寫法，指國君之正妻。

按：此是以蟾蜍出現於月中為占。星占書中常有類似的占法，如《開元占經》卷十一"月兔不見"引《河圖帝覽嬉》："月中無兔、蟾蜍，天下無官。"又引《荊州占》："月中蟾蜍不見，天下失女主。一曰宮女不安。"顯然，帛書與《開元占經》所引並不一致，而與其中《荊州占》之說恰恰相反。一為月中不見蟾蜍，一為在月中，但所占都是凶兆，這是什麼原因？劉指出，諸書所載皆與帛書不合，疑帛書"在"字前可能脫一"不"字。但聯繫下文"在前，辟人死"看，似乎不像是抄寫錯誤。蓋蟾蜍本應在月望時出現於月中，如是平時（即非月望時）出現，則為凶占。帛書沒有寫明時間，疑指月望以外之時。

（12）"在前，嬖人死"。"在前"是承前的"去蒱在月中"而省主語，補足的話，應是"去蒱在月前"。"嬖"，乙篇寫作"辟"，應讀為嬖，嬖人，幸臣也。《左傳·宣公十二年》："嬖人伍參欲戰。"《左傳·隱公三年》："公子州吁，嬖人之子也。"《釋文》："嬖，必計反，親幸也。賤而得幸曰嬖。"

（13）"月旬五日不盈，其國亡［地］"。"盈"字乙篇誤抄成"盡"字，顯然不通，當以甲篇為准。"地"字據乙篇補。"旬五日"即十五日。《開元占經》卷十一"月當盈不盈"引石氏曰："月當盈不盈，君侵臣。不則有旱災。"又同卷"月當望不望未當望而望"引《河圖帝覽嬉》："月未當望而望，是謂趨兵，以攻人城者大昌；當望不望，以攻人城者有殃，所宿之國亡地。"所記與帛書基本相同，都是"亡地"的凶兆。

（14）"［月光］如張蓋，其國立［君］"。"月光""君"，據乙篇補。《開元占經》卷十一"月變色"引《河圖帝覽禧》曰："月光如張炬火，所宿其國立王，亦立上卿。"又"月光盛"引京氏《易飛候》曰："月之光如張芒，所宿

162

之國立君。"所占與帛書相同，不同者僅形容月光之狀的用詞而已。

（15）"三夾之，其國立將軍、上陛"。《一切經音義》十二引《蒼頡》曰："夾，輔也。"《儀禮·既夕》"圉人夾牽之"，注："在左右曰夾。"帛書"三夾之"當承前省"月光"二字，"三"乃泛數，當是指月光多重的意思。《開元占經》卷十一"月光盛"引京氏《易飛候》曰："三齊，所宿之國立將軍、上卿。"所謂"三齊"，不好理解，與帛書相校，"三齊"應是"三夾"之訛。"上陛"的"陛"讀為"弼"。《說文》"弼，輔也"，引申為輔佐的大臣。《尚書·說命上》："夢帝賚予良弼。"是知"上陛"即上卿也。這正與《開元占經》所引京氏《易飛候》的"三齊，所宿之國立將軍、上卿"中的"上卿"同義。

（16）"月色黃白，王問"。按，"月色黃白"乃月暈之象。《開元占經》卷十五"月暈"引《石氏占》曰："月傍有氣，圓而周匝，黃白，名為暈。"巫咸曰："月之暈者，臣專權之象。"又引《高宗八節月暈占》曰："月以立春四十六日內暈者，赤，有兵。黑，多水，蟲為災，遂賊生。民生子多怪。月以春分四十六日內暈者，赤，為兵。黃白，憂多蟲。月以立夏四十六日內暈者，赤，少水。白，旱，萬物不出者死，人民流亡。月以夏至四十六日內暈者，赤，小水。黃白，萬物化為白耳。月以立秋四十六日內暈者，赤小白，明日甚雨出。黃，羽異身傷害五穀之心。月以秋風四十六日內暈者，赤少黃白，大雷發，折木殺人。月以立冬四十六日內暈者，赤重如蓋狀，明日甚霧。黑，多冰霜，春多風。月以冬至四十六日內暈，赤大白，春多風殺人。"可見"月色黃白"非同一般，君王必當引起高度注意。"王問"的"問"字，桂馥在《說文解字義證》中說："《詩》問有二義。《邶風》'問我諸姑'，此恤問也；《魯頌》'淑問如皋陶'，《正義》云善問獄如皋陶者，此鞫問也。"按，此二義用之於帛書的"王問"，似都可成立，因無論是恤問百姓還是鞫問刑徒，都可作為君王見到"月色黃白"的凶兆後所採取的補救自罰的措施。

（17）"月交軍，一黃一赤，其國白衣受地名城也"。《開元占經》卷十五"月交暈三"引《帝覽嬉》曰："月色黃白交暈，一黃一赤，所守之國受兵。"又《乙巳占》卷二曰："月色黃白交暈，所宿其國受其殃。"這兩條占文正可與帛書互證。"白衣"猶後世所稱布衣，古未仕者之稱。《史記·儒林傳》：

163

"斌安侯田蚡為丞相，絀黃老刑名百家之方，延文學儒者數百人。而公孫弘以《春秋》白衣為天子三公，封以平津侯，天下之學士靡然向風矣。""白衣受地名城"，猶言布衣百姓占地封侯。這對統治者來說，自非吉兆。其占語與《開元占經》所引的"所守之國受兵""所宿其國受其殃"的實質完全相同。

（18）"月交軍，盡赤，二主遇，起兵"。《乙巳占》卷二"月暈占第十一"曰："月交暈，赤有光，其國不出三年遇兵。"《開元占經》卷十五"月交暈三"引《高宗占》："月交暈，赤有光，其國不出二年遇兵。"二者基本相同，所差只是一說"三年"，一說"二年"而已。又《開元玉曆祥異賦》"月有交暈占"引朱文公："下遭兵革，暈交貫而色赤有光。"引《宋志》："交暈，色赤，不出三年有兵。"各書所載，均與帛書基本相同。

這一節是講月占中的月暈占，但亦間有"月變色""月光盛""月薄"等內容。這說明在帛書的成書時代，其分類遠沒有《開元占經》這麼細密。

既日為侯[1]。月食，其國貴人死，用兵者從所者攻之，勝，得地[2]。

（1）"既日為侯"。"既"，食盡，日全蝕。《春秋·桓三年》："日有食之，既。"《公羊傳·桓三年》："既者何？盡也。""既日"即"日全蝕"。"侯"讀為候。《開元占經》卷九"日占五"有"候日蝕"一則，其引京房《日蝕占》曰："日之將蝕也，五龍先見於日傍。青龍見於日左，以春蝕；赤龍見於日上，以夏蝕；黃龍見於日中央，以六月蝕；白龍見於日右，以秋蝕；黑龍見於日下，以冬蝕。欲候此龍見日蝕法，當以五寅日候之。春以甲寅，夏以丙寅，六月下旬以戊寅，秋以庚寅，冬以壬寅，此所謂五寅也。置盆水庭中，於旦至暮視之，則龍見欲知何月，孟月以孟，仲月以仲，季月以季。欲知何日蝕，龍以上旬見，日以朔蝕；龍以下旬見，日以晦蝕。龍以日出見，以日出蝕；龍以日中見，以日中蝕；龍以晡時見，以日晡時蝕；龍以日入見，日以日入蝕。"又引《春秋感精符》曰："日將蝕，必先青黃不卒，至漸消也，日光沉掩，皆月所掩毀傷。唯為政，伐其雄。"由此可見，凡日蝕，皆有天象可候。

（2）"月食，其國貴人死，用兵者從所者攻之，勝，得地。""月食"猶言"月蝕"，《易·豐卦》："月盈則食。"《釋名》："日月虧曰蝕。稍侵虧，如蟲食草木葉也。"《開元占經》卷十七"月薄蝕二"引《帝覽嬉》曰："月蝕，所宿国贵人死。用兵者从月蚀之面攻城取地。日亦然。"又引《荆州占》曰："日月蚀，当其国，君王死。又，攻战，从蚀所击之者，胜。"按，这两条占文的内容与帛书相近，经对勘可知，帛书中的"用兵者从所者攻之胜"一句中很可能是抄漏了一个"蚀"字，似应据《开元占经》补为："用兵者从所〔蚀〕者攻之，胜，得地。"

上述两句是关于日蚀、月蚀的占语，其内容甚少，虽下文中还有"日食为王，月食为后，日晨食又以知国之毁者之所有"等占语，但就其所占的比重看，显然没有在《乙巳占》《开元占经》中占的比重大，特别是"既日为侯"之句，显非占语。这也与这部分星占的语例不同，因此，很可能此处尚有缺文，或者说是抄漏了文句。

日左耳，左国有喜。日右〔耳〕，右国有喜。左〈七行〉右皆耳，三军喜和[1]。日戴耳[2]，军前；月戴耳（珥），主人前[3]。日耳佩[4]，客环，月佩（佩）耳，主人环。日交军，军畏[5]，日连军，人主大遇[6]。〈八行〉尽白，大私；尽赤，兵起，攻，忧国，先者得地多[7]。日重军，军畏[8]。日割、结交、申，不战[9]。日斗，军战，客不胜[10]。〔星〕与月斗，军战〈九行〉，主人不〔胜〕[11]。月三，大重华，主人战[12]。日垣，军罢，未讲也[13]。日开，军罢，未讲也[14]。日中寅耳，割地，城[15]。日前有黄帝〈十行〉之申，壹有二，大战而使其道[16]，客胜。日出而阴昼见，其无军，国有忧[17]。有军，军罢，客胜。有衡日者，贯日以赤军，大战〈十一行〉，客不胜[18]。日徒毋光，军战，客不胜。月毋光，主人不胜[19]。朝日日军，军急。莫日日军，军缓[20]。五帝出，有军，军罢。无军，国〈十二行〉破。见其二临以命之，其发也，有事，迁一时，毋事，不出三年而发。日军九重，天下有立公[21]，日食为王，月食〈十三行〉为后，日晨食，所以知之：康风如食顷四至，从东北方来，月之食也，以智国之毁者之所[22]。有军日而耳（珥）[23]，军前；月军〈十四行〉而耳，主人前而畏。营棫入月中，所宿其国内乱[24]。大正入内中，主人大胜藩兵[25]。

（1）"日左耳，左国有喜。日右〔耳〕，右国有喜。左右皆耳，三军喜和"。"耳"，读为"珥"。"珥"者，日旁气之名。《释名》曰："日珥者，在日两傍之名也。珥言似耳，在两傍也。"如淳曰："气在日傍，真对为珥。"王朔

165

曰："珥，耳也。珥者，仁也。珥者，近臣也。珥者，親近之人也。"《開元占經》卷七"日珥"引石氏："日兩旁有氣，短小，中赤外青，名為珥。"

按：帛書所載，日、月有珥都是喜兆，但《開元占經》中所引述的日珥，則凶、喜兼有之。如《開元占經》卷十二"月冠珥戴一"引《帝覽嬉》曰："月不暈而珥，人主有喜。兵在外，亦有喜。"又引《高宗占》曰："月兩日戴耳（珥），十日雨。三珥，國喜。四珥，女主喪。又曰，人主諸侯立。"又如《開元占經》卷七"日珥"引《孝經雌雄圖》："日左珥者，君有陰事，與傍妻為奸，在西宮中欲立。""右珥者，君有重宮婦人陰事私發。"雖同是以日左右珥為占，但占語凶喜有別。該卷又引《孝經內記》曰："日珥，人主有喜，為拜將軍，若有子孫。"郗萌曰："日珥，人主有喜，兵在外亦有喜。"這種凶喜皆有的占語可能主要還是與珥的顏色有關，如甘氏曰："珥，朝有耳。純白色為喪，間赤為兵，間青為疾，間黑為水，間黃為喜。"《孝經內紀》曰："日珥赤，兵；白，喪；青，憂；黑，死；黃，有喜。不出三年。"這說明日珥顏色的不同就意味著凶喜不同的徵兆。因此，帛書所記與《開元占經》的占語有別，也就毫不奇怪了。

（2）"日戴耳"。"戴"，亦日、月旁氣之名。《開元占經》卷七"日戴"引石氏曰："氣日上，名為戴。"王朔曰："日戴者，形如直狀，其上微起，在日上為戴。戴者，德也，國有喜也。"同卷又引《高宗日傍氣圖》曰："日戴珥，人主有喜，天下和平，有所立。"又引甘氏："日戴且珥，天子有子孫昌，期不出其年。"

（3）"月戴耳，主人前"。《開元占經》卷十二"月冠珥戴一"引《荊州占》曰："月珥且戴，不出百日，主有喜。""月珥且戴，不出百日有大喜。"參照這些占語可知，帛書中的所謂"軍前""主人前"都是吉兆。

（4）"日耳偝"。"偝"字乙篇寫作"佩"，《釋名》："佩，倍也，言非一物者，有倍貳也。""倍"通"背"。《開元占經》卷七"日背"引京氏曰："日中赤外青，曲向外，名為背。"蔡伯喈曰："氣見於日傍外曲，曰背。"又引石氏曰："背，氣青赤而曲外向，為叛象，其分臣反。""日背，有反臣，若邊將去，善防之。"又引夏氏曰："日背，背者，大夫卿欲為主。"卷八"日暈而冠戴珥抱背直提虹雲氣"引《荊州占》曰："日暈而珥背，左右如大車輪，兵起，其國亡城，兵滿野而城復歸。"又引《洛書》曰："背為不和，分離相去。背于中者離於中，背於外者離於外也。"又引《太公陰秘》曰："日暈有背，大臣有叛者。或曰左右欲有走。"此類文獻都可作為"佩"讀"背"的參證，特別是"日暈而珥背"一句更可作為將帛書"佩"讀"背"的有力例證。

又，"佩"與"戴"同義，亦可將"佩"直接理解為"戴"，也是一種日、月之旁氣。《武備志》卷一百四"日之形"有"日有佩珥者，主兵亂應，指處分野見應"。因此，"日珥佩"也可能就是"日佩珥"或"日戴珥"的意思。

（5）"日交軍，軍畏"。"畏"即畏懼敬惕，引申之有"避開"之義。"軍畏"當是軍隊要敬畏避開的意思。《乙巳占》卷一"日月旁氣占第五"曰："交暈而珥，天下兵起，有兵者疲。""日交暈貫日，天下有破軍死將。""有兵疲""天下有破軍死將"等占語都可作帛書"軍畏"的注腳。又《天元玉曆祥異賦》"日有交暈占"："朱文公曰：交暈如連環而貫日，兵起相爭。《宋志》曰：交暈則為兩軍兵起爭地，貫日則其下有敗兵矣。《隋書》曰：日有交暈厚，人主左右有爭者。"都是關於日交暈的占語。

（6）"日連軍，人主大遇"。"日連暈"不見於《乙巳占》和《開元占經》，但《開元占經》中有"日方暈連環暈"一節，其中所引《荊州占》曰："日暈連如環，為兩軍兵起，君爭地。"其中的"兩軍兵起，君爭地"，似正可作帛書"人主大遇"的注腳。"人主"在漢初當是"君"的慣用語。帛書《天文氣象雜占》中就多次出現過"人主有喜""人主有謀""人主死之""人主惡之"之類的占語。"遇"，即禮遇、待遇的"遇"。"大遇"即很大的禮遇。劉注：這裡似指大有斬獲。《開元占經》卷四十六"太白盈縮失行一"引《文曜鉤》："太白已入，三日復出，師憂將慮主大遇。"宋均注："大遇，如衛卜追敵師，有夫出征而喪其雄，遇獲敵將也。遇，或為愚。"按，如果按"遇，或為愚"來解釋的話，那"愚"應是蒙蔽、欺騙的意思。賈誼《過秦論》："以愚黔首"中的"愚"就是此義。所謂"人主大遇"，也就是人主大受矇騙。這也可備一說。

（7）"盡白，大私，盡赤，兵起，攻，憂國，先者得地多"。"盡白"前承前省"日"字，下面的"盡赤"亦同此。關於日之變色，《開元占經》卷五中有"日變色"的長篇討論，下面僅錄其有關者：《禮斗威儀》曰："赤，君喜怒無常，輕殺不辜無罪，不事天地，忽於鬼神，天則雨土，常熱，日蝕無光，地動，雷下降。其時不救，兵從外來為害，戮而不葬。日赤中黃外，是為二不可。白，君亂，無威，臣獨逆理而不能誅。賢者不得為輔朝中，因女而進者眾。隆山數崩，時大旱，河海不流，虎狼害人，其民好賕，吏並為奸。兵數十起千里之內。其時不救，及其年中亡。當誅臣逆，理進者，以禁絕災害。因女進者時日以救則災及其年。日白中黃外，是為三不可也。"由此可見，日"盡白""屬赤"都非吉兆。因此，"大私"之私原釋為和，現據《開元占經》之占語，似亦當同"倍譎在外，私成外，倍譎在中，私成中"一樣，應釋為"私"。所謂"君亂，無威，臣獨逆理而不能誅賢者不得為輔朝中"都可作為"大私"的註解。"憂國"憂念國事。《戰國策·齊四》："寡人憂國愛民，固願得士以治之。"

（8）"日重軍，軍畏"，《開元占經》卷八"日重暈"引夏氏曰："日重暈，攻城圍邑不拔。"所言"攻城圍邑不拔"乃是對"軍畏"的具體說明。

（9）"日割、結交、申，不戰"。"日割"，日"結交"是兩種不同的日占法。《開元占經》卷六"日分毀"引《河圖》曰："日割，國分。"又引《孝經內記圖》曰："日分割，君失亡。"可見割猶分也。《戰國策·秦策四》："三國之兵深矣，寡人欲割河東而講。"注："割，分。講，成也。分河東地以卑三國與之成。"可見，日割也就是"日中分""日毀""日裂""日中破"，是一種亡國之兆。《開元占經》卷七"日交"引王朔曰："日有交。交者，青赤如暈狀，或如合背，或正直交者，偏交者，兩氣相交也。或相貫交，或相背交。主內亂，軍中不和。"正因為日交為"軍中不和"之象，故下面的占語"不戰"才可成立。很顯然，日"結交"亦非吉兆。"申"應是承前省了"日"字，但"日申"之義不詳。從文義來看，它也應是跟"日割、結交"一樣，是有關日占的一種天象。參照下文"日前有黃帝之申，壹有二，大戰而使其道，客勝"來看，這個"申"也許就是"黃帝之申"的申，應讀為"神"。所謂"日申"也就是"日前有黃帝之申"的省稱，從占語來看，"客勝"與"不戰"也可互相註解。

（10）"日鬥，軍戰，客不勝"。"日鬥"乃日占法之一。《開元占經》卷六"日鬥而暈蝕"引京房《對災異》曰："日鬥，或赤或白，或蒼或黃，虎入邦。

此謂守邑破亡，周君以此亡。又曰：數日俱出若鬥，天下兵大戰。"又引京氏曰："凡日鬥，不及三年，下有拔城，大戰，齊燕多水。"此可見"日鬥"亦是凶兆。

按：劉注將"軍"屬上讀，讀為"暈"，即"日鬥軍（暈），戰，客不勝。"這雖也可讀通，但帛書緊接著就是"星與月鬥，軍戰，主人不勝"的占語，因此還是在這裡將"軍"字讀為本字。

（11）"〔星〕與月鬥，軍戰，主人不勝"。"星"字據乙篇補。《開元占經》卷七十六"星斗占"引班固《天文志》曰："辰星與他星相遇而鬥，天下大亂。"又卷十三"月與列星相犯"引《海中占》曰："星入月中，其國君有憂。一曰不出三年，臣勝其主。"又引京房《易傳》曰："星入月中，大臣謀伐其主，主令不行。"可見"星與月鬥"乃是對"主人"極不利的天象。

（12）"月三，大重華，主人戰"。"月三"當指"三月並見"。"華"有光環、光亮之義。"大重華"當為"並明"之義。《開元占經》卷十一"月並出及重累二十五"引《荊州占》曰："三月並見，其分有立諸侯，而亡女主。有競兩月並出，天下治兵，異姓大臣爭朝勢為害。王者選能授之。月重出，皆為異兵殘害，為天下亂首，將有亡天下之象。"又引京氏曰："月並出為並明，天下有兩王立。又雲，相玄二寸，臣作亂，滅其主。"所謂"天下有兩王立"，正可作帛書"主人戰"的注腳。

（13）"日垣，軍罷，未講也"。"垣"，本是矮牆。《尚書·梓材》："若作室家，既勤垣墉"。注："卑曰垣，高曰墉。"在這裡中，"垣"當指井垣。《開元占經》卷八"日暈"引京氏曰："日暈若井垣，若車輪，二國皆兵亡。"又"日暈而珥"，引甘氏曰："日暈而珥，如井幹者，國亡以亂，有大兵反。"可見"日垣"乃"日暈若井垣"之省。"講"，和解。《史記·甘茂傳》："樗里子與魏講，罷兵。"《索隱》："鄒氏云：'講讀曰媾，媾猶和也。'"《戰國策·趙策》："秦攻趙於長平，大破之，……因使人索六城於趙而講。"帛書"未講"即未和解之義。

（14）"日開，軍罷，未講也"。"開"猶分也。《廣韻》："開，解也。"《禮經解疏》："解者，分析之名。"《開元占經》卷六有"日分毀"引《荊州占》曰："日中分為兩，所舍國亡。"又引《孝經雌雄圖》曰："日中分，天下分為二。"京氏曰："露奪日光，日中破，軍滅國。一曰，陰勝陽，臣勝君，兩故相當。"據此，所謂"日開"當與前文之"日割"屬同類之天象。

（15）"日中寅珥，割地，城"。"寅"，《爾雅·釋詁》："寅，進也"。《禮記·月令注》："寅，引也。""日中寅珥"，應即日中有珥的意思。《開元占經》中言及日珥者，有"日朝有珥""日夕有珥"等說法，在卷七"雜冠戴紐珥抱背直虹刺"引《洛書》曰："日抱有一珥，色皆白潤澤，中赤外青，平晚至食時見，天子有喜。日中至日入，色蒼白為憂。為有人從外來者，有喜事者，不可信也。"可見"日中寅珥"應是一日之中有珥的意思。而據卷七"日珥"所引甘氏曰："日朝有珥，國有行進之事，其不行兌，能戎。"及所引《荊州占》"日夕有珥，赤黑白，有大客"所知，日中有珥自非吉兆，故占詞是"割地"為"城"。

（16）"日前有黃帝之申，壹有二，大戰而使其道"。參照下文的"五帝出"考慮，"申"或當讀為神。"壹有二"或當是"壹又二"之義，也就是一二個的意思。"大戰而使其道"的主語當是"黃帝之申（神）"，而日前有一二個黃帝之申（神）大戰而使其道者，應該是星占家所觀測到的一種有關日占的天象。這種天象不利主而利客，故占語是"客勝"。

（17）"日出而陰晝見，其無軍，國有憂"，《開元占經》卷五"日無光"引《孝經內記圖》曰："日無故過中時無光，人君不明，天下有雨，主兵。"又引甘氏曰："日出無光曜者，主病。一曰主有負于臣，百姓有冤心。"又引京房《易妖占》曰："君不明，日不光。"很顯然，帛書所言之"日出而陰"即同"日無光"，乃是"君不明""國有憂"的凶兆。

劉注：日出而陰晝見，蓋即星占書的"日晝昏"或"日晝冥"。其，訓"若"。文中的"軍"字當本字解即可，不必讀為"暈"。

（18）"有衝日者，貫日以赤軍，大戰，客不勝"。"衝日者"，雲氣也。《開元占經》卷九"日蝕而珥有雲衝之十二"引京房《妖占》曰："以甲乙有二珥而蝕，東西南北有白雲衝之，天下有兵。""日以甲乙有四珥而蝕，有白雲衝出四角，青雲交貫中央，天下有兵。"可見雲氣衝日乃為兵象。"貫日以赤暈"亦為用兵之象。《開元占經》卷八"日暈而冠戴珥抱背直提虹雲氣"引《孝經內記圖》曰："日暈，赤氣貫中屬日，臣賊主，赤甚者為用兵，不甚者為用藥。"

（19）"日徒毋光，軍戰，客不勝。月毋光，主人不勝"。"徒"，空也。《左傳·襄廿四年》"齊師徒歸"注："徒，空也。""毋"通無。"日毋光"與下文的"月毋光"語意相同，即日月無光之義。《開元占經》卷十一"月無光八"引《河圖帝覽嬉》曰："日月無光，有亡國死王。期不出五年。"又引京氏《妖占》曰："月無光，臣下作亂，教令不行，民饑國亡。"京氏《易飛候》曰："月不光，貴人死。"《荊州占》曰："月生無光，下有死王。"

按：此句在乙篇中抄成了"日徒毋光，主人不勝，□；月毋光，主人不勝。"這與星占書的體例不甚相合，應是誤抄所致，故當以甲篇為准。

（20）"朝日日軍，軍急。莫日日軍（暈），軍緩"。"莫"讀為"暮"。朝日，暮日即指早晨與傍晚。下文有"朝日，甲乙發，食時，丙丁發"可證"朝日"是與"食時"相對的早晨時段。《開元占經》卷八"日暈"引《荊州占》："日有朝、夕之暈，是謂失地，主人必敗。"此處所言的朝夕之暈當即指早晨之日暈和傍晚之日暈，與帛書的"朝日日暈""暮日日暈"同。又《開元占經》卷八"月暈"引《洛書》："日出而暈，必有取主，不乃有師破。"這可作為"朝日日軍（暈），軍急"的注腳。

（21）"日軍九重，天下有立公［柏］"。"柏"字據乙篇補，讀為伯。漢武梁祠畫像題字"柏榆傷親年老"，即"伯俞傷親年老"。"公伯"，《鶡冠子·度萬》："故至治者弗由，而名屍公伯。"注："公如公侯之公，伯如霸王之伯。""九暈"亦見《開元占經》卷八"日暈"引《河圖帝覽嬉》曰："以正月若五月中有九暈以上，道上有熱死將，一曰多死人。"又，《天元玉曆祥異賦》"日暈九重占"載："朱文公曰：日暈九重，其歲荒擾。"與帛書所占吉凶多有不同。

（22）"日晨食，所以智（知）之。康風如食頃四至，從東北方來，月之食也，以智（知）國之毀者之所"。"日晨食"即日晨蝕。"康風"，即大風。"食頃"即一頓飯的時間，形容時間很短。《史記·孟嘗君傳》："出如食頃，秦追果至關，已後孟嘗君出，乃還。""智"，讀為知。《開元占經》卷九"日蝕早晚所主四"引甘氏曰："日出至早食時蝕為齊，食時至中蝕為楚，中至日中蝕為周，日中至日映蝕為秦，日映至日晡蝕為魏，晡時至日夕蝕為燕，日夕至日入蝕為代。皆為不出三年，當之者國有喪。""日始出而蝕，是謂無明，齊越受兵。一曰亡地。"又引京氏曰："日始出而蝕，是謂棄光，齊楚亡。"依此可知帛書之"以知國之毀者之所"是有特定區劃的。

（23）"有軍日而耳"。當即"日暈而珥"之倒書，下面的"月暈而珥"可作參證。《開元占經》卷八專列"日暈而珥"引京氏曰："日暈而珥，宮中多事，後宮分爭。"甘氏曰："日暈而珥，主有謀。軍在外，外軍有侮。"又引《太公兵法》曰："日暈而珥，主有謀。十日不雨，兵起。"石氏曰："日暈而珥，合國有謀反。"

（24）"營椷入月中，所宿其國內亂"。《開元占經》卷三十"熒惑名主"引吳龔《天官書》曰："熒惑，火之精。其位在南方，赤帝之子，方伯之象也。為天候主歲成敗，司察妖孽。東西南北無有常。出則有兵，入則兵散。周旋止息，乃為死喪。"又卷十二"月與五星相犯蝕四"引《河圖帝覽嬉》曰："熒惑入月中，憂在宮中，非賊乃盜也。有亂臣死，相若有戮者。"按《洪範傳》："漢宣帝地節元年正月戊午夜，月食，熒惑左角亢。亢為朝廷憂。在殿內非其賊有盜，有內亂，讒臣在傍。故將軍霍光妻與其子及昆羊諸婿為侍中諸曹，九卿太守皆謀反伏誅。又晉太元十二年二月戊申，熒惑入月。占曰：'有亂臣死相，若有戮者。一曰女親為政。是時琅琊王輔政，王妃從兄國寶，以姻昵受寵。'又陳郡袁悅私媚苟進，交通主相，扇揚朋黨。十三年殺悅。是時主相有隙，亂階興矣。"又引《海中占》曰："熒惑入月中，臣以戰不勝，內臣死。""熒惑入月中，及近月七寸之內，主人惡之。一曰：讒臣在傍，主用邪。"這些占語都可與帛書相印證。

（25）"大正入月中，主人大勝藩兵"。大正即太白星。《史記·天官書》"察日行以處位太白"，《正義》引《天官占》："太白者……一名大正。"《開元占經》卷四五"太白名主一"引《石氏》："太白者，大而能白，故曰太白，一曰殷星，一曰大正……"在傳世的星占書中，太白入月中多主凶象，如《開元占經》十二"月與五星相犯蝕四"引《荊州占》曰："太白入月中不出，客將死。出者，主人將死。無軍，大將當之。"《海中占》曰："太白入月中，有殺。不及九年，國以兵亡。"萌曰："太白入月中，國失政，大人為亂，期三年。"《帝覽嬉》曰："太白入月中，將軍戮死。一曰臣謀主不成，皆不出三

第四章　馬王堆帛書《刑德》研究

年，又曰必有内惡，戰不勝，亡地。"所占除《荊州占》與帛書相近之外，其它都有吉凶之别。"藩兵"應是藩國之兵的簡稱，藩國乃中央王朝的屬國或諸侯國的泛稱。

占軍戰、講也：以丙子為六分，以為六旬[1]。攻城圍邑，疾西風而城拔，東風不拔[2]。司張軍而［疾西風］，軍戰矣[3]。東風〈十六行〉而講，雨壓之，軍卻舍[4]。某（謀）至丙子，復司之[5]。春，甲子；夏，丙子；秋，庚子；秋夏間，戊子；冬，壬子。以此雨，［僕當］下，[6]有戰，軍在〈十七行〉野，戊寅疾西風，樓戟奪，軍大榣[7]。軍在野，癸卯雨至，癸卯戰，攻城者如是。［以壬戌癸］亥雨，軍講。［辛卯］雨，兵在［邑，有］〈十八行〉敬在野[8]，戰。庚午雨，兵罷。戊子雨，其明日報以風，兵報月而起[9]。司張軍，以丙子雨，［將有歸］者，戊子［雨，□將］。庚子雨，便將［死］[10]。〈十九行〉壬子雨，王死。甲子雨，至十月而將死。雨而不雷，以白衣城[11]。雨而雷，以甲者城。終日，城者百里；雨［逯三日］，城者千里[12]。司〈二十行〉張軍而雨，兵遂歸；雨軍，百日而歸[13]。〈二十一行〉正月軍，兵備載而遂行，兩軍及三軍，兵遂行。三軍壹恭，五軍再恭，六軍三恭[14]。其法出入，三歲［乃已］[15]。〈二十二行〉

張軍，未出旬而以庚子雨，兵遂行而不用，四月而歸。以丙申雨，兵用，雨所從來者勝[16]。司戊巳大風［蘮蘮］，〈二十三行〉入邑，邑憂，入軍，軍憂[17]。若出兵隨之，以時期之。朝日，甲乙發，食時，丙丁發，張軍而莫月［壹軍］，五旬而之所。［行］〈二十四行〉中，戊巳發，日兒，庚辛發，夕，壬癸發，此皆至其日發[18]。軍在野，東風而雨，軍事［益急］，西風日出，［旬三日］軍罷，諸月上旬〈二十五行〉見降[19]。壹出東方，至旬復出西方，成曲，不出七日罷[20]。〈二十六行〉攻城圍邑，智客與主人相勝以日軍[21]：雲如雞雁相隨出日月軍中，主人勝，入而客勝[22]。［軍在］野，軍氣［青白］而高，軍［戰，勝］。〈二十七行〉軍氣赤而高，軍大榣，軍氣黑而卑，浚戟用見，乃毋居命氣，此胃將敗而無□色者也[23]。氣瘏［而氐］，見奪期。此〈二十八行〉去軍六、七里，望之法也[24]。〈二十九行〉

司日將行，遇氣溥而之雠，因遇戰矣[25]。兵從適人，望其氣，瘏血康赤，客死其鄉。瘏血康赤者，下［必］溜血[26]。〈三十行〉□□□有之□□

173

壹月諸五日、旬七日、二旬九日，司彗［星不］見也，可入圍城，可出［圍城。〈三十一行〉犯申，攻］、出毃、歐人[27]。〈三十二行〉

日陰，出成曲，其下有分地也，主有之[28]。直而饑，赤絳出，其端如杵，其赤如［堵］，下〈三十三行〉不有拔邑，必有流血之戰。歲十二月露，雨至，不有流民，必有兵小死[29]。歲十二月露，雨至，不有流民，必有兵小死[30]。如雨所及〈三十四行〉無軍而望氣若紛而非紛，如繭非繭，若雲而非雲，其旁易其行也[31]。箸焉作上〈三十五行〉作下，興陵偃印，其舉深而有工；其前方西方入，淺而毋工；其高半軔者旬二日，〈三十六行〉二軔者二旬，三軔者三旬，四軔者四旬，五軔者五旬[32]。〈三十七行〉

望地，日已入而望之，其鄉無雲氣而康赤者，民移它，主有之。晦日望氣若明〈三十八行〉而未明，兵取其鄉，若明若白者，其鄉乃覽，百軒三見，乃流血苦骨，其處政見〈三十九行〉百里，印見三百里，政上七百里。七月而戰諸，歲交之日，雨而藨，夜三版而淳，逻五〈四十行〉版黃危，謀至交日復[33]。〈四十一行〉

諸持辰不可入，出一得十[34]。〈四十二行〉兵在野，甲子雷，不出百日，兵入。丙子雨，不出八旬兵入，戊子雨，不出六旬兵入。庚子雨〈四十三行〉，不出四旬兵入。壬子雨，不出二旬兵入。軍在野，丁巳，軍有拔城[35]。〈四十四行〉

凡戊子雷，避塵，所聞者黃危[36]。城中氣青而高，木瓢不見，城不拔。氣黑而〈四十五行〉卑，木瓢見，若毋氣，城拔。黑而西出降，北出施，出而東南不拔[37]。〈四十六行〉

占虛邑，氣茅實以高，木瓢不見，因以北移，如是邑不為邑矣[38]。〈四十七行〉夏三月，有疾風折木發屋。四月有此，兵秋起。五月有此，兵冬起。六月〈四十八行〉有此，兵明春起，盡三月毋此風而終歲暴風雨俱至，兵起，雨所從者勝[39]。〈四十九行〉

不智春秋冬夏，甲子雷，九旬有令。丙子雷，八旬有令。戊子雷，七旬有〈五十行〉令。庚子雷，六旬有令。壬子雷，五旬有令。在邑而令也，在軍而事。幸者以小〈五十一行〉事當之，不幸者以大事當之[40]。乙卯風雷，兵令不出九旬發。丁卯風雷，兵令〈五十二行〉不出七旬發。己卯風雷，兵令不出

三旬發。癸卯〈五十三行〉風雷，兵令不出旬五日而發[41]。〈五十四行〉

（1）"占軍戰、講也：以丙子為六分，以為六旬"。"講"，和解。《史記·甘茂傳》："樗里子與魏講，罷兵。"《索隱》："鄒氏云，講讀曰媾，媾猶和也。""占軍戰、講也"意即占測用兵的戰與和。"丙子"，特定的干支名，在刑德九宮圖中屬西南側宮，為刑所居之奇宮。在有關刑德運行的文字中，有關風占的內容可以參照："凡以風占軍吏之事，子午，刑德將軍；[丑]未，豐隆司空；寅申，風柏（伯）侯；卯酉，大音尉，辰戌，雷公司馬；巳亥，雨師塚子。各當其日，以奇［風殺鄰，其宮有事，若無］事，[乃有罪]。"

（2）"攻城圍邑，疾西風而城拔，東風不拔"。此屬風占的內容，意思是攻城圍邑時，如刮強勁的西風則該城可以攻克，如刮東風，那該城就不會被攻克。《乙巳占》卷十"推風聲五音法第七十"載："黃帝曰，凡風之動，皆不安之象也，若在山川海濱之上，空穴之間，風所起處，皆不可占之為常式也。若在宮宅城營之內，戰陣之所，風勢異常，吹颺沙石，日光白濁，則乃占之。"又"占風出軍法"載："凡出軍，有風逆軍，不可行。風帶刑煞，大凶。風隨軍行，逢戰大勝。軍行左右有風起，賊有伏兵，忽有風起西北，卻復東南，四轉五覆，主將貪虐，士卒謀逆。"又"占旋風法"："若旋風卒起敵軍上，急擊必勝。旋風自敵來入我營中，賊心欲降，如挾三刑上來，必欲謀我。若旋風卒起而合三刑，兼挾五墓，賊有伏兵。若旋風頻起，而出逢敵，我敗，移營吉。挾時刑，主利疾戰，日刑客勝。若旋風直衝於天，急戰破賊大勝。若風揚旗幟，東西南北轉周旋，將死軍覆。若風繞旗竿，直而垂下，聲鼓無響，將死於野，大敗之徵。"

（3）"司張軍而[疾西風]，軍戰矣"。"司"字應讀為"伺"，訓為伺候、伺望，亦即與候風，候氣的候同義。《天文氣象雜占》："九月上丙，候日旁風交赤雲，下有兵起"中的"候"即用於"伺望"之義，可以與本句參看。"張軍"，即陳兵佈陣的意思。此句承上句"疾西風而城拔"而來，因"張軍"而遇"疾西風"，所占結果是"城拔"，故陳兵而戰。

（4）"東風而講，雨壓之，軍卻舍"。此句承上句"東風不拔"而來。"張軍"而遇東風，所占是城邑"不拔"，故當講和。"雨壓之"雨占的內容。壓，迫近也，《左傳·襄公二六年》："鄢陵之戰，楚晨壓晉軍而陳。"《開元占經》

卷九十二"東方朔占"曰："子日東風卯日雨，丑日東風辰日雨，寅日東風巳日雨，卯日東風午日雨，辰日東風未日雨，巳日東風申日雨，午日東風酉日雨，未日東風申日雨，申日東風子日雨，酉日東風丑日雨，戌日東風寅日雨，亥日東風辰日雨。"可見"東風"之後常有"雨壓之"。又該卷"雜占"引《抱樸子》曰："無雲而雨，是謂雨血，將軍當揚兵講武以應之。雨大，軍中尤甚者，將軍敗死"。很顯然，這對用兵來說，是為大不宜，故所占乃是"軍卻舍"，即退避三舍也。

按："壓"字在乙篇中被誤抄為"厭"，故劉注其為"抑制"，並將下文的"某"字屬上讀，謂"舍某"應讀為"舍謀"。

（5）"某至丙子，復司之"。"謀"，圖也。《論語·衛靈公》"君子謀道不謀食"，皇疏："謀猶圖也。""司"讀為"伺"，"復司之"即再伺候其"張軍"之日。

（6）"以此雨，僕當下"。"以此"者，即上面所說的"春，甲子；夏，丙子；秋，庚子；秋夏間，戊子；冬，壬子。""僕"《說文》："給事者。"《周禮·春管》："車僕，掌戎路、廣車、闕車、蘋車、輕車之萃。"注："僕猶御也。""僕"在此疑即車僕之僕。"僕當下"，疑即遇"此雨"，御車者當下車以候之的意思。

（7）"有戰，軍在野，戊寅疾西風，樓戟奪，軍大搖（搖）"。樓，當指樓車。《左傳·宣公十五年》："登諸樓車，使呼宋人而告之。"杜預注："樓車，車上望櫓。"杜預這裡所說的"櫓"就是頂部沒有遮蓋的望樓。《史記·司馬相如列傳》"泰山為櫓"，集解引郭璞注："櫓，望樓也。"戟，《說文》："戟，有枝兵也。《周禮》：'戟長丈六尺'，讀若棘。"可見戟是一種用於刺敵的長兵器，在曾侯乙墓中就出土了很多長柄的戟。"樓戟奪"，其義當指樓車和兵戟被奪。這是被打敗的跡象，故後有"軍大搖（搖）"，即軍心大搖，潰不成軍的占語。

按："奪"字在乙篇中被誤抄成了"奮"。劉注，奮，《廣韻·問韻》："奮，揚也。"帛書"樓戟奮"蓋兵事興起之意。其實，所謂"兵事興起"既與前面的"有戰，軍在野"有重復之嫌，也與後面所緊跟著的"軍大搖"不好連貫解釋。

（8）"辛卯雨，兵在［邑，有］敬在野，戰。"《釋名》："敬，警也，恒自肅警也。"

（9）"戊子雨，其明日報以風，兵報月而起。"劉注："報"字，古有"復""再"之義。帛書"明日報以風"似是"明日再（復）以風"的意思。"兵報月而起"可能是"兵再月（即兩月）而起"的意思。

按，古代文獻中，"報"字似並沒有"復""再"之義，所謂"報復"中的"復"也只是"回復"的意思，似沒有"重復"或"再"之義。其實，"報"就是"報告"的意思。"其明日報以風，兵報月而起"也可能就是"第二天報告說有風，因此在報告有風的這個月起兵"的意思。

（10）"庚子雨，便將死。"劉注：便將，以音近當讀為"偏將"。郭店楚簡《老子》："古（故）吉事尚左，喪事尚右，是以鞭將軍居左，上將軍居右，言以喪禮居之也。"其中的"鞭將軍"，馬王堆帛書《老子》甲本作"便將軍"，乙本作"偏將軍"，今本《老子》作"偏將軍"。鞭、便、偏，三字古代讀音極近，故可通假。偏將，偏師之將。帛書《五星占》第六章"五星總論"："［歲］與大〈小〉白鬥，殺大將；用之、搏之、貫之，殺偏將。"《史記·陸賈傳》："（漢）使一偏將將十萬眾臨越，則越殺王降漢，如反覆手耳！"按，"偏將軍"這個官名亦多見於漢印之中，如："偏將軍印章。"[①]

（11）"雨而不雷，以白衣城。雨而雷，以甲者城。"《開元占經》卷一百二"雷"引《元命包》曰："陰陽為雷。"京房曰："凡雷者，陰陽合和，震動萬物，使各戴其元而起，故雷以動聞百里，或聞七十里，或聞五十里，或聞二十里，各應其德而起，以應人君行之動靜。或雨且雷，和氣令，雷聲或殷殷，風雨微，皆陰陽和，利稼之雨，象君臣百姓和合也。""白衣"，古指未曾入仕者，猶如後世的布衣。"甲者"，當指穿甲之人，即握有兵權的武士。"白衣城"當如前面所說的"白衣受地名城"之義。

（12）"終日，城者百里；雨遝三日，城者千里"。"終日"，蒙後省去了"雨"字，雨"終日"，即終日下雨不止。"城者百里"，即受百里之地而為城的意思。遝，《廣雅·釋言》："遝，及也。""雨遝三日"，即一連下雨三日。

[①] 羅福頤：《故宮博物院藏古璽印選》。

《開元占經》卷七十二"雨占"曰："凡雨三日以上為霖，久雨謂淫。""城者千里"即受千里之地而為城之義。

（13）"司張軍而雨，兵遂歸；雨軍，百日而歸"。"司"讀作"伺"。"張軍而雨，兵遂歸"意即用兵佈署完畢後碰到下雨，軍隊很快就撤回。"雨軍，百日而歸"，意即下雨後出軍，則軍隊將在百日之後才會返歸。

（14）"正月軍，兵備載而遂行，兩軍及三軍，兵遂行。三軍壹悉，五軍再悉，六軍三悉"。句中的"軍"字都讀為"暈"，"正月軍"前當蒙後省"壹"字，即正月壹暈的意思。"悉"劉注："悉，後世字書中有之，乃是'悉'的異體，與帛書此字恐非一字。按，此字似從'米'得聲，疑當讀為'迷'。"按，劉注讀為"迷"，可能是指軍隊迷路的意思，好像有點匪夷所思。"悉"即是"悉"的異體，因此，頗疑該字當讀為"息"。息，止也。《詩·蜉蝣》"於我歸息"，《詩·殷其雷》"莫敢遑息"，《傳》："息，止也。"所謂"三軍壹悉，五軍再悉，六軍三悉"當即視正月暈數的多少來占測軍隊行止的次數，出現三暈，軍隊當休止一次，出現五暈，當再次休止，出現六暈，當三次休止。正月暈數的多少，在古代陰陽家的眼裡，是很重要的占測內容。《開元占經》卷十五"月暈一"引石氏曰："月以正月一日二日暈，必有土功。"《石氏占》曰："正月上旬，一暈樹木蟲，二暈禾穀蟲，三暈震雷。"京房《易傳》曰："正月三暈，所宿國小饑。五暈，六饑。"《荊州占》曰："正月九日、十六日夜月暈者，其五月有令。十日暈者，三月有令。十一日暈者，其月大旱。十二月十五日暈者，飛蟲多死。二十三日、二十四日暈者，五穀不成。二十五日、二十六日暈者，女貴。"這些記載雖不是軍占的內容，但據此可知，正月暈否，乃是陰陽家必不可少的觀測對象。而《乙巳占》中更有明確的軍占內容："月以正月暈伐二夜，不出三旬，兵起。""月以正月三日暈，所宿國小熟。一日二日，必有土功，五日暈，大熟。上旬一暈，樹木蟲，二暈，禾穀蟲。三暈震雷，十日暈，天下更王，六日八日九日暈，天下有國亡。"很顯然，所謂"天下更王""天下有國亡"都是"兵起"的結果，而正月有暈伐宿，則更是"兵起"的天象顯示。

（15）"其法出入，三歲〔乃已〕"。"乃已"據乙篇補。這一句的意思應是按上述方法佈置軍隊的行止出入，且三年為期。

（16）"以丙申雨，兵用，雨所從來者勝"。"兵用"當即"用兵"的意思。《開元占經》卷九十二"雨占"曰："天無雲而雨，謂之天注，其占為國易政，若出軍逢之，其軍必不還。"可見出軍逢雨，並非吉兆。故如果在丙申之日逢雨而用兵的話，當善從雨之所來者，否則無勝可期。

（17）"司戊巳大風薊薊，入邑，邑憂，入軍，軍憂"。"司"，讀為伺。薊當讀為飄，薊、飄同為宵部字，語音相同，自可通假。飄飄，風貌。《楚辭·山鬼》："東風飄飄兮神靈雨。"又《說文》："飄，回風也。"《老子》"飄風不終朝"注："飄風，疾風也。"《素問·六元正紀大論》："少陽所至為飄風。"注："飄風，旋轉風也。"《開元占經》卷九十一"風名狀"引李淳風曰："古雲髮屋折木，揚沙走石，今謂之怒風，多為不吉之象。一日之內三轉移，方古雲四轉五複，今謂之亂風。亂風者，狂亂不定之象。無雲晴爽，忽起大風，不經刻而止絕，絕複忽起，古云暴風。卒起乍有乍無，今謂之暴風，暴風主有卒暴事。鳴條擺樹，蕭蕭有聲，今謂之飄風，善惡依經旨。迅風觸塵蓬勃，今謂之勃風。迴旋羊角，吉雲扶搖羊角，今謂之回風。回風者，旋風也，回風卒起而闠轉，扶搖有如羊角，向上轉輪，總謂之回風，亦專有占。"雖說在《開元占經》中已將飄風和回風分別開來，但在帛書抄寫的時代，當不致分得這麼細密。"大風薊薊（飄飄）"，所到之處都有憂患，顯然是不吉之象。因此，這"薊"讀為飄，其義當取《說文》所解為勝。

（18）"朝日，甲乙發，食時，丙丁發，張軍而莫月［壹軍］，五旬而之［所，行］中，戊巳發，日兒，庚辛發，夕，壬癸發，此皆至其日發"。"甲乙、丙丁、戊己、庚辛、壬癸"是所占的天干日。"莫"讀為暮。"壹軍"據乙本補，其"軍"字讀為暈。兒，施謝捷指出："日兒當讀為日晲。《玉篇》日部：'晲，日跌。'《集韻》上聲十一薺：'晲，日昳。'則日兒（晲）即指日斜。"[①] "朝日、食時、行中、日兒（晲）、夕"是一日的五個時段名。劉樂賢指出：以五個時段占卜吉凶的文字，又見於睡虎地和放馬灘秦簡《日書》中。現將三者排列於下：

帛書：朝日、食時、行中、日兒（晲）、夕；

[①] "簡帛文字考釋劄記"，《簡帛研究》第3輯，廣西教育出版社，1998年。

睡虎地：朝、晏、書、日昳、夕；

放馬灘：旦、安食、日中、日失、夕日。

"朝日"當與"朝"或"旦"相當。"食"時與晏食相當。"行中"與"日中"相當，疑是日行至正中的意思。"日兒"與"日昳""日失"相當，都應是日斜的意思。"張軍而莫月壹軍，五旬而之所"的句意是：陳兵之日而傍晚"月壹暈"，則軍隊要用五十天方可達到目的地。或以為要五十天后才可發兵前往目的地。

（19）"西風日出，［旬三日］軍罷，諸月上旬見降"。"［旬三日］"據乙篇補。"諸月"當指各月。"諸月上旬"應即每月上旬。"見降"即有降軍可見。

（20）"壹出東方，至旬復出西方，成曲，不出七日罷"。"壹出東方"的主語應是上文"西風日出"中的"日"。"壹"或應讀"曀"。《後漢書·馮衍傳·顯志賦》："日曀曀其將暮兮，獨於邑而煩惑。""日曀曀"即日色陰晦貌。如果此說可成立的話，"壹出東方"即日出東方而不明，這乃是日占中的"日無光"。《開元占經》卷五"日無光"引《孝經內記圖》曰："日出東方二竿，亭亭無光，為日病；未入二竿，亭亭無光，為日死。日死，君死；日病，君病。"可見日陰晦無光乃為凶兆。"至旬復出西方"意即至十日而日曀復出現於西方。日曀非吉兆，而日出西方也是不吉利的天象。《開元占經》卷五"日出異方"引《河圖》曰："日出西方，以母制。""成曲"亦承前省主語"日"，下文有"日陰，出成曲"為證。

（21）"攻城圍邑，智客與主人相勝以日軍"。"智"讀為"知"，"軍"讀為"暈"。句意是凡攻城圍邑之時，可以日暈來測知客與主人的勝負概率。按：劉注在"相勝"後斷開句讀，語義上沒有大的差別，但語氣上似不太連貫，故暫且將其不斷開連讀。

（22）"雲如雞雁相隨出日月軍中，主人勝，入而客勝"。"軍"讀為"暈"。句意是若雲如雞雁相隨從日月暈中出，則主人將勝，若是雲如雞雁相隨從外進入日月暈中，則客方將勝。同類占語亦見於《天文氣象雜占》："有雲赤，入日月軍中，屬赤，必得而地之。""有赤雲入日月軍中，盡赤，大勝，地之。"《開元占經》中亦多見相類似的占語，如卷八"日雲"引《黃帝兵法》曰："日月暈，仰視之，須臾忽有雲氣從傍入者，急隨雲以攻之，大勝。"又

180

引《太公陰秘》曰："日暈，有五色雲如杵貫日，從外入，外人歸勝。從內出，內人勝。"又引《孝經內記圖》曰："日暈，有白氣從內向外刺，中人勝，圍城城不拔。"這些占語，多可與帛書參照。

（23）"[軍在]野，軍氣[青白]而高，軍[戰，勝]。軍氣赤而高，軍大搖（搖），軍氣黑而卑，浚戟用見，乃毋居命氣，此胃將敗而無□色者也"。這是以軍氣的顏色和位置的高低來占測軍情的占語，這在傳世的幾種星占書中極為常見。《乙巳占》卷九就有"將軍氣象占第五十四""軍勝氣象占第五十五""軍敗氣象占第五十七"等。《開元占經》卷九十四則有"將軍氣""兵氣"等專節，其中與帛書所占相同者如：《開元占經》卷九十四"將軍氣"曰："軍上氣青白而高者，將勇大戰；前白後青而高者，將弱而士勇；前大後小，將怯不明。軍上氣青而疏散者，其收怯弱可擊。""兵氣"曰："軍上有赤氣炎降於天，士卒眾亂將死。""赤氣如火光從天流下入軍，軍亂將死。""軍上氣黑而卑，如樓狀，軍不移必敗。"此類占語，都可與帛書互證。"浚戟"的"浚"字在乙本中被誤抄成了"沒"字，故劉注："沒戟"是戰敗的意思，並在戟字後斷句。按，"浚"猶"取"也。《左傳·襄公二十四年》："子實生我，而謂子浚我以生乎？"杜預注："浚，取也，言取我以材以自生。""浚"在這裡可理解是用為被動。"浚戟"當就是"被取戟"的意思。這與前面的"樓戟奪"意思相近，也是軍敗之跡象也。"用"猶"以"也。《詩·小雅·小旻》："謀夫孔多，是用不集。"又《詩·邶風·雄雉》："不忮不求，何用不臧。""見"，現也。"浚戟用見"意即"因此出現兵戟被奪取之跡象"也。這與後文的"見奪期（旗）"意義相同，都是戰敗之象。所以，"浚戟"和"用見"不能分開句讀，而應連讀。

（24）"氣痞[而氐]，見奪期。此去軍六、七里，望之法也"。"痞"，胸中懣悶結塊之病。《傷寒論·辨太陽脈證》下："按之自濡，但氣痞耳。"此處用來形容軍氣之鬱結不通。"氣痞而氐"猶言"氣黑而卑"者也。《開元占經》卷七十三"兵氣"曰："軍上氣前高後卑者敗。軍上有黑氣如牛形，或如馬形，從氣霧中漸漸入軍，名曰天狗食血，其軍敗散。軍上氣蒼黑亂者，士卒饑。"這多可與帛書所占的"見奪期"相印證。"而氐"據乙篇補。"氐"讀為"低"。"期"讀為"旗"。"望"當為"望氣"之省，"望之法"即望氣之法也。

181

劉注：痞，似可讀為"丕"，是大的意思。按，如果照此解讀，所謂"氣大而低"並不好理解。其實，痞從否聲，兩者本來就語義相通。《釋名》："痞，否也，氣否結也。""氣否結"也就是形容氣鬱結不通，用在這裡，是形容軍氣凝滯低沉的意思。

（25）"司日將行，遇氣薄，而之讎，因遇戰矣"。"司"讀為"伺"。"薄"在星占中是一個專名用語。《開元占經》卷九"日薄蝕三"引京房《易傳》曰："日月不交而蝕曰薄。"韋昭曰："月氣往迫之，為薄。"又引京房《易傳》曰："蝕皆於晦朔。有不於晦朔去，名曰薄。此人君誅不以理，賊臣漸舉兵而起。雖非日月同宿，時陰氣盛，猶掩薄日光也。"可見"日將行，遇氣薄"乃是月氣往迫掩薄日光之天象。讎，仇敵也。《尚書·微子》："小民方興，相為敵讎"。《詩·邶風·穀風》："不我能，反以我為讎。"這句話的意思當是軍隊擇日將發，碰上月氣薄日的天象，故與敵讎相遇而戰。

（26）"兵從適人，望其氣，痞血康赤，客死其鄉。痞血康赤者，下〔必〕溜血"。從，跟從、追逐。"適"讀為"敵"。"痞血"當指凝滯不散之血。"康"猶大也。《列子·仲尼》："微服游于康衢。"所謂"康衢"即大道也。准此，"康赤"應即大赤之意。"溜"讀為"流"。"溜""流"古音同屬幽部來紐字，語音相同，語義亦相近，自可通假之。又兵占中，凡軍氣如血而大赤者，都非吉兆。《開元占經》卷九十四"兵氣"曰："軍上有赤氣炎降於天，士卒眾亂將死。""赤氣如火光從天流下入軍，軍亂將死。""氣如人持刀盾，或有雲如坐人，赤色，所臨城邑有猝兵至，驚怖，須臾去。赤色如人持節，兵來未息。"這些占語都可作為帛書"望其氣，痞血康赤者，下必溜（流）血"的注腳。劉注：痞血，應從黃文傑讀為"衃血"。《素問·五藏生成論》："赤如衃血者死。"王冰注："衃血，謂敗惡凝聚之血，血赤黑也。"衃血，睡虎地秦簡作"血""音血"。① 馬王堆帛書《五十二病方》則作"胚血"。按，將"痞"讀為"衃"等，儘管其語音相通，但其意思與"痞"的本義是一樣的，且"衃"非常用字。用生僻的字來解釋常用字，似乎完全沒有必要。

（27）"□□□有之□□壹月諸五日、旬七日、二旬九日，司彗〔星

---

① 《睡虎地秦墓竹簡·封診式》87—88號簡。文物出版社，20001年。

不]見也，可入圍城，可出［圍城。〈三十一行〉犯申，攻］、出毂、歐人"。"諸"，凡也。《管子·輕重篇》："諸從天子封于太山，禪于梁父者，必抱菁茅一束以為禪籍。"許維遹注："諸，猶凡也。""旬七日"即十七日。"二旬九日"即二十九日。"壹月諸五日、旬七日、二旬九日"即"一個月中凡五日、十七日、二十九日"。這三個日子是刑德占中的三奇之一，其占文曰："辰戌日奇，入月五日奇、十七日奇、廿九日奇，不受朔者歲奇，得三奇以戰，雖左迎刑德，勝。""司"讀為"伺"。"彗星"在星占書中乃是不祥之星。《開元占經》卷八十八"彗星占"引《黃帝書》曰："彗星者，所以除舊佈新，掃去凶穢，其象若竹彗樹木枝條，長大而見則災深期遠，短小而見則災淺期近，皆為兵饑水喪亡國之殃。"帛書《天文氣象雜占》中畫有30幅彗星圖可參閱。帛書"司（伺）彗星不見也"乃是避彗星之法，故既"可入圍城"，也"可出圍城"，皆無不利。"申"，不詳。前文有"黃帝之申"，我們讀為"神"，此處言"犯申"，其主語應是承前省的"彗星"。因此，它亦有可能是指彗星衝犯了"黃帝之申（神）"。或以為"申"是特定的星宿專名。"毂"當讀為本字，毂猶擊也，"出毂"猶如現在所說的發動攻擊也。"歐"讀為"毆"。"毆人"即擊打敵人。可見"攻、出擊、毆人"是具有連貫性的占語。

（28）"日陰，出成曲，其下有分地也，主有之"。《開元占經》卷五"日無光"引《黃帝用兵要法》曰："沉陰日月俱無光，晝不見日，夜不見月星，皆有雲障之而不雨，此為君臣俱有陰謀，兩敵相圖謀也。若晝陰夜月出，君謀臣；夜陰晝日出，臣謀君，下逆上。又曰：日無光，士卒內亂。"此可作為帛書的參證。

（29）"直而饑，赤絳出，其端如杵，其赤如［堵］，下不有拔邑，必有流血之戰"。"直"字前省"日"字。"日直"是日占的內容之一。《開元占經》卷七就專列有"日直"專節，其引石氏曰："日直，色赤丈餘，正立日月之傍，名為直。其分有自立者。"又引夏氏曰："日者，直者，正直。在日上下左右，主直臣自立也。直在下，光色潤澤，有立侯王者。"除此之外，正移"日直"分為"黃直""青赤直""一直""二直""四直"等。其中對"日直"的顏色更是講究。如所引《洛書》曰："日四直者，是謂四強。色黃的潤澤，天子有喜，安足無兵，國多幸，臣使王。色青，天子有憂；赤，有兵；

白，民多喪；黑，主死國兮。"准此，或可知帛書的"赤絳"乃是指"日直"而言，而"下不有拔邑，必有流血之戰"亦正是"日直"赤而有兵的同類占語。"饑"，災荒也。《淮南子·天文》："四時不出，天下大饑。"《孟子·梁惠王上》："凶年饑歲，君之民老弱轉乎溝壑，壯者散而之四方者，幾千人矣。"帛書"直而饑"當是指日直而下有饑荒之義。"其端如杵，其赤如［堵］"中的"端"字乙篇抄作"短"，衡其文義，當以甲篇為勝。因據《開元占經》所載石氏言"日直，色赤丈餘，正立日月之傍，名曰直"，可見"日直"當不能以"其端如杵"來形容。"其端如杵"應是其末端如杵的意思。"堵"字據乙本補，當讀為"赭"。"赭"赤色。《詩·邶風·簡兮》："左手執，右手秉翟，赫如渥赭。"疏："且其顏色，赫然而赤，如厚漬之丹赭。"又"赭"亦指赤色的土。《管子·地數》："上有赭者，下有鐵。"帛書的"其赤如赭"乃是用"赭"來形容其赤色。

（30）"歲十二月露，雨至，不有流民，必有兵小死"。"露"亦為星占的內容之一。《開元占經》卷一百一引《元命包》曰："陰陽散為露。"曾子曰："陰勝則散為露。"按自然規律，如《論衡》所言："露，秋氣所生也。"如值冬而露降，是非吉兆，如該卷所引《命曆序》曰："桀紂無道，露冬下。"帛書所言"歲十二月露"顯然不符自然規律，故其占語為"不有流民，必有兵小死"，亦是不吉利的占語。句中"小"當讀為"少"，"少死"即稍有死亡也。

（31）"如雨所及無軍而望氣若紛而非紛，如藺非藺，若雲而非雲，其旁易其行也"。"軍"讀如本字。"紛"，旗上的飄帶。《文選·羽獵賦》："青雲為紛，紅蜺為繯。"注："紛，旗旒也。""藺"，草名。燈心草。可編席。《急就篇》三："蒲蒻藺席帳帷幢。""其"，當代指所望之氣。"其旁易其行"，當指上舉這類軍氣之旁易於行軍的意思。

（32）"簪焉作上作下，興陵偃印，其舉深而有工；其前方西方入，淺而毋工；其高半者句二日，二朝者二句，三朝者三句，四朝者四句，五朝者五句"。"簪"猶晉也，《說文》："晉，進也。日出萬物進。""焉"指示代詞，用與"之"同。《左傳·襄公二十一年》："若大盜，禮焉以君之姑姊與其大邑。""晉焉"的主語當是承前省的"氣"。"晉焉"當是表遞進的語詞，相當

184

於我們現在所說的"進而"。"作",興起。《周易·乾卦》:"聖人作而萬物。"依此,"作上作下"即起上起下之義。"印"讀作"抑"。"陵",升也。《文選·西京賦》:"陵重巘,獵昆駼。""興陵"猶興起也。"興陵偃印(抑)"當與"作上作下"一樣,是形容雲氣高低不定的情狀。"其",連詞,表假設,"如果"的意思。後面的"其前方西方出"中的"其"也是用作表假設的連詞。"舉"當是"舉兵"的意思。"工"在乙篇中寫作"功","工"與"功"通。"深而有功"當指軍隊向縱深發展必有戰果。"其高"的"其"是代詞,代指所望之氣。"扨"不見於字書,當是"仞"的異構字。《說文》:"仞,伸臂一尋,八尺。""旬二日"即十二日。

（33）"望地,日已入而望之,其鄉無雲氣而康赤者,民移它,主有之。晦日望氣,若明而未明,兵冣其鄉,若明若白者,其鄉乃矍,百軒三見,乃流血苦骨,其處政見百里,印見三百里,政上七百里。七月而戰諸,歲交之日,雨而蘸,夜三版而淳,遝五版黃危,謀至交日復"。"地",亦為兵陰陽家占測的重要對象之一,《開元占經》卷四就專講"地占"。其中分"地名體""地數""地動""地坼""地燃""地鳴""地生毛""地嘔血""地出光""地自出泉""地自長""地自營官""地生雜物""地生卵""地生石""地生穀"等專節引述各家占語。如"地嘔血"引《河圖》曰:"地赤如丹,血流泛泛。"又引王隱《晉書》曰:"祖約為豫州府,內地皆如丹,其後果凶。"京房曰:"地生血,賊必來攻,凶。急去勿留。"又如"地生光"引《地鏡》曰:"地忽生光如火照,憂國危亡。"京房《易飛候》曰"不顧骨肉,不親九族,厥德已衰,地生光"等。"康赤"者,猶大赤也。"冣",《說文》:"積也,從冖從取。"徐鍇曰:"古以聚物之聚為冣,上必有覆冒之也。"可見"冣"猶聚也。"矍",《說文》:"欲逸走也,從又持之矍矍也。"徐鍇曰:"左右驚顧也。"是知"矍"字有驚惶急視義。《文選·東都賦》:"主人之辭未終,西都賓矍然失容。""其鄉(嚮)乃矍"當是所望之嚮百姓驚惶的意思。"軒",《說文》:"曲輈藩車也。"《左傳·閔公二年》:"鶴有乘軒者。"注:"軒,大夫車也。""百軒"當是泛指車輛、車仗之多。這裡當是一種雲氣的形象比喻。"三見"當指後文的"政見""印(仰)見""政上[見]"。"苦"讀作"枯"。"政"與"正"通。"印"讀作"仰"。"政上"應是承前省略了"見"字。"諸"指代詞，相當於"之"。"薔"讀為"牆"，築牆也。《戰國策·趙策一》："公宮之垣，皆以狄蒿苦楚牆之。"又《楚策一》："請牆列城五，請悉楚國之眾也，以牆於齊。""夜三版"即夜築三版。《史記·趙世家》："引汾水灌其城，城不浸者三版。"《正義》："何休云：'八尺為版。'""淳"《集韻》："朱倫切，音諄，漬也沃也。"《周禮·冬官·考工記》："鍾氏淳而漬之。"據上文的"雨而"可推知此字當有"漬""沃"之義。"夜三版而淳"當是夜築牆三版，但因雨而被水漬，顯然也非吉利事。"黃危"，不詳，待考。"交日"當即上文"歲交之日"的省略。

（34）"諸持辰，不可入，出一得十"。"諸"猶"凡"也。"持"，守也。《韓非子·五蠹》："夫仁義辯智，非所以持國也。""守"猶候也、待也、伺也。《史記·樂書》："弦匏笙簧，合守拊鼓。"《正義》："守，待也。……言弦匏笙簧皆待拊為節。"依此，"持辰"猶伺辰，候辰也。"辰"當指辰星。"諸持辰"當即"凡伺望辰星"的意思。《開元占經》卷五十三"辰星占一"引《荊州占》曰："震星，色太陰之精，黑帝之子，立冬主北維，其國燕趙，於日壬癸，其位卿相。又曰人君之象，天子執政主刑，刑失者罰出，辰星之易是也。""辰星主內謀，天下有急，一時憂出。辰星主刑罰，王者殺無辜，如暴逆，簡宗廟，重徭役，逆天時，則震星伏而不效。主思寬，赦有罪，輕徭役賦斂，賑貧窮，調陰陽，和四時，則星效于四仲，天下和平，災害不生。"辰星在星占中佔有很重要的地位，故當常候其出色行止以占吉凶。《開元占經》卷五十三"五星光色芒每四"引甘氏曰："候辰星以冬壬癸，此王氣，色當如其常色，變則失所也。"又"辰星盈縮失行五"引巫咸曰："辰星一時不出，其時不和，兵起。二時不出，二時不和。一曰名水大出。三時不出，三時不和，兵甲大起。四時不出，天下大饑，有決水流殺人民。一曰有孛星出於東方。辰星春不見，期百八十日，大風發屋折木，秋不實，不見婁，長稼傷，乃見彗星。辰星夏不見，期百六十日旱，冬則不藏，不見輿鬼，中稼傷，乃見月食。辰星秋不見，期百八十日有兵，不見亢，稚稼傷。辰星冬不見，期百八十日陰雨，六十日有流民，夏則不長。不見牽牛，民大流。辰星上出四孟，天下亂，一曰天下更王。"由此可見辰星的出入與否，事關重大，是當詳細觀測。而帛書所言的"不可入，出一得十"當是觀測辰星出入的占語。

（35）"兵在野，甲子雷，不出百日，兵入。丙子雨，不出八旬兵入，戊子雨，不出六旬兵入。庚子雨，不出四旬兵入。壬子雨，不出二旬兵入。軍在野，丁巳，軍有拔城。"《開元占經》卷一百二"雷"引京房曰："春三月甲子己丑戊寅辛卯戊午，再雷霹靂石，其下有兵。春夏甲子丙寅戊子，有雷殺人，有將軍在外大戰，期不出三十日。夏三月甲子己丑戊寅辛卯，疾風雷，其在城壞軍，在外大戰。"這完全可以作為帛書"兵在野，甲子雷，不出百日，兵入"的注腳。

（36）"凡戊子雷，避麢。所聞者黃危"。《開元占經》卷一百二"雷"引京房曰："春己丑丁丑，夏甲午壬戌己亥丁未，冬甲寅，又曰春戊寅，夏戊申，冬戊子，不雨而雷，雷之所建，有所將流血。戊子雷，雨三日止，其下大戰，不雨而雷，外兵必歸，不雨而雷，兵起必阻。"是知"戊子"為冬之子日，該日有雷或有雷雨，都是有戰事的預兆。"麢"字不見於字書，其形義待考。

（37）"城中氣青而高，木剽不見，城不拔。氣黑而卑，木剽見，若毋氣，城拔。黑而西出降。北出施。出而東南不拔"。此段與前文的"軍在野，軍氣青白而高，軍戰，勝。軍氣赤而高，軍大搖。軍氣黑而卑，浚戟用見，乃毋居命氣。"所占相近，只是此處言城中之氣，而上文是言軍中之氣而已。《開元占經》卷九十七有"城中氣"，其文曰："凡城中有白氣如旗者，不可攻。或有黃雲臨城，有大喜慶。或有青色如牛頭能人者，其城不可攻屠。或城中氣出東方，其色黃，此天鉞也，不可伐，伐者死。或城上氣如火煙，主人欲出戰其氣無極者，不可攻。或氣如杵從城中向外者，內兵突出戰，主人勝，不可攻。或城上有雲分為雨彗狀者，攻不可得。"按，此占文雖與帛書不同，但知從漢至唐凡攻城掠地，望城中氣可是重要的環節之一。"剽"，末稍。《莊子·庚桑楚》："（道）出無本，入無竅，有實而無乎處，有長而無乎本剽。"按，"本剽"即本末也。《荀子賦》："長其尾而銳其剽者邪？"准此，帛書所言之"木剽"當指木稍，即樹木之末稍，因城中氣色的不同，造成樹稍不同的可視度而成為占測的依據。劉注："木剽"費解，疑是"本剽"之訛。剽，訓"末"。本剽，或作"本標""本蔚"，是"本木""始末"的意思。"黑而西出，降。北出，施。出而東南，不拔"這一句中多有省略，將其補出，其意

187

應是城中氣黑而出現於西面，則城降。城中氣黑而出現於北面，則城施，施者，弛也。猶棄置、改易也。與前文的"月半白半赤，城半降半施，盡赤盡施，盡白盡降"中的"施"語義相同。城中氣黑而出現於東南面，則城不會被攻拔。

（38）"占虛邑，氣茅實以高，木剽不見，因以北移，如是邑不為邑矣"。"虛"《集韻》："古者九夫為井，四井為邑，四邑為丘，丘謂之虛。"是知虛與邑同為城邑之專稱。"氣茅實以高"的意思當同"氣青白而高"。"茅實"當是氣色的形象說明。《詩・召南》："白茅包之。"《尚書・禹貢》："包匭菁茅。"茅有白茅、菁茅之稱，其色也有白、青、黃數種。此處言"氣茅實而高"意即所望之氣，如茅實之色而高也。劉注：茅實，以音近可讀為"茂實"。茂實，蓋為豐盛厚實之意。

（39）"夏三月，有疾風折木發屋。四月有此，兵秋起。五月有此，兵冬起。六月有此，兵明春起，盡三月毋此風而終歲暴風雨俱至，兵起，雨所從者勝。""夏三月"應概指後文的四月、五月、六月這三個月。"折木發屋"乃古代占風家所常用的術語。《開元占經》卷九十一"風名狀"中引李淳風曰："古云發屋折木，揚沙走石，今謂之怒風，多為不吉之象。"帛書所占是凡有此風，必有兵事，與李氏所言基本相同。"盡三月"是指整個夏三月。"毋"通無。"盡三月毋此風"乃即整個夏三月內都無此疾風。"終歲"當是歲終，歲末之義。"兵起，雨所從者勝"與前文的"兵用雨所從來者勝"所占相同，詳見其注。

（40）"不智春秋冬夏，甲子雷，九旬有令。丙子雷，八旬有令。戊子雷，七旬有令。庚子雷，六旬有令。壬子雷，五旬有令。在邑而令也，在軍而事。幸者以小事當之，不幸者以大事當之"。"智"，知也。不知猶不理會。"不智春秋冬夏"，意即不管春秋冬夏。"九旬有令"意即九十天後有兵令發。下文的"乙卯風雷，兵令不出九旬發"可為明證。"在邑而令也，在軍而事"意即逢子日而雷，凡在城邑則有兵令發出，在軍則有變故發生。後面的"小事""大事"當是指軍中變故的小事件或大事件。

（41）"乙卯風雷，兵令不出九旬發。丁卯風雷，兵令不出七旬發。己卯風雷，兵令不出三旬發。癸卯風雷，兵令不出旬五日而發"。此段講卯日風雷

188

占，據文義推斷，其中應該還有一個辛卯日，故疑句中有抄漏者，補足之應為："己卯風雷，兵令不出五旬發。辛卯風雷，兵令不出三旬發。"

房左驂，汝上也。其左服，鄭地也。房右服，梁地也。右驂，衛[1]。婺女，齊南地也。〈五十五行〉虛，齊北地也。危，齊西地也[2]。營室，魯。東壁，衛。縹，燕[3]。胃，魏氏東陽也。參前，魏〈五十六行〉氏朱縣也。其陽，魏氏南陽；其陰，韓氏南陽。罼，韓氏晉國。觜觿，趙氏〈五十七行〉西地，罰，趙氏東地[4]。東井，秦上郡。輿鬼，秦南地。柳，西周。七星，東周。〈五十八行〉張，荊北地[5]。〈五十九行〉

（1）"房左驂，汝上也。其左服，鄭地也。房右服，梁地也。右驂，衛"。"房"，二十八宿之一。《開元占經》卷六十"東方七宿占一"引石氏曰："房四星，鈎鈐二星，五度。距房西南第二星去極一百八度。春夏為水，秋冬為火。房兩服之間是中道。房為天府，一曰天馬，或曰天駟，一名天旗，一名天廄，一名天市，一名天街，一名天燕，一名天倉，一名天表，一名天龍。房為天子明，王者歲始布政之類。房為天馬，主車駕，房為四表，表者桀也。""驂"駕車時位於兩旁的馬。《詩·鄭風·大叔于田》："執轡如組，兩驂如舞。"《毛傳》："在旁曰驂。""房左驂"即指房星四星中左側的第一顆星。"汝"即汝水。源出河南魯山縣大盂山，流經室豐、襄城、郾城、上蔡、汝南，而注入淮河。《左傳·成公十七年》："諸侯伐鄭，十月庚午，圍鄭。楚公子申救鄭，師於汝上。十一月，諸侯還。"可見"汝上"即汝水也。"左服"《爾雅·釋天》："天駟，房也。"郝懿行《義疏》云："房南星曰左驂，北星曰右驂，中二星曰左服、右服。是則四星合為天駟也。"據此可知帛書所云之"左服"即房星中二星之"左服"。"房右服"即房星中間二星的右側一星。"右驂"，即房星四星中北側的第一顆星。這裡所說的"房左驂""左服""右服""右驂"，乃是當時對房宿四星由南向北所作的定名。

（2）"婺女，齊南地也。虛，齊北地也。危，齊西地也"。"婺女"，亦稱務女、須女，二十八宿之一。《開元占經》卷六十一"北方七宿占二"引石氏曰："須女四星，十二度。"又引《北官候》曰："須女一名天少府，一名天女，一名務女，一名臨官女。"《左傳·昭公十年》："有星出於婺女。""虛"二十八宿之一，《開元占經》卷六十一"北方七宿占二"引

189

石氏曰："虛二星十度。"又引《北官候》："虛主哭注諒闇之事，一名天軍市，一句臨官，一名天府，一名今中，黃鐘宮也，一名兌宮，一名申宮。""危"，二十八宿之一。《開元占經》卷六十一"北方七宿占二"引石氏曰："危三星，墳墓四星，十七度。"又引《北官候》曰："危一名天府，一名天市。"

（3）"營室，魯。東壁，衛。婁，燕。""營室"，二十八宿之一。《開元占經》卷六十一"北方七宿占二"引石氏曰："營室二星、離宮六星，十六度。"又行《北官候》曰："營室一名玄冥，一名天官，大人之宮。""東壁"，二十八宿之一。《開元占經》卷六十一"北方七宿占二"引石氏曰："東壁二星九度。"又引《孝經章句》曰："東壁，市也。又曰天市。"《北官候》曰："東壁一名天池，一名天術。""婁"通婁，二十八宿之一。《開元占經》卷六十二"西方七宿占三"引石氏曰："婁三星十二度。"又引《西官候》曰："婁一名密官，一名國市，一名天廟庫。婁者，天獨祿車也，主為聚眾之事。其木柱也，其物鉛錫銀黃金石。"

（4）"胃，魏氏東陽也。參前，魏氏朱縣也。其陽，魏氏南陽；其陰，韓氏南陽。觜，韓氏晉國。觜觿，趙氏西地，罰，趙氏東地。""胃"讀為"胃"，二十八宿之一。《開元占經》卷六十二"西方七宿占三"引石氏曰："胃三星十四度。"又引《西官候》曰："胃一名天中府，一名密官，為兵為喪。"石氏贊曰："胃主倉廩五穀基，故置天囷以盛之。"又曰："胃宿三星主倉廩，陰收積聚知入藏。""魏氏"猶魏國也。下面的"韓氏""趙氏"同。古者貴有氏，賤無氏。《左傳·襄公十一年》："墜命亡氏。"言奪爵失國也。柳芳《氏族論》曰："氏於國則齊魯秦吳，氏於諡則文武成宣，氏於官則司馬司徒，氏族爵則王孫公孫，氏於字則孟孫叔孫，氏於居則東門北郭，氏於志則三馬五鹿，氏於事則巫乙匠陶。"可見氏的用途極廣，大可到代指國家，小可到個人姓氏。"東陽"，春秋晉地。《左傳·襄公二十三年》："趙勝率東陽之師以追之。"杜預注："東陽，晉之山東，魏郡廣平以北。"戰國時的衛地，後屬趙。《戰國策·齊策》："兼魏之河南，絕趙之東陽，則趙魏亦危矣。"據考證，自漢以前，東陽大抵為晉之太行山東也，非有城邑。漢始置東陽縣。即今山東恩縣西北六十里之東陽城。"參"，二十八宿之一。《開元占經》卷六十二

"西方七宿占三"引石氏曰："参十星十度。"又引《天官书》曰："参为白虎三星，直也为衡，右下有三星。锐曰罚（晋灼曰：星邪列为锐），为斩刈事。其外四星，左右扇股也。参一名伐，一曰大辰，一曰天市，一曰铁钺，又为天狱。"又引《黄帝占》曰："参星，天右将军也。天市石武，金性刚强，斩刈平时。参应七将，其中三星列，三将也；右肩右足，右将也；左肩左足，左将也。白虎性有怒，左足下有井星，动而陷之，以节其势。凡七将明大，天下之兵精，卫帝有方。茂明芒角，又张亦耀横射，三军骇动，帝自躬甲。"按，据《淮南鸿烈》所知参为赵之分野，但帛书则为魏国、韩国的分野，可见其所据分野的时代有不同。当然，帛书所指的分野较为细密，将参的分野分别以"参前""其阳""其阴"来区分，故其分野的所谓不同，也许实际上并没有太大的区别。"南阳"《史记·秦纪》："秦昭襄王三十三年，魏入南阳以和。"《集解》徐广曰："河内修武，右曰南阳。"《通鉴地理通释》："南阳有二。修武即魏之南阳也。"据此，帛书所说的"魏氏南阳"当即指修武而言，亦即今之南阳郡。至于"韩氏南阳"，或即今河南获嘉县北。《左传·僖公二十五年》："晋于是始启南阳。""篳（毕）"，二十八宿之一。《开元占经》卷六十二"西方七宿占三"引石氏曰："毕八星，附耳一星，十七度。""毕北七尺是中道。"注曰："赵之分野，王者执毕前驱，即其象也。一曰囚车，今掩兔者曰毕，亦其义也，故主弋猎。其大星曰天高，一曰边将，邦外候也。"《淮南子》曰："魏分野。"按，注中所言既说"赵之分野"，又引《淮南子》曰"魏分野"，可见其分野确定的随意性或者说是游移性较大。"韩氏晋国"，当是指韩所分的晋国之地。"觜巂"，即觜觿的合文。二十八宿之一。《开元占经》卷六十二"西方七宿占三"引石氏曰："觜觿三星，一度。"又引《西官候》曰："觜觿主斩刈左足，一名白虎将，一名天将，斧钺，白虎首，主外军。其外，梁也。其内，魏也。其木杨，其物钱金器礜石，金星也。""罚"即罚星，亦即伐星，属参宿。《史记·天官书》："参为白虎，三星直者，是为衡石，下有三星，兑，曰罚，为斩艾事。"又"罚"亦可指火星，即荧惑星。《广雅·释天》："荧惑谓之罚星，或谓之执法。"按，帛书前后所指星宿分野，都取二十八宿为说，故此"罚"应是指参宿而言。

（5）"东井，秦上郡。舆鬼，秦南地。柳，西周。七星，东周。张，荆北地。""東井",二十八宿之一。《開元占經》卷六十三"南方七宿占四"引石氏曰:"東井八星,鉞一得,三十三度。度距北南轅西頭第一星先至,去極七十度。春夏為火,秋冬為水。日月五星行貫井是中道,秦之分野。"又引《黃帝占》曰:"東井,天府法令也,天讒也,一名東陵,一名天井,一名東井,一名天關,一名天闕,一曰天之南門,三光之正道。""上郡",秦置,後漢廢。今陝西省北部。《史記·始皇紀》:"三十五年,使長子扶蘇北監蒙恬兵於上郡。""輿鬼",二十八宿之一。《開元占經》卷六十三"南方七宿占四"引石氏曰:"輿鬼五星四度。"又引《南官候》曰:"輿鬼者,天廟,主神祭祀之事,其國秦也,其木楊也,其物馬牛羊虎也。""柳",二十八宿之一。《開元占經》卷六十三"南方七宿占四"引石氏曰:"柳八星十五度。"又引《南宮候》曰:"柳,天府也,一名天相,一名天大將軍,天少府也,其國狄也,其木桑也,其物羊豕也。""西周",國名。周考王以王城故地封其弟揭,是為河南公,後稱西周。時王在洛陽下都,王城在其西,故稱西周,後為秦所滅。"七星",二十八宿之一。《開元占經》卷六十三"南方七宿占四"引石氏曰"七星七度","七星北十三度是中道,周之分野"。"東周",國名。周考王末年,惠公封其少子班于鞏,即今河南鞏縣,以在下都之東,故號東周,後為秦所滅。"張",二十八宿之一。《開元占經》卷六十三"南方七宿占四"引石氏曰:"張六星十八度。""張北十三尺是中道,周之分野。"又引《孝經章句》曰:"張為天相,王者珍寶物,宗廟所用。其西四星,四輔也。帝宮內翼外張,以匡帝宮。按,帛書之分野與此不同。""張"乃荊楚北地。但究其實,周之分野本身與荊楚之北地就相連。如果星占家站在不同的地方以測星宿之分野,也可能得出各自不同的分野結論。對此,唐代的李淳風在《乙巳占》卷三中說:"在天二十八宿,分為十二次,在地十二辰,配屬十二國。至於九州分野,各有攸系,上下感應,故可得占而識焉。州郡國邑之號,劉向所分,載於《漢書·地理志》。其疆境交錯,地勢寬窄,或有不同,多因春秋已後,戰國所據,取其地名國號而分配焉。"所謂"疆境交錯,地勢寬窄,或有不同",正是這種情況的註腳。

以上是關於星宿分野的記載。對比《史記》《淮南子》《乙巳占》《開元占經》等有關星宿分野的記載就發現,這是一份並不完整的星宿分野記錄。以二十八宿來說，它只記載了東方七宿中的房宿，北方七宿中的婺女、虛、危、營室、東壁五宿，西方七宿中的婁、胃、畢、觜巂、參五宿和南方七宿中的東井、輿鬼、柳、七星、張五宿。也就是說，在二十八宿中僅記了十六宿的分野，而其分野的地域劃分也多有不同。這種不同的原因，筆者曾做過專門的討論。[①] 筆者認為，這裡的分野並不是傳世文獻中所介紹和描述的分野理論，而是漢初的星占家在漢高祖十一年專門為利蒼隨劉邦征戰用的分野圖。它跟刑德法放在一起，都是為了方便利蒼戰時查閱方便用的，因此也是漢初兵陰陽文獻的一個重要的組成部分。

---

① 陳松長："帛書《刑德》的分野説略考"，《語滙叢刊》，2005年。

第五章　馬王堆帛書《陰陽五行》研究

一、帛書《陰陽五行》與秦簡《日書》

馬王堆漢墓帛書中，屬數術類的帛書佔有很大的比例。筆者按照《漢書·藝文志》的圖書分類法所做的帛書分類所知，帛書中至少有六種九篇是屬於數術類的古佚書，其中《陰陽五行》甲、乙篇就是很有代表性的篇章。

帛書《陰陽五行》甲、乙篇由於殘損得比較厲害，綴合釋讀都相當費時費勁，加之各種原因的左右，這兩篇帛書至今也沒有一個整理好的本子面世。人們多只能從有關介紹文章中瞭解其點滴內容。筆者因工作之便，多有機會觀察原物，目驗過這兩篇現存原件的所有殘片。雖然籀讀全篇多有困難和不解之處，但參照雲夢睡虎地秦簡《日書》和甘肅天水放馬灘秦簡《日書》亦偶有所獲。今將這兩種《日書》與帛書互相參照，對帛書《陰陽五行》做些淺略的分析，不妥之處，尚祈方家斧正。

（一）

帛書《陰陽五行》甲、乙篇最早見於韓中民先生的《長沙馬王堆漢墓帛書概述》[①]一文中。文中僅列有目錄，對於內容沒作任何介紹。後來周世榮先生在《略談馬王堆出土的帛書竹簡》[②]一文中，對《陰陽五行》做了一些簡短

[①] 《文物》，1974年第9期。
[②] 《馬王堆醫書研究專刊》第2輯，1981年。

的介紹，他說：

《陰陽五行》共兩篇，均用整幅帛書書寫，可分為篆體與隸體兩種。篆體《陰陽五行》長3.5米，還有圖、表，可分為二十三個單元，並互相穿插。占驗主要是干支二十八宿，也有用四方、月令的。占法比較複雜，大部分屬於堪輿方面陽宅部分的，如"門在南方，徙之北方，門在東方，徙之西方"以及"後徙故室大凶"等，除此之外，還有一些屬於選日方面的內容。

隸體《陰陽五行》長約1.23米，上有文字、圖表。大致分為十個單元，縱橫穿插比篆體《陰陽五行》尤甚。占驗以干支、月令、五行為主，兼用四季、五音、二十八宿以及玄戈、昭搖二星等。占的對象較廣：如出行、嫁娶、選日、攻戰、祭祀、禁忌、舉事等，類似一般占書。

應該說，這段介紹雖然過於簡短，但它畢竟是第一次對帛書《陰陽五行》做正面的介紹，因而尤其難能可貴。這裡需要略加澄清的是，所謂篆體和隸體的劃分，實際上是不大準確的。現存的帛書《陰陽五行》甲篇僅管在文字形體上保留了較多的篆書結構，但其用筆的走向，其波、挑、磔、撇、捺的隸書味，已顯然不是典型的篆書，而是一種正在演變中的古隸。例如同樣一個三點水的偏旁，就或做"✶"或作"氵"，兩者並存於同一篇帛書內。可見徑稱其為"篆體"或"篆書"都是欠準確的。因此，我們特將篆體《陰陽五行》改稱為《陰陽五行》甲篇，將隸體《陰陽五行》改稱為《陰陽五行》乙篇。

《陰陽五行》甲篇的長度，現已很難核量了。現存的帛書原件中，亦很難看出所謂二十三個單元相互穿插的脈絡。相比之下，倒是乙篇相對比較完整，好幾幅圖表都保存得相當完好，成段的文字也比較好釋讀。因此，本文就避難就易，多取乙篇的內容與秦簡《日書》做些比較分析，然後就甲篇的部分內容作些介紹。

秦簡《日書》的準確年代，據睡虎地7號秦墓槨室門楣上的刻款所知，它是秦昭襄王時的東西，屬戰國晚期之物。帛書《陰陽五行》雖出土於漢墓，但其內容所記，足可知其亦為戰國時期楚地之物。《陰陽五行》甲篇中有這樣一段文字：

"……乙當莫囂，丙當連勢，丁當司馬，戊當左右司馬，己當官☐。"

其中"莫囂""連敖"是楚國特有的官名，可見這個抄本肯定是戰國時楚人的著作。其流行的時間與睡虎地秦簡所出的《日書》當大致相同，或許更早些，故其內容亦多有相同相因之處。

（二）

秦簡《日書》中有"玄戈"一題，詳記秦曆十月至次年九月一周年間二十八宿所值之吉凶，分別記有招搖所系之十二支和玄戈所系之宿。對此，饒宗頤先生曾有過較為詳細的論述，他指出：

"招搖為斗星，招搖星數一。《開元占經》引石氏：'招搖一星梗河北。'又石氏贊'招搖玄戈主胡兵'。二名已見石氏及甘氏星經。漢人以為斗樞，北斗七星，其杓端有兩星，即招搖與玄戈。

"瞉字當讀為擊，《漢書·藝文志》於兵陰陽云：'順時而發，推刑德，隨斗擊，因五勝假鬼神而為助者也。'《淮南·天文訓》：'太陰所居，不可背而可相，北斗所擊，不可與敵。'又云：'凡用太陰，左前刑，右背德，擊鉤陳之衝辰，以戰必勝，以攻必克。'所謂斗擊，指北斗對衝之辰。……招搖、玄戈為北斗杓端內外之兩星，其所擊之（十二）辰及星宿，即所謂'斗擊'是也。"①

由是可知，《日書》所列"玄戈"之題，實為軍戰需要而設，故詳列了秦曆十月開始，至次年九月為止一周年內每月招搖所擊之辰和玄戈所擊之宿，以便應用和查驗。

與此相同，帛書《陰陽五行》乙篇中也有專門的"玄戈""昭搖"兩題。但它與秦簡《日書》略有不同的是，它並不是注明"招搖"擊辰和"玄戈"擊宿，而是用表格的形式，將"玄戈"所擊之辰宿和"昭搖"所擊之辰宿列成一橫排，更便於檢索。其殘存的帛片上，較完整地保存了三月至八月"玄戈"和"昭搖"所擊的辰宿，他們是這樣排列的：

---

① 《雲夢秦簡日書研究》，香港中文大學出版社，1982年。

□□	昭搖	七生（星）寅	玄戈	三月
角亥	昭搖	此唯巳	玄戈	四月
危子	昭搖	畢酉	玄戈	五月
虛丑	昭搖	翼丑	玄戈	六月
尾寅	昭搖	角卯	玄戈	七月
心卯	昭搖	危牛	玄戈	八月

與秦簡《日書》相比，首先是所記的形式不同，其次是秦簡中"招搖"全作"木"字旁，而帛書中的"招"全寫作了從日旁的"昭"，而"搖"則仍作木字旁的"搖"。可見這個抄本亦是一種演變中的古隸本，其偏旁部首尚沒最後定型。第三十"玄戈"所擊之宿和"昭搖"所擊之辰與秦簡《日書》略有不同。《日書》中是六月玄戈擊矛（昴），七月玄戈擊營室，而帛書《陰陽五行》則是六月玄戈擊翼，七月玄戈擊角。這說明兩者所記的斗擊之宿是根據不同的分野觀察星宿天象所作的實際記錄。故我們說帛書《陰陽五行》是楚人的著述。因此，他們所記的斗擊之宿與秦簡所記有所不同，這是毫不足怪的。又帛書所記的"昭搖"所擊之辰亦與秦簡所記多有不同。例如帛書所記是四月昭搖擊亥，五月昭搖擊子，六月昭搖擊丑，七月昭搖擊寅，八月昭搖擊卯，而秦簡則是四月招搖系丑，六月招搖擊亥，七月招搖擊戌，八月招搖擊酉。兩相比較，可以看出，兩者都是取五月招搖擊子，但秦簡是從五月開始，按五月、四月、三月、二月、正月、十二月、十一月、十月、九月、八月、七月、六月的順序排列十二辰的，而帛書則是從五月開始的，按五月、六月、七月、八月、九月、十月、十一月、十二月、正月、二月、三月、四月的順序來排列十二辰的。由於帛書上下已殘，尚不知是以何月為建首，但上述不同已足可說明，帛書的十二辰排列肯定不是用秦曆。最後還有一點不同的是帛書的"玄戈""昭搖"所擊同時具有星宿和辰位。這也許意味着帛書

所記比秦簡更為完備一些。

（三）

秦簡《日書》中有"禹須臾"一題，該題亦見甘肅天水放馬灘秦簡《日書》中。關於"須臾"之義，饒宗頤先生曾指出：

"須臾義如立成，《後漢書方術傳序》：'其流有挺專、須臾、孤虛之術'。李賢注：'須臾，陰陽吉凶立成之法也。'"①

今根據秦簡《日書》所記，所謂"禹須臾"實為一種擇日出行的選擇規定。放馬灘秦簡《日書》甲種有一段很好的說明：

"禹須臾，行，得擇日出邑門，禹步，三向北斗，質，畫地視之。曰禹有直五橫，今利行，行毋為禹前除，得。"

這無異于告訴我們，"禹須臾"乃是一種擇日出行的選擇。湖北睡虎地秦簡《日書》第八六四簡在"禹須臾"題下云：

"戊己、丙丁、庚辛，旦行有二喜。"

"甲乙、壬癸、丙丁，日中行有五喜。"

"庚辛、戊己、壬癸，餔時行有七喜。"

"壬癸、庚辛、甲乙，夕行有九喜。"

又第七九九簡反面在"禹須臾"題下有：

"辛亥、辛巳、甲子、乙丑、乙未、壬申、壬寅、癸卯、庚戌、庚辰，暮市以行，有九喜。"（下略）

帛書《陰陽五行》乙篇雖沒有明確題名"禹須臾"者，但它則用表格的形式記錄了這一種特殊的選擇術。它將一日中的"平旦""食時""晏食時"、"日中"、"暮市"分屬"宮、角、征、羽、商"五音，分列五行記載其行喜的特定日子，其具體記敘如下：

"戊寅申，己卯酉、丙辰戌、丁巳亥、庚子午、辛丑未、宮也平旦行。"［二喜］

"己巳亥、庚寅申、辛卯酉、戊辰戌、壬子午、癸丑未、角也食時行七喜。"

---

① 《雲夢秦簡日書研究》，香港中文大學出版社，1982年。

第五章　馬王堆帛書《陰陽五行》研究

"丙寅申、丁卯酉、甲辰戌、乙戌亥、戊子午、己丑未，征也晏食行三喜。"

"癸巳亥、丙子午、丁丑未、乙酉卯、甲寅申、壬辰戌，羽也日中行五喜。"

"辛巳亥、壬寅申、甲子午、乙丑未、癸卯酉、庚辰戌，商也暮市行九喜。"

和秦簡《日書》相比，其選擇的干支排列順序有所不同，特別是這些干支與跟五行相配的五音相屬，而且對一日中的五個特定的時辰進行了相對更嚴密的切分和定名。因此，帛書《陰陽五行》就顯得較為精細些。僅管它沒有題名，但顯然是"禹須臾"的另一個更詳細的抄本。這種將六十甲子分成五音進行占卜的方法，就是古代數術家常說的五行納音。①

此外，秦簡《日書》在"禹須臾"的後面，從第八六五簡到八六八簡，都只詳列了具體時辰出行何種方位的吉凶，如八六五簡云：

"子，旦，北，吉，日中，南、得。

辰，北吉，南、得，東西、凶，毋行。

申，西南、吉，北、凶。"

在《陰陽五行》中，則既有具體時辰和出行方位的吉凶說明，如：

"甲乙、平旦、日出、自如、食時、暮食，大吉。"

亦有一些帶規律性的說明，如：

凡行者，毋犯其鄉之大忌日。西毋犯亥未，東毋犯丑巳，北毋犯戌寅，南毋［犯］□□。

"春秋冬夏，庚辰毋東，丁丑毋西，丙戌毋南，壬戌毋北，皆不可往焉，往焉不反。"

"丙寅不可東，丙子不可北，丙戌不可西，丙申不可西南，丙午不可南，……"

由此可見，帛書《陰陽五行》既可與秦簡《日書》互相補充，又可互相

---

① 饒宗頤："秦簡中的五行說與納音說"，《古文字研究》第十四輯；劉樂賢"五行三合局與納音說"，《江漢考古》，1992 年第 1 期。

對勘而顯示出秦楚日書的各種不同和差異。

（四）

　　秦簡《日書》和帛書《陰陽五行》的相同之處固然不少，但畢竟是秦、楚兩地所使用的不同的數術著述，故其不同之處亦是隨處可見。例如：秦簡上的《艮山圖》，作倒梯形，巧妙地用三十個小圓圈表示從朔到望，再從既望到晦的變化。這種據"反支"以推"離日"的"艮山圖"在帛書中就沒有。但帛書亦有其便於圖繪的優勢，如所繪的"天一"圖[①]，就非秦簡所能有。此外如表示四維和十二度的式圖等，也是帛書所特有的。不止如此，帛書還有好些內容是不見於秦簡《日書》和其他傳世數術類文獻者，今僅摘錄一、二以饗讀者。

　　1. 五行上朔順逆干支表[②]

　　在帛書《陰陽五行》甲篇中，有兩塊保存得較為完整的帛片。兩塊拼起來，是一份幅寬48釐米的圖表，它從上到下分成十節，每節開首都標有"金、木、水、火、土"的五行歸屬。然後，在每一個五行歸屬內，分五排列有"逆七、上朔、順四、順七"及所屬的三十個干支。因此，權稱其為"五行上朔順逆干支表"。為方便理解，現錄一節完整如下：

"火　　逆七　　乙亥　　庚子　　辛丑　　壬寅　　癸卯　　甲辰

　　上朔　　乙巳　　丙午　　丁未　　戊申　　己酉　　庚戌

　　順四　　戊申　　己辛　　庚戌　　辛亥　　壬子　　癸丑

　　順六　　庚戌　　辛亥　　壬子　　癸丑　　甲寅　　乙卯

　　順十　　辛亥　　壬子　　癸丑　　甲寅　　乙卯　　丙辰"

　　其他九節的文字排列大體相同，只是其干支不同而已。這裡關鍵是對"上朔"的說明問題。帛書左側有一句話："天一所居為上朔。"大家知道："天一"乃太歲之別名。《協紀辨方書》卷三"太歲"條引"黃帝經"曰"太歲所在之辰，必不可犯。"《神樞經》："太歲，人君之象，率領諸神統正方位，

[①] 傅舉有、陳松長：《馬王堆漢墓文物》，湖南出版社，1992年。
[②] 傅舉有、陳松長：《馬王堆漢墓文物》，湖南出版社，1992年。

斡運時序，總成歲功，以上元關逢困敦之歲起建於子，歲徙一位，十二年一周，若國家巡狩省方，出師略地，營造宮闕，開拓封疆，不可向之，黎庶修營宅舍築壘牆垣並須回避。"因此，"上朔"日在數術家眼中乃是一個非常重要的日子。《欽定協紀辨方書》卷六中就說："上朔日忌宴會、嫁娶、遠行、上官。"為什麼呢？《曆例》曰："陽年以年干加寅順數至亥，陰年以年干加丑順數至巳也。"曹震圭："丑寅者，艮卦之方也，萬物始終之所也。巳者陽極之長，亥者陰極之長，故陽有生發萬物之功者寅也，陰有成終萬物之道者丑也。以陽而來會于極陰，以陰而往屬於極陽，則非相會之道也，其忌可知。"可見上朔乃是一大忌日，帛書所列的"五行上朔順逆干支表，"就是用於回避這一忌日的說明圖表。

2.星祭圖表

帛書《陰陽五行》甲篇中還較好地保存了一件基本可讀的有關二十八宿和祭法方面的圖表。這裡所說的圖表，其實是一幅文字表格，它亦由斷裂的上下兩塊組成，從上到下大致有十六排，因右側不全，尚不知殘去多少。從現存的這兩塊殘片看，上半幅的前六排都是先錄特定的地支，然後在其左側注有特定的星祭吉凶占語，例如：

"……卯、午子、子午、卯、午子、酉、子午，淦池，大錯以祭，二歲或死。"

"……丑、戌、辰、丑、辰、未、辰，血叐以祭，果爰生，有死之。"

按，"淦池"在同一帛片上寫作"淦池""淦"或是"咸"之假字。按古音分部，"淦"在見母侵部，"咸"在匣母侵部，兩部之字多可合韻通假。"咸池"乃是"大時"之別稱。《淮南子·天文訓》："斗柄為小歲，月從左行十二辰，咸池為大歲，正月建卯，月從右行四仲，終而復始。大歲迎者辱，背者強，左者衰，右者昌。"又"大錯"亦或是"大敗"之別稱，錯、敗語義相通，實可通用之。"大敗"亦"大時"之別名。《協紀辨方書》卷六"大時"條引《神樞經》曰："大時者，將軍之象也。所值之日忌出軍，攻戰、築室、會親。"曹震圭曰："大時者，乃月建三合五行沐浴之辰也。蓋五行至此則敗絕，是最凶之辰也，故曰大凶之時。"

如果上述考述可以成立的話，那麼，所謂"淦池，大錯以祭"，也就是"大時"以祭。大時乃最凶之辰，大凶之時，故才有"二歲或死"之占語。

所舉第二例中的"血文",其中"文"字或是"支"字的訛抄。"血支"乃建除家所言十二神中的閉日。《樞要經》曰:"血支,其日忌針刺出血。"曹震圭曰:"血支者,氣血之支流也,故起於旺建之後生氣之前,如人生之後自有血脈暢於四肢。若其日針刺者,是去其血也,故忌之。""血支"日既忌血,故其占語云"果爱生,有(又)死之",是知此日是忌生產、忌出血之凶日。

在帛片的第六排以下十餘排文字則是先錄星宿之名,然後於其左側注出特殊的星忌占語。例如:

"此、必、矛、危、夯、尾、心、房、玄戈以祭,或死之。

去、絮牛、房、埂、冀、七星、輿鬼、鞀美以祭,一歲有大咎。"

按:"玄戈"乃斗星,"鞀美"為何星,待考。值得注意的是,在二十八宿的名稱中,多用通假字和簡稱。例如"此"是"此觿"的簡稱,也是"觜"宿的省稱。"去"是"去張"的省稱,也是"張"宿的別名。又如"畢"宿作"必","亢"宿作"埂",乃是通假之例。還有將"柳"寫作"酉","胃"寫作"胭","昴"寫作"矛"之類,是處可見。由是可見帛書著錄時的楚國,二十八宿之名尚沒定名。比起秦簡《日書》來,似乎隨意性要大得多。這多少意味着帛書著述的年代,比秦簡《日書》所作的戰國晚期似乎還要早一些。當然,這或許是楚人習俗和方言使然,但據此而說帛書《陰陽五行》甲篇是秦時抄本[①],則不儘然。

如上所述,這份幅寬48釐米,多至十六排之多的表格,因每行都記有一種特定祭法之占語,而且所祭都與二十八宿等星宿有關。因此,這裡姑稱之為"星祭圖表",而最後定名則當以帛書整理完後發表的定本為准。

以上我們參照秦簡《日書》,對帛書《陰陽五行》甲、乙篇的部分內容進行了初步的介紹,這種介紹,僅僅是比較性的例舉而已,而帛書中的其他許多內容,例如刑德運行規律的文字說明,特殊的建除家言,天一運行的規律以及眾多的勘輿、選擇術方面的內容,這裡就不一一介紹了。但祈此文之後,能有眾多的學者來關注和研究帛書《陰陽五行》,以便早日全面揭示出該帛書的全部內容和學術價值。

---

① 《馬王堆醫書研究專刊》第2輯,1981年。

二、帛書《陰陽五行》甲篇的文字識讀與相關問題

帛書《陰陽五行》（或稱名為《式法》①）共有甲、乙兩篇，其中甲篇原帛書整理小組定名為《篆書陰陽五行》，乙篇則定名為《隸書陰陽五行》。②本書所討論的主要以甲篇，即所謂《篆書陰陽五行》為主，輔之以乙篇的部分材料。

對《篆書陰陽五行》的定名，筆者曾在編撰《馬王堆帛書藝術》③一書時就提出過異議，當時主要是從字體和書法的角度考慮。這種文本的字體本不是規範典型的篆書，且以書體的名稱來冠之以文獻的篇名亦頗不妥。因此，當時就改稱為《陰陽五行》甲篇和乙篇。1996年重新啟動的馬王堆帛書整理小組從內容上考察，認為該篇的"內容實際是選擇吉凶時日的數術，與雲夢睡虎地十一號秦墓所出土竹簡日書相類，而更多與'式'的運作有關"④，故改題為《式法》。當然，是否就定名為《式法》，還可以討論。2001年9月在北京召開的"新出簡帛國際學術研討會"上就有學者提出過不同意見。本書為了免生歧義，暫且沿用原本的定名，稱之為《陰陽五行》甲篇或乙篇。

《陰陽五行》甲篇原件現藏湖南省博物館，因帛質疏薄，現已沿折疊處碎裂成30餘塊大片和一些碎塊，帛書幅寬48公分。至於原帛的長度，最早在周世榮先生的《略談馬王堆出土的帛書竹簡》⑤一文中介紹說是"篆體《陰陽五行》長3.5米，還存圖表"。現經整理拼合，帛書整理小組認為："帛書用整幅書寫，原長超過2米。"⑥應該說，這是比較可靠的數據。

《陰陽五行》的抄寫年代非常明確，即帛書中所明載的"廿五年"和"廿六年"，也就是秦始皇廿五年（西元前222年）和廿六年（西元前221年）。這

---

① "馬王堆帛書《式法》釋文摘要"，《文物》，2000年第7期。
② "長沙馬王堆漢墓帛書概述"，《文物》，1974年第9期。
③ 上海書店出版社，1996年。
④ "馬王堆帛書《式法》釋文摘要"，《文物》，2000年第7期。
⑤ 《馬王堆醫書研究專刊》第2輯，1981年。
⑥ "馬王堆帛書《式法》釋文摘要"，《文物》，2000年第7期。

就意味着這是在秦滅楚後不久,在秦即將統一六國之時抄成的,故其所抄的文字乃應是最可信的秦王朝所通用流行的字體墨蹟。帛書整理小組認為:"字體在篆隸之間,兼有大量楚文字成分,也使釋讀有不小障礙。"① 這確實說出了這件帛書文字的基本特徵和文字識讀方面的困難所在。好在地不愛寶,諸如《包山楚簡》《郭店楚簡》等大批量的楚文字材料相繼出土和整理出版,給我們識讀帛書中的楚文字提供了豐富的參證材料。同時,帛書《陰陽五行》乙篇雖是用古隸抄成,且抄寫時代要晚於甲篇,但其內容與甲篇各有相同之處,故兩相對勘,也可解決很多文字識讀方面的問題。下面,我們且就其文字識讀方面的一些特點舉例做些描述。

1.楚文字大量存在

(1)"舟",該字在《陰陽五行》甲篇中出現過兩次,且都筆畫清晰,其中第134行的上下文是"皆舟而食",第243行的上文是"十日以舟"。該字不見於袁仲一、劉鈺所編著的《秦文字類編》②,卻多見於楚文字中。如《包山楚簡》第156簡、168簡、180簡中都有"舟"字,均釋為"舟"。而新出的《郭店楚簡》的"太一生水"篇有一"迊"字,整理者釋為"迊",讀為周而復始的"周"。這種釋定,已得到學界的一致肯定,由此而可證帛書此字亦當釋為"舟"。從字形來說,顯然是楚文字的直接搬用。

(2)"佱",該字見於甲篇第25行,其文曰:"圾(土)者不遷,佱。徙者復利,七年而去之。"帛書整理小組將其按形隸定,然後讀為"廢"。③ 按,此字之所以讀為"廢",可能是依據《說文》"法"字下古文作"佱",而《汗簡》所引石經古文亦與此相同而做的解釋。因為法、發古音相近,例可通假,而在帛書《陰陽五行》甲篇中"發"又多讀為"廢",故將此字讀為"廢"。從義理和音理上看,都是無可厚非的。但讓人犯疑的是,既然同一篇中,"發"字反復出現,如果同是讀為"廢",那此處為何又要寫作此形呢?而且理解上還要繞這麼一個大圈纔能讀通,這未免有點不可思議。其實,如

---

① "馬王堆帛書《式法》釋文摘要",《文物》,2000年第7期。
② 陝西人民教育出版社,1993年。
③ "馬王堆帛書《式法》釋文摘要",《文物》,2000年第7期。

第五章 馬王堆帛書《陰陽五行》研究

果我們換一個角度，將其與楚文字做比較，就發現可能有另一種解釋。《包山楚簡》、江陵雨臺山二一號墓楚簡和曾侯乙墓都反覆出現過這個字形，均釋作"定"字[①]，學界尚無多少異議。而且楚文字中所從的"宀"字，絕大多數都寫作"∧"。如《包山楚簡》中的"室""客""宮"等字所從的"宀"，因此，帛書中的"🈳"字應即楚文常見的"定"字。更能說明問題的是，在用古隸抄成的《陰陽五行》乙篇的同樣文字中，此字就非常清楚地寫作"定"，可見此字釋為"定"當無疑義。至於《說文》中所引古文和《汗簡》中所引古文，當是後起的解說。《說文》："定，安也。"以之解釋帛書原文，似亦文義可通。因此，我們與其捨近求遠，繞一個大圈來解說，倒不如就字釋義來得簡捷。

（3）"🈳"，此字在甲篇中凡三見，字形穩定而無變化，第258行的上下文曰："帝🈳王□。"該字同樣不見於《秦文字類編》，但在《郭店楚簡》中出現過多次相近的字，其中《孝子·甲》第16簡中的"長短之相型也"的"短"字寫作"🈳"，釋文為"耑"，讀為"短"。又《語叢》一節98簡中的"喪，仁之端之"的"端"字寫作"🈳"，釋文為"耑"，讀為"端"。據此，我們亦可肯定地將此字隸定為"耑"，在文中讀為"顓"，而"顓"字後的"王"字亦應該為"頊"，顓頊正古帝之名。從字形比較來看，帛書與楚文字的差異祇是將下部的兩筆變成了一體而已。這種變化，也許正是秦文字吸收楚文字的構件後向規整方面發展的結果。

（4）"🈳"，此字在甲篇中凡四見，其一曰："親邦淮家益先王行此🈳之胃。"該字亦不見於《秦文字類編》，但在楚文字中習見，如：江陵磚瓦廠370號楚墓出土的竹簡2上有"🈳"，簡3上有"🈳"字，均釋定為"含"，又《郭店楚簡》的《語叢》一第38簡中的"《詩》所以會古今之志也者"和第40簡中的"春秋所以會古今之事也"中的"今"字都寫作"🈳"，釋定為"含"。讀為"今"。由此可證帛書中的該字亦是直接搬用楚文字中的"含"字字形。

（5）"🈳"，此字見於甲篇第202行，其文曰："復🈳□歲。"從字的構件看，是典型的楚文字的遺存，可從偏旁隸定為"迌"。但此字形同樣不見於秦文字而見於楚文字，如湖北江陵天星觀一號墓出土的楚簡中就多次出現此

---

① "馬王堆帛書《式法》釋文摘要"，《文物》，2000年第7期。

205

字形，多用作人名。《郭店楚簡》"性自命出"第38簡以及"緇衣"中的第20簡中都出現過此字，其形與此完全相同，寫作"㣫"，釋定為"訛"，讀為"過"。

帛書中諸如上述的例子還有許多，如"從"字寫作"㐌"，"安"字寫作"㚼"，"力"字寫成"㔾"，"死"字寫作"㲋"，"爨"字寫作"㪳"，"逆"字寫作"㣫"之類，可以說是隨處可見。因此，我們在識讀帛書時，就不得不借重於已出土的大量的楚文字資料來解讀和隸定其文字，這自然使這件帛書的釋讀增加了不少的難度。但它同時也告訴人們，儘管是抄寫於秦始皇二十六年的以秦文字為主體的抄本，但它並不排斥其中含存大量的楚文字字形及其戰國文字的構形成分。所以我們在研讀帛書時，自不應簡單地將其視為秦抄本而已。

2.異體字隨意使用

大家知道，帛書的抄寫年代，尚處於文字沒有規範定型的時代，文字的構件和形體尚沒完全固定，故抄手在抄寫時，既可大量地使用戰國時所流行的楚文字，也可隨意地書寫同一個字的不同形體。這樣就造成兩種無法回避的現象，一是同一個字同時以不同的形體出現在帛書中，二是個別怪異字形的出現，給文字的識讀增加了許多困惑。相對來說，對前者比較好識讀。例如：

"㠯"，又寫作"㠫"。"戰"，又寫作"戰"。"鎗"，又寫作"鎗"。"後"，又寫作"㝵"。"弓"，又寫作"㔾"。"逆"，又寫作"㣫"。"王"，又寫作"玉"，也寫作"玊"。

這類異體字，其構成或是構形的偏旁有異，如"㠯"和"㠫"，一字從口，一字從工。或是同一構形偏旁的繁化和省簡變異，如"戰"的左邊，即"單"的繁化，"鎗"的右邊，即"金"的繁化，而"後"的右邊，則顯然是"帚"的省簡。或是筆畫有異，如"弓"字是將一明顯的斜撇寫成了一橫筆，使其字形儼然就是弓字。如果沒有上下文"不三弓五"的制約，那將其讀為"弓"，又未嘗不可，但在上下文中一看，該字讀為"弓"顯然不通，可見祇能讀成"乃"。嚴格地說，這還不是異體字，它應屬於用筆隨意而形成的別字。再如"逆"字寫作"㣫"，它的右邊所從的"羊"，就豎筆出頭，橫筆變成了撇、捺。這類字如果沒有上下文的比勘，同樣會給人許多困擾。還有一種就是增加構件和筆畫的異體字，如"王"與"坙""坙"這三個字。前者見於《包山楚簡》二、三四三和信陽楚簡二、〇一八，是楚文字中的"坐"字。後兩個字則很罕見，開始我們將其作不識字處理，後核之文義纔發現，它們就是楚文字"坐"的繁化字，其文如下：

夏三月丙丁坙易（陽）。

冬三月壬癸坙陰。

凡王陰坙易（陽）。

很顯然，從文義上看，這三個字雖形體有異，但字卻是一個。

上述這些異體字都見於同一篇帛書中，且多有上下文義可以驗證其是否為異體字的可能性與可靠性。至於第二種情況的個別怪字的識讀，則往往祇能借助於用古隸抄寫的《陰陽五行》乙篇來對勘纔解決問題。

例如"杞"字，在甲篇中出現過幾次：

徙者不死，杞子死，取婦者不利，子生而死。

徙者，杞子有疾，取婦者不利，子生而死。

這個字筆畫清晰，但其字形既不見於楚文字，也不見於秦文字，在沒找到其它對勘材料的時候，此字還真不好識讀和隸定。所幸的是，在《陰陽五行》乙篇中，有一段與此完全相同的文字，其中這個字就寫作"枳"。此字亦見於雲夢秦簡《日書》中，其字形作"枳"。很顯然，這就是一個很常見的"枳"字。正因為有此參證材料，故整理者纔能毫不猶疑地將此字釋定為"枳"，讀為"支"。①

3.通假字非常普遍

通假字的廣泛使用，是先秦文獻特別是出土簡帛文獻中的普遍現象。對此，雖有學者指出："翻閱秦代的簡牘和帛書《五十二病方》，通假字現象非常普遍，數量多得驚人。出現這種現象的原因，主要是當時特定的歷史條件下，漢字的使用沒有規範化，是漢字使用自由化的反映。當時的文牘、書籍全靠手抄。人們在抄寫過程中，為了抄得便捷，或因方言、抄寫人的書寫習

---

① 滕壬生：《楚系簡帛文字編》，湖北教育出版社，1995年。

慣等原因，往往以簡代繁，以音同、音近的字代替本字，相沿成俗，借聲現象日益增多。"[1]這種通假字眾多的現象，在《陰陽五行》甲篇中自然俯拾皆是，但求證和尋求其本字也頗費斟酌。下面我們且舉幾例以說之：例如"台"讀為"始"，這是很常見的通假。如帛書《老子》甲篇"百仞之高，台於足[下]"。通行本《老子》："千里之行，始於足下"，故《陰陽五行》甲篇的式圖中的"台"字，在乙篇中正寫作"始"。這種通假現象，是最容易識別和確定的。但有些通假字、基本字或假字並不是很常見，又很難找到現成的書證，遇到這類通假字，就多祇能借助同類帛書抄本的比勘纔能解決問題。

例如甲篇的式圖中有一個從虫亡聲的"虻"字。此字但見於《玉篇》曰："俗蝱字。"《說文》："蝱，齧人飛蟲，從蟲，亡聲。"《莊子・天下篇》："由天地之道觀惠施之能，其猶一蚊一蝱之勞也。"由此我們知道，這是一個昆蟲名的俗字。但在式圖中則放在"台"（始）、"中"的後面表示一種時間概念，已與昆蟲名相差很遠，很顯然是一個通假字，但它的本字是什麼？如果要找書證，可能就很困難，因為漢以後文獻中，連這個俗字都很少用，那用它來作借字也就極罕見了。所幸帛書《陰陽五行》乙篇中也有一個同樣的式圖，其中同樣的位置都寫作"孟"。原來"虻"乃是"孟"的同音借字，虻（蝱）、孟古音同屬明母陽韻字，讀音完全相同，故抄手就以其習慣用這個同音的俗字來代替"孟"。這個本字在當時也許是很容易識讀和理解的，但二千多年後的今天，如果沒有帛書乙篇的參照，也許我們就很難證明和斷定其本字到底是什麼。

又如"圫"字，在甲篇中反復出現，字形也非常清楚。纔接觸時，我們還以為是"攻"字的異體字，因同篇中的"季春不可以東北起土攻"的"攻"字就寫作"圫"，與此非常相近，而且在文義上，攻與功相通。帛書中的"圫者不遷""圫者再遷""圫者三遷"釋為"攻者"或"功者"似亦未嘗不可。但對勘帛書《陰陽五行》乙篇時則發現，原本此字都是"士"的通假字，在乙篇中都明明白白地寫為"士"字。因此，帛書整理小組乃明確地將此字隸定為"圫"，讀為"仕"。這種通假字，如果沒有乙篇的對校，也許"圫""士""仕"的通假關係就頗難得到證明，因為"圫"字本就不見於後世

---

[1] 《秦文字類編》前言，陝西人民教育出版社，1993年。

字書中，再求其通假就更困難了。

有不同抄本的對勘來確定其通假關係自然是很省心省力的事，但當兩本無法對校來說明問題時，則又衹能求之於書證和文義本身，捨此而無他途。

例如"㝛"字不見於字書，其文曰："樹朴當戶㝛之間，必絕。"從文義看，此字前爲"戶"字，那其字義必與門窗有關。從字形分析，該字從戶，秀聲。秀爲幽部心母字，而牖乃幽部喻母字，其語音相近，例可通假。《詩·大雅·板》："天之牖民。"傳："牖，導也。"疏："牖與誘古字通用，故以爲導也。"可見牖與從秀的字古即通用。牖者，窗戶也。《詩·豳風·鴟鴞》："徹彼桑土，綢繆牖戶。"《漢書·食貨志上》："行人振木鐸徇於路以採詩，獻之大師，比其律，以聞於天子，故曰王者不窺牖戶而知天下。"可見"牖戶"即門窗的習用語，由此亦可證帛書中的"㝛"乃"牖"同音借字，所謂"樹初於戶㝛之間"，意即樹朴於門窗之間也。

再例如"毛"字，在甲篇中出現過多次，如：

大毛，發，徙者，不死，枳子死。

小毛，豕，不利，將口。

大毛，[豕]，不……遷。

其字形都作"毛"。一開始我們還以爲是"屯"字，因爲楚文字中屯或作"毛"（信陽楚簡二、〇一七）或作"毛"（曾侯乙墓簡五九），與此字形非常接近。如"毛"字在楚簡中多作"毛"（包山楚簡二、一九四），無一例外都是三橫筆，就是以"毛"作偏旁者都如此。後來經與《陰陽五行》乙篇對勘，發現該字在乙篇中亦寫作"毛"，字形既像"屯"，也像"毛"。無法斷定其到底是哪一個。但有一點是明確的，無論是釋定爲"屯"還是"毛"在文中都不好理解。因此，這肯定是一個通假字，那其本字是什麽，就衹得求助於書證了。文獻中"毛"通"耗"是常例。《漢書·高惠高后文功臣表序》："訖於孝武後元之年，靡有孑遺，耗矣。"注："言無有獨存者，至於耗盡也。今俗語猶謂無爲耗，音毛。"而傳統數術理論中，還有"耗日"之名，《月令廣義》曰："每年正月十六日俗謂之耗磨日。"耗磨日又稱耗日。耗日忌磨茶，磨麥，還忌諸業務。一些官司局務，皆停業飲酒。可見，帛書《陰陽五行》中當釋爲"毛"，讀爲"耗"較妥。故整理者在釋文中就將其釋定爲"毛"，讀爲"耗"，而"大耗""小耗"在帛書中都是"天一居"的十二神煞名之一。應該說，這乃是比較正確的釋法。

以上我們對帛書《陰陽五行》甲篇的文字識讀中的一些特點做了例舉性的說明。由這些特點而引發我們思考的問題亦不少。例如，有關古文字研究與秦漢簡帛研究的關係問題，就很值得我們認真思考。一般來說，都認為"古文字學研究的對像是待識的先秦文字，其任務是識讀未識及誤釋的先秦文字"。[1]其具體對象也就是甲骨、金文和戰國文字三大塊。因此，有些古文字研究的研討會通知要求所寫論文，必須是以戰國文字的研究為下限。這就毫不留情地把秦漢簡帛的研究拒之於古文字研究的門外。其實，這是有點偏頗的做法。就以帛書《陰陽五行》甲篇為例，它抄成於秦王政廿六年以後。其文字顯然已不是戰國古文，但這些文字中又有那麼多楚文字的成分，而楚文字的研究，現在誰也不否定它是古文字研究的範疇。那麼，對帛書中這些楚文字的研究算不算古文字研究呢？如果就稱其為秦文字的研究，但它又離不開眾多楚文字資料的參證對比和排比求證，這種研究又怎麼能與古文字研究截然分開呢？因此，我倒是很贊成裘錫圭先生的意見，他說："'古文字'這個名稱所指的範圍可大可小。本文所說的古文字，主要指見於考古資料上的早於小篆的文字。"[2]這裏要說明的是，裘先生這裏所說的"小篆"並不是有些先生所說的"出現於戰國早期偏晚，至戰國中、晚期在秦國普遍流行"的小篆[3]，而是指秦朝統一全國後，經李斯等人"取史籀大篆，或頗省改"而成的小篆，而此之前的應該稱秦篆或大篆。[4]照此推理，帛書《陰陽五行》甲篇顯然也屬於古文字的研究範疇。其實，就在裘先生所著的《古文字論集》中，就收有多篇專門研究秦漢簡帛文字的論文[5]，而許多的古文字研究者也非常關注所出簡帛的研究，並熱心地參與其中。因此，我以為，古文字研究的下限應延至

---

[1] 林澐：《古文字研究簡論》，吉林大學出版社，1986年。
[2] "談談學習古文字的方法"，《語文導報》，1985年第10期。
[3] 《秦文字類編》前言，陝西人民教育出版社，1993年。
[4] "從馬王堆一號漢墓"遣策"談關於古隸的一些問題"，《考古》，1974年第1期。
[5] 該書由中華書局1992年出版。這類論文如："馬王堆醫書釋讀瑣議""睡虎地秦墓竹簡注釋商榷""湖北江陵鳳凰山十號漢墓出土簡牘考釋""漢簡零拾""新發現的居延漢簡的幾個問題"等。

秦漢之際，而古文字研究亦應把秦漢簡帛文字研究作為它的第四分支，因為大部分秦漢簡帛文字都是小篆定形前的珍貴材料，它是漢字隸變過程中文字演變的最生動形象的載體，為什麼就不能把它作為早於小篆的文字（確實也是早於小篆的文字）來進行研究呢？

再例如有關秦篆的認識問題，歷來爭論不休。如有的學者認為："秦篆即是指秦代的小篆。小篆的名稱首先出現於東漢許慎的《說文解字》序上。因知篆書之名始於漢代，為秦以前所未有……李斯等人所寫的字書或秦刻石即為秦篆，它是由大篆（籀文）衍生而來的。此種秦篆的特點為筆畫首尾中間粗細若一，沒有輕重差別。筆畫起端末端都是圓的，不作方筆尖筆。筆畫多作圓的迴轉，少作方折。字體多作長方形。此類排列整齊、行筆圓轉、綫條勻淨的小篆，可說是秦代的標準字體。"[1]這種認識將秦篆和小篆等同起來，這是對秦文字的一種片面認識。這方面，裘錫圭先生做過很明確的分析，他認為："在戰國時代，文字異形的現象非常嚴重。六國文字與秦國文字的面貌有顯著差別，秦篆本身也不統一。早在秦孝公時代的銅器上，我們就看到既有像商鞅量銘文那樣的很規整的文字，同時又有像商鞅鐓銘文那樣的很草率的文字。往後，文字的使用越來越頻繁，文字的演變也隨著越來越劇烈。在秦篆不斷簡化的過程中出現了大量異體，並且有很多是破壞篆文結構的簡率寫法；用方折的筆法'解散'篆文圓轉筆道的風氣，也逐漸流行了開來。正是由於存在著這種情況，秦朝統一全國後，不但需要廢除六國文字'不與秦文合'的異體，並且還需要對秦國本身的文字進行一次整理。這次整理所規定的字體就是小篆。"[2]

從文字學的角度來認識，這樣劃分秦篆和小篆的區別和界綫是比較清楚的。準此，那帛書《陰陽五行》的字體也許應屬於秦篆中那篆文結構已被破壞的簡率寫法。雖然帛書的"文字在篆隸之間"，是一種未定型的秦文字，儘管其中有"不與秦文合"的楚文字，也有明顯隸化的秦文字，如最明顯的例子就是把水旁簡化成三點的隸書式寫法的大量出現，其次是隸書的波磔筆意，

---

[1] 鄭惠美：《漢簡文字的書法研究》，臺灣故宮博物院，1984年。
[2] "從馬王堆一號漢墓'遣策'談關於古隸的一些問題"，《考古》，1974年第1期。

隨處可見，因此，筆者曾稱其為"篆隸體"①，但這畢竟是在既不宜稱帛書為篆書（小篆）又不宜稱為古隸式隸書的情況下採取的一種權宜的稱法。如果按裘錫圭先生的分析，稱其為篆文結構已被破壞的秦篆的簡草字體亦未嘗不可，但到底是文字太長，稱其為"篆隸體"，既方便記憶，又具體反映了這種演變中的秦篆特徵。

再就是文字識讀的書證問題。從訓詁學的角度來說，說無書證是不能成立的，或者說是靠不住的，但從出土文獻的整理來看，這又不可太奢求到絕對化的地步，因為那時抄手們所用的一些同音借字、異體字、俗字本身就沒留存在傳世文獻中，你實際上不可能會找到書證，如上面例舉的"宲"之通"孟"，"坎"之通"士"，"房"之通"牖"等，可以說完全沒有書證。帛書《陰陽五行》好在有甲、乙兩篇可以互相比勘，能夠解決許多問題，但如果沒有它本校勘的出土文獻，我們在考求其本字時，要例舉其書證那往往是很困難的事。對此，我覺得學界似不應太強求其書證，祇要能自圓其說，就暫備一說亦未嘗不可。其實，文字識讀中許多爭論不休的問題，隨着地下材料的不斷出土和整理出版而迎刃化解，因為出土文獻就是最好的書證，它還常常令傳統的書證訓詁法相形見絀，因為事實往往就那麼簡單，有些還僅僅是書手的個人習慣而已。例如《陰陽五行》甲篇中有一句"尌之正室，必有詏"，其中"尌"是"樹"之通假是一看就知道的。問題是"詏"字，它不見於字書，顯然很難從文獻中找到與它有關的本字的書證，但我們從帛書本身的研究發現，帛書中沒有魂魄二字，但卻有"訁"和"詏"兩個字，且其文義正與魂、魄義相符。因此，我們就認為"必有詏"的"詏"乃是"魄"的通假字。這種情況的出現也許是當時抄手的個人行為，因此要衡之書證，恐怕是不太可能的事。

三、帛書《式法》初論

帛書《式法》是馬王堆數術類帛書中篇幅最長，文字最多，同時也是殘

---

① 《馬王堆帛書藝術》，上海書店出版社，1996年。

得很厲害，頗難整理的一件帛書。自2000年7月的《文物》雜誌上正式刊佈了帛書整理小組所作的部分圖版和釋文後，在當年8月北大舉辦的"新出簡帛國際學術研討會"上，這件帛書作為大會研討的專題，引發了許多學者的研究興趣。在會上，就有日本東京大學的池田知久教授提交了校勘性的專文。北京清華大學的劉國忠先生也提交了對其局部進行討論的研究論文。[1]而與會的饒宗頤教授、馬克教授、夏德安教授、李零教授等都對其展開了熱烈的討論，各自發表了很好的意見。會後，裘錫圭教授、汪濤先生、劉樂賢先生等又相繼撰寫了專文[2]，對其展開了專門探討。因此，這件帛書迅速成為學界關注的熱點之一。下面我們且在時賢研究的基礎上，對有關問題做些探討。

(一)

帛書《式法》原名《篆書陰陽五行》[3]，又稱《陰陽五行》甲篇。[4]現經重新啟動的馬王堆帛書整理小組重新定名為《式法》。對此定名，許多學者已提出了不同意見，現在看來，似乎確有討論的必要。

原帛書整理小組將其定名為《篆書陰陽五行》，固然有可商之處，即用帛書所用的字體來定篇名，但這不符合古書定名的體例，而且從書法的角度來分析，該帛書所寫的字體也不是典型的篆書，而只是其字形大量具備篆書的結構而已。因此，筆者在編著《馬王堆帛書藝術》[5]一書時，就將其"篆書"二字去掉，只保留了《陰陽五行》四個字。由於帛書中還有一件是原帛書整理小組定名為《隸書陰陽五行》者，故為了有所區別，就用"甲篇"和"乙篇"來標識。經過這些年的研究，我們已漸漸地認識到，所謂的《篆書陰陽五行》和《隸書陰陽五行》並不只是所寫字體的不同，而是在內容上有相當

---

[1] 池田知久："馬王堆漢墓帛書《式法》釋文摘要研究"；劉國忠："帛書《式法》的'徙'篇試論"，《新出簡帛研究》，文物出版社，2004年。
[2] 裘錫圭："讀馬王堆帛書《式法》釋文摘要小記"，《國際簡帛研究通訊》，2000年第5期；劉樂賢："《式法·天一》補釋"，《簡帛數術文獻探論》，湖北教育出版社，2003年；汪濤："馬王堆帛書《式法》中的'二十八宿'與'式圖'"，《新出簡帛研究》，文物出版社，2004年。
[3] 韓仲民：《長沙馬王堆漢墓帛書概述》，《文物》，1974年9期。
[4] 陳松長：《馬王堆帛書藝術》，上海書店出版社，1996年。
[5] 陳松長：《馬王堆帛書藝術》，上海書店出版社，1996年。

大的差異。①因此，實在不能簡單地將其作為姊妹篇來處理。所以，所謂的《篆書陰陽五行》與《隸書陰陽五行》和《陰陽五行》甲篇與《陰陽五行》乙篇的定名都有誤導之嫌。

也許是考慮到以前這些定名的不準確，故帛書整理小組重新將《篆書陰陽五行》定名為《式法》。對此，整理者說："其內容實際是選擇吉凶時日的數術，與雲夢睡虎地十一號秦墓所出竹簡《日書》相類，而更多與'式'的運作有關。為了引用方便，今暫題為《式法》。"②

應該說，整理者對帛書內容的把握是比較準確的，但我們也知道，日書與式畢竟不是一回事。日書是一種直接按歲月時日排列吉凶宜忌，令人一查便知的書。古人稱之為"陰陽書"。如馬國翰《玉函山房輯佚書》卷七七有唐呂才《陰陽書》一卷，就是講時日占驗的書。而式法是古代講演式方法的書，在《漢書·數術略》中屬五行類，其中就有《羨門式法》二十卷（佚）和《羨門式》二十卷（佚）。據學者研究，這是託名戰國方士羨門高的一種太乙式的早期表現。儘管歷代志書中都有《太乙式》《太一式經》《雷公式經》《太一式經雜占》《六壬式》《式經》《式占》《用式法》《式法》《式例》等書的記載，但大都已佚，倒是現存的隋代蕭吉的《五行大義》中多涉及式法，是公認的研究古代式法的重要參考書。

我們知道，從已刊的七個部分來說，其中"徙"篇就明顯是日書。這一點，劉國忠的文章已指出和論證過。③此外，未發表的內容中，也很難用《式法》來統稱。這一點，整理者也看到了，故也只是說"暫題為《式法》"。現在看來，與其勉強地用《式法》來統稱，還不如就用《陰陽五行》來涵括更好些。因為古人將日書歸為"陰陽書"，而式法又歸屬五行類，稱其為《陰陽五行》正可完全概括這件帛書的內容，而且又不會因新定名而給學界造成不必要的困擾。至於所謂的《隸書陰陽五行》該不該仍叫《陰陽五行》，這也是一個要認真審視的問題。據我看來，與其將它與《陰陽五行》劃為姊妹篇，還不如將它與所謂的帛書《刑德》丙篇視為姊妹篇較好，因為它們二者之間

---

① 陳松長："帛書《刑德》丙篇試探"，《簡帛研究》第3輯。
② 《文物》，2000年第7期。
③ 劉國忠："帛書《式法》的'徙'篇試論"，《新出簡帛研究》，文物出版社，2004年。

的相同處遠比與《陰陽五行》多得多。①

(二)

帛書《式法》在《文物》2000年第7期上發的圖版和釋文雖說是一部分,但所作的釋文也已分為"天一""徙""上朔""天地""祭""式圖""刑日"等七個部分。整理者說,"式法帛書用整幅書寫,原長超過2米,因帛質疏薄,已沿折疊處碎裂成30餘大片和許多碎塊,缺損嚴重,致使拼複困難"。這種描述,與曾經參加過帛書整理的周世榮先生所作描述略有不同,他曾介紹說:

這件帛書"長3.5米,書寫時除了部分地方為整幅帛外,其餘部分分為上下兩個半幅書成,除了文字外,還有圖、表。可分為二十三個單元,並互相穿插,占驗主要是干支二十八宿,也有用四方、四季、月令的;占法較複雜,大部分屬於堪輿方面陽宅部分的,如'門在南方,徙之北方,門在東方,徙之西方','後徙故室大凶'等,除此以外,有一些屬於選日方面的內容。故此書很可能是陰陽五行堪輿家金匱之類的古佚書"。②

由於兩者所說的帛長和內容單元有這樣的不同描述,故有的學者就指出: "從已發表的材料中,我們可以找到一些關於原物的說明;原帛超過3米,殘損比較厲害,斷裂成30多個殘片,文字和圖互相穿插,約23個單元。這次發表的應該是這23個單元中的七個。"③

面對這樣的不同描述,我們重新審核原件,其結果是現在帛書整理小組所作的描述比較準確。帛書《式法》的原件現已殘裱為39頁,原帛書整理小組根據原物折疊的痕跡,已用照片剪貼,將其復原拼合為一幅共斷裂成16塊的長卷。我們根據原帛上文字互相浸染的痕跡可以看出,這幅帛書在存放時,先是上下對折,然後是左右分別往裡折,再是左面向裡折了3次,右邊向裡折了2次,最後再合攏來存放的。折攏後的帛長,據現存殘片的帛長來計量,

---

① 陳松長:"帛書《刑德》丙篇試探",《簡帛研究》第3輯。
② "略談馬王堆出土的帛書竹簡",《長沙馬王堆醫書研究專刊》,1981年第2期。
③ 汪濤:"馬王堆帛書《式法》中的'二十八宿'與'式圖'",《新出簡帛研究》,文物出版社,2004年。

單塊的帛長平均是14釐米左右。這樣，我們用14乘以16（即16折），其整幅帛的長度應是2.24米左右，也許因為這是一個大約數，故帛書整理小組說是"超過2米"，這是比較謹慎和可靠的說法。至於周先生所說的23個單元，與帛書整理小組公佈的7個部分顯然不是一回事。從拼複的照片原物來分析，已刊佈的七個部分，已占整件帛書的16塊中的6塊多。所餘的部分，無論是從內容還是書寫形式上看，似都無法再分出16個單元出來。因此，所謂23個單元似乎並不能與已發表的這7個部分同等對待。我們從殘缺不全的帛書內容來分析，未刊佈的大部分是關於祭祀、擇室吉凶的占辭，例如：

"……大喜，□中以祭，屋大凶。甲申旬以祭，屋從東方，凶，主人……凶，屋有喜，南室火起，甲午旬以祭，屋從北方，主人有……。甲辰之旬東門，皆不可以大祭，有咎。"（見圖六六）

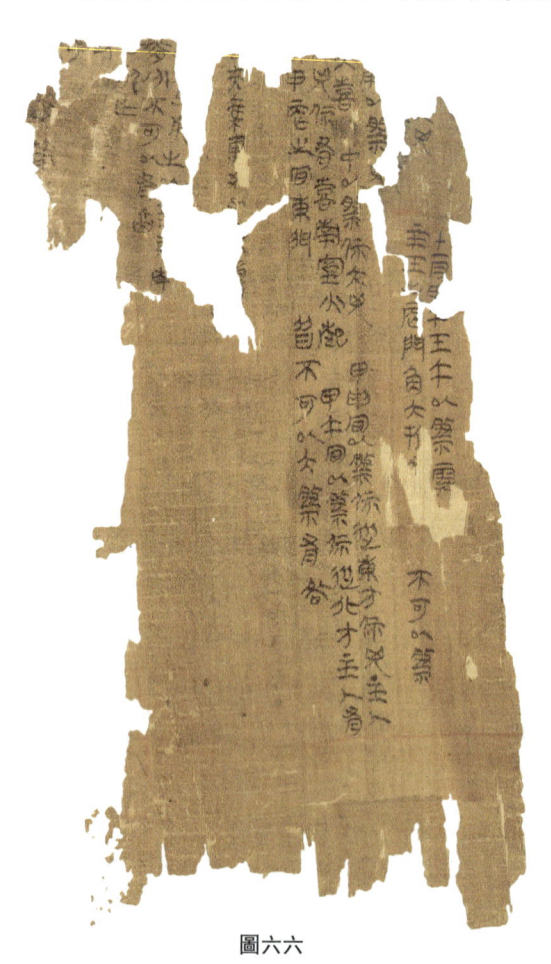

"尾、箕、翼、軫、此觸、參、熒室、東壁以祭，人身□死。"

"埂（亢）、輿鬼、婁、緊（牽）牛以祭，殺張□。"

"斗、角、東井、奎之穀以祭，一歲□□。"

"東井、奎、斗、角所居以祭，二歲□□。"

"奎、斗、角、東井□以祭，有死。"（見圖六七）

從文義來看，這些有關祭祀的占語，特別是有關星祭的內容，與已發表的"祭"這一部分應屬同一類的東西，應該劃在一起。但在帛書的排列中，這些內容與已發表的部分卻相

圖六六

隔又很遠，二者之間的關係如何？尚待更進一步的研究。

關於擇室吉凶的内容，在整件帛書中的16塊中占4塊有餘，顯然是這件帛書中的重要部分，由於殘缺不全，文字頗難通讀。下面且將一塊比較完整的片斷錄之如下：

"凡室刀高之，凶。室三無鄰，凶。高於上室，凶。前於上室，凶。室前牢後井，大凶。

無古（故）而築宮，西隅以為子弟宮，大不吉。以東南隅為室，大凶。歸父之父正居而居之，大凶。

門在東方，徙之西室，有死者，多憂。去徙乃已。

室土不可以東□□□□爵宮庭築牆，不出三歲，弗居。

正東有母喪，不利於君。智室大凶。

室而後之，大凶。後徙故室，大凶。茅屋而□之，大凶。

井之上塞□□，大凶。以泰井之土塗，大凶。以牢為門，女以為室，必絕□辱。

□□□□□□□□□□□大凶，樹木當比隅，凶。樹枌（櫟）當戶牖之間，必絕。"

除了這類擇室的吉凶占語，還有許多築室的吉凶占辭和門、道吉凶之類的占辭，其内容顯然與堪輿相宅有關。此外，還有一塊有關"五禁"的内容，

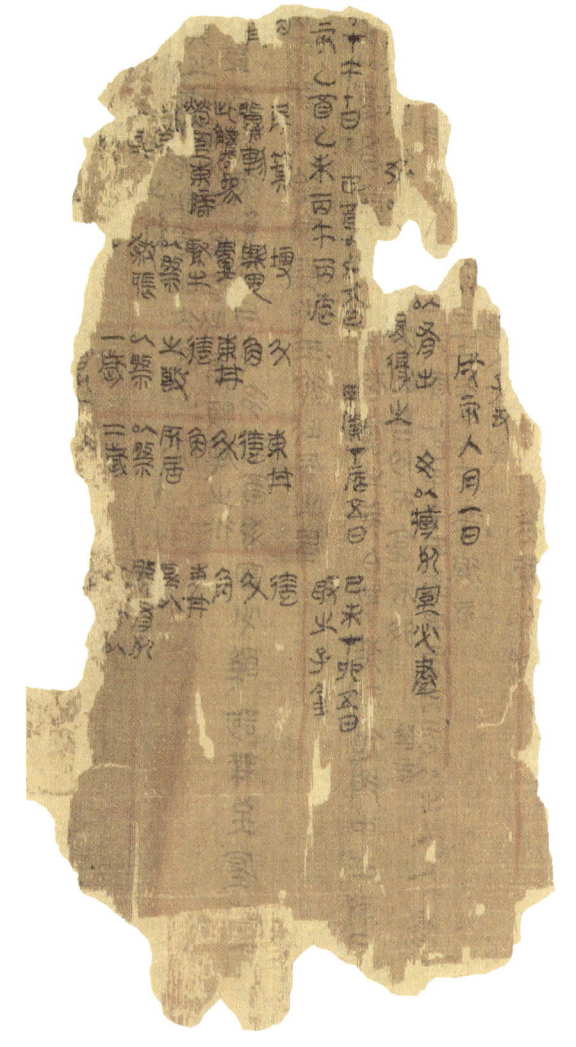

圖六七

其中較完整的有：

"土禁，未、午、巳、辰、卯、寅、丑、子、亥、戌、酉、申；

水禁，亥、戌、酉、申、未、午、巳、辰、卯、寅、丑、子；

木禁，申、未、午、巳、辰、卯、寅、丑、子、亥、戌、酉。"（見圖六八）

我們之所以稱之位"五禁"，是因為在《陰陽五行》乙篇中兩次出現了有關"五禁"的文字殘片（見圖六九），且都是關於五行所禁之事，如：

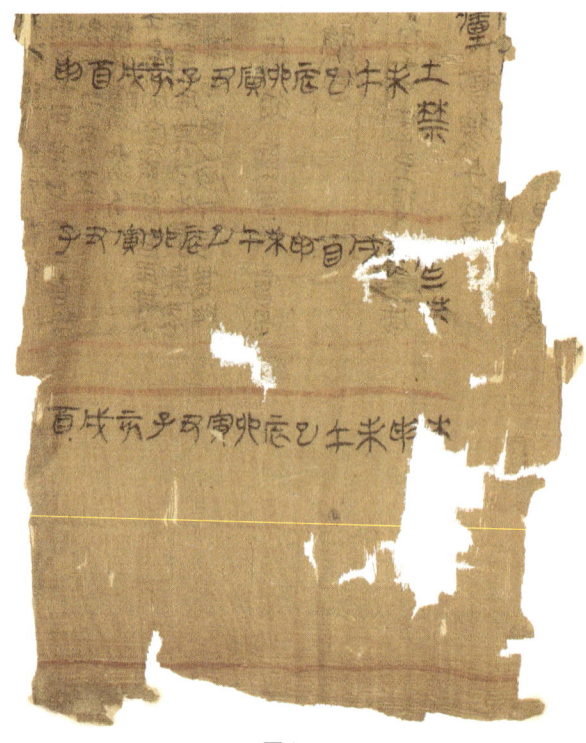

圖六八

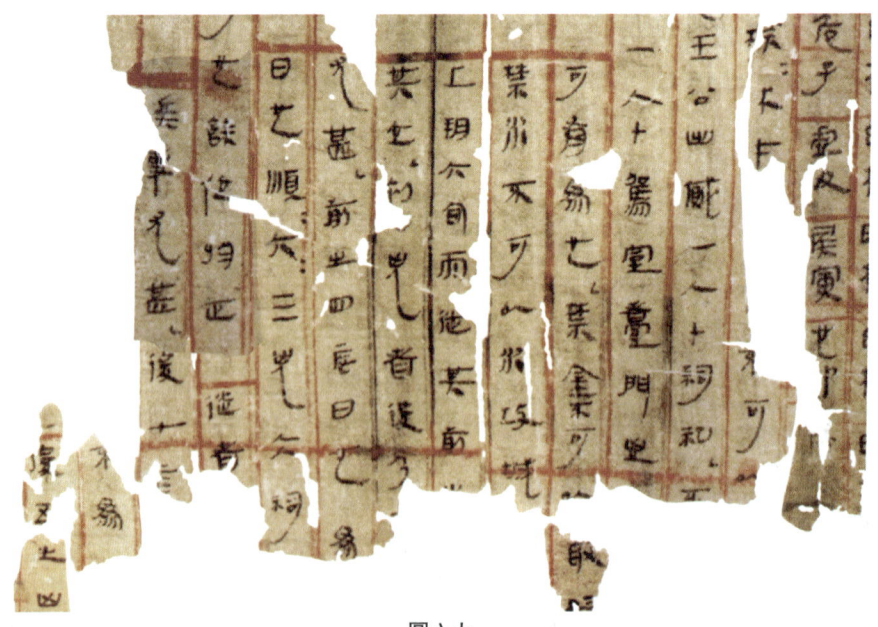

圖六九

"禁火不可以火□□□□□□□□

攻城起兵伐，利以出。禁土

可有為也。禁金不可以金□□□□□不可以築其版基三尺土功，毋

禁水不可以水攻城□□□□□利以為城郭，利入不利出。"

"五禁，禁木……"

（三）

我們引用《陰陽五行》乙篇作為《式法》的參證，是因為二者是同墓出土，內容相近的兩件帛書。雖然前者至今也沒整理完，但據介紹和目驗，其篇幅比帛書《式法》要少得多（周世榮先生曾稱其為長約1.23米。[①] 按，這也許是將帛書《出行占》也算在內的大致長度。如將《出行占》拿開，其帛長應不到1米），其中可與帛書《式法》對應互校的內容有"天一""天地""刑日""五禁"等。有些則圖形相同，但文字完全不一樣。例如同樣是"式圖"，在《式法》中的"式圖"所列主要是干支與二十八宿的排列，而《陰陽五行》乙篇中的"式圖"則是刑德、干支和五行的文字排列，例如：

"丁丑在木，壬午位春，

丁卯在火，壬午［位夏］，

壬申在水，壬子［位冬］，

壬戌在金，壬子［位秋］，

此之謂陰鐵，以此舉攻，其行不疾，是謂不果，必毋迎德以地，五年軍歸，迎之用戰，眾多死。"（見圖七十）

按，此處說的"此之謂陰鐵"這一節文字，在帛書《刑德》甲、乙篇中都有。如乙篇所記是：

"德在木，名曰陰鐵。以此舉事，其行不疾，是謂不果，必毋迎德以地，五年軍歸。迎之用戰，眾多死。"[②]

[①] 汪濤："馬王堆帛書《式法》中的'二十八宿'與'式圖'"，《新出簡帛研究》，文物出版社，2004年。

[②] 陳松長："帛書《刑德》乙本釋文校讀"，《湖南省博物館四十周年紀念文集》，湖南教育出版社，1996年。

圖七十

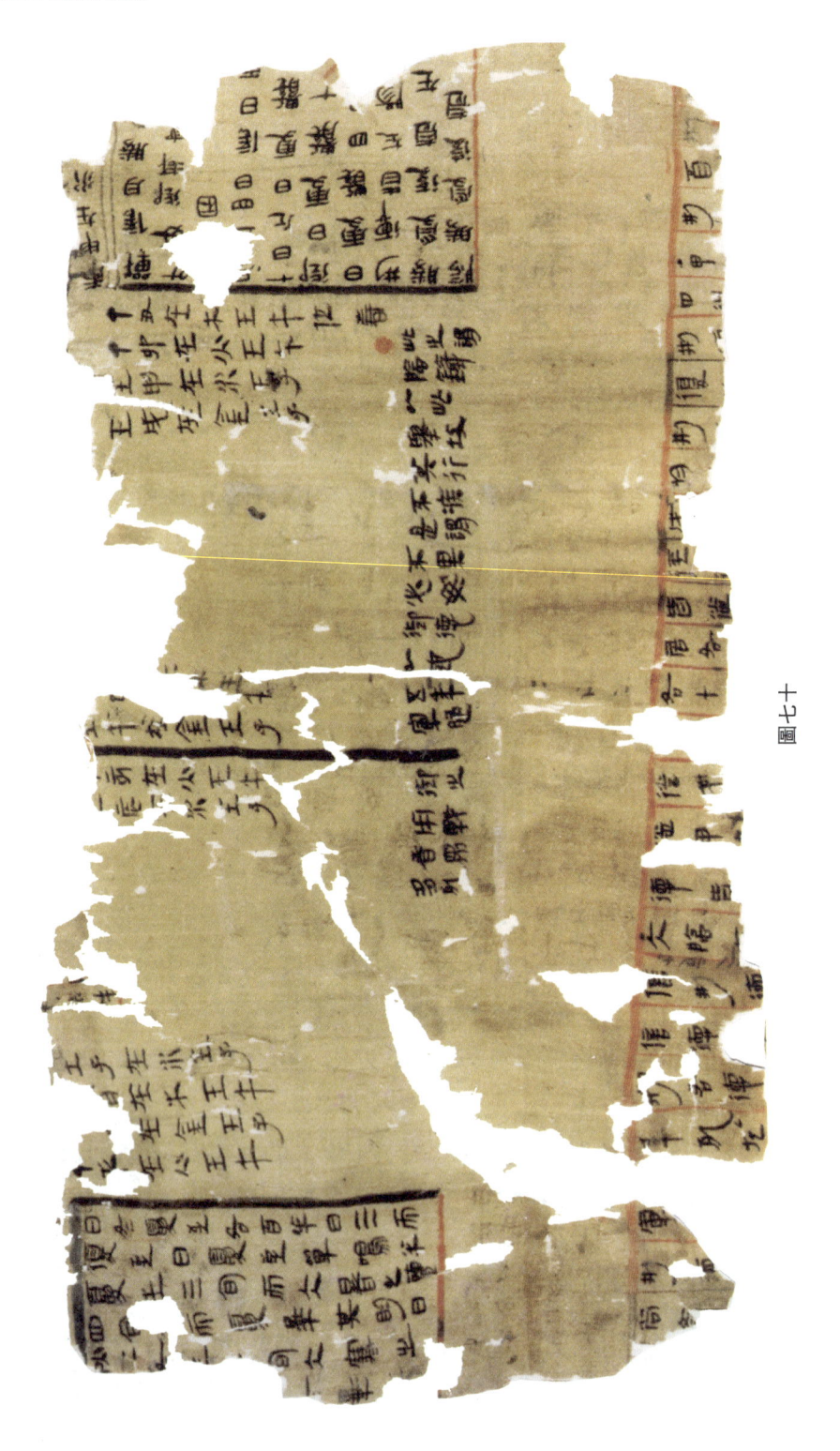

很顯然，這件式圖是有關刑德運行的內容，與《式法》中的式圖並不一樣。當然，有部分內容相同，那已是非常難得的互校材料。如劉樂賢就根據兩者的校勘對《式法》中的"天一"部分的釋文做了很好的校訂。[1]下面我們且也以"刑日"部分為例，對已刊的帛書《式法》中的刑日釋文做些校訂。

首先，在"刑日圖"中，《式法》中的"台"和"虿"，在《陰陽五行》乙篇中作"始"和"孟"。我們知道，"台""始"都是古韻之部字，"虿""孟"都是古韻陽部字。二者之間顯然是通假關係。由於有此通假字的參照，也就給我們理解文義帶來了許多方便。

其次，在說明文字中，兩者也略有差異，如《式法》曰：

"凡刑日，可以張軍、戰鬥、攻伐、殺戮、語（圄）罪、□攻事吉，可以取。"

按，釋文中所缺的字在原件上基本可辨，是一個略有變形的"毀"字。校對《陰陽五行》乙篇，此處的文字是：

"刑日可以張軍、攻伐、殺戮、辜罪、毀築。武事吉，可。"

兩相比較，我們可以看出，前者的"毀"字後，應該還有一個字。核驗原件，確是殘了一個字，因帛片上仍有殘存的筆劃，而這個殘缺的字就應該是"築"字。這樣，在句讀上也應將所缺釋的字與"攻事吉"三字斷開，因此，這句釋文就應改為：

"凡刑日，可以張軍、戰鬥、攻伐、殺戮、語（圄）罪、毀築，攻事吉，可以取。"

第三是已刊的這部分釋文在干支之後漏釋了書於干支下的兩行文字。這也許是整理者認為已刊的帛片上所能看到的就此干支而已，但帛書原件上這兩行干支下面仍有兩行文字。而且其文字的內容也顯然與日辰相會的刑日有關，因此，很有必要補上。它們是：

"〔日辰相〕會之日，百事莫可祭祀，大凶，其咎死亡。

……之是月，□之其後月。"

（四）

在已發表的帛書《式法》第5部分"祭"的內容中，有一段引起學者們

---

[1] 劉樂賢：《簡帛數術文獻探論》，湖北教育出版社，2003年。

關注和討論的文字:

"……［角埂（亢）複,（氐）房］心［折］,尾箕掩;東井輿①鬼復,西（柳）七星張折,翼軫掩;［圭婁復］,（胃）矛（昴）必（畢）折,此（觜）觿參掩;斗緊（牽）牛復,須女去（虛）危折,熒（營）室東辟（壁）掩;……"②

這段文字中,學者們注意和討論的是跟二十八宿有關的三個詞"復""折""掩"。汪濤先生認為:

"'復'的意思應該就是'終而復始'的'復',表示回復、起始之義。'掩'的意思也不難理解,應該是指消失、隱藏;《淮南子·本經訓》'上掩天光,下軫地材',掩當為覆蓋之義。'折'的含義要費解一些,一種可能是把它當作'晢'的假借;'晢'的字義為明亮,這裏可以解釋為星宿的明亮度。《詩經·東門之楊》'明星晢晢'注:晢晢,猶煌煌也。可是,我認為也許按'折'字本來的詞義來理解更好。'折'表示曲折,逆行的意思。《廣雅·釋詁》:'折,曲也。'《淮南子·覽冥訓》'河九折注於海','折'表示彎曲之意。這段文字裏的'復'和'掩'都是作為動詞,表示歲星的運行。'折'應當也用為動詞。"③

按,這裏將"折"就本義說解,將其釋為"逆行",這固然與其所引的《史記·天官書》"歲星出,東行十二度,百日而止,反逆行;逆行八度,百日,復東行"的記載比較相符,但究其文義,"折"本身並沒有逆行的意思,而且在帛書《式法》中,在相同的語言環境中,"折"字都寫作"晢",如:

"［春三月,甲乙坐陰］,尾箕晢,翼軫勺。夏三月,丙丁坐陰,翼軫晢,此（觜）觿參勺。

秋三月庚辛坐陽,此（觜）觿參晢,熒（營）室東辟（壁）晢,尾箕勺。"

---

① 此"輿"字在《文物》2000年第7期上發的釋文作"與（輿）"。按,此應是錄入的錯誤,帛書原件本來就寫為"輿",不存在"與"和"輿"的通假關係。

② 汪濤:"馬王堆帛書《式法》中的'二十八宿'與'式圖'",《新出簡帛研究》文物出版社,2004年。

③ 汪濤:"馬王堆帛書《式法》中的'二十八宿'與'式圖'",《新出簡帛研究》,文物出版社,2004年。

這是已發表的《式圖》中的部分文字。"晢"字反復出現過4次，無一作"折"者。又帛書未發表的部分中，還有一段文字：

"辛桼堯，西障，角亢掩衡；

酉桼堯，未障，尾箕後衡；

申桼堯，午障，輿鬼掩衡；

午桼堯，辰障，翼軫後衡；

巳桼堯，卯障，圭婁掩衡；

卯桼堯，丑障，此（觜）觿參後衡；

寅桼堯，子障，斗緊（牽）牛掩衡；

［子］桼堯，戌障，熒（營）室東壁後衡。"（見圖七一）

這段文字中的"衡"當是北斗七星中的第五星。《文選・東京賦》："攝提運衡，徐至於射宮。"薛綜注："玉衡，北斗中星。""掩衡"意即掩蓋、遮蔽了北斗的第五星，而"後衡"則是位於衡星的後面，意即被衡星遮蔽了。由此我們可以看出，"掩"雖為動詞，但它所表述的意思乃是指星宿的可見度，其詞義其實與"晢"一樣，是對星宿可見度的一種形容。因此，"祭"這部分中所出現的"掩"，其詞義固然是掩蓋、遮蔽，但它在句中單獨使用，實際上就是指星宿被掩蓋、遮蔽了，也就是看不清楚的意思。它與"晢"所表述的明晰清楚正好相對。所以，我們認為，"折"的本字就應該是"晢"。而"複""折""掩"也就是"復""晢""掩"。"復"所表示的回復、起始之義也就是指星宿複明的情況。"晢"是指星宿看得最明亮的情形，而"掩"則是指星宿看起來比較暗淡無光。因此，"祭"篇中所記的"複""折（晢）""掩"就應該是二十八宿運行在不同位置時所觀察到的明暗情形的具體記錄。

四、帛書《出行占》中的幾個時稱概念略考[①]

帛書《出行占》（見圖七二）[②]中有兩處記載了漢初人所使用的時稱概念，

---

① 《出行占》最初劃歸在《隸書陰陽五行》內，現已單獨分篇，但究其內容，也與陰陽五行有關。

② 帛書《出行占》的部分釋文和圖版參見筆者編著的《馬王堆帛書藝術》一書，上海書店，1996年。

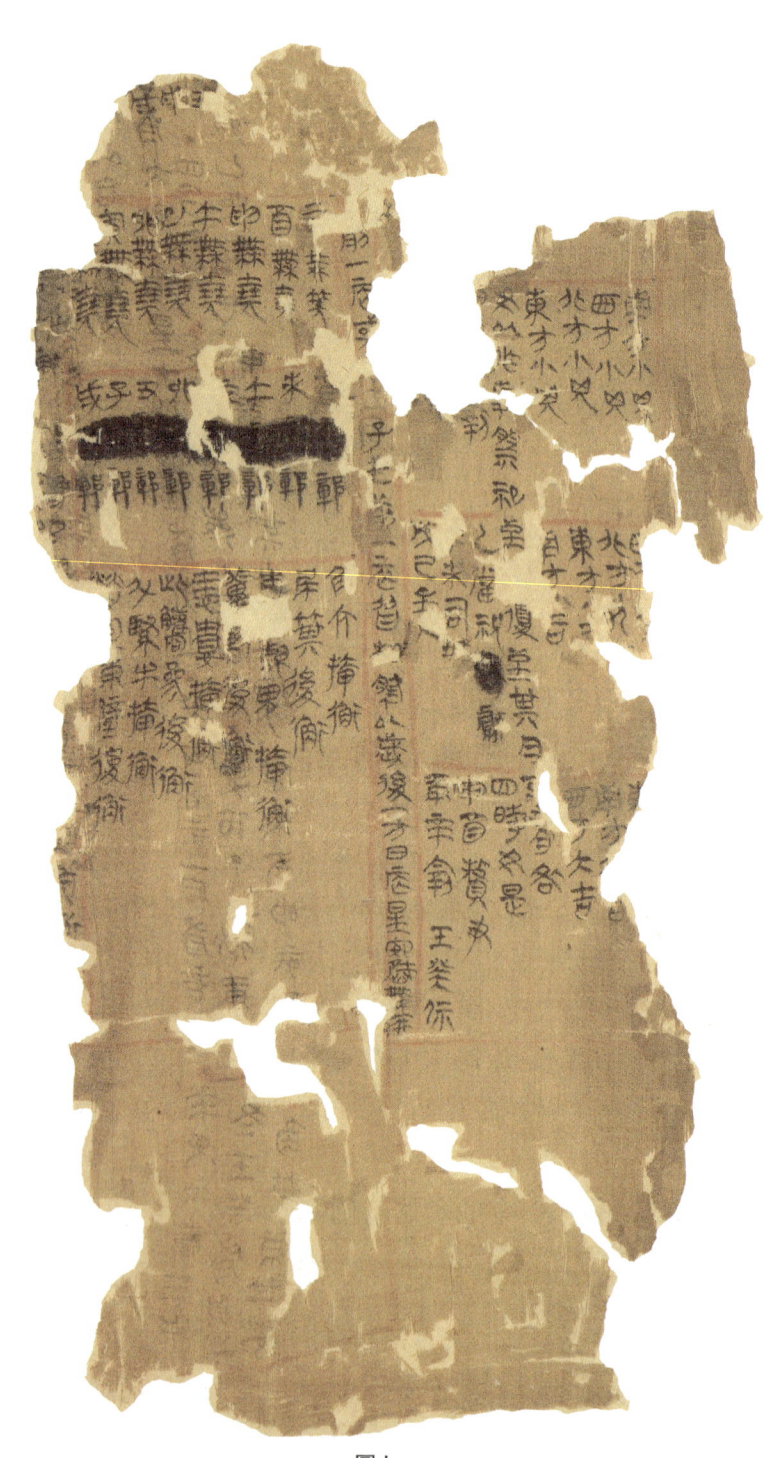

圖七一

第五章　馬王堆帛書《陰陽五行》研究

其一是"禹須臾"的一段文字：

戊寅申、己卯酉、丙辰戌、丁巳亥、庚子午、辛丑未宮也，平旦行，〔二喜〕。〈二八行上〉

己巳亥、庚寅申、辛卯酉、戊辰戌、壬子午、癸丑未角也，食時行，七喜。〈二九行上〉

丙寅申、丁卯酉、甲辰戌、乙巳亥、戊子午、己丑未徵也，晏時行，三喜。〈三十行上〉

癸巳亥、丙子午、丁丑未、乙酉卯、甲寅申、壬辰戌羽也，日中行，五喜。〈三一行上〉

辛巳亥、壬寅申、甲子午、乙丑未、癸卯酉、庚辰戌商也，暮市行，九喜。〈三二行上〉

其二是有關出行吉凶占測的一段文字：

甲乙，平旦、日出自如；食時、暮食大吉；東〔中、西中大凶；日失（昳）、下失（昳）〕有獄；春日、日入有得。〈三三行上〉

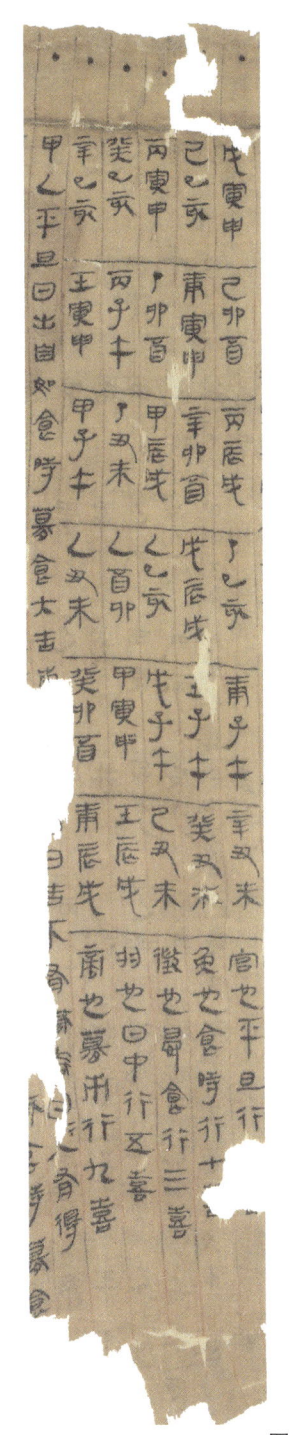

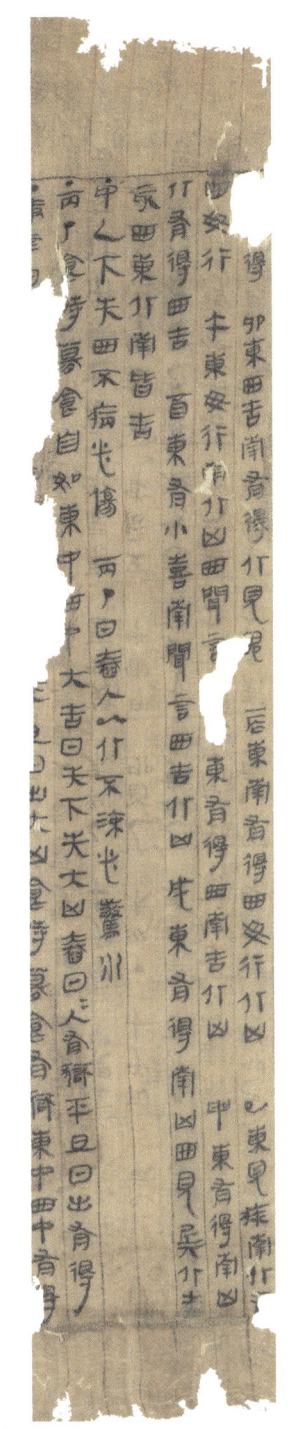

圖七二

225

丙丁，食時、暮食自如；東中、西中大吉；日失（昳）、下失（昳）大凶；春日、日入有獄；平旦、日出有得。〈三三行下〉

戊己，東中、西中自如；日失（昳）、下失（昳）大吉；［春日、日入大凶；平旦、日出有］獄；食時、暮食［有得］。〈三四行上〉

庚辛，日［失（昳）、下失（昳）自如；春日、日入大吉］；平旦、日出大凶；食時、暮食有獄；東中、西中有得。〈三四行下〉

壬癸，春日、日入自如；平旦、日出大吉；［食時、暮食大凶；東中、西中］有獄；日失（昳）、下［失（昳）有得］。〈三五行上〉

在這兩段文字中的時稱概念或見諸傳世文獻記載，如《史記·天官書》《淮南子·天文訓》等，或見諸出土的秦漢簡牘文獻，如《睡虎地秦簡日書》《天水放馬灘秦簡日書》《關沮秦漢墓簡牘》等。與之比較，或可互相印證，或可相互闡發，因略取一二小考如下：

1. 食時

"食時"這個時稱在"禹須臾"篇中位於"平旦"之後，在出行吉凶占測的文字中位於"日出"之後。很顯然是早上日出之後的一個特定時間的專稱，但在傳世文獻和出土文獻中，其具體所指的時間段又各有不同的理解和表述，如《淮南子·天文訓》曰：

"日出於暘谷，浴於咸池，拂於扶桑，是謂晨明。登於扶桑，爰始將行，是謂朏明。至於曲阿，是謂旦明。至於曾泉，是謂蚤食。至於桑野，是謂晏食。至於衡陽，是謂隅中。至於昆吾，是謂正中……"

這裡有"蚤食"和"晏食"之名而無"食時"的專稱。出土文獻中，如《天水放馬灘秦簡甲種日書》[①]：

"平旦生女，日出生男；夙食女，莫食男；日中女，日過中男；日則（昃）女，日下則（昃）男；……"

這裡也只有"夙食"和"莫（暮）食"之名而無"食時"的專稱。《出行占》中的"禹須臾"和有關出行吉凶的占語中，則只有"食時""晏時"和

[①] "天水放馬灘秦簡甲種《日書》釋文"，《秦漢簡牘論文集》，甘肅人民出版社，1989年。

"食時、暮食"的記載，而無"蚤食"或"夙食"這個時稱。這很容易給人一種錯覺，認為"食時"很可能就是"蚤食"的另一種說法。

陳久金先生在《中國古代的天文與曆法》①一書中所列西漢以前十六時制名稱中則只列有"蚤食"和"食時"，並將十六時按二十四小時切分，每一時為一個半小時，所謂"食時"就相當於上午的九點鐘。由於在"食時"之後就是"東中、日中"這樣的時稱，這種解釋給人的感覺是"食時"就相當於《淮南子·天文訓》中的"晏食"和《天水放馬灘秦簡甲種日書》的"暮食"。其實，"食時"作為一個專門的時稱，在西漢以前既不是"蚤食"，也不是"晏食"或"暮食"，而是間於兩者之間的一個專門時段。

1993年在湖北關沮周家台三〇號秦墓出土的秦簡②中，按二十八宿的方位，從"夜半"開始，排列有最為細密詳細的二十八個時稱。其中在"平旦""日出""日出時"之後排列有"蚤食""食時""晏食""廷食"等四個時稱。很顯然，"食時"是間於"蚤食"和"晏食"之間的一個特定時段，如果將其二十八個時稱按二十四小時分配，那每一個時稱的具體時段還不到一個小時。因此，"食時"所指的具體時段應該是在上午九點至十點之間。而這個時段也應該就是西漢以前人們在午前用餐的時間。說到這裡，也許有人要問，怎麼秦漢時期的人們在午前要有這麼多的用餐時段？其實，真正的用餐時段僅僅就是"食時"而已，所謂"蚤食"，其義應該是蚤（早）於"食時"的一個時段的專稱。而"晏食""晏時"或"暮食"則應該是晚於"食時"的一個時段的專稱。其中"食"或寫作"時"，也說明其重心不在"食"，而在"時"，所強調的是比"食時"要晚的這麼一個時段。至於"廷食"中的"食"也應該是"時"字之通假，所謂"廷食（時）"可能就相當於我們今天所常說的"辦公時間"，或者說是幹活的時間。

《睡虎地秦簡日書》的"禹須臾"中有"市日"之名，整理小組注釋："市日，當即食日，疑與《漢書·淮南王安傳》日食時同義，亦即食時。"劉樂賢按："'市日'當即本篇第一段之'餔時'。"王子今按："劉樂賢所謂'本

---

① 商務印書館，1998年。
② 《關沮秦漢墓簡牘》，中華書局，2001年。

篇第一段之舖時，見於簡一三五正'禹須臾'題下'庚辛戊己壬癸舖時行，有七喜。'"①

按，"食"和"舖"確可相通。《楚辭·漁父》："舖其糟而啜其醨。"句中的"舖"字就是"食"的意思。劉樂賢的推論，是根據《睡虎地秦簡日書》的文本比勘所做的結論，且帛書《出行占》中的"禹須臾"中所記也確是"己巳亥、庚寅申、辛卯酉、戊辰戌、壬子午、癸丑未角也，食時行，七喜"。與《睡虎地秦簡日書》"禹須臾"中"庚辛戊己壬癸舖時行，有七喜"的句義也基本相同，但我們從同篇有關出行吉凶占語中的時稱排序來看，"食時"總是與"暮食"連在一起，且排在"平旦"和"日出"之後，"東中"和"西中"之前，顯然是上午某個時段的時稱。而"舖時"則是申時用餐的時間。這在傳世文獻和出土文獻中都有明確的記載：

《淮南子·天文訓》："日出於暘谷，浴於咸池，拂於扶桑，是謂晨明。登於扶桑，爰始將行，是謂朏明。至於曲阿，是謂旦明。至於曾泉，是謂蚤食。至於桑野，是謂晏食。至於衡陽，是謂隅中。至於昆吾，是謂正中。至於鳥次，是謂小還。至於悲谷，是謂舖時。至於女紀，是謂大還。……"

關沮周家台秦簡則詳細記載其時稱序列曰：

"夜半、夜過半、雞未鳴、前鳴、雞後鳴、昧旦、平旦、日出、日出時、蚤食、食時、晏食、廷食、日未中、日中、日過中、日失、舖時、下舖、夕時、日昏入、日入、黃昏、定昏、夕食、人鄭、夜三分之一、夜未半"

很顯然，"舖時"乃是午後用餐時段的專稱，顯然與"食時"分屬不同的時間段，不能視為同一時稱。因此，頗疑《睡虎地秦簡日書》中的"舖時行，七喜"之"舖時"是"食時"之誤，因為帛書《出行占》的時序排列因得到了關沮周家台秦簡的有力旁證而顯得更加可靠一些。

2. 暮市

"暮市"這個時稱亦見於《睡虎地秦簡日書》的"禹須臾"篇中，其文句是：

---

① 王子今：《睡虎地秦簡〈日書〉甲種疏證》，湖北教育出版社，2003年。

"辛亥、辛巳、甲子、乙丑、乙未、壬申、壬寅、癸卯、庚戌、庚辰，莫市以行，有九喜。"

秦簡的原文寫作"莫市"，整理小組的釋文作"莫（暮）市"，注釋曰："暮市，當即暮食，市、食均古之部字。暮食為古時稱之一，見《史記·天官書》。"劉樂賢按："'暮市'即本篇第一段的'夕'，似與'暮食'有別，整理小組之說不確。"①

按，劉樂賢所說的"本篇第一段"即簡一三五正"禹須臾"題下"壬癸庚辛甲乙夕行，有九喜。"兩相對勘，所謂"暮市"確應與"夕"是同一個時段，因為"暮食"這個時稱是午前"食時"之後的一個時段，而且在《睡虎地秦簡日書》中已有"暮食以行，有三喜"的記載。帛書《出行占》的"禹須臾"中也有"晏時（食）"的記載，所謂"晏時（食）"也就是"暮食"。因此，"暮市"不可能還是"暮食"這個時段。這一點，劉樂賢的意見非常正確。但"暮市"在這裡該怎麼解釋呢？我們認為，"暮市"猶"夕市"也。古代市集有朝、午、夕三市。《周禮·司市》："大市日昃而市，百族為主。朝市朝時而市，商賈為主。夕市夕時而市，販夫販婦為主。"這裡所說的"夕時"亦見於湖北關沮周家台三〇號墓秦簡中：

"……日中、日過中、日失、餔時、下餔、夕時、日毚入、日入……"

"夕時"位於"餔時、下餔"之後，"日毚入、日入"之前。按其排序推斷，其具體時段應該在下午五時左右。據此，我們可以推論，"暮市"也可能就是夕時的另一種說法，它既見於《睡虎地秦簡日書》，又見於馬王堆帛書《出行占》，可見它也應該是秦漢之際慣用的時稱之一。

3.春日

"春日"見於帛書的出行占語之中，共出現了四次，都是與"日入"連在一起表示一個特定的時段，如"甲乙，平旦、日出自如；食時、暮食大吉；東［中、西中大凶；日失（昳）、下失（昳）］有獄；春日、日入有得"。從其排序來看，它位於"下失（昳）"之後，"日入"之前，應該是間於日"下失

---

① 劉樂賢：《睡虎地秦簡日書研究》，臺灣文津出版社，1994年。

（昳）"與"日入"之間的一個特殊的時稱。

《淮南子·天文訓》云："日出於暘谷，浴於咸池，拂於扶桑，是謂晨明。登於扶桑，爰始將行。是謂朏明，至於曲阿，是謂旦明。至於曾泉，是謂蚤食。至於桑野，是謂晏食。至於衡陽，是謂隅中。至於昆吾，是謂正中。至於鳥次，是謂小還。至於悲谷，是謂餔時。至於女紀，是謂大還。至於淵虞，是謂高舂。至於連石，是謂下舂，至於悲泉，爰止其女，爰息其馬，是謂懸車，至於虞淵，是謂黃昏，至於蒙谷，是謂定昏。……"

高誘注："高舂，時加戌民碓舂時也。下舂，言將欲冥下，象息舂，故曰下舂。"①可見"舂"字都是解讀為動詞，即"碓舂"的意思。這完全是從本義求解，所據當然是《說文》所注："舂，搗粟也。"但我們或可從其引申義另作新解，《史記·魯周公世家》："舂其喉。"服虔注："舂，猶衝也。"據此，我們或可將"舂日"理解為"衝日"，也就是有雲籠日的一種天象。這可在古代有關雲氣占的文獻中找到類似的天象占語，如：

《開元占經》卷十一"月中有雜雲氣"引《荊州占》曰："有雲如杵，長七尺衝月，所宿國主君將死。"又引京房《易飛候》曰："白雲如杵，長七尺衝月，所宿之國人主死。"②

這裡雖然說的是"衝月"，但"衝"的主語是雲氣則是相通的。因此，所謂"高舂"，或應是太陽尚高掛在西邊時受到雲氣掩遮時的一種天象，而所謂"下舂"則應是太陽下山時被雲氣慢慢吞食時的一種天象。如果這樣解釋大致不誣的話，那麼，帛書中的"舂日"也應該是對雲氣遮掩落日的一種具體形容，然後引申為一個特定的時稱名，就如同今人將《淮南子·天文訓》中的"高舂"解讀為"傍晚時分"，將"下舂"解釋為"日落之時"一樣。③

"舂日"作為一個特殊的時稱，具體是哪一個時段呢？帛書中，它排列在"下失（昳）"之後，"日入"之前，"下失（昳）"猶日下昃也。《天水放馬灘秦簡甲種日書》中記載：

"平旦生女，日出生男；夙市女，暮食男；日中女，日過中男；日則

---

① 《諸子集成·淮南子注》，上海書店影印，1986年。
② 李克和點校本，嶽麓書社，1994年。
③ 陳廣忠：《淮南子譯注》，吉林文史出版社，1990年。

（艮）女，日下則（艮）男；日未入女，日入男；昏女，夜莫男；夜未中女，夜中男；夜過中女，雞鳴男。"

参照這種時稱序列，我們或可推知"春日"的具體時段大致相當於"日未入"。這在湖北關沮周家台三〇號墓出土的秦簡中就相當於"夕時"之後，"日入"之前的"日毚入"，其具體時段應該是在下午六時左右。

第六章　馬王堆帛圖研究

一、馬王堆漢墓帛畫"神祇圖"辨正

馬王堆三號漢墓出土的帛書、帛畫中，所謂"神祇圖"（見圖七三）是一

圖七三

第六章 馬王堆帛圖研究

幅頗值得研究探討的帛畫。它自周世榮先生最早在《馬王堆漢墓中的人物圖像及其民族特點初探》[①]一文中引述並刊出黑白照片以來，已有好幾位先生對該圖的文字、性質進行過或詳或略的考證和論述。[②]筆者因工作之便，有幸能多次觀摩原物，目驗並核對該圖的題記文字，從而發現已刊的論文中，有關該帛畫題記文字的釋定和帛畫的定名，都有進一步考辨訂正的必要，因此不揣譾陋，撰寫此章以求教於同仁。

1.題記文字考辨

該帛畫現存有九段題記文字，除位於左側（以帛畫的東面為左）的一則總題記外，其他各則均分別題寫在具體的形象旁邊，各自起着標明身份、詮釋形象的作用。因此，準確地釋讀這些題記文字，無疑是弄清楚帛畫性質並正確定名的前提和依據。迄今為止，就筆者所知，已有三位先生對這些文字分別做過釋文和一些零星的解釋[③]，但是或許是因為僅以照片為據，或許是因為沒能詳驗原物，其釋文或可補正，或可商榷之處尚多，今且在這些先生釋文的基礎上，就可補正商榷之題記文字分別予以考辨如下。

（1）"大一"象題記

"大一將行，何日，神從之，以……"

"大一"的"大"字完整清晰，上部並無筆劃缺損，故知確是"大一"而不是"天一"。"大一"也就是太一。清段玉裁在《說文解字注》中對"泰"作過如下的論證："後世凡言大而以形容未盡則作太，如大宰俗作太宰，大子俗作太子。周大王俗作太王是也。"

"何日"二字諸家都缺釋。細審帛畫：其中"日"字比較清楚，沒有殘缺的痕跡。"何"字稍殘。《說文解字·人部》；"何，儋也。"清段玉裁注曰：

[①] 《文物研究》第2期，黃山書社，1986年12月。
[②] 周世榮："馬王堆漢墓的'神祇圖'帛畫"，《考古》，1990年第10期；李零："馬王堆漢墓神祇圖應屬辟兵圖"，《考古》，1991年第10期；李學勤："'兵辟太歲'戈新證"，《江漢考古》，1991年第2期。
[③] 周世榮："馬王堆漢墓的'神祇圖'帛畫"，《考古》，1990年第10期；李零："馬王堆漢墓神祇圖應屬辟兵圖"，《考古》，1991年第10期；李學勤："'兵辟太歲'戈新證"，《江漢考古》，1991年第2期。

"何、俗作荷，猶佗之俗作駝，儋之俗作擔也。《商頌》：'百祿是何'，'何天之休'，'何天之龍'。《傳》曰：'何，任也。'《箋》云：'謂擔負。'"是知"何"即"荷"也。"何日"也就是"荷日"。帛畫中"大一"像的胯下，一條黃首青龍頭頂上有一個圓圈，該圓圈有先生認為是星座的圖示，並認為大一象左膝外側下也有一個表示星座的圓圈。①其實，帛畫中就這條龍頭頂有一圓圈。"大一"象左側的那個乃是帛畫在折疊存放過程中經浸泡染過去的（這種浸染的痕跡，帛畫中是處可見）。圓圈作為日的形象，古文物中習見。如山東大汶口文化遺址出土的土灰陶缸上的文字圖形和紹興306號戰國墓出土的銅插座中的圖繪均是以圓圈表示太陽的。而龍與日的關係。又與中國古代神話傳說中的太陽神有密切的關係。《帝王世紀》："庖犧氏蛇身人首。"《拾遺記》："蛇身之神，即羲皇也。"眾所周知，所謂庖犧，羲皇，也就是太陽神羲和。古代傳說和漢代畫像磚中，羲和是蛇身人首之神，這說明"羲和"的原形就是從蛇，或者說是從龍生發出來的。換一句話說，傳說史的太陽神或許正是龍的化身。四川崇慶縣出土的東漢畫像磚上的太陽神正是龍身人首。頭頂上托一有金烏的太陽而行。這與帛畫中的黃首青龍頭頂一圓圈，何其相似乃爾，不同的僅僅是一為人首，一為龍頭而已。由是我們以為，釋"何"為"荷"，"何日"即"荷日"，當大致不誣。

（2）雨師題記

"雨市（師），光、風、雨、雷。從者死，當者有咎。左弅其，右□□。"

"光"字筆劃清楚，或存疑，或釋為"火"者，均不確。"左""弅"二字筆劃稍殘，但尚可辨識。"弅"字帛書作"弇"。眾所周知，漢字的構形部件在文字形體的演變過程中，多可相通借用。如篆書中從廾的奐字，在隸書中就變成了從大的奐了。同理，"弇"字亦應是"弅"的隸變結果。"弅其"當是神名，與之相對。"右"字後兩個殘缺的字也應是神名。

（3）"武弟子"像之一題記

"武弟子，百刃毋敢起，獨行莫［理］。"

"百"字較為清晰，不必存疑。最後一個字已殘缺。有些先生認為應補

---

① 李學勤："'兵辟太歲'戈新證"，《江漢考古》，1991年第2期。

"敢□"兩個字。筆者認為，單憑"莫"字後所殘的空間，不能作為正好缺兩個字的依據，而根據帛畫總題記中的"徑行毋顧"推論，此處應是只殘缺了一個"顧"字之類意義的動詞。因為兩相比較，不僅句法相同，而且意思相近。這樣，我們從諧韻上考慮，與"之""起"的同部字，當以"理"字最相宜。用在這裡，乃是理睬、搭理的意思。這段題記的意思也就是標明"武弟子"是"太一"的保護神。"太一"即將出行，作為保護神的"武弟子"呵令百刃不敢起動，明示"太一"只管獨自前行，不必理睬橫在前路的各種兵刃。

（4）青龍題記

"青龍奉容。"

"容"字周世榮先生最早曾釋為"容"，但又在後面用括弧注明其通"鏞"。至於為什麼通鏞，沒有解說。後來周先生又改釋為"熨"字，並認為是火器。對此，李零先生亦取其後說而釋為"熨"，認為它是火象，與辟火、辟兵有關。我們核驗原物，此字筆劃非常清楚，是"容"字，而不是"熨"字。"容"者，盛也。此處用為名詞，意思乃是盛物之器，也就是容器。容器可盛眾物，但在帛畫中，與"黃龍持鑪"的"鑪"（爐）相對。鑪是火器，那"容"自然是盛水之器。這一點，帛畫上所塗的顏色也可間接為證："鑪"者，是一朱色瓶狀物，而"容"則是一青色瓶狀物，可見二者截然不同。帛畫上所繪青黃二龍一奉水器，一持火器，也許正是龍主天下水旱傳說的一種形象寫照。

（5）總題記

"……□承弓，禹先行。赤包白包，莫敢我鄉（嚮），百兵莫敢我（當）。□□狂謂不誠，北斗為正。即左右唾，徑行毋顧。大一祝曰；某今日且（行），神（從之）……"

這段文字首尾均殘，但殘存的文字基本清楚，可以句讀。"承"字前或以為還有一個"將"字，但細看原物，僅有幾筆殘畫，似不足為據，故闕如。

"赤包白包"四字，周世榮先生以為是三個字，釋作"包由包"，並外圈括弧，作補文處理。對此，李零先生已經指出"原文俱在，並且是四字，"但李先生釋文則僅釋出兩個字，作"赤□白□"。其實，這四個字均很清晰，"赤""白"二字後面兩個字近似"倉"形，周先生釋"包"，這在字形上是有根據的。因為馬王堆帛書《胎產書》《雜療方》中的"包"和三號墓遣策中"鮑"字的偏旁"包"均與之形體相近。因此，我們綜合周、李二位先生之釋法，釋其為"赤包白包"。"包"，在這裡當是"抱"的通假字。《說文》"抱"同"捊"。段玉裁在《說文解字注》中說："捊，引聖也。""聖義同聚，引聖者，引使聚也。《玉篇》正作引聚也。"可見抱有引聚之意。"赤包白包"者，即應是赤色，白色的雲氣引聚之意。古人好以雲氣的顏色、聚散占測吉凶，在古文獻中多有記載。《唐開元占經》卷八"日占四"云："夏氏曰：日暈而珥，外有一抱，所圍城者，在外，外人勝。""石氏曰：日暈有抱，抱為順，在日月之傍，王者有喜，子孫吉昌，政令行。"可見"抱"乃是古人占測吉凶時形容雲氣形狀的一個專門用語。而"赤包（抱）白包（抱）"則多被認為是一種不吉祥的雲氣。馬王堆帛書《刑德》乙篇[1]中有言："月半白半赤，城半降半施。盡赤盡施，盡白盡降。月小中赤，餘盡白，城中將死。月大光赤，主人出，單（戰），不勝。城拔。"這是漢初人以月的赤、白顏色占測吉凶的記載。在北周庚季才的《靈臺秘苑》卷二"月暈氣"中則明確說明了赤白暈氣的兇險預兆："若有赤色雲貫之，其下亡地。""月有珥，占其色，青，憂。赤，兵。黃，喜。白，喪。黑，國凶。""兩珥而白貫之，天下大戰。"又同書卷七的《日凶變》中亦云："天下雲盡赤白色，無光，一月間有兵。"可見題記中所言的"赤包（抱）白包（抱）"乃是兩種不祥的雲氣，故題記中緊接著就題之以"莫敢我向"，其意也就是太一出行時，那些不祥的雲氣不敢貿然擋路，已遠遠地避開了。

"百兵莫敢我"後面殘缺一字，李先生補了一個"傷"字。從該字的語義和語音兩方面看，似無不可。但我們從亳縣鳳凰臺一號漢墓出土的剛卯銘文[2]考察，似乎應換一個"當"字。其理由是：剛卯銘文云："庶疫剛癉，莫敢我當。"其句法和意義正和帛書的"百兵莫敢□"相近。而"當"字與"赤包白包，莫敢我向"的"向"字意思亦正相近，因此，完全可以參照互補。其次，帛畫中的雨師象題記中有"當者有咎"，其中的"當"字亦正是

---

[1] 《馬王堆漢墓文物》，湖南出版社，1992年。
[2] "亳縣鳳凰臺一號漢墓清理簡報"，《考古》，1974年第3期。

用作阻當意，故也可作為此處應補"當"的旁證。再從語音諧韻上看，"當"是陽部字，與"行""嚮"正好諧韻。因此，我們以為，與其補一"傷"字，還不如補一個"當"字。

"即左右"後一字稍殘，周世榮先生釋為"吉"，並以為也許是"龍"的假借字。李零先生釋為"甜"，但打一問號，表示存疑。細核原物，此字僅上部筆劃略殘，但現存部分幾乎與帛書《雜療方》中的"唾"字完全一樣。因此，此字似應釋為"唾"字。"唾"即吐唾沫，這是古代巫術中常見的方法之一，馬王堆醫書中習見。帛畫題記為"即左右唾，徑行毋顧"的意思，也就是要"大一"神儘管出行，即使左右之人吐唾沫，亦無需顧及。

"徑行毋顧"後面，李零先生認為缺兩個字，其實，第二個字非常清楚。周世榮先生已經釋出，是一個"一"字。第一個字則稍有殘損挪位，殘存的筆劃與"大"字形神相似，而它後面又緊跟個"一"字。因此，該字非"大"字莫屬。"大一"也就是帛畫正中的"大一"尊神。

"某今日且"後面，李零先生認為缺了兩個字。我們從帛畫的殘缺情況和總題記的內容看，應該是說帛畫總題記的這一行殘缺兩字。至於題記的全文，當有另起一行書於帛畫上端者，只是因殘損太甚，這另一行的文字無從考證而已。另外，仔細察看原物，這裡所殘缺的兩個字，其中第二個字還有筆跡可尋，乃是一個"神"字。第一個字確實已蕩然無存，我們根據題記的文意和語音來考慮，這裡似可補一個"行"字。為什麼呢？首先，"大一"像題記中有"大一將行"之語，這裡則是"大一祝曰。某今日且□"。"且"與"將"意思相同，並且主語同是"大一"，因此，其所缺的動詞必定是一個"行"字。其次，"行"是陽部字，古韻中與"誠""正"等耕部字自可通押，因此，此處補一"行"字應無疑義。至於"神"後面殘缺的文字，參照"大一"像題記文字的內容和帛畫所繪畫像，至少可補出"從之"二字。

通過上面粗略的考辨補正，我們認為，帛畫的所有題記文字應大致如下：

（1）全圖總題記

"……□承弓，禹先行。赤包（抱）白包（抱），莫敢我向。百兵莫敢我（當）。□□狂謂不誠，北斗為正。即左右唾；徑行毋顧。大一祝曰。某今日且行，神從之……"

（2）雨師像題記

"雨市（師），光、風、雨、雷。☐從者死，當（者有咎）。左拿其，右☐☐。"

（3）大一像題記

"大一將行；何（荷）日，神從之。以……"（大一像腋下另題一"社"字）

（4）雷公像題記

"雷……"

（5）武弟子像之一題記

"武弟子，百刃毋敢起，獨行莫理。"

（6）武弟子像之二題記

"我☐百兵，毋童（動），☐禁。"

（7）武弟子像之三題記

"我虖裘，弓矢毋敢來。"

（8）黃龍題記

"黃龍持鑪（爐）。"

（9）青龍題記

"青龍奉容。"

2.定名辨正

大凡一件東西的定名，應該是對該東西內容實質的一種高度概括和準確描述。但由於這幅帛畫本身殘泐得比較厲害，其圖像又多具有神話色彩，而其題記文字文難以通釋帛畫的內容。故對其定名時，學者們多見仁見智，各持一說。周世榮先生最早引用該帛畫時，徑稱之為"社神圖"。很顯然，這是根據帛畫正中大一像腋下的墨書"社"字定名的。如果說，僅稱該神像為"社神"似乎還勉強可通（其實該神頭部右側有題記，明確標明是"大一"）但帛畫上還有雷公、雨師、武弟子及黃龍、青龍等神靈。如果將這些神靈置之不顧，僅稱之為社神圖，顯然沒有概括出帛畫的實際內容，而且這些神靈與社神的關係也無法交待。也許是有鑒如此，周世榮先生後來自己改稱為"神祇圖"。他認為：所謂神，是指天神大一、雷公、雨師等。所謂"祇"是指地祇"社"等。圖中既有天神，又有地祇，故取名為"神祇圖"。仔細想來，這樣定名，乃是採用一種涵括一切的泛稱來命名的方法。它只是道出了帛畫的一般性內容，而對其特殊性缺乏概括。後來，李零先生根據帛畫總題記和武弟子像的題記斷定，該帛畫應屬"辟兵圖"，並徵引《抱樸子·雜應》篇為其佐證。應該說，李零先生的論斷是很有見地的。但我們以為，辟兵僅是帛畫的內容之一，如僅單稱之為"辟兵圖"，似乎還沒有道出帛畫的內容實質。而且《抱樸子·雜應》中所謂的辟兵之道與帛畫所繪相差很大。它僅是"書北斗字及日月字，便不畏百刃"或"但誦五兵名、亦有驗"，極其簡單，根本不需彩繪什麼神靈圖像。因此《抱樸子·雜應》篇所言的辟兵法，似乎並不能作為確定帛畫為辟兵圖的力證。所以，這種定名似乎亦有重新討論的必要。

筆者從帛畫的題記文字着眼，通觀帛畫所繪內容，採用青銅器定名中常見的以銘文定名的方法，直接從"大一"像題記文字中取名，認為帛畫應定名為"大一將行"圖。

首先，在帛畫的題記文字中，不僅是"大一"像題記中有"大一將行"的題款，而且全圖總題記中還有"先行""徑行""且（行）"。武弟子像題記中也有"獨行"等。短短的百餘字的帛畫題記文字中就反復出現強調一個"行"字，可見出行乃是帛畫的重要主題，而這將要出行的不是別人，正是帛畫正中所繪的"大一"尊神。

其次，只有"大一將行"這個主題才能統攝帛畫上所繪的所有神靈，才能交待帛畫上所繪神靈的功用和歸屬。與一般的繪畫慣例一樣，帛畫的繪製者亦將最重要的至上神"大一"放在帛畫的正中偏上的位置，很顯然"大一"是帛畫中的主神，而"大一將行"，自有一定的排場和儀仗。《楚辭·遠遊》："左雨師使徑侍兮，右雷公以為衛。"大一神的左右兩邊，正有雨師，雷公像和題記，可見它們乃是"大一"出行的先鋒侍衛，負有開路、掃清障礙的職責。《莊子·逍遙遊》："藐姑射山之神人，御飛龍而游乎四海之外。"《論衡·龍虛篇》："龍神為天使，天神乘龍而行。"在古人的想像中，龍是神人乘坐遠行的坐騎，是神人翔雲騰霧的工具。帛畫中"大一"像胯下，繪一蜿蜒遊動的黃首青龍，這豈不正是"大一"出行的坐騎？長沙楚帛書記載："炎帝乃命祝融以四神降，奠三天……"亳縣出土的漢代剛卯銘文云："帝令祝融，以教夔龍。"祝融是楚人崇奉的火神和始祖神，它出行乃以四神為其隨從，並教夔龍以驅庶疫，那麼，同樣是楚人奉為至上神的太一（也許這太一在西漢人的觀念中，本就與其始祖神祝融合而為一了，詳見拙作《馬王堆漢墓帛畫"太一將行"圖淺論》[①]）"大一"出行，以"武弟子"四人當隨從辟兵祛邪，隨之以司掌天下水火的青黃二龍以聽調遣。這正與楚帛書和漢代剛卯銘文所記若合符節。這樣，我們可以說帛畫上所繪的每一個神靈，都不是隨意塗上去的，而是圍繞着"太一將行"這個主題而有機地描繪上去的。

第三，就太一神在楚漢人心中的權威和地位論，也只有稱帛畫為"太一將行"圖，才能較合理地解釋墓主人之所以用此帛畫隨葬的功利目的。

"太一"這個名稱，直接來源於道家學說，後經方士的點化和統治者的鼓吹，太一乃成了創造宇宙，衍生萬物的至上神。《淮南子·本經》中說："太一者，牢籠天地，彈壓山川，含吐陰陽，伸曳四時，經綱八紀，經緯六合。"《楚辭補注·東皇太一》中則說得更具體："太一一星，次天一南，天帝之臣也，主使十六龍，知風雨，水旱，兵革，饑饉，疾疫……"太一既然主宰天地，具有至上的權威，那在楚漢人的思維觀念中，太一自然是他們最崇拜的保護神。"太一將行"也就是太一即將履行其保護神職責的時候。馬王堆三號墓主人下葬之時，選取這樣一幅帛畫隨葬，其功利目的恐怕也就在於祈求這個無所不能的天神，在墓主人魂靈出行升天之時，陪伴並保佑他在升天的途中，在冥冥世界裡，免受風雨、水旱之苦，辟開兵革、饑饉、疾疫之難。這也許正是這幅帛畫的實際意義和功利目的所在。因此，也許只有稱帛畫為"太一將行"圖，才能揭示出帛畫的這種功利目的和實際意義。

二、馬王堆漢墓帛畫"太一將行"圖淺論

1.帛畫內容考述

"太一將行"圖帛畫（見圖七三）是馬王堆漢墓帛畫中又一件頗有神話宗

---

① 《美術史論》，1992年3期。

教色彩和藝術價值的珍品。

　　自其問世以來，或稱之為真"社神圖"①"神祇圖"②或名之曰"辟兵圖"。③筆者認為，當更名為"太一將行"圖（具體論證見下文和拙文《馬王堆帛畫"神祇圖"辨正》④）全圖彩繪，雖有殘破，但基本圖像和文字清楚，現存幅長43.5釐米，寬45釐米。圖像按上北下南的方位排列⑤，帛畫正中上部彩繪一鹿角神人。他雙眼圓睜，巨口大開，舌頭前吐，神精肅穆，雙手自然下垂，上身着紅裝，下着齊膝青色短褲，赤足，兩腿分開，雙膝外曲，作騎馬欲行之勢。左側（以帛畫的東面為左，西面為右）腋下墨書一"社"字，頭部左側有題記兩行。"大一將行，何日，神從之，以……"這裡所說的"大一"也就是太一。清代段玉裁在《說文解字注》中對古文"泰"字作過如下結論："後世凡言大而以為形容未盡則作太，如大宰俗作太宰，大子俗作太子，周大王俗作太王是也。"由是可知，"大一將行"也就是"太一將行"。太一的左右兩邊殘得比較厲害，左邊純以墨線勾勒有起伏的雲氣和一側面人像，該頭像的右邊墨書題記四行："雨帀（師），光、風、雨、雷。囗從者死，當（者有咎）。左弇其，右囗囗。"太一的右邊則以朱色為主，勾勒翻卷的雲氣和一正側面的頭像，其形狀是頭戴幞頭，雙目渾圓，怒視前方，下有彩墨勾繪的衣裙，但似非其服色，可能是拼貼的位置有誤。該頭像右側亦有題記，現僅存一個"雷"字。《楚辭·遠遊》中寫詩人遠遊時，有眾神為其開路和護衛，其中"左雨師使徑侍兮。右雷公以為衛"正好作這兩個圖像的絕好注腳。

　　在"太一"之下，並排有神人四個，按照"東行為順"的次序，左起第一位頭戴青色三山冠，身著青色短衣，紅色短裙，右手下垂，左手高舉，似舉一利器，雙目圓鼓，巨口大開，長舌前吐，髭鬚斜飄，大耳高掛，赤紅臉色，一幅神武而猙獰的面孔。左書一行題記。"武弟子，百刃毋敢起，獨行

---

① 周世榮："馬王堆漢墓中的人物圖像及其民族特點初探"，《文物研究》，第 2 期。
② 周世榮："馬王堆漢墓的'神祇圖'帛畫"，《考古》，1990 年第 10 期。
③ 李零："馬王堆漢墓'神祇圖'應屬辟兵圖"，《考古》，1991 年第 10 期。
④ 陳松長："馬王堆帛畫'神祇圖'辨正"，《美術史論》，1992 年 3 期。
⑤ 採用李零的意見和分法，詳見"馬王堆漢墓'神祇圖'應屬辟兵圖"一文和《長沙子彈庫戰國楚帛書研究》一書。

莫……",第二位亦頭戴三山冠,修眉大眼,張口伸舌,髭鬚冉冉飄動,左手上揚,握一劍狀物,右手下垂,身著紅色短衣,下穿紅黑相間彩繪條紋的短裙,赤足,頗有一種護駕者的威風。其左側腋下書有題記一行:"我☐百兵,毋童(動),☐禁。"第三位位於"太一"的右側,頭上有角狀形冠,左手上揚,手掌為獸爪狀,右手下垂,圓眼鳥喙,身著紅色裘衣,側身而立,左臂下墨書題記一行。"我虙裘,弓矢毋敢來。"第四位則頭頂中間下凹,兩端異骨突起,上頂雙重鹿角,黃臉上怪眼斜睨,雙口圓張。兩須分揚如劍戟,脖子細長,背部聳一怪骨,腹部圓突,雙手側握一殳。有些學者以為是戟,但其上並不是戟形。我們從漢代剛卯銘文(見後)和有關文獻記載考察,當是殳而不是戟。《說文·殳部》:"殳,以投殊人也。"段玉裁注云:"杖,各本作役,依《太平御覽》正。云杖者,殳用積竹而無刃。《毛傳》殳長丈二而無刃是也。"帛畫中所繪,正似一根細竹,上部有飄動的羽旄,但無戟刃,可見正是逐鬼用的殳。該神滿身橫列鱗甲狀花紋,雙足側立,其題記文字惜已殘泐。總體上看這四個神人很顯然是"太一"的"武弟子",是"太一"的護衛神。

"太一"胯下有一黃首青龍,該龍頭頂著一個圓圈,該圓圈當是指太陽。山東莒縣陵陽河大汶口遺址出土的土灰陶缸上的文字圖形(見圖七四)即以圓圈表示太陽。這種以圓圈表示太陽的現象,在甲骨金文中亦累有所見。這青龍頂日,則說明該龍與日有密切的關係。《帝王世紀》:"庖犧氏蛇身人首。"《拾遺記》:"蛇身之神,即羲皇也。"這庖犧氏,羲皇,也就是太陽神羲和。漢代石棺畫像石上的羲和像(見圖七五)正是蛇身人首,且右手正托一日而行。眾所周知,蛇、龍相通。蛇身也就是龍身,這也就說明太陽神乃是龍的化身。帛畫中所繪的"太一"胯下的青龍,也許正是太陽神,它頭頂一日正與漢石棺畫像石上的羲和托日異曲同工。由此"太一"像題記中的"何日"也就得到了落實。何,荷也。何日也就是荷日而行的意思。又,太陽神羲和既是護日之神,亦是御駕之臣。《楚辭·離騷》"吾令羲和弭節兮"正是對羲和御駕職責的說明。正因為它為御駕之臣,故帛畫上位於"太一"胯下"以作其坐騎。當然,作為坐騎,帛畫似乎表現得不夠理想,但其實這也正是西漢初年的藝人們缺乏透視表現力的一種普遍現象。我們說太陽神與龍蛇有關,這還與古人以龍為升天祥物的觀念有關。古人多以為,凡神人多駕龍而出遊。

《楚辭·九歌·河伯》中說："乘水車兮荷蓋，駕兩龍兮驂螭。"《莊子·逍遙遊》："藐姑射山之神人，御飛龍而游乎四海之外。"《春秋命曆序》曰："皇伯登扶桑，日之陽，駕六龍以上下。"《論衡·龍虛篇》："龍神為天使，天神乘龍而行。"此類記載，古代文獻中比比皆是。這條青龍下面，左右還各繪一龍。其左邊朱首黃身，龍頭上揚，龍身蜿蜿曲動，前持一紅色瓶狀物，中有青色塊狀物，龍頭下墨題"黃龍持鑢"四字。"鑢"即"爐"的或體字，可知"鑢"是火器。而右側一龍則黃首青身，龍口大張，龍身蠕動，與黃龍成對峙狀。龍爪前奉一青色瓶狀物，龍首之下墨書"青龍奉容"四字。"容"者，盛也。這裡用為名詞，自是容器之名。容器多為盛水之用，而此處又與"鑢"相對，可見必是水器。"黃龍持鑢""青龍奉容"也許正是龍主天下水旱的形象圖示。它們位於"太一"和四神之下，自然亦是"太一"出行的隨從。

圖七四　　　　　　　　　圖七五

"今日且（行），神……"在這段題記中，反復出現了一個"行"字，有"先行""徑行""且（行）"等。"且"者，將也。《列子·湯問篇》"年且九十"正是"且"用作"將"解的例證。"且行"也就是將行，與"太一"像題記中的"太一將行"意思完全一樣，不同者只是總題記中是"太一"自己說的話而已。又"徑行"亦可與"武弟子"像題記中的"獨行"相呼應。由此亦可知該帛畫所反映的主題，當是"太一"出行。據其題記，應當名之曰"太一將行"圖。

243

2.帛畫的神話色彩和宗教意味

這幅帛畫雖然畫幅不大,且多殘破,沒有T形帛畫那樣奇妙浪漫和精緻華美,也沒有《車馬儀仗圖》帛畫那樣宏大的場面和寫實的風格,但它具有強烈的神話色彩和宗教意味,有着獨特的價值和意義。

首先,帛畫第一次圖示了古代神話傳說中的至上神"太一"的形象。我們粗略地檢索一下有關"太一"的源流可知,在漢代作為尊神供奉的"太一",其實是從道家理論中生發演變出來的。"太一"也就是"一"的極至,這在道家的經典著作《老子》中曾反復提及:"昔之得一者,天得一以清,地得一以寧,神得一以靈,谷得一以盈,萬物得一以生,侯王得一以為天下貞"(《老子·三十九章》)。很顯然,這裡所說的"一"還是一種純理論的"道"的代名詞。

繼《老子》之後,《莊子·天下篇》中則出現了無上至尊的"太一"。"以本為精,以物為粗,以有積為不足,澹然獨與神明居。古之道術有在於是者,關尹,老聃聞其風而悅之。建之以常無有,主之以太一"至於"太一"究為何物?則虛靈空泛得很。而隨着道家理論被統治者的政治需要所利用,經過方士的鼓吹,這虛無的"太一"首先在楚國演變為至尊的"東皇太一"。《楚辭》中,作為娛祀眾神的《九歌》,首篇即歌之以"東皇太一"。對此,宋代洪興祖的《楚辭補注》在"東皇太一"的題目下有一段很好的詮釋。"五臣曰:'每篇之目皆楚之神名。……太一,星名,天之尊神。祠在楚東,以配東帝,故曰東皇。'《補》曰:'《漢書·郊祀志》云:"天神,貴者太一。太一佐曰五帝。古者天子以春秋祭太一東南郊。"'《天文志》曰:'中宮天極星,其一明者,太一常居也。'《淮南子》曰:'太微者,太一之庭,紫宫者,太一之居。'說者曰:太一,天之尊神。曜魄寶也。《天文大象賦》注云:天皇大帝一星在紫微宫内,勾陳口中。其神曰曜魄寶,主御群靈,秉萬機神圖也,其星隱而不見。其占以見則為災。又曰:太一一星、次天一南,天帝之臣也。主使十六龍,知風雨,水旱,兵革,饑饉,疾疫。占不明反移為災。"

有漢一代,"太一"更是最被崇奉為至高無上的尊神。《史記·封禪書》:

"亳人謬忌奏祠太一方，曰：'天神貴者太一，太一佐曰五帝，古者天子以春秋祭太一東南郊，用太牢，七日。為壇，開八通之鬼道。'於是天子令太祝立其祠長安東南郊。常奉祠如忌方。"

《漢書·禮樂志》："至武帝定郊祀之禮，祠太一於甘泉，就乾位也。"這也就是說，在漢代京都長安，不僅"祭太一於東南郊"，而且在西北甘泉宮中亦祀太一。由此可見太一在漢代確是高居群神之首，備受禮遇的尊神。

大家知道，凡被供奉之神靈，大多有其神主或偶象。但是，儘管歷史文獻中太一神的記載累見不鮮，對其神化的程度可謂高之又高，遺憾的是，竟很少有文字對太一的尊容有過直接或間接的描述，以至人們對"太一"的理解仍只能停留在一種神秘的氛圍之中，無法去把握他的具體形象。馬王堆漢墓出土的帛畫，無疑是圖示西漢初期人們觀念中的太一神的最新，也是最形象的材料。

第二，帛畫巧妙地將"太一"至上神與楚人始祖祝融氏融匯一起，構成了一個雙重意義的至上神形象。

從考古學的角度看，楚文化的源頭可以上溯至仰韶文化時期，也就是黃帝，顓頊時代以至更遠。而楚文化本身乃是祝融八姓中的芈姓部族南徙到河南南陽和湖北漢水流域定居以後，在江漢平原上繁衍發展，與當地土著一起共同創造的。楚人的宗教信仰中，特別有尚赤崇火的信仰，如《墨子·公孟篇》："昔者，楚莊王鮮冠組纓，絳衣博袍，以治其國，其國治。"以"絳衣""鮮冠"治國，可見對赤色的推崇，而拜火之信仰習俗則與楚人對其始祖祝融氏的崇拜分不開。《帝王世紀》曰："祝誦氏，一曰祝和氏，是為祝融氏，……以火施化，故後世火官因以為謂。"《禮記·月令》："孟夏之月，其帝炎帝，其神祝融。"可見楚人的始祖祝融氏乃是以火施化之神。流傳至今的南嶽衡山傳說[①]中的"祝融的故事"說得更清楚。相傳祝融氏是黃帝的重臣，他在隨黃帝平定蚩尤之後回師的途中，被委任駐守南嶽。他在衡山教百姓用火、管火、吃熟食，還發明了燈火、松明來熏掉瘴氣。故《管子·王行篇》："黃帝得祝融而辨於南方。"《越絕書》則明言："祝融治南方。"在祝融的治理

[①] 中國民間文學研究會湖南分會：《南嶽的傳說》，湖南人民出版社，1981年。

下，南方得到了發展興旺，所以後來北方的共工戰不過祝融，一氣之下撞倒不周山，但南方卻安然無恙。這些傳說和文獻記載大都不離一個主題，即對楚人始祖祝融的神化和推崇。在楚人的觀念中，祝融無異於一個無所不能，統領南方的至上神，其地位正與楚人崇拜的太一尊神相同。馬王堆漢墓出土的眾多器物、帛書、帛畫已說明，其葬俗的楚風極強。這也說明當時的長沙地區不僅保存了較多的楚風楚俗，而且有極顯明的楚文化傾向和風尚。[①]因此，帛畫中蘊含和融合着楚人的觀念和意識，這是不足為怪的。而帛畫中巧妙地將楚人觀念中的太一神和其始祖祝融氏合而為一，也正是將楚人信仰中的崇教觀念和神話傳統融為一體的具體表現。

我們說帛畫中的"太一"像，就是楚人始祖祝融的畫像，這可從幾方面得到說明。第一：四十年代在長沙東郊被盜掘出土的楚帛書中有關祝融氏的記載，正可與帛畫相印證。帛書乙篇[②]曰："炎帝乃命祝融令四神降，奠三天，口思敦，奠四極。"李零先生曾解釋說："這段話大約是說炎帝命祝融遣四神降于人間，安定日月星辰，建立四極以承天覆。"[③]雖然帛書中還言及："……曰女媧，是生子四因，是襄天㙹。"故或以為這"四神"也就是女媧所生之四子。我們不管這四神到底是誰所生，但有一點是比較明確的，即祝融麾下確有四神為其部下，或者說為其侍從。至於這四神是何模樣，楚帛書中沒有交待。而馬王堆帛畫所繪的"太一"神像下面，平列四神正與楚帛書所說的"祝融以四神降"若合符節，因此，我們完全可以推想帛畫所繪的"太一"神正是楚人的始祖神祝融氏。第二：祝融氏是主火施化之官，是稱火正，而太一像上著紅裝，臉如赤炭，亦正是祝融氏作為火正形象的一個旁證。第三：亳縣鳳凰臺一號漢墓[④]出土的兩個剛卯銘文，亦可間接說明帛畫所繪是融太一和祝融為一體者。剛卯銘文不長，僅32字，但其內容則正可參照，其全文是：

---

① 張正明：《楚文化史》，上海人民出版社，1987年。
② 採用李零的意見和分法，詳見"馬王堆漢墓神祇圖應屬辟兵圖"一文和《長沙子彈庫戰國楚帛書研究》一書。
③ 李零：《長沙子彈庫戰國楚帛書研究》，中華書局，1985年。
④ 亳縣博物館："亳縣鳳凰臺一號漢墓清理簡報"，《考古》，1974年第3期。

第六章 馬王堆帛圖研究

> 正月剛卯，靈殳四方。
> 赤青白黃，四色是當。
> 帝令祝融，以教夔龍。
> 庶疫剛癉，莫敢我當。

剛卯是古人以逐鬼神之物，《說文·殳部》"殳"下曰："殳改，大剛卯也，以逐精鬼，從殳亥聲。"段玉裁注曰："按殳從殳者，謂其可擊鬼也。"剛卯亦即靈殳，陳大年先生曾指出，"古人兵器，司驅逐之用者，以殳為最良。""古時驅鬼，亦以殳為之。""剛卯之制，即仿自殳兵，故其刻字亦仿殳書。"剛卯銘文"靈殳四方"，也就是用靈殳驅逐四方鬼物的意思，而帛畫中，其右邊那位黃臉鹿角之神，正作舞殳以逐鬼狀。"赤青白黃"緊承"靈殳四方"而來，可知乃是指四方之色。長沙楚帛書中亦有以青赤白黑四木以象徵四方，乃至春夏秋冬四時之色者。馬王堆帛畫中的四神，其著裝顏色，亦有赤、青、黃等諸色，其中東起第一"武弟子"神人是青色上衣，第三位是紅色裘衣，第四位是黃色毛衣，第二位則是淡紅色上裝。這淡紅色可能是第三位神人的紅色裘衣浸染而成，因為其紅色與第一位神人的紅裙顏色完全不同。因此其上衣可能就是白色染紅的。如果此說不誤的話，那四神正是"四色是當"，掌管四方的神靈。也正是楚帛書中"步以為歲"，分守四方的四神。"帝令祝融，以教夔龍，庶疫剛癉，莫敢我當"則是說，祝融正教其侍駕的夔龍司掌驅除各種疾疫暑病。"癉"者從"庶疫"中提出，可見它乃是一種特別可怕的熱病，即赤疫。張衡的《東京賦》中就明言要"逐赤疫於四裔"。而司掌驅逐赤疫的正是祝融麾下的夔龍和四神。如果這種理解不錯的話，這也就說明帛畫所繪的"太一"像也就是楚人始祖祝融的形象。第四，帛畫的總題記中，也透露了一些"太一"即祝融的資訊。其題記中言，"太一祝曰：'某今日且行，神〔徙之〕……'"祝者，本是巫祝禱告神明之意，在文字形體上，甲骨文中作"㞢"[1]"禓"[2]等形。商承祚先生曾指出："祝，象跪於神前而灌酒也。"[3]

---

[1] 罗振玉：《殷虚書契前編》四、一八、七，台灣藝文印書館，1970年。
[2] 罗振玉：《殷虚書契前編》七、三一、一，台灣藝文印書館，1970年。
[3] 商承祚：《殷虚文字類編》一、六，中華民國十二年（1923）刻本。

郭沫若先生亦指出:"祝象跪而作禱告。"①我們已知"太一"是為楚人所信奉的至上神,他主管天地萬物。他之出行,當不存在還要禱告神明福祐的必要,而如果將"祝"字理解為其名,則更好解釋。"祝"者,在商周一代本就是一種主司祭祀的官名,而祝融則系掌管大火用以照明,使人融暖的主祭人,因此,"大一祝曰:某今日且〔行〕",意思也就是太一祝融說:"我今日將〔行〕,神〔從之〕……"這樣理解如果並非荒謬的話,那麼,這無異乎證死了帛畫確是將"太一"與"祝融"合而為一進行描繪的。這樣,既將古人,特別是楚人的神話傳說與宗教信仰巧妙地融合在一起,又生動地圖示了太一祝融的形象和其侍從隊伍,同時亦使傳說和文獻記載中所言的太一主司水旱兵革,疾疫等諸方面的神能具體形象化了。

我們說"太一"像就是祝融像,二者在帛畫上合二為一了。那麼"太一"像腋下的"社"該怎麼解釋呢?最初,人們就憑這個"社"字將該帛畫稱為"社神圖"這是有失偏頗的。但我們也應注意到,這個"社"字也絕不是隨便加上去的,它自有其特別的意味在裡頭。李零先生指出:"此神既標'太一',又標'社',並非將二者合一,乃是因為太一在天居中宮,當斗極所在,古人以五行配五位,亦以土居中央,二者相應。有所謂'土主斗'之說。我們認為,李零先生的意見是比較可取的,但似可適當加以補充,既然標明是"社",那該帛畫至少與"社"有些聯繫。《孝經緯》曰:"社,土地之主也。土地闊不可盡敬,故封土為社,以報功也。"《禮記》曰:"社祭土而主陰氣也。君南向,於北墉下,答陰之義也。日用甲,用日之始也。天子大社,必受霜露風雨,以達天地之氣也……社所以神,地之道也。地載物,天垂象,取材於地,取法於天,是以尊天而親地也。"《尚書·禹貢》曰:"海岱及淮,惟徐州,厥貢惟土五色。王者分五色土以為社,建諸侯,則割方色土立社。燾以黃土,苴以白茅。茅取其絜,黃取王者覆四方也。"《禮記》:"王為神群姓立社,曰太社。自立社,曰王社。諸侯為百姓立社,曰國社。自為立曰侯社,大夫以下置社。"上述摘錄至少可以歸納出如下要點,即社是土地之主,它主陰氣,達天地之氣。王侯,乃至大夫都置社以祭等。可見"社"在古人

---

① 郭沫若:《甲骨文字研究·釋祖妣》,天津古籍出版社,2008年。

觀念中佔有何等重要的地位。而"社"的主要功用之一，乃是統治者祈天降雨，賜以土地豐收的主要場所。《帝王世紀·校集》第四："湯自伐傑（桀）後，大旱七年，殷史卜曰，當以人禱，湯曰：'吾所請雨師者民也，若必以人禱，吾請自當。'遂齋戒，剪髮斷爪，以己為牲，禱以桑林之社。言未已而大雨，方數千里。"既求降雨，那也就是為了禱求上帮助以驅逐旱魔，消除赤疫之苦。因此，帛畫所書的"社"，應亦有祈求社神驅逐暑瘴，降以甘霖的功利目的在裡面。而更有趣的是，《後漢書》中記載的有關祈雨的文字。亦可與帛畫互相參照。

"自立春至立夏盡立秋，郡國上雨澤。若少，郡縣各掃除社稷。其旱也，公卿官長以次行雩禮求雨：閉諸陽，衣皁，興土龍，立土人舞僮二佾，七日一變如故事。"(《後漢書·志·禮儀中》)

這裡所說的行雩禮之法中，既有土龍，又有二排舞僮。這舞僮自當各戴面具手執舞具裝扮成各種娛神的神象，而且又正好是左右二排，正可與帛畫中層分列左右的四神相對應。又"土龍"者，乃祈雨必用之物，《山海經》曰："大荒東北隅有山，名曰凶犁山丘，應龍處南極，殺蚩尤與夸父，不得復上，故下數旱，旱而為應龍之狀，乃得大雨。"帛畫中繪有不同形狀的龍三條，這或許也可以作為祈雨之工具也未可知。因此，似乎可以說，帛畫中在太一像腋下題一"社"字，必有祈求社神福佑，驅逐疾疫，以保平安的宗教意味在其中。

3.帛畫的性質

上面我們對帛畫所具有的有關神話色彩和宗教意義做了粗淺的推論後，再來討論帛畫的性質也許就清楚得多了。周世榮先生曾說："該圖具有辟邪性質。"[1]李學勤先生則曾指出："這篇帛書的性質，顯然是講征伐的數術，且與'兵避太歲'有關。"[2]李零先生則認為："從全圖總題記和四武弟子像的題記來看，此圖顯然是以避兵為主要內容，性質應屬辟兵圖。"應該說，這些論

---

① 周世榮："馬王堆漢墓的'神祇圖'帛畫"，《考古》，1990年第10期。
② 李學勤："'兵避太歲'戈新證"，《江漢考古》，1991年第2期。

斷，都有一定的道理，但所謂"辟邪"，則近似於空泛，而單言辟兵，則似失之偏頗。儘管帛畫的題記中有"百兵莫敢我〔當〕""百刃毋敢起""弓矢毋敢來"等文字與辟兵有關，但如果說太一、雷公、雨師等都是辟兵之物，則似乎有點牽強。特別是"太一"作為至上神，絕非僅司辟兵一職。因此，我們認為該帛畫的性質最好用古人所概括的太一的職司來形容。"太一"是"知風雨、水旱、兵革、饑饉、疾疫"之神。那帛畫的性質也就應該是辟風雨，水旱、兵革、饑饉、疾疫的。當時之所以要繪這樣一幅帛畫隨葬，恐怕最主要的功利目的也就是祈求"太一"尊神在墓主人死後，保佑其魂靈在冥冥世界中能免風雨、水旱之苦；能辟兵革、饑饉、疾疫之磨難。而墓主人下葬之日，也就是其魂靈出行升天之時，故帛畫繪出"太一"將行之形狀，其意味也很明顯，這就是祈求"太一"保佑墓主的魂靈出行，其功用也就與T形帛畫相類似，是供引魂安然升天用的。

4. 帛畫的藝術價值

我們對帛畫的性質和有關的神話色彩和宗教意義進行考索的同時，不僅要注意其在歷史和神話宗教等研究中的價值，還要從中國美術史的角度來考察該帛畫，同時特別注意其在中國藝術史，特別是繪畫史方面的價值和意義。下面我們僅淺談幾點：

（1）帛畫具有濃郁的浪漫風格。這主要表現在造型構圖的奇思妙想方面。如上所述，傳說中的"太一"知風雨、水旱、兵革、饑饉疾疫之神能，僅僅是一種概括性的抽象的描述。而在畫師的筆下，抽象的概念文字均變成了想像出來的特定典型形象。而這些形象的組合又巧妙地把神話傳說中的祝融及其侍衛神靈的記載融為一體，有機地組合出一幅生動而神妙的畫面，別具一種浪漫神秘的色彩。這種別出新裁地圖示神靈的表現方法，迄今為止，在所發現的楚漢帛畫中是絕無僅有的。就是素以奇思異構稱著，浪漫色彩極濃的楚帛畫，亦沒有發現過同類型的藝術作品。楚帛畫中現在最有代表性的是長沙子彈庫出土的人物御龍帛畫。長沙陳家大山出土的人物龍鳳帛畫，均是工筆細繪，其人物造形是以墓主人為原形描繪出來的，故多現實的筆觸而少浪漫的色彩。另一幅出自長沙東郊的楚帛書，其月忌部分雖各繪有神異之像，但因帛書是以書為主，故其圖像佈局亦沒有統為一體，而是一種簡單的圖示，缺少一種藝術的氣氛，故藝術研究上價值不大。有些學者認為"太一將行"圖中所繪的神靈形象與湖北隨縣曾侯乙墓彩繪棺上的執戟的方相氏基本相同[①]，其實這是不準確的。彩繪棺上的造形和表現手法是圖案化的，根本就不能與"太一將行"圖相提並論，儘管它們在性質上有相似之處。

（2）構圖的均衡對稱，法度謹嚴，是該帛畫的又一大特色。我們的先人歷來以勻整對稱為美，這幾乎是中國人幾千年來恒定不變的審美趨向之一。建築藝術是這樣，詩歌藝術是這樣，繪畫藝術亦是如此。帛畫雖幅寬僅40餘釐米，但所繪形象眾多，而這些形象又都需要圍繞一個主題而組合。我們的古代畫師嫻熟地運用了對稱構圖的表現技法，將"太一"置於中間偏上的突出位置。隨後分作三層，按照左右對稱排列的方法，有機地組織這些護衛"太一"的侍從們。其中作為前衛的雨師、雷公描繪得比較空靈，而四神則繪得具體整齊，形象鮮明。位於下層的青黃二龍，左右嚴格對稱。特別是其兩尾上翹，巧妙地與位於中層的四神相銜接，形成一幅完整的畫面。我們說，這是別具匠心的藝術佳作，這似乎毫不過分。

（3）書畫並用，開了中國繪畫書款題識的先河。李零先生曾認為：本帛畫和《地形圖》《駐軍圖》《導引圖》一樣，是屬於以文附圖一類的帛畫，並且認為它含有文字內容，與過去陳家大山楚墓、子彈庫楚墓，還有馬王堆漢墓、金雀山漢墓出土的不帶文字的圖有所不同。[②]當然，這種分類不無道理，但從藝術的角度去認識，本帛畫與《地形圖》《駐軍圖》完全不能相提並論。就是《導引圖》亦僅圖繪各式導引圖形，並分別題有導引的招式名稱而已，無論在構圖上還是在藝術表現手法上，均與本帛畫截然不同。本帛畫不僅構圖講究，層次分明，佈局對稱，形象生動，而且在圖像題記之旁，還有總題記來概括帛畫的內容，且其字體遒健勁美，與帛畫渾然一體，這就不能不使人們自然地想起晉代顧愷之所繪《女史箴圖》中的題跋，以及中國畫中最

---

① 黃文進、黃鳳春："倉山2號楚墓禮俗二題"，《江漢考古》，1991年第2期。
② 李零："馬王堆漢墓'神祇圖'應屬辟兵圖"，《考古》，1991年第10期。

有特色的書款題跋來。這種左右中國畫壇兩千年，並使中國畫獨具特殊韻味的題跋藝術，迄今為止，無疑應以本帛畫為其最早的實例和源頭。儘管帛畫的題記並非後代文人墨客的隨興偶筆，而是具有強烈神話宗教色彩的帛畫內容的概括，但其形式本身則無形中創造了中國畫特殊形式和特殊風格的雛形。

（4）帛畫在肖像的刻畫方面亦頗具特色。到目前為止，我們所見到的楚帛畫如《人物龍鳳圖》《人物御龍圖》以及1941年長沙黃土嶺楚墓出土的漆奩上彩繪的車馬人物出行，和湖北包山二號楚墓出土的漆奩上所繪的《行迎圖》等。這些帛畫、漆畫儘管在人物描繪上各有特色，但有一點是共同的：其人物形象都是側面，就是馬王堆一、三號墓的T形帛畫所繪的墓主人也是側面而行的。而本帛畫所繪的"太一"像及其武弟子像卻都採用正面描繪，其中尤以"太一"像繪得比例勻稱，神態畢現，特別是那雙腿分開、重心下移的跨龍姿態，更是傳神地表現了"太一將行"的樣子和意態。因此，這無疑是正面肖像畫的最早範例之一。

（5）本帛畫的人物描繪以單線平塗為主，間以墨色點染，而其線條的運用，具有豐富的表現力。特別是勾勒青黃二龍的線條，或如行雲流水，或如春蠶吐絲，或輕柔，或凝重，極為成功地刻畫了龍的形貌和神態。如龍耳龍眼的線條，流暢遒健，有一種明顯的力度。而龍鬚的線條則若隱若現，輕柔飄逸。就是以今天的藝術眼光來品評，這種線條的表現力也是高超的。這也不能不叫我們為之驕傲和嘆服。

三、帛書《天文氣象雜占》研究三題

帛書《天文氣象雜占》是馬王堆帛書中一件朱墨彩繪、圖文並排的特殊文獻，其全部圖版和釋文最早刊於《中國文物》第一期。[1]隨後，對其釋文進行過專門整理研究的學者有日本的武田時昌先生、宮島一彥先生[2]，中國的顧

---

[1] 《中國文物》第1期，文物出版社，1979年。
[2] 《新發現中國科學史資料的研究·譯注篇》，京都大學人文科學研究所，1975年。

鐵符先生[①]和劉樂賢先生[②]等。寫過專題論文的學者有席澤宗[③]、陳奇猷[④]、王勝利[⑤]、魏啟鵬等先生。[⑥]他們分別對彗星圖和其他占文做過一些考證，並對其撰著年代做過一些研究。最近，簡帛研究網站上發表了董珊先生的《談馬王堆帛書〈天文氣象雜占〉的形成》[⑦]一文，首次對這件帛書的形成原因等問題進行了很有意義的討論。本節擬在時賢研究的基礎上，再就這件帛書的形式與形成、帛書的抄手和帛書的撰抄年代等問題試做些討論，以求正於方家。

1. 帛書的形式與形成

這裏所說的形式，既是指帛書的外觀狀態，更主要是指帛書內容的組合形式。在馬王堆帛書中，這件帛書的內容組合形式比較特殊，但卻很少有人注意和討論。如果我們從文本學的角度來審視這件帛書，那麼，其形式上的特點也許更應該引起我們的重視。

發表在《中國文物》第一期上的《西漢帛書〈天文氣象雜占〉釋文》的開篇是這樣描述的："出土的原件高約四十八釐米，長約一百五十釐米，內容為雲、氣、星、彗四個方面，除一小部分已經殘蝕，尚存三百五十餘條。其中三百多條有名稱、解釋及占文等文字，並且有朱墨畫成的圖，所以不但內容非常豐富，而且是圖文並茂的古書。"[⑧]應該說，這僅僅是介紹了這件帛書的尺寸大小和大體內容而已。倒是席澤宗先生說得比較具體：

"《天文氣象雜占》將雲排在第一、二列的開頭，以暈最豐富；從第二列中部起，一直到第五列，大多畫有太陽或月亮，而在旁邊加上圓圈或各種線

---

① "馬王堆帛書《天文氣象雜占》"，《夕陽芻稿》，紫禁城出版社，1988年；"馬王堆帛書《雲氣彗星圖》研究"，《中國古代天文文物論集》，文物出版社，1989年。
② 《簡帛數術文獻探論》，湖北教育出版社，2003年；《馬王堆天文書考釋》。
③ "馬王堆漢墓帛書中的彗星圖"，《文物》，1978年2期。
④ "馬王堆帛書彗星圖試釋"，《上海博物館集刊》第三集，上海古籍出版社，1986年。
⑤ "帛書天文氣象雜占的彗星圖占新考"，《馬王堆漢墓研究文集》，湖南出版社，1994年。
⑥ "帛書天文氣象雜占的性質與纂輯年代"，《馬王堆漢墓研究文集》，湖南出版社，1994年。
⑦ 簡帛研究網（http://www.bamboosilk.org/），2005年6月13日。
⑧ 《中國文物》第1期，文物出版社，1979年。

條；可惜第三列、第四列嚴重殘缺，所剩不多。蜃氣排在第二列的末尾；虹除一幅外，都排在第六列的開頭。月掩星只有三條，都排在第二列，即'月食星''日星入月''月銜兩星'。恆星也僅有兩條，都排在第六列。"①

很明顯，席澤宗先生在這裏所講的都是六列圖文的具體內容，至於其內容組合的形式特點並沒引起他太多的注意。

近有劉樂賢先生曾對這件帛書的形式做過介紹。他說："從形式看，《天文氣象雜占》的內容可分為前後兩個部分。前一部分圖文並茂，後一部分有文而無圖。"這就直接從形式上將這件帛書的內容分成了兩個部分，但他從後一部分最後一句占語分析認為："《天文氣象雜占》的抄寫者是將第二部分和第一部分當作一書看待。"②

董珊先生則根據這件帛書的編輯體例認為："編撰者所據，可能是同一書的三或四個互有異同的竹簡傳本。""由此可以設想：帛書本的編纂者，面對三四個原簡本時，首先將有圖像的那些竹簡按照內容進行編排，汰其重複，遍錄異同，抄為六列。對那些不附屬於圖像的簡文，也大概稍做了些編次工作（例如把"月有三卯，日月食不為殃。北宮"（後3/9）這一條編入後半幅末段第三列關於日占、月占的部分），抄為帛書後半幅末段的四列。所以，《雜占》這兩部分的關係，更像是同一書的上、下兩篇。綜合上述，我們不難得出這樣一個認識：《天文氣象雜占》的編者綜合了簡本的底本和諸本的圖、文異同，既做了比較有條理的編次，也做出了較為細緻的校讎，最後才抄錄到帛上。我們今天看到的這個帛本，可視為一個經過整理的、在當時比較完善的定本。"③

董珊先生的意見是對這件帛書形成原因的一種很有意思的"設想"，並且已經切入到帛書的編纂體例和內容的編次問題，這對帛書的形式研究無疑大有助益，但也許他對帛書本身並不太熟悉和瞭解，故對這件帛書的形式問題仍是語焉不詳，因此，我們很有必要再做些介紹和討論。

---

① "馬王堆漢墓帛書中的彗星圖"，《文物》，1978年2期。
② 《馬王堆天文書考釋》，中山大學出版社，2004年。
③ 《談馬王堆帛書〈天文氣象雜占〉的形成》，簡帛研究網（http://www.bamboosilk.org/），2005年6月13日。

第六章 馬王堆帛圖研究

這件帛書從外觀上看，確實就由"前一部分圖文並茂，後一部分有文而無圖"所組成，但細審一下就有些問題還有待解釋，一是六列圖文的排列為什麼很不整齊？如第六列後面留空很多，特別是第五列，為什麼中間留空一大截？二是後一部分的四列文字的排序為什麼這樣參差不齊？這些問題顯然與董珊先生所說的"經過整理的，在當時比較完善的定本"的說法相抵牾。我們認為，要解釋這個問題，也許應從這種圖文並排的圖書抄寫程式來討論。

大家知道，繪圖和寫字並不是一碼事。一般情況是繪圖者和抄寫文字者並不會是同一個人，因此，凡這種圖文並排的文獻，多非一人所獨立完成，而是多人合作的結果。而這種圖文並排的文獻製作，一般都是先繪圖，再填寫文字，也許正因為是這種程序，才有可能出現有圖無文、隨圖排文和圖上加文的現象。

帛書中有圖無文的例子如第二列中所繪四個樹狀的雲圖，就有兩個下面沒有文字（見圖七六）。

圖七六

而第六列開頭畫了三幅虹蜺圖，前兩幅下面都有題記文字，後一幅卻沒有（見圖七七）。

馬王堆帛書研究

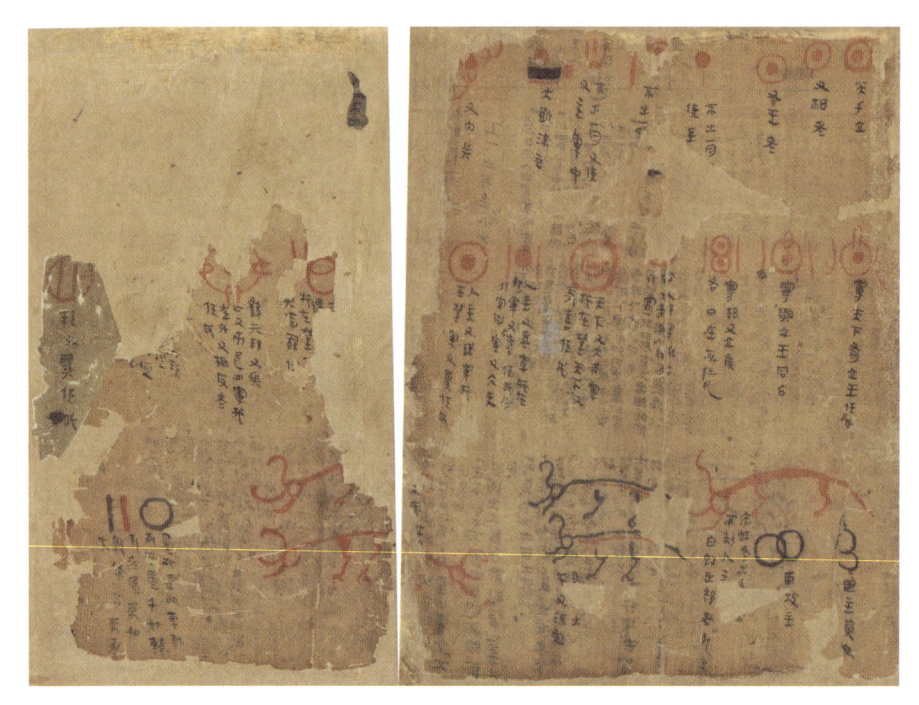

圖七七

　　隨圖排文的例子在這件帛書中到處都是，最典型的是第一列所繪龍馬形雲氣下的占語的排列，完全是按照龍馬形雲氣的形狀在排寫文字，以至於其足底頸下都佈滿了文字（見圖七八）。

圖七八

第六章　馬王堆帛圖研究

　　圖上加文的例子不多，僅第四列中有一例（見圖七九）。後經拼綴發現，這一個圖上加文的圖像還是因畫得不對而"不用"的，因此，《天文氣象雜占》中的所有圖形都是圖文分列的。而這也足以說明這件帛書的製作是先繪圖再填寫占文的。

　　這方面很有說服力的例證是敦煌石室所出的唐代天寶初年的《占雲氣書》。①該書的"觀雲章第壹"共繪了70多幅雲圖，但有占語的卻只有40多幅，後面竟有30多幅是沒有占語的。這種現象的出現足以說明這一類《占雲氣圖》肯定是先繪圖再填寫占語的，因此，這件敦煌卷子沒完成的原因肯定不是雲氣圖的繪製，而是後面抄寫占語的書手因某種原因而沒有填寫占語，以致留下這篇沒抄完的卷子。

　　由此我們可以推斷，這件帛書的製作，首先應是繪圖者根據某些底本來抄錄圖像，這些本子也許不是一個，但也可能並不像董珊先生所說，是"同一書的三或四個互有異同的竹簡傳本"。首先，從眾多的圖像來看，帛書所抄寫的底本並不一定是"竹簡傳本"，因為竹簡在圖像繪製方面畢竟有很大的局限性，故其底本或許也是帛書還很難說。其次，這些底本是否是"同一書的三或四個互有異同的竹簡傳本"也說不準。如果是"同一書"，那就不會出現圖文並排和有文無圖這兩部分的截然區別。因此，我們認為，這件帛書抄錄所依據的底本應該是當時流行的幾個不同的傳本。繪圖者在抄錄圖像時，先有人（應不是繪圖者本人）做過一些編排分類，繪圖者根據這種編排分類應做過大致的佈局安排，或許是有關日占的內容太多，故先安排了第四、第五

圖七九

---

① 《中國文物》第1期，文物出版社，1979年。

兩列抄錄，但也許是估算不准，用兩列的空間又太多，結果留下一大段空白。

在圖像繪好後，才是書手照圖填文的時候。我們也可以推斷，書手在填文的過程中，或是有的本子上有圖而找不到文字，故文字闕如。如第六列開首所繪的三幅虹蜺圖，第三幅下就沒有占語，顯然是先有圖而找不到文字的例子。或是有的本子上有文而已抄錄的帛書上卻沒有圖像，故只好另外排列，以致出現了卷尾的四段占語，使帛書形成了所謂圖文並排和有文無圖兩個部分。

關於這兩個部分之間的關係，尚有不同的認識，而理解的差異則集中在最後一行文字上，其原文是："此書不才其圖下者，各已從其等矣。"

劉樂賢先生在解析時說："才，讀為在。此書不才（在）其圖下者。這本書不在它圖下的部分。等，訓為類。""此條大致是說，書中那些沒有圖像的占文，可以各按其類去上文查閱其圖像。由此看來，《天文氣象雜占》的抄寫者是將第二部分和第一部分當作一書看待。"[①]

對此，董珊先生有不同的意見，他認為"等當訓為簡，指的就是帛書抄本所據的幾個竹簡本。《說文》：'等，齊、簡也。'在包山楚簡中，有數例用作簡策義的'等'字。""據此，寫在帛書《天文氣象雜占》篇末的這句話，意思是說，這書中不在其圖下的那些占文，各從它們的原簡，即：這四列占文都是原簡無圖，而並非對其圖像略而不錄。"[②]

按：兩位的解讀雖各有所長，但都有一些討論的空間。董珊先生將"等"讀為"簡"可能有點勉強，所引《說文》的解釋，本來是"等，齊簡也"。對此，清段玉裁在《說文解字注》中注釋曰："齊簡者，疊簡冊齊之，如今人整齊書籍也，引申為凡齊之稱。"這本來是很淺顯明白的意思，如果為解釋包山楚簡中的"等"字而硬將該句斷開來讀，那顯然不合《說文》訓釋的體例，現在又以之來解讀帛書中的"等"字，顯然不足為據。因此，還是應從劉樂賢先生所釋，讀"等"為"類"比較好，但劉樂賢先生的解釋也還可討論。首先是"此書"並不一定是"這本書"的意思。"書"本就有

[①] 《馬王堆天文書考釋》，中山大學出版社，2004年。
[②] "談馬王堆帛書《天文氣象雜占》的形成"，簡帛研究網（http://www.bamboosilk.org/），2005年6月13日。

"文字"的意思，這在古文獻中很常見，如《史記·項羽本紀》："項籍少時學書，不成，去；學劍，又不成。項梁怒之。籍曰：'書足以記姓名而已。劍一人敵，不足學，學萬人敵。'"據此，"此書"也可理解為"這些文字"，即指上面所抄錄的沒有圖像的文字。其次是帛書中的"各已從其等"也並沒有他所說"各按其類去上文查閱圖像"的意思，而只是交代這些不在圖像下的文字，各已按照其類別進行了分類抄錄而已。我們細讀這些文字的內容就知道，它們的集中抄錄確實各從其類的，因為每一類的前面都有墨點，而這正是帛書中常見的分類、分節的標誌。

解讀了這句有爭議的語句之後，我們再來看這兩部分的關係，就應該是很清楚的事。後面這四段占語，應該是取自與圖文並排的底本不同的文本，它也許本身就沒有圖像，也許是帛書的繪圖者沒來得及繪圖，故單獨抄錄在一起，但其性質與前面的圖文並排部分都是一樣的。因此，劉樂賢所說的"抄寫者是將第二部分和第一部分當作一書看待"的意見是可信的。至於其抄寫形式上的表現，很可能是由於這部分是最後抄錄，原計劃本是分四列整齊抄寫的，但也許是估計不足，抄完第三列之後才發現抄不下，故將第四列拉前許多，結果在後面又留下了許多空白。這在帛書的抄寫佈局中本來是很不理想的結果，但現在看起來，這樣的不整齊佈局，對整件帛書來說，倒是起到了較好的補空作用。

2.帛書的抄手問題

我們在前面已推斷這件帛書的形成，是由圖像繪製者和文字抄寫者共同完成的。這就說明，這件帛書的抄錄並不是一個人所完成的，如果我們再從其字體去考察，馬上就會發現，其文字也不是同一個人所抄錄的，因為很明顯有兩種風格迥然不同的書體擺在我們面前：

第一種字體是每列開端的一部分，如第一列是從"楚雲如日而白"開始到"越雲"為止的十四國雲圖的文字，第二列是從"雲如牛"開始到"又（有）兵車至"等文字，一直到第六列的從"臣主貿處"到"如敦布，有萬死下"（如圖八十）。這一種字體的文字基本上是同一種構形風格，即線條比較纖秀，用筆比較細軟，字形呈長條形，顯得古拙而隨意。

圖八十

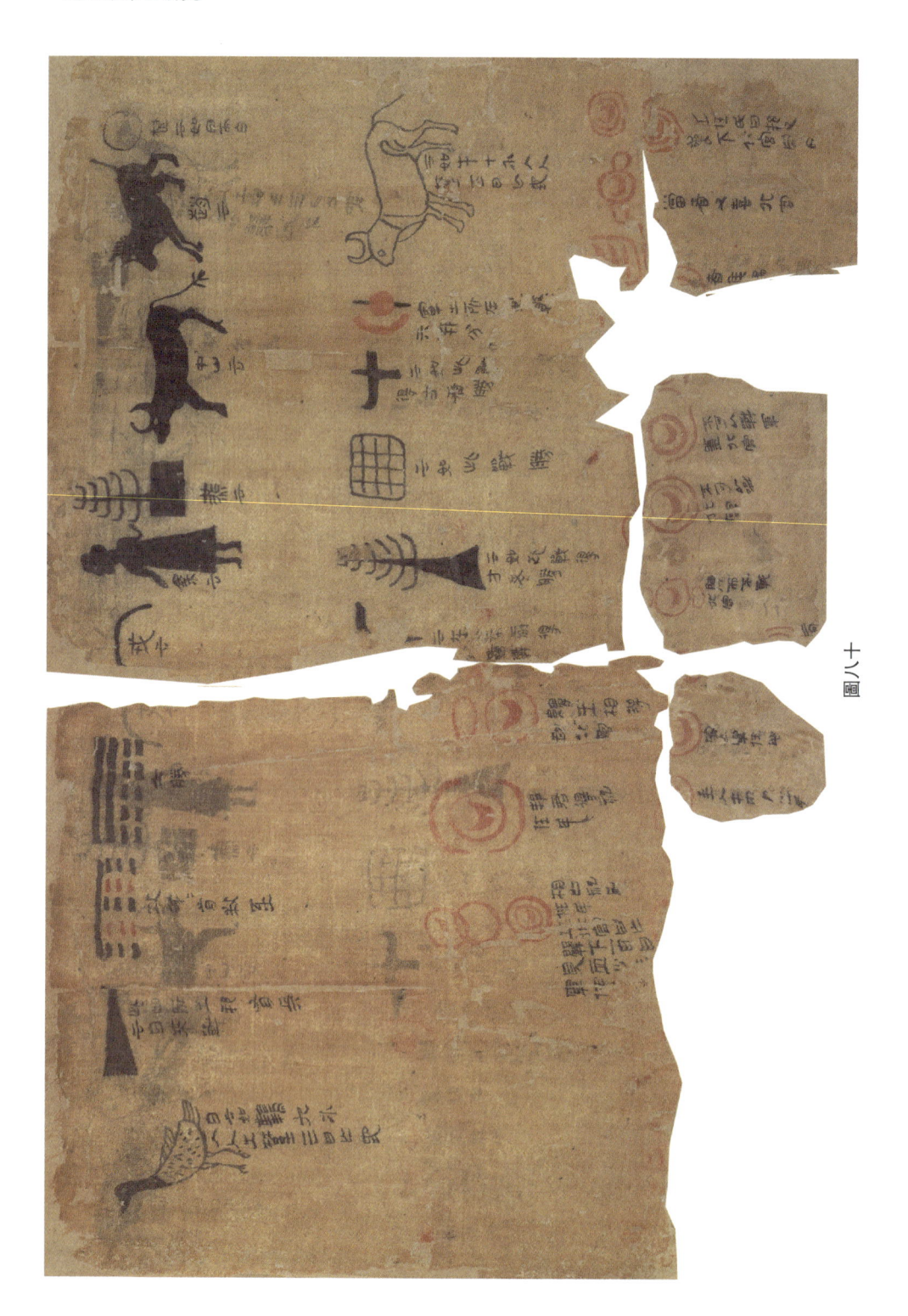

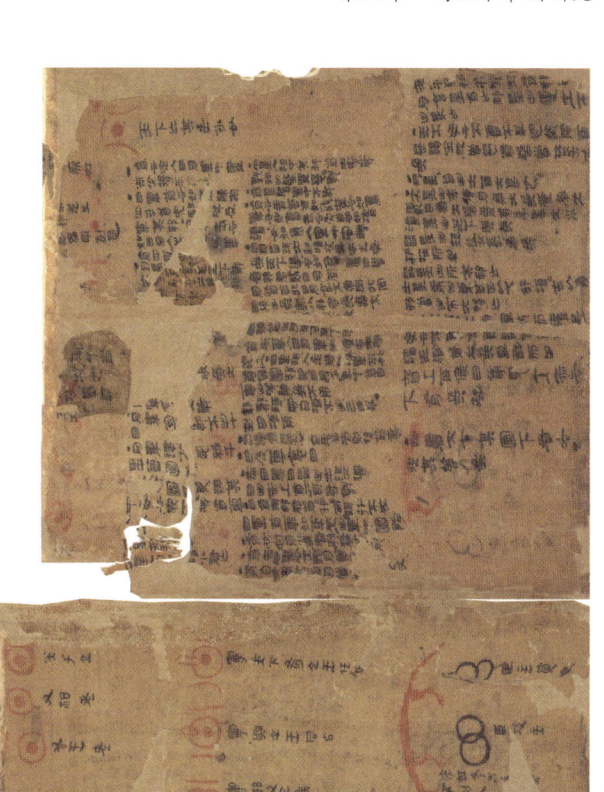

第二種字體（見圖八一）所抄寫的文字則是緊接著第一種字體的各列文字，還包括尾部的四列占文，其構形的線條方起尖收，穩健而靈動，用筆酣暢而飄逸。字形整體上比第一組的要大些。構形則以扁長形為主。隸書的波挑筆意充盈其間，其風格顯得俊秀而規範。兩相比較，無論是字體構形還是書體風格，兩者都不可能是出自一人之手，完全是兩個人的手筆。

很有意思的是，這種風格明顯不同的字體抄寫並不是按帛書識讀的先後順序排列的，而是整件帛書從右到左分為兩塊。這至少提供給我們帛書抄錄形成過程中的兩點信息。其一是這件帛書的文字填寫並不是按識讀的先後順序來進行的，而是以按圖索文的方式整體上從右往左填寫的。其二是這件帛書的文字填寫肯定是兩位書手所完成。這兩位書手的抄寫也許是大致分工後同時進行的，而更大的可能是寫第一種字體的書手抄寫時也許比較隨意，文字的構形和佈局都不太講究，故卷面不太美觀緊湊，所以中途換了一位書手來抄寫。當然，也有可能是第一位書手抄了一部分後，突然有什麼變故而戛然停止所致。總之，這種書體的風格差異無疑是解讀帛書抄錄形成過程的最直接的推論據。

董珊先生設想："帛書本的編纂者，面對三四個原簡本時，首先將有圖像的那些竹簡按照內容進行編排，汰其重複，遍錄異同，抄為六列；對那些不附屬於圖像的簡文，也大概稍做了些編次工作（例如把"月有三卯，日月食不為殃。北宮"（後3/9）這一條編入後半幅末段第三列關於日占、月占的部分），抄為帛書後半幅末段的四列。《天文氣象雜占》的編者綜合了簡本的底本和諸本的圖、文異同，既做了比較有條理的編次，也做出了較為細緻的校讎，最後才抄錄到帛上。我們今天看到的這個帛本，可視為一個經過整理的、在當時比較完善的定本。"①

這裏可能有一個"書手"和所謂"編者"的概念要略加區別。我們剛才已說明這件帛書的抄錄形成至少是由三人合作完成。繪圖和填文的三個人顯然都不是"編者"。他們僅僅是抄錄者而已，如果說他們是"綜合了簡本的底本和諸本的圖、文異同，既做了比較有條理的編次，也做出了較為細緻的校讎，最後才抄錄到帛上"，那顯然不合情理。當然，在他們抄錄之前有人進行過編次和校讎是有可能的，但肯定不是這三位抄手。因為從上面的分析我們已經指出，他們的合作並不十分協調，以致多有佈局不匀，有圖無文的現象出現。因此，如果將這件帛書定性為"一個經過整理的、在當時比較完善的定本"也未免過譽。應該說，這件帛書也僅僅是當時流行的有關雲氣、日、月、星占的一個綜合性的抄本而已。

3.帛書的撰抄年代

關於這件帛書的年代問題，顧鐵符先生最早指出："《天文氣象雜占》裏

---

① "談馬王堆帛書《天文氣象雜占》的形成"，簡帛研究網（http://www.bamboosilk.org/），2005年6月13日。

最有時代關係的，是一〇一條至一一四條十四國、族的雲。其中有趙雲、韓雲、魏雲，說明成書是在戰國時期西元前403年三家分晉之後。其次如越、中山、宋，都是戰國時期被滅掉的國（楚滅越在公元前345年，趙滅中山在公元前301年，齊滅宋在公元前286年），而各國雲中還有這三個國。不過，古代人對地理名稱的使用常有連續性，國亡後仍可能把國名作地名用。這幅帛書的字體，雖然已是隸書，但篆書的意味還相當濃厚。同出的許多帛書中，只有《老子》甲本和《戰國縱橫家書》和它比較接近。書中稱所有國為邦，國君為邦君，不避漢高祖劉邦的諱。由此可見，這件帛書的傳抄，至遲不晚於西漢最初的幾年。但亦不排除更早的可能。秦始皇焚書，像《天文氣象雜占》這種方技方面的書，是不在被焚之列的。"①

顧鐵符先生所論，一是指這件帛書的成書年代，一是指這件帛書的抄寫時代。這確是兩個不同的概念，一般情況下不應混同。有關帛書的成書年代，顧鐵符先生的推論是它大約成書於公元前403年之後至公元前286年之前。魏啟鵬先生則從帛書本身尋找內證來說明"帛書《雜占》乃楚人所輯"。"其年代下限不會早于楚懷王年間，而不排除作于秦楚之際的可能"。至於帛書的抄寫年代，顧鐵符先生的意見是"至遲不晚於西漢最初的幾年"。魏啟鵬先生沒有明說，只是指出這件帛書"在漢初流傳于長沙，疑與鄧弱有關"。②

現在看來，兩位先生的推論都各有其理據，但他們都忽略了對這件帛書形成過程的文本學考察。根據我們上面的分析，這件帛書的抄錄，應該是彙集了至少兩個以上的同性質的底本輯錄而成。因此，如果單以某一局部或某一圖像占文來推斷這件帛書的成書年代，就或多或少有以點代面的疑問。此外，這件帛書在抄錄的過程中，本身已有編次，對此，董珊先生從帛書中出現的"同圖異占並存""異圖同占並存"等現象揭示出這件帛書所用底本的至少有"任氏""北宮""趙氏"等三家之書，如："天子亡，諸侯□□。任氏。其一曰：亡地。趙［氏］。"這是"任氏"與"趙氏"異占並存的例子。又

---

① "馬王堆帛書《天文氣象雜占》內容簡述"，《文物》，1978年2期。
② "帛書天文氣象雜占的性質與纂輯年代"，《馬王堆漢墓研究文集》，湖南出版社，1994年。

如："人主有喜，軍旅在外，軍旅大喜。任氏。今北宮曰：'軍有大事。'"這是"任氏"與"北宮"同圖異占並存的例子，其中任氏所占比較具體，且有喜憂的判斷。"北宮"所占則只有提示，沒有吉凶判斷。兩者所占的側重點顯然不同。更值得注意的是這個"今"字，這說明"北宮"應是與抄錄帛書者同時代的星占家。這也就告訴我們，這件帛書所錄的內容既有西漢以前的星占家的占語，也有抄錄帛書同時代的星占家的占語。因此，我們並不能簡單地將帛書的成書年代和抄寫年代截然分開，因為帛書的抄錄的過程中，已經對不同的底本進行過歸類和編排，同時還有抄錄者自己的按語，如最後一句"此書不才其圖下者，各已從其等矣"，就是對帛書這一部分轉抄體例所作的說明。這完全是抄錄者所為，類似於今天所作的體例說明。這也說明這件帛書並不是像典籍一樣的照本複製，而是一種重新的組合編排。所以，竊以為，類似這種實用性的帛書，在不能確認其成書年代的情況下，最好不要勉強去推斷其所謂成書年代，而是直接討論其撰抄年代即可。所謂撰抄年代，也就是帛書抄錄成書的年代，因為在抄錄的過程中已加入了編撰者的意見，從嚴格意義上講，它已不是所用底本的原來面目，而是經編次形成了一卷新的帛書。因此，我們討論帛書《天文氣象雜占》的時代問題，也應該主要討論它的撰抄年代。

我們認為，帛書《天文氣象雜占》的撰抄年代，應與帛書《刑德》甲篇的撰抄年代相近。因為從書體上看，這件帛書第一部分的字體，與帛書《刑德》甲篇的非常接近，如"雲""勝"等字的寫法和用筆基本上完全一樣。其中特別重要的是，《刑德》甲篇的"刑德運行干支表"中所記的"今皇帝十一"（見圖八二）的"今"與《天文氣象雜占》中的"今北宮"（見圖八三）的"今"完全一樣。因此，我們將兩者說是同一抄手所寫也未嘗不可。如果確實是同一抄手所寫的話，那麼，兩件帛書的撰抄時間也應基本相同。筆者曾指出，《刑德》甲篇是漢高祖十一年的數術方士為軑侯利蒼撰抄的一份用於軍戰的刑德數術文獻[1]，那麼，帛書《天文氣象雜占》也應撰抄於漢高祖十一年（公元前195年）或稍後。因為後一種字體，又與有漢文帝三年（公元前

---

[1] "試論帛書《刑德》甲、乙本的撰抄年代"，《國際儒學研究》第十一輯，2001年3月。

177年）明確紀年的帛書《五星占》（見圖八四）的時代比較接近。由此，我們是否可以這樣說，這件帛書比較準確的撰抄年代應在漢高祖十一年至漢文帝三年之間。

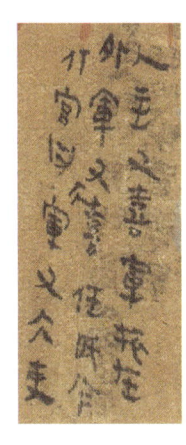

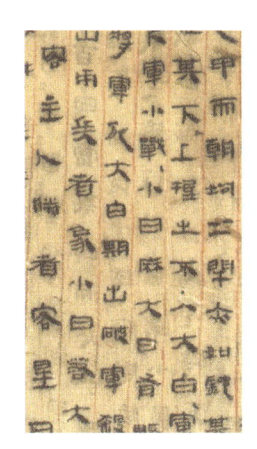

圖八二　　　　　　　圖八三　　　　　　　圖八四

四、帛書《天文氣象雜占》釋文訂補

帛書《天文氣象雜占》的全部圖版和釋文曾刊於《中國文物》第一期。[①] 隨後，對其釋文進行過專門整理研究的學者有日本武田時昌先生、宮島一彥先生[②]，中國的顧鐵符先生[③]和劉樂賢先生[④]等。此外，還有一些學者寫過專題論文，對《天文氣象雜占》的內容和部分占文做過研究和探討，如席澤宗[⑤]、

---

① 文物出版社，1979年。
② ［日］武田時昌、宮島一彥："天文氣象雜占"，《新發現中國科學史資料的研究·譯注篇》，京都大學人文科學研究所，1975年。
③ 顧鐵符：《夕陽芻稿》，紫禁城出版社，1988年；"馬王堆帛書'雲氣彗星圖'研究"，《中國古代天文文物論集》，文物出版社，1989年。
④ 劉樂賢：《簡帛數術文獻探論》，湖北教育出版社，2003年。
⑤ 席宗澤："馬王堆漢墓帛書中的彗星圖"，《文物》，1978年2期。

陳奇猷[①]、王勝利[②]等先生都對彗星圖的占文做過一些考證。魏啟鵬先生[③]曾對其著作年代做過研究等。這次，我們在時賢研究的基礎上，用原大彩色照片拼綴復原這件帛書時，發現原釋文頗多可商可補之處，特別是有好些帛書殘片尚可補進釋文和圖版之中，因此，我們不揣淺陋，對其釋文試作些訂補，以求正于方家。

1.原釋文或有可商可補者

（1）第一列第五八行至第六四行："兵在外，龍之卿（鄉）也，不勝。一月見此四卿（鄉），兵三歲入。七月八月而四卿（鄉），兵十歲乃入，天下盡興兵。"

按：釋文中在第六二行的"四卿（鄉）"前漏掉了一個"見"字。帛書原件中，該字清晰可見，因此，該釋文應為："七月八月而見四卿（鄉），兵十歲乃入，天下盡興兵。"這樣，與前面的"一月見此四卿（鄉）"的文義正可對應。

（2）第一列倒數第二行："白雲如䵶，九斤，入人之野，三日亡地。"

按，"九斤"的"斤"字作"兀"，應是"介"字。同篇第二列第一行有"雲如牛，十介，入人野，五日亡地"。從文例看，這兩條的內容基本相同，故所謂"九斤"顯然是"九介"之誤釋。"介"者，《說文》："介，畫也。"是知帛書中的所謂"九介""十介"就是對雲的形狀的具體描述，即"如䵶"的雲由九畫組成，"如牛"的雲則由十畫組成。

（3）第三列第十二行："如一邦發兵。"

按，"發"字不確。該字本有殘損，從殘存的筆劃來看，顯然不是"發"字。而且，"如一邦發兵"也不見其他文例。因此，從殘存的筆劃和文義來判

---

① 陳奇猷："馬王堆漢墓帛書彗星圖試釋"，《上海博物館集刊》第三集，上海古籍出版社，1986年。

② 王勝利："帛書天文氣象雜占的彗星圖占新考"，《馬王堆漢墓研究文集》，湖南出版社，1994年。

③ 魏啟鵬："帛書天文氣象雜占的性質與纂輯年代"，《馬王堆漢墓研究文集》，湖南出版社，1994年。

斷，該字應該是"有"字。如第五列第十九行至第二一行："繇其邦又（有）兵，亡。又（有）市邑四，軍旅在外，又（有）相反者。"其中"繇其邦有兵"的文例與"如一邦有兵"完全相同。

（4）第三列第十四、十五行："作事不成，啚軍羆。北宮。"

按，"啚軍羆"的"啚"字放在這裏既顯怪異，又不好理解。細審該字，應是"居"字。可能是帛書經緯線的錯位元造成了字形的變異，故被誤讀為"啚"字。

（5）第四列第四二行："戰從□所，勝。"

按，第三字尚存筆劃。從殘存的筆劃和文義上考量，應該是"其"字，而"戰從其所"也文從字順。

（6）第六列第八六行至第八九行："翟星，出日〔春〕見歲孰（熟）夏見旱，秋見水，冬見□。"

按"翟"應是"瞿"字。"瞿星"不見於《史記·天官書》和《漢書·天文志》，是漢時所稱的彗星名稱之一。此外，該段釋文的斷句有誤，可作如下調整：

"瞿星出日，〔春〕見歲孰（熟），夏見旱，秋見水，冬見□。"

（7）"後半幅末段"中列第七行至第九行："日月皆珥，大和，唯攻且去之，毋兵，天下過。雲如甂（榻），屬日，當者邦君賊，日月同。"

按："天下過"的"過"字是"遇"字之誤釋。這一點，劉樂賢先生已指出，並釋"遇"為"相聚"的意思，所謂"天下遇"即"天下之人相聚"。[①]

（8）後半幅末段下列第八行："日出赤雲□之，歲幾（饑）。"

按，"赤雲"後面一字在原件上基本可識，或以為當是"見"字，或以為是"完"字。"完"可通"環"，"日出赤雲環之"，文義上比較順暢。

2.原釋文因帛書殘缺而缺釋者

（1）第二列第十一行後有一個"勝"字的殘文，應補為第十二行。

[①] 《簡帛數術文獻探論》，湖北教育出版社，2003年。

（2）第三列原第十六行上可補"七日"二字。這樣，該行的文字應是："七日有戰。任氏"。此行新拼綴後應是第三十行。

（3）第三列原第十行後可新補一行，即"不和。任氏"。此行在新拼綴的圖版中位列第二十五行。

（4）第三列原第二十五行後可新補：

"□□□□□亂

天下有流血。

天墜，以起兵，無軍

者利。北宮

之（蚩）尤〔旗〕，即其曲□

攻，敗□。"

這幾行文字在新拼綴的圖版中位列第四十至第四十五行。

（5）第三列原最後倒數第四行可補"主人敗"三字，即：

"主人敗。任氏。"

（6）第四列原第二十四行"不出五月，有"後面經拼綴可補"兵"字，因此，該句應該是：

"不出五月，有兵"。

（7）由於上面"兵"字的補釋，同片帛上的文字可在原第四列第二十四行前補為：

"軍旅在外，人主□"。

（8）第四列第四十行後可補：

"戰而"二行殘字。

（9）第五列第二十七行後可補：

"邦有鬬。任氏"。

3.原釋文因拼綴不對而誤置誤釋者

由於殘片的缺失，原釋文的拼綴在第三列中問題最多。又由於一些殘片的誤置，結果導致本來有四列的所謂"後半幅末段"的文字變成了三列。而原第三列的末尾也殘留這幾行不應歸入第三列的半截文字。這次由於有原大的彩色照片來進行拼綴，我們在找准折痕的基礎上，經反復比較抄寫的字體風格，仔細測量其文字因折疊浸染的對稱距離，發現需重新移位和補綴的帛書殘片如下：

（1）原第一列第十四行："不出，□在下"的文字拼綴有誤。其中"不出"二字字形較小，又是一塊拼綴的殘片，顯然不應放在這裡，應該拿掉。在暫時無法找到它的確定位置之前，應附置於殘片之中。

（2）原第三列第二十六行至第三十行文字："比，北宮同占。□上，任氏曰：'天□和下，北宮［同］占'"。這塊帛片的抄寫文字與這二、三、四、五、六列最前面的幾行相同，而且其浸染的反面文字又與新補的帛片文字可以對應，因此應前移於第四行之後。

（3）原第三列第三十六行至第三十七行文字："築名城，任氏：內城"同樣應前移於上面所說的"天□和下，北宮［同］占"之後。

（4）原第三列第三十三行至第三十五行文字："□邦三，伐一邦，任氏曰：不勝"同樣應前移於上面所舉的"築名城，任氏：內城"之後。

（5）原第三列第五行至第十行文字："不可以戰，軍盡。北宮不可以戰。北宮陣而不戰。北宮"應後移於"作事不成，居軍罷。北宮"之後。按，這塊帛片的拼接很細密，從彩色照片上都很難看出其拼接的痕跡，經與原件核驗才發現這塊帛確是拼錯了地方。

（6）原第三列第十一行文字："二旬"應後移於"二旬將"之後。按，這塊小帛片是從上述"不可以戰，軍盡。北宮不可以戰。北宮陣而不戰。北宮"這塊帛上剪下來的，因為在原帛上的位置顯然不對，故按其接痕剪下來，附在同樣內容的"二旬將"之後。

（7）原第三列倒數第五行文字："□□大勝。任氏"應前移于原倒數第七行之前。

（8）原第三列末尾文字："主人亡軍，軍入人。任氏"所屬的這塊帛應與其前面的"主人敗，任氏"靠攏並和前面的五行文字前移十幾釐米。只有這樣，才能騰出空間來補綴所謂"後半幅末段"所缺失的第一列文字。

（9）原第三列第四十一行至第四十行文字："不出三月，大□，其君□，相反也。有軍。任氏"所屬的這塊帛片應移至第四列"戰鈞，四謀而成"之後。因為從圖像來看，第三列所繪都是月占的內容。這塊帛上所繪的圖像是日占的形象，故應下移至第四列，與日占的內容放在一起。

（10）原釋文中第三列第三十五、三十六行文字："□□□□三或周室。"應移至新拼綴的第四列第四十二行之後。因為從圖像上看，這塊帛片所繪也是日占的形象，故應下移第四列，與日占的内容排在一起。

（11）原第四列第四十八行至第五十一行文字："城中有攻也。黑首也"所屬的這塊帛片應改置於原"後半幅末段"的第一列第十二行至第十五行。而原來的第一列第十行至第十二行的大部分文字應改置於這一列的第二十三行至第二十五行。修訂後的釋文從第十二行至這列末尾的文字應是：

"城中有□，勝□

攻也。

□黑首，□雲，兵大□

也。

月軍（暈）包（抱），大戰。

月軍（暈）包（抱），戰不出七

日。

·月軍（暈）建大，民移千

裏，若圍□

□□□圍□見朔，其

中毋雲，寇□城，有雲

入之。

大星剌（刺）朔，不□。

大星入朔中，［其］邦小君亡。"

（12）原第四列末尾七行半截的文字其實並不屬於第四列。他因第三列末尾那塊帛片的誤置所造成誤釋。經過重新拼綴後發現，它應該是所謂"後半幅末段"的第一列文字，現經與新找到的有關殘片拼合，這一列文字可補出如下內容：

第六章　馬王堆帛圖研究

"·虹、之（蚩）尤旗、熒或（惑）韓鵰□，厥虹出其下，有血。

之（蚩）尤旗出所，其邦受兵。

熒惑白如敦布，其所往□不從之。

行中王昆左前後兌其行

［前］庳（卑）後高曰不戰，多文則多取列邑。

□見東方，辰時東南入

□北入，三月中而歸□□木

□□方甍晦入南

貴□軍□天下□□

□邑韋（圍），軍侯之

□后畟（稷）也，城中毋□□。

□祝庸（融）也，城中毋外救。

□白首，禹也，中方刵（頓）矣。

□憂（？）也，中入汞氣，下不可攻

□如屬日，不善（？）□之。"

根據上面的訂補和調整，我們試將《天文氣象雜占》的全部釋文修訂如下：

《天文氣象雜占》釋文

第一列

楚雲如日而白。

趙雲。

中山雲。

燕雲。

秦雲。

戎雲。

濁（蜀）雲。

韓雲。

魏〔雲〕。

衛雲

〔周雲〕。

宋雲。

齊雲。

越雲。

大雨。

大風。

□□□雲。

□地。

□□□在下。

聖王出，霸。

大火出，燒，兵至。

其勝日淬，戰勝。

黃□出，有王者。

大水，亡一邦。

賢人動。

不出五日，大戰，

主人勝

之（蚩）又（尤）之尸。

兵隨之。

戰方者勝。

寇至，從奢來，

不出三月。

在市（師）上，歸。

在城上，不拔。

在市（師）上，大將死。

在市（師）上，勝。

在市（師）上，敗。

在市（師）上，取。

不出五日，大雨。

出所邦，有喪。

出所之邦，有兵。

□□□□，有兵。

氣雲所出，作，必

有大亂，兵也。

戉食。

地食。

陰食。

不勝食。

歲食。

出軍，先者欲講，應

之。合，且講；不合，講。

□□毋道者亡。

大食。

□出，小邦有兵。

得方者勝。

此出所之邦，利以興

兵，大勝。

兵在外，龍之卿（鄉）

也，不勝。一月見此

四卿（鄉），兵三歲

入，七月八月而

見四卿（鄉），兵十

歲乃入。天下盡

興兵。

大勝。

攻城，城有救至。

272

此出所之邦，有兵。
云白，來戰。
白雲如■，九介，
入人之野，三日亡地。

第二列
雲如牛，十介，入人
野，五日亡地。
軍（暈）之所在，軍敗，敗，
其邦分。
云如此，戰，
得方者勝。
雲如此，戰，勝。
雲如此，戰，得
方者勝。
雲在幕前，得
［方］者勝，講。
勝。
枸雲恒□□在，從
以□見兵之。
青
雲如弓，
攻城人勝。
□□又（有）兵車至。
其下大敗。
益地。
眾車
多貴人死。
眾車至。兵車將至其

邑，有大使至。
不出四日兵車
至，客不勝。
軍興，大敗。
不出七日大
戰，客勝。
月軍（暈）不成，利以攻
城，攻城道完者所。
月六軍（暈）到九軍（暈），
天下有亡邦。
十一軍（暈），天下更
號。十三軍（暈），［天下］
更王
赤雲如此，麗月，
有兵。
月食星，有亡邦，不
出地之星。
四月並出，是胃（謂）
亂□，［天］下大
□□□興兵。
目星入月，月光有
□□□□凶貢
月若氏，人主
□相成
黃雲在月下，
客不勝。
兩月並出，
有邦亡。
月銜兩星，軍疲。

有邦亡下。

黃雲夾月，

邦賊。趙

攻城入。

戰，客勝。

不出三日，戰，

主人勝。

小人代為王。

小月丞（承）大月，

有兵，後昌。

邦有女喪，

庫兵盡出。

戰從霯（虹）所，

勝，得地。

天子崩，者（諸）侯□□。

任氏其一曰：亡地。趙□

□□□□

與崩同占。

其一占曰：得地。

與天子崩同占。

北宮

殷失天子。任氏

與殷同占。北宮

桀失天子。

與桀同占。北［宮］

君失其邦，不

反（返）。任氏

北宮：主亡。

邦君静（爭）立，

唯日所當。

北宮

狄君。任氏

縵王，相將

起。北宮

邦君得祀。

任氏

相亡祀，死。

任氏

上，北宮曰：亡

關。下，一占曰：

見血，少三

軍。任［氏］

第三列

上，任氏曰：邦又（有）

喪。下，北宮同占。

當者又（有）喜。北宮

者（諸）侯遇

比。北宮同

占

上，任氏曰：天

□和。下，北宮

［同］占。

築名城。任氏：

內成。

□邦三，伐

一邦。任氏曰：

弗勝。

274

如一邦有兵。
任氏
作事不成，
居軍罷。北宮
不可以戰，軍
盡。北宮
不可以戰。
北宮
陳（陣）而不戰。
北宮
不和。任氏
□□。任氏
得地。任氏
亡地。北宮
亡地。任氏
七日有戰。北宮
有兵内巷（閧）。北宮
□□有兵。任氏
而
二旬將
□
二旬
〈有不用
不勝
使成〉
□□□□□亂
天下有流血
天墜以起兵，无軍
者利。北宮

之（蚩）尤［旗］，即其曲□
攻，敗□。
□□大勝。任氏
客亡軍。任氏
主人午［亡］軍。任氏
主人敗。任氏
主人敗。任氏
主人亡軍，軍入人［野］。
任氏

第四列
天子立。
又（有）柏（霸）者。
又（有）王者。
不出一月，［又（有）］
使至。
不出一月
不出一月，又（有）使［至］，
又（有）主軍中。
大鬭（鬭），流血。
又（有）内兵
下
同
攻
從□
□□
有内□
攻城勝。
邦有立侯。

275

邦君有所□

臣將式（弒）

其君。

一歲吳人

襲郢。

戰鉤，四

謀而成。

不出三月，大□

其君□，相

反也。

有軍。任氏

军旅在外，人主□。

不出五月，有兵。

不出二月

邦亂。

軍人將弒。

鬥（鬭），主人勝，

又（有）大使至。

有使至，鬥（鬭）鉤。

有白環日，七日戰。

有使至。

□□□□不入

戰

而

□□□□

三或周室。

攻［城］□□

攻城入之。

□□

入之。

攻城入之。

不出三月，有大兵

舉。

有外式（弒）君。

戰從其所，勝。

戰從虹所，

勝得地。

在城上，不出五［日］拔。

□□二月□

得地。

□□□□□

此與同占，戰，

大將死。

人主死之。

小雨而振（震）邦門，

人主惡之。

魚（漁）陽亡。

軍分為四。

天下亡其主，分卅。

第五列

曼天下有立主。任氏

曼與立王同占。

曼邦又（有）立侯

各日在所。任氏

有□邦，將□至。

北宮

天下又（有）大戒，軍

276

旅在野，天下又（有）
大喜。任氏
人主又（有）喜，軍旅在
外，軍又（有）大喜。任氏今
北宮曰：軍又（有）大事。
人主又（有）謀，軍旅
在野，軍又（有）憂。任氏
軍旅在外，人主□□。
遇□□〈戰，軍〉
旅在野，〈天下〉
兵皆罷。任〔氏〕
繇其邦又（有）兵
亡，又（有）市邑四，軍旅
在外，又（有）相反者。
任氏
〈起〉□其邦
〈又（有）拔城〉，從
〈講而城〉復。
〈任〉氏
□□□□□
邦有鬭。任氏
圍城拔，北宮
有拔城，北宮
□兵起，下□□罷，
有□。〔任〕氏。〔北〕宮
曰：□有兵。
邦亡，以亂兵。任氏
大戰。任氏
又（有）亂不出三日

而不果。北宮
有雲如戟，臨之，
其邦有兵。北宮
衡雲穿之，有命
兵。北宮
立雲穿之，有
命死。北宮
若有六提，天
子死。北宮
四提，大將軍
死。北宮
四提，有將軍
出亡。北宮

第六列
臣主貿處。
臣攻主。
赤虹冬出，主□□
不利人主。
白虹出，邦君死之。
蚩〔尤〕出，
下又（有）流血。
又□□□。北宮
見此長如車軛，
死者盈千。如轅，
死者盈萬。如
敦布，百萬死
下。
如杼，萬人〔死下〕。

[如]杼三,三萬人死下。
如杼五,五萬人死下。
軍乃
大出。
尤(蚩)又(尤)之
旌,益地。
天覺出,天下起兵
而無成,十歲乃已。
天出熒或(惑)
天下相惑,
甲兵盡出。
赤灌,兵
興,將軍死。
北宮
白灌見,五日,邦
有反者。北宮
天箭出,天下
〓,小負
子姚(逃)。
天箭,北宮曰:小
人嗁(啼)號。它同。
毚出,一
邦亡。
彗星,有
兵,得方
者勝。
是胃(謂)白灌,見
五日而去,邦有
亡者。是胃(謂)赤灌,

大將軍有死
者。
蒲彗,天
下疾。
蒲彗星,邦疢,
多死者。北宮
是胃(謂)秆彗,
兵起,有年。
同占,秆彗。北宮
是是帚彗,有内
兵,年大孰(熟)。
癘(厲)彗,有小兵,
黍麻為。北宮
是是竹彗,人主
有死者。
竹彗,同占。北宮
是是蒿彗,兵
起,軍幾(饑)。
蒿彗,軍阪(叛),
它同。北宮
是是苦彗,天
下兵起,若
在外歸。
苦彗,天下兵
起,軍在外罷。
北宮
是是苦苃彗
兵起,幾(饑)。
甚星,至兵

狋多，恐敗。
而［卒］戰果。
鬳星，小戰三，
大戰七。
抐星，兵□
也，大戰。
名曰干彗，
兵也。
苦彗星，兵
起。歲幾（饑）。北宮
蚩又（尤）旗，
兵在外歸。
瞿星出日，［春］
見歲孰（熟），夏
見旱，秋見
水，冬見□。
小兵戰，入□
□兵□□
北斗云下，有賢將
未立，立將大破軍。
其疵在左，服黑，
短，此見所之國立
之霸。其人在此下
者，陰以憂，逆水之
流，以來及。

後半幅末段
第一列
·虹、之（蚩）尤旗、熒或

（惑）韓鵰□□，厥虹出其下，有血。
之（蚩）尤旗出所，其邦受兵。
熒或（惑）白如敦布，其所往□
不從之。
行中王昆左前後兌其行。
［前］庳（卑）後高曰不戰，多
文則多取列邑。
□見東方，辰時東南入
□北入，三月中而歸□□木
□□方夒晦入南
貴□軍□天下□
□邑韋（圍）軍候之
□□后旻（稷）也，城中毋
□□。
□祝庸（融）也，城中毋外救。
□白首，禹也，〈城〉中方杏
（耗）矣。臣去□憂（？）也，中入
汞氣，下不可攻。
□如杏屬日，不善（？）□之。

第二列
·有雲赤，入日月軍（暈）中，
盡赤，必得而地之。
·日軍（暈）有云如□，陳於
四方。有它邦□城及
軍其邦。□□赤云
如日月，入之□□日軍（暈）
有四耳（珥）。
·目星□□□□天下戰

大□□□□□□朔

□□□□□□□

□□□□□□□

城中有□，胜□

攻也。

□黑首，□雲，兵大□

也。

月軍（暈）包（抱），大戰。

月軍（暈）包（抱），戰不出七日。

・月軍（暈）建大，民移千里，若圍□

□□□圍□見朔，其中毋云，寇□城，有雲入之。

大星刺（刺）朔，不□。

大星入朔中，［其］邦小君亡。

第三列

・小星入朔中，其邦有大客，歲孰（熟）。朔出數黃惡，歲孰（熟）。

・有星隋（墜）軍中，不戰。

・有雲青若赤如龍，黃云如鳥，黑云如鳥，赤云及白雲如鴻鵠，雲如魚，入軍中，客勝。

・日月皆珥，大和，唯攻且去之，毋兵，天下遇。雲如甍（檐），

屬日，當者邦君賊，日月同。

月有三卯，日月食不為央（殃）。北宮

日月出，兵興，小邦吉，兵為不。

日朔皆出於西方，天下流［血］

有赤雲入日月軍（暈）中，盡赤，大勝，

地之。日軍（暈）珥，人主有謀，軍在外

有悔。圍邦見日月軍（暈）中有白

雲出，城降，兵不用。

郃鄭渡剛白垣，不出三日風。

剌（刺）白垣，雨。

・日適為憂，其占善吉，則後有熹。

・日及雲裹日。

・赤日黑日皆出，大盜得。

日出赤，上有二耳（珥），歲孰（熟）。

・日有珥，邦君有行。有行而珥，行不成。

日軍（暈），有雲如車苙（笠），出日軍（暈）中，圍降。

有雲刺（刺）月，當者邦君式（弒）死。

・有赤雲黑雲交臨月，當者□□。

・有白雲黑雲三周月，當者□□大攻。

第四列
・日及雲裏白。
日入環侖（輪）如干其，其君死之。
・日有三耳（珥），其邦有大喪。
日鬪（鬪），其邦內亂，戰不勝，亡地。
其君不死，玄白鬪（鬪），邦多死者。
日景（影）矯燎如句（鉤），是冒（謂）暴市（師），其邦亂。
赤日出，歲孰（熟）。
日出赤雲見之，歲幾（饑）。
赤云從（縱）減（緘），日惡歲，兵興。
・黑日出，興兵，大水，不戰。
・黑雲裏日，兵興。
黑雲質減（緘）日，雨。
黃雲裏日，雨。
有赤雲如雉，屬日，不出三月，邦有兵。
大星入日，日不光，邦當者滅亡。

夜半見如布咸（緘）天，有邦亡。
月食星，有亡邦。星出復立，不出果亡。
・天不毋雲，不雷不風，突然陰雨，
是謂天泣，當邑有喪，當野有兵。
・日日星星皆出，大雨大星也
・夭（妖）星出，赤傅月為大兵，黃為大
羕（瀼），白為大喪，青有年，黑大水。
濆星出，天下興兵。
彗星出，短幾（饑），長為兵。
（屎）在所利。
彗星出所，其邦亡。
大星奔，出東方。正以下，行垣垣。赤以角，
邦當出市（師），大將亡。
毋雲，不雷不雨，誼然而謹，是謂天獄，有大兵且起而凶。
九月上丙，候日旁見交赤云，下有兵起。
・此書不才（載）其圖下者，各已從其等矣。

五、帛書《"物則有形"圖》初探

馬王堆帛書殘片中，有一幅殘存大半而比較特殊的帛圖（見圖八五），其尺寸不大，幅寬約24釐米，幅長約20釐米，與另一幅殘存的"九主圖"的尺寸大小差不多，可能是因其歸屬不太清楚，故原帛書整理小組已整理發表的《馬王堆漢墓帛書》（壹）（叁）（肆）[①]中都沒有介紹。就是有關馬王堆帛書的

圖八五

---

① 參見文物出版社 1980、1983、1985 年分別出版的大八開精裝本。

綜述材料①中也沒人提起過，一直到2004年出版的《長沙馬王堆二、三號漢墓》第一卷中②，才有該圖的目錄。這個目錄當時是按照考古報告的要求，將馬王堆帛書的所有內容，包括所有殘片進行編目的結果。鑒於這幅帛圖的性質還不太清楚，故當時僅採取古書定名的慣例，直接選取帛圖上殘存文字中開頭的幾個字，將其定名為《"物則有形"圖》，至於具體內容，一直沒展開討論。今通過對上博楚竹書《恒先》篇和帛書《黃帝書》的研讀，略有所得，故不揣淺陋，略加考釋，以求正於大家。

這幅帛圖分三層佈局，最外一層是用朱色畫的方框，在方框的內側題寫了文字。第二層是用青色畫的圓圈，在圓圈的外側題寫了文字。第三層是在圓圈的正中，用墨寫的文字組成了一個如雲氣一樣回環的圓。其文字的書寫是從圓心開始向外旋轉書寫，其形狀與帛書《天文氣象雜占》中所繪的日暈、月暈之類的雲氣圖有點類似，具有明顯的圖式意味。這些文字雖然殘缺了左側的一部分，但殘存的中間和右側的文字還基本可讀。因此，我們且先釋讀其殘存的文字，再來討論其圖式的特殊含義。

1.圓圈正中旋轉書寫的文字

"應於淦，行於□（淦？），心之李也。□淦无□□（應也），無不行淦。至而應和，非有入也。蔡解而忘（亡也），非有外也。"

在這個圓圈的北面單寫了一個"淦"字、南面殘存"應"字的一半，東面似是一個"无"字，按理西面也應有一個字，很可惜，這塊拼上去的殘片上沒有，但根據這段迴旋狀文字來推斷，西面所缺的字或許應該是"行"字。如果可以這樣推斷的話，那位於四方的幾個字也許正好是理解這段文字的依據之一。

"淦"在漢語中是一個義項很單一的字，即水名或地名。用在這裡，顯然既不是水名也不是地名，應該是一個具有特殊意義的詞。帛書《陰陽五行》甲篇中有"淦池"一詞，那是星宿的專名，而且也不簡稱為"淦"。因

---

① 見"長沙馬王堆二、三號墓發掘簡報"，《文物》，1974年第7期；曉菡："長沙馬王堆漢墓概述"，《文物》，1974年第9期。

② 文物出版社，2004年7月。

此，頗疑"淦"應讀為"榦"。古音中"淦"是見母侵部字，"榦"是見母元部字，語音相近而可通假。"榦"當為"恒榦"之"榦"。帛書《黃帝書·十大經·行守》開篇就有："天有恆榦，地有恆常"，所謂"恒榦"也就是永恆的主幹，永恆的法則。"榦"用在這裡，或許正是所謂"恒榦"之省稱。如果這種解釋可以成立的話，那麼所謂"恒榦"也就是指形名哲學中那種所謂虛無有的"道"。帛書《黃帝書·道法》："見知之道，唯虛無有。虛無有，秋毫成之，必有刑（形）名。刑（形）名立，則黑白之分已。故執道者之觀於天下也，無執也，無處也，無為也，無私也。是故天下有事，無不自為刑（形）名聲號矣。刑（形）名已立，聲號已建，則無所逃跡匿正矣。"

"應於淦"的"應"也可能就是帛書《黃帝書·稱》中所說的"道無始而有應，其未來也，無之，其已來，如之。"中的"應"。故"應於淦"或許就是與"道無始而有應"相類似的一種表述而已。而"無不行淦"的"無"，也許就是這裡所說的"無之"的"無"。"行於淦"的"行"，也許就是這裡所說的"如之"的"如"。

"李"讀為"理"，帛書《九主》中有"得道之君，邦出乎一道，制命在主，下不別黨，邦無私門，靜李皆塞"一段話，其中"李"字在字形上與此完全相同，帛書整理小組即將其讀為"理"，當無疑義。

"應和"之"和"當與帛書《老子》中的"萬物負陰而抱陽，衝氣以為和"的"和"意思相近。帛書《黃帝書·道原》："一者其號也，虛其舍也，無為其素也，和其用也。是故上道高而不可察也，深而不可則（測）也。顯而弗能為名，廣大弗能為刑（形），獨立不偶，萬物莫之能令。"句中的"和"猶調和、合和也。

"入"猶"內"也。《說文·入部》："入，內也。""內，入也。自外而入也"。是知"入""內"二字同義互訓，義自相同。這裡的"非有入也"和後面的"非有外也"，應該是相對從文。《莊子·天下》"至大無外，謂之大一；至小無內，謂之小一"之句當可作此注腳。

"蔡"當是"察"字之訛寫。馬王堆醫簡《十問》中的"目不察者"的"察"就寫成了"蔡"。帛書整理小組直接將其讀為"察"字。"察"猶稽察也。帛書《黃帝書·道原》："明者故能察極，知人之所不能知，服人之所不能得，是謂察稽知極。聖人用此，天下服。""解"當從其本義，"察解"應就是稽察分析的意思，也就是至察之義。又，"解"或可讀為"懈"。《詩·魯頌·閟宮》："春秋匪解，享祀不忒。"《管子·弟子職》："一此不解，是謂學則。"《史記·留侯世家》："不從必危，不如因其解擊之。"司馬貞索隱："謂卒將離心而懈怠。"帛書《黃帝書·道原》："不為治勸，不為亂解。"帛書整理小組亦讀"解"為"懈"，釋為"懈怠"之義。

2.圓圈外側殘存的題寫文字

"……廣言。終日言，不為言。終日不言，不〔為〕无言。……言，必……怪……故……"

按，"言"是形名學說中一個重要的哲學範疇，在有關的出土文獻和傳世文獻中多有討論和闡述。一般說來，言是"心之符"。帛書《黃帝書·十大經·行守》："有人將來，唯目之瞻，言之壹，行之壹，得而勿失。〔言〕之采，行之熙（熙），得而勿以。是故言者心之符〔也〕，色者心之華也，氣者心之浮也。有一言，無一行，胃（謂）之誣。故言寺（志）首，行志卒。"這是將"言"視為意志的先聲，是判斷一個人內心活動的重要依據。我們現在所說的觀其言，察其行，是同一種認識。此外，在形名學說中，"言"又是一個不可或缺的重要環節。上博楚竹簡《恒先》篇："有出於或，生（性）出於有，音（意）出於生（性），言出於音（意），名出於言，事出於名。或非或，無謂或。有非有，無謂有。生（性）非生（性），無謂生（性）。音（意）非音（意），無謂音（意）。言非言，無謂言。名非名，無謂名。事非事，無謂事。"這是有關宇宙萬物生成論的文字，其中就特別強調了"言"這個範疇的重要性。對此，郭齊勇先生有過很具體的闡述：

"言、名、事的關係，《韓非子》有一些討論：'主道者，使人臣必有言之責。'[1]指言與不言都必承擔責任。'循名實而定是非，因參驗而審言

---

[1] 引自《南面》。

辭。'①'人主將欲禁奸，則審合形名；形名者，言與事也。''為人臣者陳而言，君以其事授之事，專以其事責其功。功當其事，事當其言則賞；功不當其事，事不當其言則罰。'②'術者，因任而授官，循名而責實……'③受申不害影響，韓非說：'聖人執一以靜，使名自命，令事自定。'④又說：'道者，萬物之始，是非之紀也。是以明君守始以知萬物之源，治紀以知善敗之端。故虛靜以待，令名自命也，令事自定也。虛則知實之情，靜則知動者正。有言者自為名，有事者自為形，形名參同，君乃無事焉，歸之其情。'⑤'名'字可以是名詞，指名相，也可以是動名詞，指言語所表達的，其內容指道理或名稱。'形'即表現。在一定場合，'名'就是言，'形'就是事。在另外場合，形名泛指言事。'情'指真實狀況，實情。'參同''參驗''參合'指驗證、檢驗、證明，使所表現（形）與所言說（名或言）相符合，或者形名指導社會實踐。言自為名，事自為形，審合形名，結果是名至實歸，名當其實。如此，君主才可能如'道'的品格，無為而治。這是道法家形名思想的要點。《恆先》篇顯然是與這些思想可以相通的。"⑥

這幅帛圖中的"終日言，不為言，終日不言，不為无言"這具有很強的思辨性。所謂"終日言，不為言"，其意思應該是你整天說個不停，等於沒說，甚至還產生許多不利的影響。這方面，帛書《黃帝書·道法》中亦有一段類似的文字：

"事必有言，言有害，曰不信，曰不知畏人，曰自誣，曰虛誇，以不足為有餘。"

所謂"終日不言，不為无言"，也就是說你整天不說話，並不見得你沒有表述自己的思想。這與《老子》的無為思想是一脈相通的。《老子》："是以聖人處無為之事，行不言之教。""信不足焉，有不信焉，猶兮其貴言。"《黃

---

① 引自《奸劫弒臣》。
② 引自《二柄》。
③ 引自《定法》。
④ 引自《揚權》。
⑤ 引自《主道》。
⑥ 郭齊勇："《恆先》——道法家形名思想的佚篇"，《楚地簡帛思想研究》（二），湖北教育出版社，2005年。

帝書·名理》:"道者,神明之原也。神明者,處於度之内而見於度之外者也。處於度之〔内〕者,不言而信,見於度之外者,言而不可易也。"所謂"不言之教""不言而信"者,似都可作為這句"終日不言,不為无言"的注腳。

3. 方框内側殘存的題寫文字

"物則有形,物則有名,物則有言,言則可言,言有〔不言〕,……明……以智(知)……歸。"

這幾句話是闡明"物"與"名","名"與"言"的關係,重心還是落實在對"言"的闡述上。

有關"物"與"名""言"的關係,帛書《黃帝書》中亦多有闡述。如《稱》:"有物將來,其刑(形)先之。建以其刑(形),名以其名。其言謂何?環(繁)〔刑〕傷威,馳欲傷法。無隋(隨)傷道。數舉三者,有身弗能葆也,何國能守?"這裡闡釋了形名的建立事關守國保身,意義重大。

又如《道法》:"凡事無大小,物自為舍。逆順、死生,物自為名。名刑(形)已定,物自為正。"其中的"物自為名"與這裡的"物則有名"當屬相類似的一種表述。

關於"言"的重要性,《黃帝書》中也曾反復強調,如《經法·名理》:"若(諾)者,言之符也。已者,言之絕也。已若(諾)不信,則知(智)大惑矣。已若(諾)必信,則處於度之内也。天下有事,必審其名,名□□循名廏(究)理之所之,是必為福,非必為災。是非有分,以法斷之。虛靜謹聽,以法為符。審察名理終始,是胃(謂)廏(究)理。"這就是說,應諾,是語言上答應別人的憑證;不應諾,是語言上拒絕別人的表示。如果講話不算數,不守信約,那就是頭腦糊塗。所以凡應諾之事一定要講誠信,這才合乎道理。天下有事的時候,一定要審核它的名,用循名責實的辦法,分辯對錯,是正確的就一定會帶來幸福,是錯誤的就一定會帶來災禍。以道法的標準來裁決是非,來虛心聽取不同意見,循名責實,這就是窮究事理的方法。[1]

---

[1] 余光明:《黃帝四經今注今譯》,嶽麓書社,1993年。

帛圖中的文字殘缺太多，有關"言"的闡述尚沒有展開，但很顯然，現存的這句"言則可言，言有〔不言〕"也是對有關"言"這個特定範疇的一種形名學說上的討論，只是它該是如何展開的，我們現在無法復原而已。

　　通過上面的分析，我們可以明顯地看出，這些文字，大都與帛書《黃帝書》中的黃老思想和形名學說有很密切的關係，但為什麼這些文字不直接書寫，而要組合題寫在這幅特殊的圖式中呢？很顯然，這種特殊的圖式一定還隱含著許多特定的意義。

　　這種外方內圓的圖式應當是反映中國古代宇宙模式式盤一種圖示。現在所知，已出土的古式共有9件，見於著錄的有8件（湖南沅陵虎溪山漢墓出土的那件尚沒見具體圖像）。最早的兩件是西漢初期的漆木古式（見圖八六），1977年出土于安徽阜陽雙古堆西漢汝陰侯夏侯灶墓中。古式都由圓形的天盤和方形的地盤兩部分組成。一件天盤的直徑是9.5釐米，地盤的邊長是13.5釐米（見圖八七）。另一件天盤的直徑是8.3釐米，地盤的邊長是14.2釐米（見圖八八）。

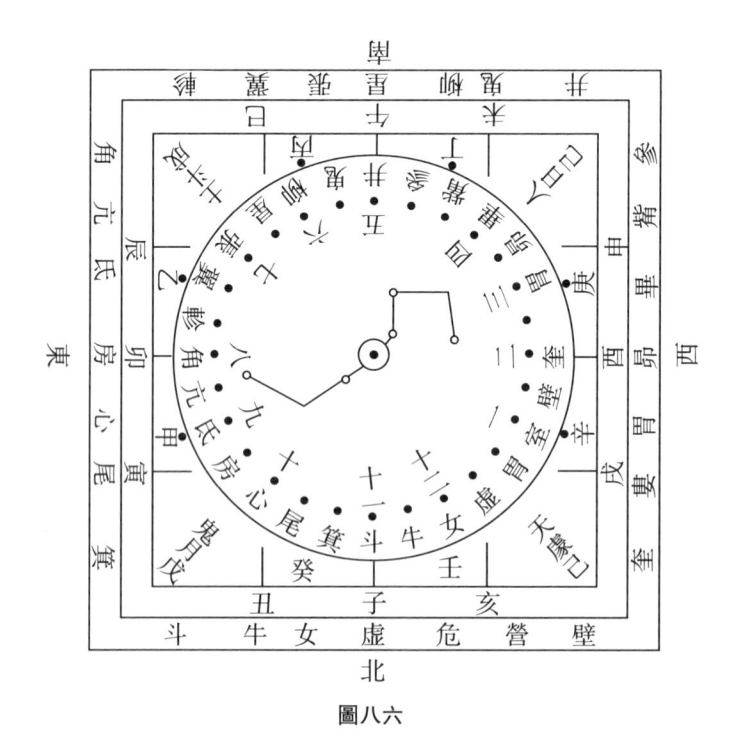

圖八六

圖八七　　　　　　　　　　　圖八八

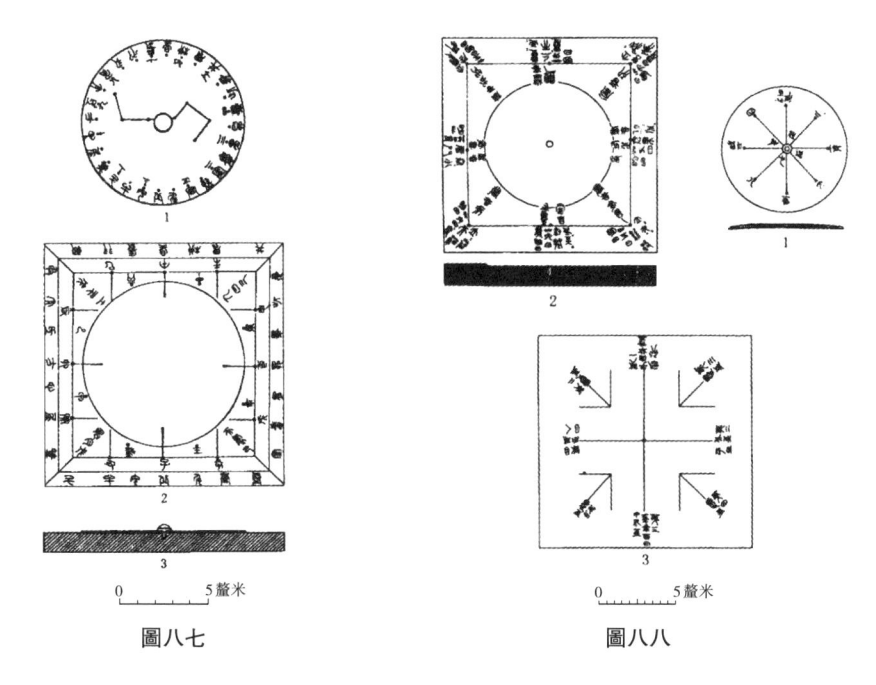

　　李零先生曾指出：這種式盤，本來是古代數術家占驗時日的一種工具。它雖方不盈尺，但重要性卻很大，對理解古人心目中的宇宙模式乃至他們的思維方式和行為方式是一把寶貴的鑰匙。他認為，現已出土的古式，大都屬於六壬式（也有屬於九宮類的古式，如圖八七）。它一般由上下兩盤構成。上盤為圓形，象徵天；下盤為地形，象徵地。上盤有軸，可扣置於下盤的穿孔中而旋轉。這兩個盤，《景祐六壬神定經》叫"天""地"，現在一般叫"天盤""地盤"。天盤一般是以北斗為中心，四周環列十二月或十二神、干支、二十八宿等。地盤則自內向外作三層排列，分別排列天干、地支、二十八宿等內容。[①]

　　這件帛圖的圓環和方框內並無數術家所用式盤中的北斗、十二神、天干、地支、二十八宿等內容，但用圓環來表示天，用方框來象徵地的意味則是很鮮明的。這也許是漢初形名學說的演繹者借助數術家慣用的式盤來圖解形名學說和宇宙生成模式的一種簡潔而直觀的方式。

　　上博楚竹書《恒先》篇中有關宇宙生成論的文字很多，其中有"濁氣生

[①] 李零："式與中國古代的宇宙模式"，《中國方術考》（修訂本），東方出版社，2000年。

地，清氣生天""有出於或，性出於有，音出於性，言出於音，名出於言，事出於名"等句，有學者指出：

  《恒先》篇對萬物的生成過程給出了兩種形態的描述。第一種"生"的形態是從"恒先"產生"或"，"或"生"氣"，"氣生有，有生始，始生往。"而且認為，天地是由兩種氣生出的："濁氣生地，清氣生天。"這種生成論應該是哲學上的宇宙演化論思想。

  第二種"生"的形態是在有了天地之後，由或生出有，由有生出性，由性生出音，由音生出言，由言生出名，由名生出事。這是對人類文化現象產生的哲學描述。可以稱作文化人類學意義上的生成論。

  這兩種形態的生成論顯示了後期道家哲學在探討萬物之所以然的問題時，既考慮到了自然與人類社會的統一性問題，即萬物皆從"恒先"產生的一面，又注意到了人類文化現象的獨特性，即由有生出性，由性生出音，由音生出言，由言生出名，由名生出事。因此可以說，在《恒先》篇中，有關宇宙生成論的線索有兩條，一是描繪自然界的生成過程；二是描繪人類文明如何從自然界中產生的。①

  《恒先》篇是用文字來表述這種宇宙生成論的兩種不同形態的，這件帛圖雖然殘缺了一半，但從殘存的圖式和文字來看，似乎也是對這類生成論的一種表述，所不同的只是它用的方法是圖文並用而已。

  首先是位於天盤中央的那一圈文字，特意用迴旋狀的文字組成，其形狀就像常見的雲氣圖形。這與所謂"濁氣生地，清氣生天"正可對應。而我們釋這圈文字中的"淦"為"天有恆榦"的"榦"如果大致不誣的話，這"榦"也應是所謂虛無有的"道"。而"氣"與"道"正是一種相輔相成的關係。因此，這圈迴旋狀的文字圖式似乎正意味着"氣"是天地生成的核心，或者說是天地萬物產生的根源。上博楚竹簡《恒先》："有或焉有氣，有氣焉有有，有有焉有始，有始焉有往者。"這裡的"氣"在"有"之先，這與《莊子·至樂》篇中所說的"雜乎芒勿之間，變而有氣，氣變而有形，形變而有

---

  ① 吳根友："上博楚簡《恒先》篇哲學思想探析"，《楚地簡帛思想研究》（二），湖北教育出版社，2005年。

生"的理論是一致的。同樣，它與形名學說中的生成論也是一脈相承的，如《黃帝書·道法》："見知之道，唯虛無有。虛無有，秋毫成之，必有刑（形）名。刑（形）名立，則黑白之分已。"可見形名的產生，都由"虛無有"的"道"所決定。這"虛無有"的"道"在"有"之先，而"氣"亦在"有"之先，所以，帛圖中心的這圈雲氣狀的文字多少隱含着氣生萬物的哲理也許並不是很離譜的事。

其次，位於象徵天或天盤的圓圈外側的殘存文字，都是有關"言"的討論，應該是有關形而上的範疇。在形名學說中，"言"與"名"有時是指同一範疇的東西，前引《韓非子·主道》云："有言者自為名，有事者自為形，形名參同，君乃無事焉，歸之其情。"故郭齊勇先生分析曰："'名'字可以是名詞，指名相，也可以是動名詞，指言語所表達的，其內容指道理或名稱。'形'即表現。在一定場合，'名'就是言，'形'就是事。"[1]因此，書寫於象徵天或天盤的圓圈外側的文字，應該是相對於"形""物""事"之上的一種形而上的討論。

最後，寫於最外層象徵大地的方框之內的文字，則應該是有關形而下的內容。故其開篇就是"物則有形，物則有名，物則有言"的文字，雖然後面的文字還是落實到"言"這個範疇的討論，但不可否認的是，這裡所注重的首先還是"物"。我們知道，"物"與"事"可以是同義複詞，而"事"與"形"在一定場合也是指同一範疇的東西。因此，我們也許可以這麼說，這些題寫於象徵大地的方框之內的文字，應該是以"物""形"為主的形而下的討論。

通過上面的討論，是否可以認為，這件殘存的帛圖就是借助數術家的六壬式盤所隱含的天地關係，用簡明的語言來闡述形名學說基本內容的一幅圖。它應該是附屬于帛書《黃帝書》的一幅直觀性的簡明圖譜。它就像帛圖"九主圖"一樣，是附屬於某件帛書而又相對獨立的圖解這件帛書內容的特殊圖譜。

---

[1] 郭齊勇："《恒先》——道法家形名思想的佚篇"，《楚地簡帛思想研究》（二），湖北教育出版社，2005年。

六、帛書"九主圖殘片"略考

馬王堆三號漢墓出土的帛書中，有一幅定名為"九主圖殘片"（見圖八九）的帛圖，最早曾刊佈在《馬王堆漢墓帛書》（壹）[①]中《九主》篇的注釋中。帛書整理小組這樣解釋說："馬王堆三號漢墓中所出帛書，發現有'九主圖'殘片，現附在此，可參考。據《廣川畫跋》等書，宋代曾流傳有'九主圖'，今已亡佚。"

圖八九

這幅帛圖殘片的實際尺寸很小，長僅19.6釐米（殘片間還有空隙），幅寬應是半幅24釐米的尺寸，但由於經緯線的走形和殘片的粘連並不嚴密，故其現存實際幅寬僅22.5釐米。

---

① 文物出版社，1980年。

這幅帛圖殘片儘管尺寸很小,但原來在拼接時,也出現了較大的誤差。經核對原件,我們發現,其左上角的倒三角形本是右下角所繪三角形的倒印文,因為在那倒三角形的左側,有"之主"兩字的倒文,其字體形制大小正好與右下角三角形左上側的"之主"兩字可以重合。除了這主要的理據之外,我們經過對折和顏色比較,這兩個三角形的黑色線條和三角形裡面的紅色曲尺形線條都可重合,因此,完全可以肯定這個左上角的倒三角形就是右下角那三角形的倒印文。所以,應該將這幅帛圖上面的兩塊帛片對換位置。(見圖九十)

圖九十

當然，由於這幾塊帛片都相對分離，故也可將帛圖下面的兩塊帛片對換位置。至於這幅帛圖右上角的那些殘帛，由於已嚴重殘泐，已很難判斷其所在位置的正確與否，故權且放置於此，僅作參考。

帛書《老子》甲本卷後古佚書中有《九主》篇。它詳細例舉了"九主"的具體內容是："剸（專）授之君一、勞□□□君一，寄一，破邦之主二，滅社之主二，凡與法君為九主，從古以來，存者亡者，□此九已。九主成圖，請效之湯。"原帛書整理小組注釋曰：

"'勞'字下應據後文補'君一半'三字。又據下文三六七行云：'寄主者半君之不吾者'，知此處'寄'下脫'主'字。《史記·殷本紀》'（伊尹）言肅主及九主之事'下。《集解》引劉向《別錄》曰：'九主者，有法君、專君、授君、勞君、等君、寄君、破君、國君、三歲社君，凡九品，圖畫其形。'誤分專授之君為專君及授君，誤分破邦之君為破君及國君（改邦為國乃避劉邦諱），又誤滅社之君為三歲社君（歲乃滅之誤，三字疑為'破邦之主'下'二'字之誤）。帛書所舉九主之名可以糾正其錯誤。"[①]

據帛書所載，所謂"九主"的內容非常明確，且文中還有"九主成圖""伊尹布圖陳策，以明法君法臣"的記載。這多少說明當時確有"九主圖"，且這"九主圖"還是伊尹用來向湯陳說為君之道的圖式。但遺憾的是，現存的"九主圖殘片"僅存四主之題記，而且圖像比較清楚的還僅有"滅社之主"而已。我們查遍了庫藏的所有帛書殘片，已完全找不到相關的帛書殘片，因此，要想完全復原"九主圖"的圖像已是不太可能的事。我們所能做的也僅僅是對現存的"九主圖殘片"進行一些淺顯的考證和解讀而已。

這幅"九主圖殘片"是作為帛書《九主》篇的一個特殊組成部分附刊在注釋當中的，這種發表體例比較特殊。它多少反映了原帛書整理小組的良苦用心。因為"九主圖殘片"上所記的四主名稱正可與帛書所記載"九主"的最後四主相對應。兩者顯然有聯繫，但帛書《九主》篇是純文字的抄寫，中間完全沒有這幅"九主圖殘片"的位置，所以只好特別將其附刊在注釋中，以說明整理者是將兩者視為一體的。至於為什麼是這樣一種狀況，整理者沒

[①] 《馬王堆漢墓帛書》（壹），文物出版社，1980年。

有解釋。

　　初讀帛書《九主》篇，在看到這幅"九主圖殘片"時，會有一種錯覺，似乎帛書《九主》應該是像帛書《刑德》《陰陽五行》一樣，是圖文並列的文獻體例，但一看帛書《九主》的抄寫體例就發現並不是那麼回事。通過仔細比對，我們發現，帛書《九主》篇和"九主圖殘片"雖然在內容上密切相關，但其抄寫的時代和功用卻是完全不同的。

　　首先，從抄寫的字體來看，帛書《九主》篇是抄寫在帛書《老子》甲本卷後的四篇古佚書之一，其字體是比較典型的古隸字體，其用筆富有粗細輕重的變化，其構形多取縱勢，古拙而自然，具有很鮮明的形體特徵。我們曾經指出，這種書體與帛書《刑德》甲篇比較相似，在《刑德》甲篇中有"今皇帝十一"的記載，所謂"今皇帝十一"也就是漢高祖十一年，即公元前196年。據此，我們可以比較明確的界定，用這種字體抄寫的帛書，其抄寫的時間大致在西元前196年前後，也就是說，大致是在漢高祖生前所抄寫的。①

　　兩相比較可以發現，"九主圖殘片"上的題記文字顯然不是這種古拙的古隸字體，而是字體略取扁平方正比較規範的八分隸書，如殘存的"破""滅""之"（見圖九一）等字，與帛書《九主》篇的字體構形和文字風格的截然有別，一看就不是同一個抄手、同一個時代所抄寫的。我們也曾經指出，用這種比較規範的八分隸書抄寫的《五星占》上面有最晚漢文帝三年（即公元前177年）的記載，因此用這種字體抄寫的帛書，其大致時間應該在漢文帝三年左右。

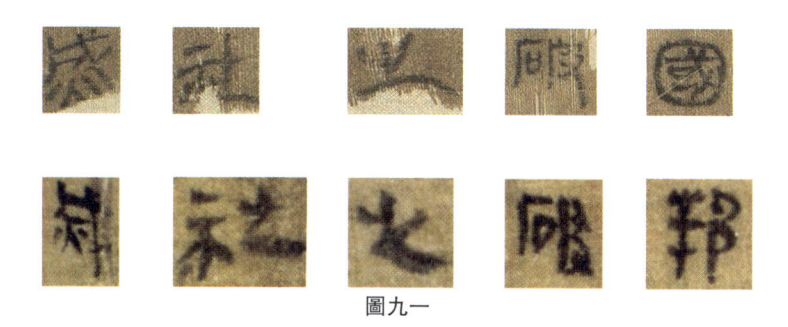

圖九一

---

①　陳松長："試論帛書《刑德》甲、乙本的撰抄年代"，《國際儒學研究》第11輯，國際文化出版公司，2001年。

其次，從避諱的角度來推斷出土文獻的大致年代也是常見的有效方法之一。帛書整理小組在《馬王堆漢墓帛書》（壹）的出版說明中就指出：

"《老子》甲本及卷後佚書合抄成一長卷……此卷帛書不避漢高祖劉邦、高後呂雉諱，字體接近秦篆，抄寫年代可能在高帝時期，即公元前206至195年間。《老子》乙本及卷前佚書抄在一幅大帛上，……此卷帛書避邦字諱，不避漢惠帝劉盈、文帝劉恒諱，字體與同墓所出有文帝三年紀年的《五星占》很相似，抄寫年代可能在文帝時期，即公元前179至169年間。"[1]

確實，在帛書《老子》甲本及卷後古佚書中多不避漢高祖劉邦的諱號。《九主》篇中，所寫的九主之名中，就直書"破邦之主二"，可見它是不避高祖諱的。這與其字體的抄寫年代也正好相符。但是，帛書"九主圖殘片"上就沒有"破邦之主"，而是變成了"破國之主"。這顯然是避漢高祖劉邦諱的鐵證。由此我們可以明確地判斷，帛書"九主圖殘片"和帛書《九主》篇的抄寫時代是不同的，這也就是說，兩者並不是同期之作。

既然兩者並不是同一時期、同一抄手所作，本不應刊在一起，或者至少應該給予說明，不然就會給人造成一種錯覺，以為"九主圖殘片"乃是帛書《九主》篇的一個必然的組成部分。當然，兩者在內容上是互有關聯、互為表裡的，不然兩者就不會有這樣完全相似的文字。按常理來說，帛書《九主》篇本應該是對"九主圖"的文字詮釋，但我們根據兩者的抄寫文字和避高祖諱與否來判斷，現存的"九主圖殘片"顯然比帛書《九主》篇要晚出。因此，我們只能推斷，現存的這幅"九主圖殘片"很可能是用來圖解帛書《九主》篇中的所謂九主的特定含義的。如果這種理解大致不錯的話，那麼，現存的這幅"九主圖殘片"中的每幅圖都應該有其可以解釋的特殊含義。非常遺憾的是，這幅帛圖已嚴重缺損，現存比較完整的僅有兩幅"滅社之主"而已。而就是這樣兩幅圖也是完全抽象化的線條所構成。面對這種特殊的線條所構成的圖式，我們也只能作些推測式的解讀而已。

這幅經重新拼綴後的"九主圖殘片"，殘存的主要是12個題記文字和比較完整的兩幅"滅社之主"圖和兩幅已看不出圖式的"破國之主"圖而已。

---

[1] 《馬王堆漢墓帛書》（壹），文物出版社，1980年。

從殘片上看,"破國之主"的圖像可能是由兩個並列而分置的方框圖式所組成,方框內好像還有圓形的殘存線條。用方框來表示某一個區域或方國,這是很常見的標識方法。而將"破國之主"的圖像畫成兩個分置的方框,這是否表示一種方國被分割成"破國"的圖像呢?我們不得而知,這裡也僅作推測以供參考罷了。

那兩幅"滅社之主"的基本圖形相同,都是用比較重的黑色墨線畫成相對等邊的三角形,每邊長約8.5釐米。左邊的那個保存得比較完整,是在黑色墨線畫成的三角形內用很淡的青色畫了一個圓。圓圈內又畫有一個方框,它是在比較虛淡而類似於白色的線條上再加墨色繪就的方框。其線條富有輕重濃淡的變化。在這個方框內,又用朱色繪有四個曲尺形的線條,它們分置於四角而互不連接。右邊的那個雖然正中部位殘損較多,但圖像還基本清楚。它與左邊的圖式基本相同,但又略有區別。一是等邊三角形內的圓圈已看不到多少痕跡,僅在其左下角留有淡青色圓圈的一段線條;二是用朱色繪成的四個曲尺形的線條位於虛淡的青色線條上再加墨色繪就的方框的外面,正好與左邊的圖式形成一個內外互換的對比。很顯然,從圖式上可以看出,這兩個圖還是有所區別的,儘管它們的右下角上都是題記着"滅社之主"四個字。

這樣兩個圖式該怎樣來解讀所謂"滅社之主"的特定內涵呢?帛書《九主》篇,對所謂"滅社之主"是這樣描寫的:

"滅[社之主]□□□□□□能用威法其臣,其臣為一,以聽其君,恐懼而不敢盡□□,是□□□昔撝□□施□伐□咎(仇)讎,民知之無所告朔(愬)。是故同刑(形),共謀為一,民自□此王君所明號令,□無道,處安其民,故兵不用而邦□舉。兩主異過同罪,滅社之主也,過在上矣。"①

這裡所說的"滅社之主",主要是講君主"威法其臣",使臣下和老百姓都恐懼而無所告愬,所以導致滅社之災。很顯然,從這段文獻記載中完全看不出它與帛圖所繪的圖式有什麼關聯意義。因此,我們也就只能從圖式的線條色彩和圖像特徵做些有關的推測。

首先,從線條色彩來看,其青、赤、白、黑的線條,很容易使我們想起

---

① 《馬王堆漢墓帛書》(壹),文物出版社,1980年。

帛書《刑德》甲、乙篇（見圖九二）①中所繪"九宮圖"中表示四方的有色線條，特別是《刑德》甲篇中的線條色彩由於褪色的結果，其線條色彩與"九主圖殘片"更為相近。

圖九二 《刑德》乙篇九宮圖

---

① 《馬王堆漢墓文物》，湖南出版社，1992年。

在《刑德》甲、乙篇的"九宮圖"中，用線條的色彩表示方位是很明確的，即青色線條表示東方，紅色線條表示南方，雙鉤的白色線條表示西方，黑色線條表示北方，再加上其線條所處的具體方位非常明確，因此一看就知道這種線條的色彩就是古代人們所認知宇宙四方觀念的一種特殊的形象表述。

上世紀40年代在長沙出土的楚帛書中就用青、赤、白、黑四木來表示四方，它可證這種用不同色彩來表示方位的觀念從戰國中晚期以來就已形成。至於這種觀念的形成原因，古人也早就按照陰陽五行的理論，對其有明確的描述：如《呂氏春秋·應同》中就按鄒衍五行相勝的理論明確解釋了這四方色彩所定之緣由：

"凡帝王之將興也，天必先見祥乎下民。

黃帝之時，天先見大螾、大螻。黃帝曰：'土氣勝。'土氣勝，故其色尚黃，其事則土。

及禹之時，天先見草木秋冬不殺。禹曰：'木氣勝。'木氣勝，故其色尚青，其事則木。

及湯之時，天先見金刃生於水。湯曰：'金氣勝。'金氣勝，故其色尚白，其事則金。

及文王之時，天先見火赤烏銜丹書集于周社。文王曰：'火氣勝。'火氣勝，故其色尚赤，其事則火。

代火者必將水，天且先見水氣勝。水氣勝，故其色尚黑，其事則水。"[①]

由此可見，用青、赤、白、黑來代指東、南、西、北四方早在秦漢以前就有了比較完備的理論闡說。因此，我們也完全可以推斷，"九主圖殘片"上這種不同顏色的線條並不是一種隨意的組合，而是有其特定的文化或思想內涵的。雖然它尚不能完全與帛書《刑德》"九宮圖"那樣很明確的代指四方，但至少有相同的意味則是可以肯定的。

其次，從圖式特徵來看，它更具有許多可比證的資料來解讀其特定的圖式意義。

一是最外層的黑色三角形，最容易使人聯想到同墓出土的馬王堆帛書

---

① 《諸子集成》第6冊，上海書店出版社，1986年。

《駐軍圖》中最突出的三角形標誌（見圖九三）。

圖九三

經學者們研究，在帛書《駐軍圖》中，這個帶有城垛的三角形是最大的駐軍所在地，或者說是當時長沙南部駐軍的最高指揮所所在地。很顯然，這個三角形乃是一個重要場地的圖式符號。准此，我們也可以推斷這幅"九主圖殘片"上的三角形也就是一個特定區域的圖式符號，再根據題記文字來推斷，它應該是有關"社"這個特定場所的一個特殊的圖式。

二是三角形中的圖式是由一個圓環和一個方框以及四個曲尺形組成的。這種圖式，也許就是秦漢時期人們所認同的宇宙觀念中天圓地方理論的一種圖形表述方式。

上世紀末，陝西省考古研究所在發掘西漢景帝陵陽陵的時候，發現了一個所謂"羅經石"遺址。其發表的"羅經石"遺址平面圖（見圖九四）與這

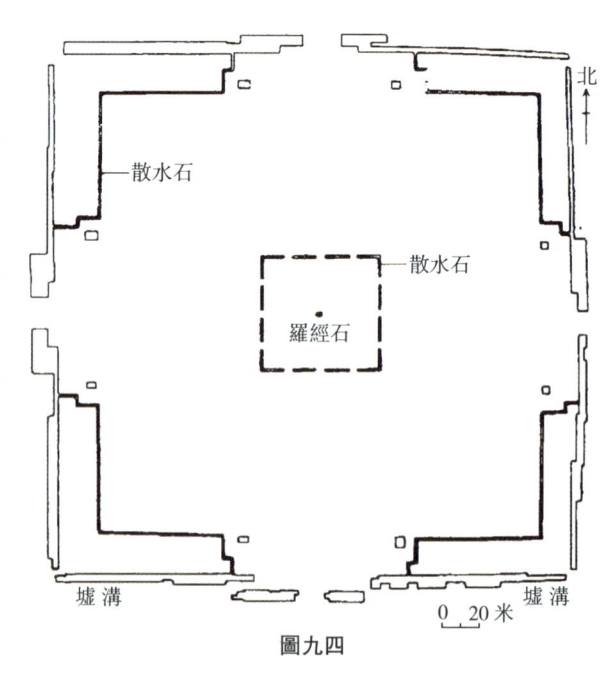

圖九四

幅"九主圖殘片"中的圖式有很相似的地方。對這幅"羅經石"遺址平面圖，李零先生是這樣描述的：

"從圖上看，遺址是作'回'字形，即採取大方套小方的形式。外方是院牆，形狀是正方形，牆外有壕溝，四正（正東、正南、正西、正北）有四門，四門之間是四個曲尺形回廊，回廊前面有散水，兩端各有一井，正好在門內的兩側，一共有八口井。內方是中心建築的夯土臺基，形狀也是正方形，外邊也有一圈散水，四面各有三個門，共十二門，門內未發掘，情況不明，中心是'羅經石'。……整個石刻是上圓下方，類似式盤。上面突起的一層是圓形，中間有十字交叉的刻槽，類似式盤的天盤，下面的基座是方形，東邊比較完整，西邊已經殘缺，則類似式盤的地盤。"

對這個"羅經圖"遺址的認識，李零先生曾指出三點：

"第一，它和漢代博局的設計有類似之處；

第二，它更接近漢代博局鏡的設計；

第三，它和王莽明堂（見圖九五）也有不少相似之處。"

圖九五

至於這"羅經石"遺址的性質，比較一致的認識是一座大型的禮儀性建築。李零先生更贊同楊寬先生的研究，認為"羅經石"遺址就是漢景帝在陵前修立的陵廟，即《史記·孝景本記》記載的"德陽廟"。①

我們這裡不厭其煩地引述李零先生對陝西漢陽陵"羅經石"遺址的討論，主要是用它來說明，帛書"九主圖殘片"中的圖式與此有許多相近或相似之處。如：

（1）"羅經石"遺址是一座大型的禮儀性的建築遺址，更可能就是建在漢景帝陵前的"德陽廟"。那麼，它顯然是一個重要的祭祀場所。帛書"九主圖殘片"所繪的是"滅社之主"的圖式，那圖中所繪自然應與"社"這種特殊的祭典場所有關，也許正因為如此，才有類似於式盤、博局鏡和王莽明堂的圖式構成。

（2）"羅經石"遺址是由大方套小方的"回"字形式所構成，而且其大方框的四門之間有四個曲尺形的回廊。這種結構正與帛書"九主圖殘片"中兩個方形的組合關係相類似。其中右邊的那個正是四個曲尺形的回廊環繞著中間的小方框，而左邊的那個則大小換位而已。

（3）與"羅經石"遺址"有不少相似之處"的王莽明堂遺址是兩個外圓內方的建築群。"外面是圓形的'環水溝'，裡面是方形的院牆。院牆有東、南、西、北四門。院內的四隅有四個'曲尺形配房'。……裡面的中心建築也是外圓內方。外圓是台基，內方是建築。"②我們看帛書"九主圖殘片"上的圖式，也正是外圓內方的組織結構。

通過這樣的類比，我們或許可以這樣推斷，帛書"九主圖殘片"上所殘存的"滅社之主"的圖式也許就是這類陵廟式、明堂式建築的一種簡單抽象的圖式。

同這幅"九主圖殘片"一起出土的另一幅《"太一將行"圖》（或稱為"社神圖""辟兵圖"等）帛畫上，那位頭帶鹿角的太一神腋下畫有一個圓環。圓環中題記了一個很顯眼的"社"字（見圖九六）。這種明確題記"社"字的圓形圖式，無疑也是旁證"九主圖殘片"上"滅社之主"所繪圖式是"社"這種特殊祭祀場所簡單圖式的一個顯例。

---

① 李零："說漢陽陵'羅經石'遺址的建築設計"，《考古與文物》，2002年6期。
② 李零："說漢陽陵'羅經石'遺址的建築設計"，《考古與文物》，2002年6期。

至於為什麼同樣是"滅社之主"的圖式,卻又有左右兩個的細微差別呢?這裡,我們也許可以借助學者們對《管子·幼官(玄宮)圖》的研究來作些解釋。

《管子·幼官(玄宮)》和《管子·幼官(玄宮)圖》中都有本、副兩套圖,而且其排列組合的順序還不一樣,對此有很多學者做過專門的研究。李零先生曾指出:

"《玄宮圖》本、副兩套圖的主要區別是:它的本圖主要是講與祭祀或日常起居有關的一些事情,是所謂文事或吉事。副圖則主要是講兵刑,是所謂武事或凶事。把本圖畫在左面,副圖畫在右面,正好就是古人所說的'吉事尚左,凶事尚右'①,'吉禮左還,順天以立本;武事右還,順地以利兵'。"②③

帛書"九主圖殘片"上的兩幅"滅社之主"的圖式是否也有這種"吉事尚左,凶事尚右"的意味在裡面呢?如果我們將兩幅圖中代表南方的朱色曲尺形線條和代表北方的黑白相間方框的裡外位置互換理解為夏、冬兩個季節互換的話,那麼,這是否也意味着"夏長於前,冬藏於後"④的這種文、武之事呢?如果可以這樣理解的話,這兩幅圖的排列和圖中的那點差異也許就不那

圖九六

---

① 引自《老子》。
② 引自《逸周書·武順》。
③ 李零:《長沙子彈庫戰國楚帛書研究》,中華書局,1985年。
④ 引自《管子·版法解》。

麼難以理解了。

七、馬王堆帛書《陰陽宅位宅形吉凶圖》小考

在馬王堆帛書殘片中，有四塊原始記錄稱之為"雜圖"的帛片，一直沒引起人們足夠的關注。直到本世紀初，我們在《長沙馬王堆二三號漢墓（第一卷）》[①]中的帛書概述中，才根據其圖像與敦煌寫本中的相關圖像比對，將其定名文《宅位宅形吉凶圖》。最近，《長沙馬王堆漢墓簡帛集成》[②]正式出版。這四塊殘片的圖版也得以刊佈於世，這就為我們展開討論提供了條件。

這四塊帛片本身都有殘缺，其中第四塊上面只有"大凶"二字，這裡略而不論。

第一塊的襯裱紙上沒有原始的編號。帛片殘存長17.5釐米，寬約16釐米。帛片上殘存有三列不規範的幾何圖形和題記文字。其中第一列上僅殘存兩個不完整的方形。圖形下端殘存的題記文字有"絕後、吉、吉、絕後"等字。第二列上殘存有11個大小形狀不同的幾何圖形，下端殘存有6個"凶"字。第三列上殘存有8個形狀不同的幾何圖形。其中一個圖形中還有殘存文字的筆劃。下端殘存有"貴、安"等字樣（見圖九七）。

第二塊的襯裱上有原始編號"七、6"。帛片殘長19釐米左右，寬13.5釐米左右。帛片的中心殘存一個由兩個方框構成的"回"字圖形。兩個方框之間的四角由射線聯接。外面的方框的上邊線上有隱約可見的5個城垛樣的門形。左側的邊線上有1個殘存的城垛樣門形。在兩個方框之間，分別標注有13個圓圈，每個圈下分別題記有"不吉、不富、肉食、有故人、吉、富、不吉、不吉、父疾、不吉、水酒、宜【貨？】、宜□"等表示方位和吉凶的文字。值得注意的是，這幅圖的線條有的比較虛淡，有的卻比較粗黑，其左上角更有明顯加粗黑線的痕跡（見圖九八）。

[①] 湖南省博物館、湖南省文物考古研究所：《長沙馬王堆二、三號漢墓：第一卷·田野考古發掘報告》，文物出版社，2004年。

[②] 裘錫圭：《長沙馬王堆漢墓簡帛集成》，中華書局，2014年。

第六章　馬王堆帛圖研究

圖九七

圖九八

　　這個圖形的左側，還殘存有跟第一塊殘片上的圖形和文字相類似的圖形和筆劃。如其左上方就依稀可辨是"絕後"和"凶"字的殘存筆劃。而中間

305

則是形狀、大小都與第一塊帛片上的圖形相類似，因此也可斷定，第一塊殘片應該是這塊殘片的左側部分。

第三塊帛片的襯裱上也有原始編號"七、2"，殘長23釐米，寬約12.8釐米。帛片的中心也是殘存一個由兩個方框構成的"回"字圖形，但其線條比第二塊帛片上整齊，墨色也比較一致，特別是方框外延線上的城垛式的城門都清晰可見。兩相比較，可以看出，第二塊帛片上的圖形可能是這個圖形反印的結果。但奇怪的是，這幅圖的方框之間並沒有文字，有的只是第二塊帛片上文字的反印文。如根據"不吉"倒寫的位置和其旁邊的那條長劃線的位置比對，又可基本判斷這應該是第二塊帛片圖形的反印文字。由此也可確定，這塊帛片應該是位於第二塊帛片右側（見圖九九）。

圖九九

至於這兩幅圖的關係該怎麼解釋呢？《長沙馬王堆漢墓簡帛集成》的說明認為："右第一頁全是滲印或反印的結果，可能原為一張空白的帛"。[1]

這個說明可能還不太準確。因為從其線條墨色深淺的關係可以看出，右

---

[1] 裘錫圭：《長沙馬王堆漢墓簡帛集成》（伍），中華書局，2014年。

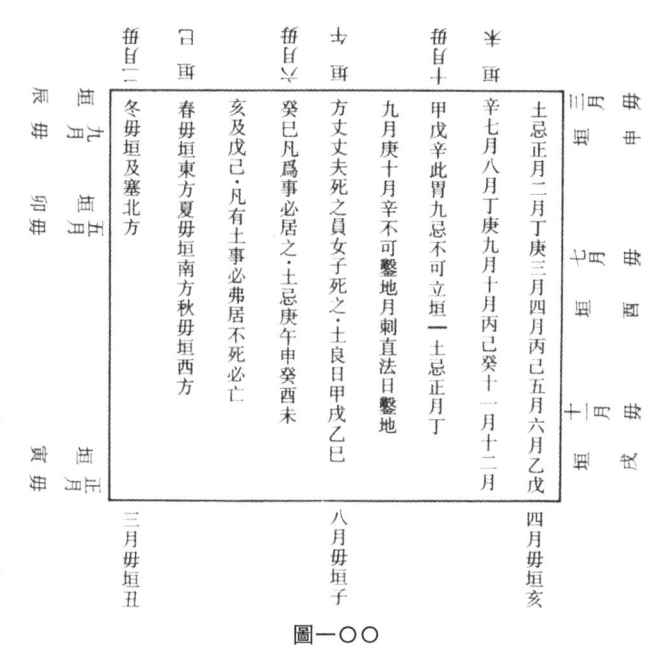

第一頁的"墨線較細而均勻"。而左側的圖線條"呈淡綠色，線條較粗，深淺不一"，其實是線條比較虛淡，而且其邊框上的城垛樣圖形都很不清楚。這麼虛淡的線條顯然是不可能反印出右側那個"墨線較細而均勻"的圖形。因此，我們仔細觀察這兩幅圖形線條的墨色深淺關係和反印文的比對關係後發現，第三塊帛片

圖一〇〇

的圖應該是先畫的圖形。第二塊帛片上的圖形是第三塊帛片圖形人為反印的結果，由於反印的線條太虛，故有加粗加黑的線條痕跡。這幅圖在加粗加黑線條後，分別加注了題記文字。這些文字在折疊存放過程中，又產生非人為的反印現象，故有些字又反印到了第三塊帛片的圖形中，形成現在我們所看到的這種比較奇怪的現象。至於這種人為反印圖形的現象，也許是漢初的繪圖者用來表示陰陽宅位的一種特殊表示方式。

下面，我們參照一些秦漢簡牘中的日書圖像和敦煌卷子中的一些宅位圖形來做一些粗淺的對比分析和解讀。

在已整理出版的一些出土的秦漢簡牘資料中，用方形或長方形來表示宅形是很常見的。如湖北江陵孔家坡出土漢簡中就有三幅"土功圖"[①]，所繪就是方形或長方形。如圖一〇〇就是方形，而"置室門"[②]（見圖一〇一）所繪的圖形就是長方形。與此相同，睡虎地秦簡中的"置室門"所繪的也是長方形。

[①] 湖北省考古所、随州市考古隊：《随州孔家坡漢墓簡牘》，文物出版社，2006年。
[②] 睡虎地秦簡整理小組：《睡虎地秦墓竹簡》，文物出版社，1978年。

可見秦漢時期，用方形或長方形來表示宅室很普遍的。而用"回"字形這種回環相套的格局來表示宅室，在敦煌卷子《宅經》中，有很多相同的圖形。如比較典型的"五姓人宅圖"的圖形就與此完全相同。例如"商宅圖"①（見圖一○二）"角家宅圖"②（見圖一○三）等，都是一樣的"回"字形相套，對角射線相連的圖形。由此我們大致可以判斷，帛書上所繪的圖像就應該是墓主人生前請人繪製的宅形圖。

帛書上所繪"回"字形外框線上有城垛狀的圖形。《長沙馬王堆漢

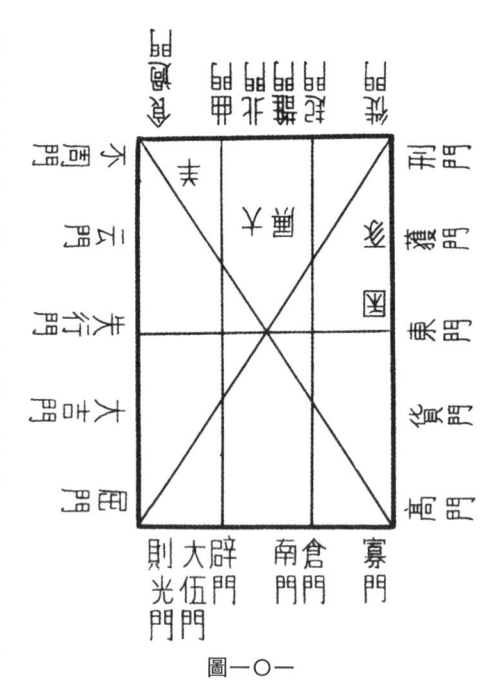

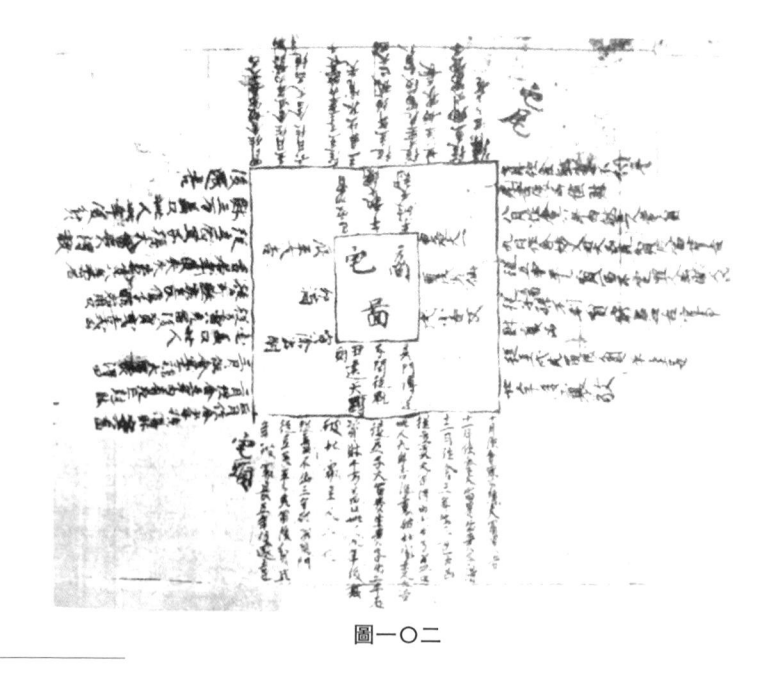

圖一○一

圖一○二

---

① 黃永武：《敦煌寶藏》，新文豐出版社，1985年。
② 金身佳：《敦煌寫本宅經葬書校注》，民族出版社，2007年。

墓簡帛集成》的"說明"認為："此符號可能象徵有屋頂和兩牆的房屋，其位置常對應大方框之內的小圓圈及占語，可能就是以房屋所在宅基內的位置進行占測。"①我們不太清楚這"符號"是怎樣"對應大方框之內的小圓圈及占語"的？但我們在敦煌卷子中可以找到類似的圖像，如P4425中的"宅圖"②（見圖一〇四）北面所繪的城垛，就與帛書所繪基本相同。據此，我們可以大致判斷，這就是以城垛圖像代指城門的一種標識。至於之所以一邊畫有5個城門，是與秦漢之際"置室門"的理念有關。在睡虎地秦簡和孔家坡漢簡的"置室門"中，其東邊和西邊都是置5道門，而南北兩邊則是6道門（見圖一〇一）。據此，我們認為，這些城垛門數量的設置，應該就是秦漢時期"置室門"的一種具體描繪。

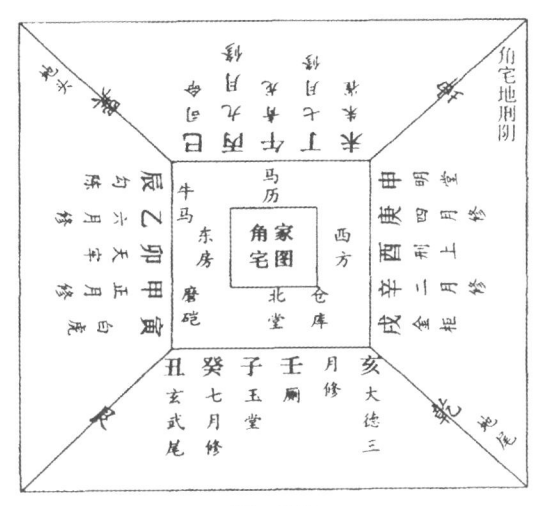

圖一〇三

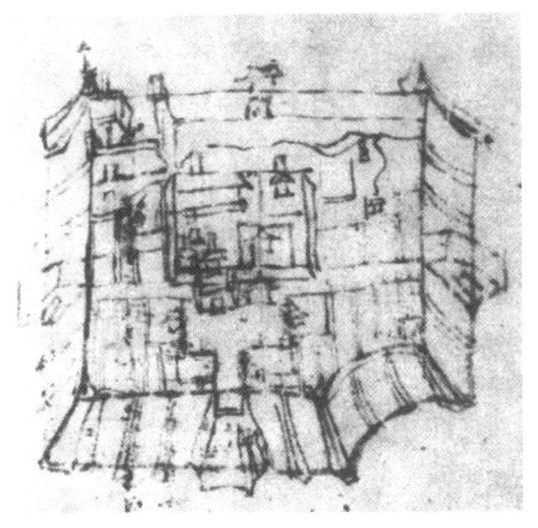

圖一〇四

　　帛書中兩個方形之間的圓圈，應該都是標誌具體位置或方位的，這在敦煌卷子S2263的祖墓圖③（見圖一〇五）中可以看到同樣用圓圈表示祖墓位置的方法。置於圓圈下面所有的題記文字，我們可從睡虎地秦簡和孔家坡漢簡"置

---

① 裘錫圭：《長沙馬王堆漢墓簡帛集成》（伍），中華書局，2014。
② 金身佳：《敦煌寫本宅經葬書校注》。
③ 金身佳：《敦煌寫本宅經葬書校注》。

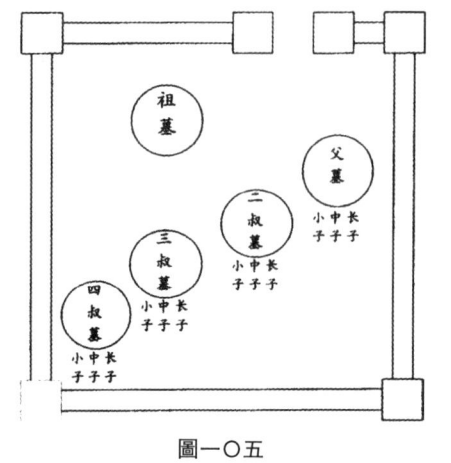

圖一〇五

"室門"中的題記文字中找到相近的內容。

在睡虎地秦簡"置室門"中題寫有"大殿""羊""豕"等字樣，這應該是標明宅中具體方位和功能的題記文字。這與帛圖中所題記的"肉食""水酒"之類的意思相似。而孔家坡漢簡的"置室門"中所題記的"凶少、吉""凶少、大吉"，就與帛書中所題記的"吉、不吉、不富"之類的意思相同。

這幅"回"字形左邊的那些不規範的圖形，也可在敦煌卷子中找到類似的圖像。如P2630V0的"陰陽宅吉圖"①（見圖一〇六）。雖然都是比較方正的圖像，但用小方形來表示陰陽宅位的方式卻是完全一樣的。再如P2615a的"十九宅吉凶圖"②（見圖一〇七），其所繪的圖像就與帛書上所畫的圖形基本可以對應。而且，其中有關吉凶的題記文字，除了一個是在圖形之下，一個是在圖形之中外，完全沒多少差別。這種圖在清代《重校正地理新書》還保存了這類的"宅居地形圖"③（見圖一〇八）。據此，我們大致可以確定，這些不規則的圖形，都應是類似于敦煌卷子中的所謂"十九宅吉凶圖"，只是帛書殘損得太嚴重，我們尚無法確定其具體的宅形數量而已。

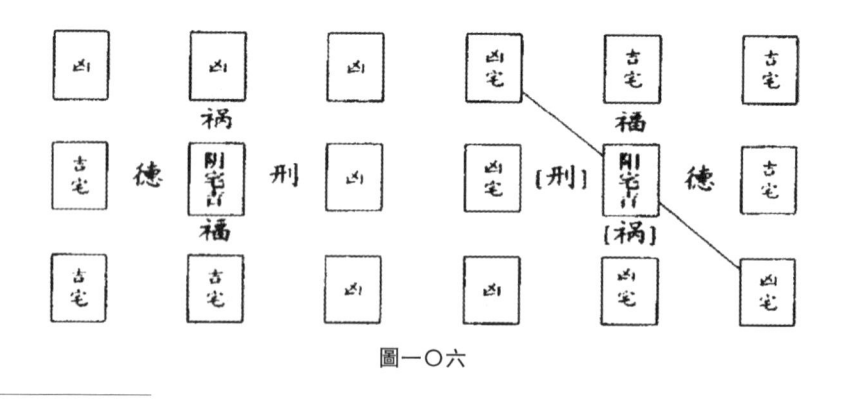

圖一〇六

---

① 金身佳：《敦煌寫本宅經葬書校注》。
② 金身佳：《敦煌寫本宅經葬書校注》。
③ 金身佳：《敦煌寫本宅經葬書校注》。

第六章 馬王堆帛圖研究

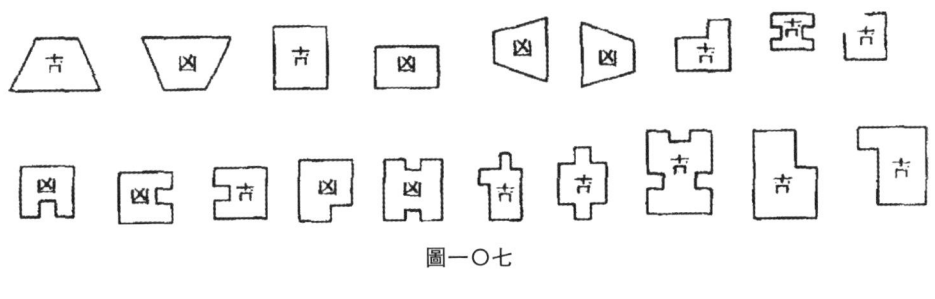

圖一〇七

凡宅形，卯酉皆不足，居之自如。	四維不足，居之大凶。	子午皆不足，居之大凶。劉啓明云：豐財多爭論。	午位不足，足之富貴。
子午卯酉皆不足，居之反吉。	子位不足，居之口舌。	酉位不足，居之凶。	辰巳不足，居之富貴，宜之孫。
卯位不足，居之吉。	戌亥不足，居之不宜仕官，劉啓明云：吉，有兄弟，少子孫。	未申不足，居之宜官祿。	寅醜不足，居之富貴。
南北長、東西狹，吉，富貴，宜子孫。	左長右短，居之少子孫。	東西長、南北狹，居之，初凶後吉，不益子孫。	前闊後狹，居之貧乏。
右長左短，居之富貴。	前狹後闊，居之富貴。		

圖一〇八

311

通過以上圖像和內容的比對研究，我們可以大致確定，馬王堆帛書的這四塊殘片，應該是漢初所繪製的一種特殊的"陰陽宅位宅形吉凶圖"（見圖一〇九），或者說是"陰陽宅居吉凶圖"。它應是現在所知最早的一幅有關宅位宅形吉凶的具體圖繪。

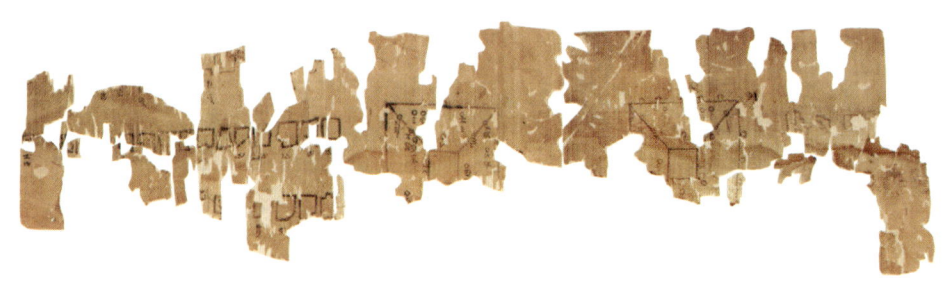

圖一〇九

這件帛圖說明，早在兩千多年以前，人們已經有着很豐富的堪輿方面的知識和經驗。這件帛圖的隨葬，多少也證明墓主人對這類數術方技類的圖籍有着濃厚的興趣和愛好。

第七章　馬王堆帛書書法藝術研究

一、帛書藝術簡論

長沙馬王堆三號漢墓出土的帛書,不僅是繼漢代發現孔府壁中書、晉代發現汲塚竹書、清末發現敦煌卷子之後的又一次重大的古文獻發現,而且是和清末以後陸續發現的甲骨、金文和簡牘書體同樣重要的中國書法史研究的珍貴資料。由於帛書抄寫的時代正值中國文字發展史上最重要的隸變時期,故其獨特的書體風格、特殊的歷史地位和巨大的藝術價值,已吸引着越來越多的書法界同仁對之進行多角度的審視和專注的臨摹、研究與創作。

馬王堆帛書大都用墨抄寫在生絲織成的黃褐色細絹上。絹幅分整幅和半幅兩種。整幅的幅寬約48釐米,半幅的幅寬大約24釐米。帛書出土時,由於受到棺液的長期浸泡,整幅的帛書都因折疊而斷裂成了一塊塊高約24釐米、寬約10釐米左右的長方形帛片。半幅的則因用木片裹卷而裂成了一條條不規範的帛片。

帛書的抄寫多有一定的格式:有的用墨或硃砂先在帛上鉤出了便於書寫的直行欄格,即後世所說的"烏絲欄"和"朱絲欄"。整幅的每行書寫70至80字不等,半幅的則每行20至40餘字不等;篇章之間多用墨丁或墨點或朱點作為區別的標誌;篇名一般在全篇的末尾隔一兩個字的空隙後標出,並多記明篇章字數。

帛書的抄寫年代,根據帛書中的避諱情況和帛書中既有的明確紀年,如《陰陽五行》甲篇中的"廿五年、廿六年"(指秦始皇二十五、二十六年,公元前222年、前221年),《刑德》甲篇中的"今皇帝十一年"(指漢高祖十一年、公元前196年）和《五星占》中的"文帝三年"（公元前177年）等可以推斷，馬王堆帛書的抄寫年代大致在秦始皇統一六國（約公元前221年）至漢文帝十二年（公元前168年）之間。

帛書的內容相當豐富，涵括眾多學科，是一批久佚的珍貴歷史文獻。按照《漢書·藝文志》的分類，我們以單篇作為計算單位，帛書大致可分為如下五大類五十餘種：

1.六藝類

（1）《周易》；（2）《二三子問》；（3）《繫辭》；（4）《衷》；（5）《要》；（6）《繆和》；（7）《昭力》；（8）《春秋事語》；（9）《戰國縱橫家書》。

2.諸子類

（1）《老子》甲本；（2）《五行》；（3）《九主》；（4）《明君》；（5）《德聖》；（6）《經法》；（7）《經》（或稱《十大經》《十六經》）；（8）《稱》；（9）《道原》；（10）《老子》乙本。

3.數術類

（1）《陰陽五行》甲篇；（2）《陰陽五行》乙篇；（3）《五星占》；（4）《天文氣象雜占》；（5）《出行占》；（6）《木人占》；（7）《相馬經》；（8）《刑德》甲篇；（9）《刑德》乙篇；（10）《刑德》丙篇。

4.方技類

（1）《足臂十一脈灸經》；（2）《陰陽十一脈灸經》甲本；（3）《陰陽十一脈灸經》乙本；（4）《脈法》；（5）《脈死候》；（6）《五十二病方》；（7）《胎產書》；（8）《養生方》；（9）《雜療方》；（10）《卻穀食氣》。

5.帛圖

（1）《喪服圖》；（2）《"太一將行"圖》（或稱《社神圖》《辟兵圖》）；（3）《長沙國南部地形圖》；（4）《駐軍圖》；（5）《導引圖》等。

第七章 馬王堆帛書書法藝術研究

應該說明的是，這種劃分的對象主要是指具有文獻意義的帛書，其中有幾幅帛圖之所以也劃在裡面，是因為它們各自都有相當多的文字題記和說明。至於那些完全沒有文字的帛圖，如《城邑圖》《車馬儀仗圖》之類則不詳列。

由於帛書眾多，抄寫的書體風格各不一樣，故早在原帛書整理小組給帛書定名時，就有"篆書《陰陽五行》""隸書《陰陽五行》"的說法。後來又有人將帛書的字體分為篆、隸和秦隸（或稱古隸）三種，以至人們都以為馬王堆帛書中有着典型的篆書抄本。

其實，嚴格地說，馬王堆帛書都是由隸書抄寫而成。只是這些隸書或因抄手不同，或因抄寫的時代先後有異而呈現出各自不同的風貌。我們之所以這樣認為，是因為一種字體的確認，不只是看它的字形結構，而主要是看它的構形取勢和點畫線條的具體形態。就以人們習慣稱之為篆書本的《陰陽五行》甲篇（見圖一一〇）來說，毋庸諱言，這卷抄本上許多字都還保留著篆書的形體結構。例如"寺"寫作"󰀀"、"逆"寫作"󰀀"之類，看上去似乎確是篆書，但實際上與其稱為篆書，還不如稱其為隸書。因為在其構形的文字偏旁中，已大量出現了隸變的痕跡，例如草字頭已絕大多數簡化為"󰀀"，已不是篆書迴環婉轉的形態；而水字旁則有些乾脆寫成了"󰀀"。至於只有隸書中才有的點、挑、波、磔等筆劃形態更是俯拾皆是，如"朔"字寫作"󰀀"、"凶"字寫作"󰀀"就是很典型的例子。此外，其構形的取勢也已由長變扁，橫向舒展。因此，我們以為，這種已在隸變中的字體並不是典型的篆書，而是一種保留篆書形體結構較多的隸書。又由於這種字體與湖北睡虎地秦墓竹簡中所保存的秦隸有較大的差異，為了免生歧義，我們姑且將這種以隸書的筆意書寫篆書結構的字體稱之為"篆隸體"。這種字體的抄寫時代較早，據其干支表中的紀年（"廿五年、廿六年"）來推斷，應該就是秦始皇二十五年左右抄寫的。它應該是漢字隸變過程中處於較早階段的代表性字體之一。馬王堆帛書的眾多抄本中，比較接近這種"篆隸體"的有以《五十二病方》（見圖一一一）為代表的馬王堆醫書共十一種。

帛書的字體除上述"篆隸體"外，還有古隸和漢隸兩種。這裡所說的古隸，也就是與秦隸極為相近的那種字體，它間於篆隸之間，結構上隸變的痕

圖一〇

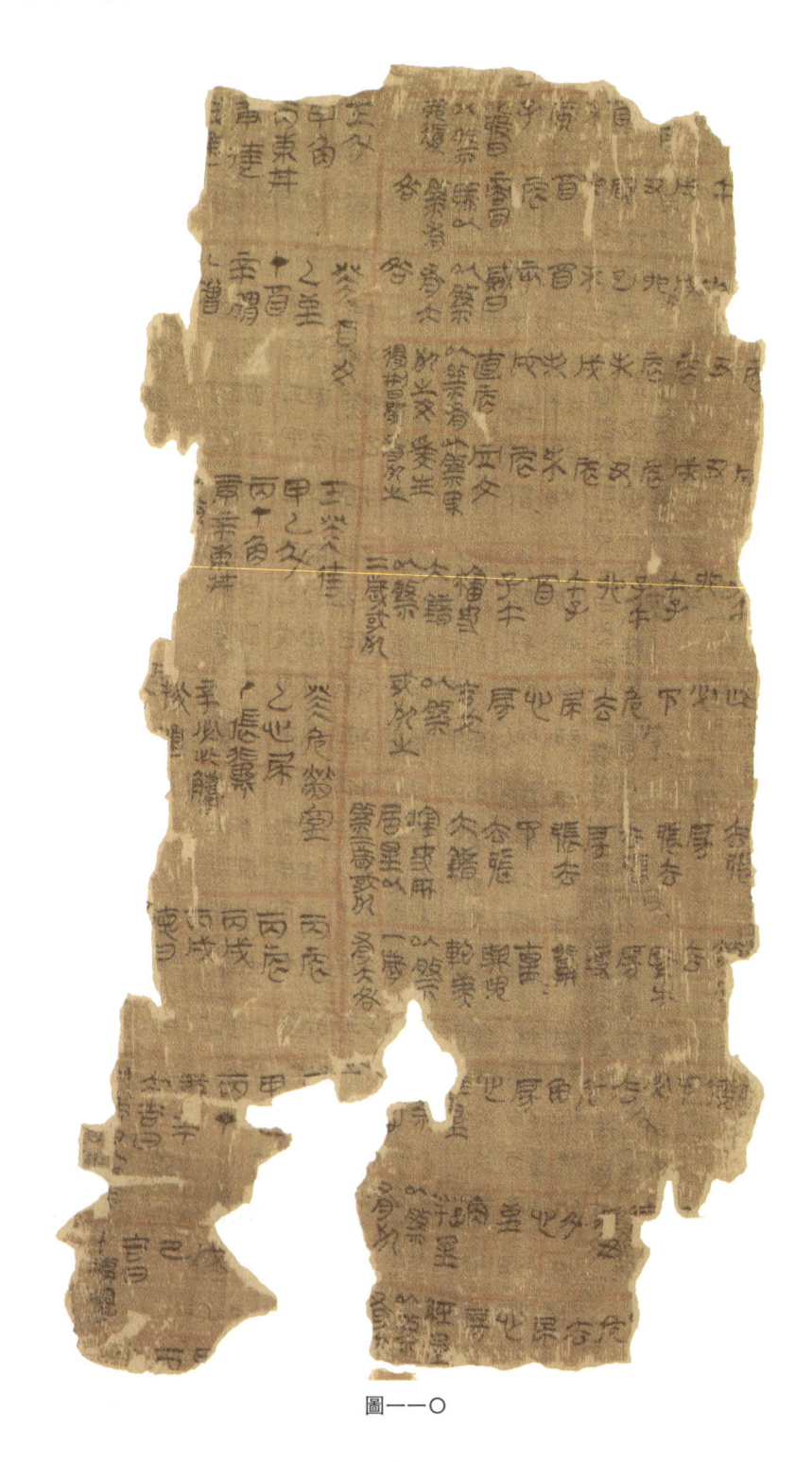

圖一一一

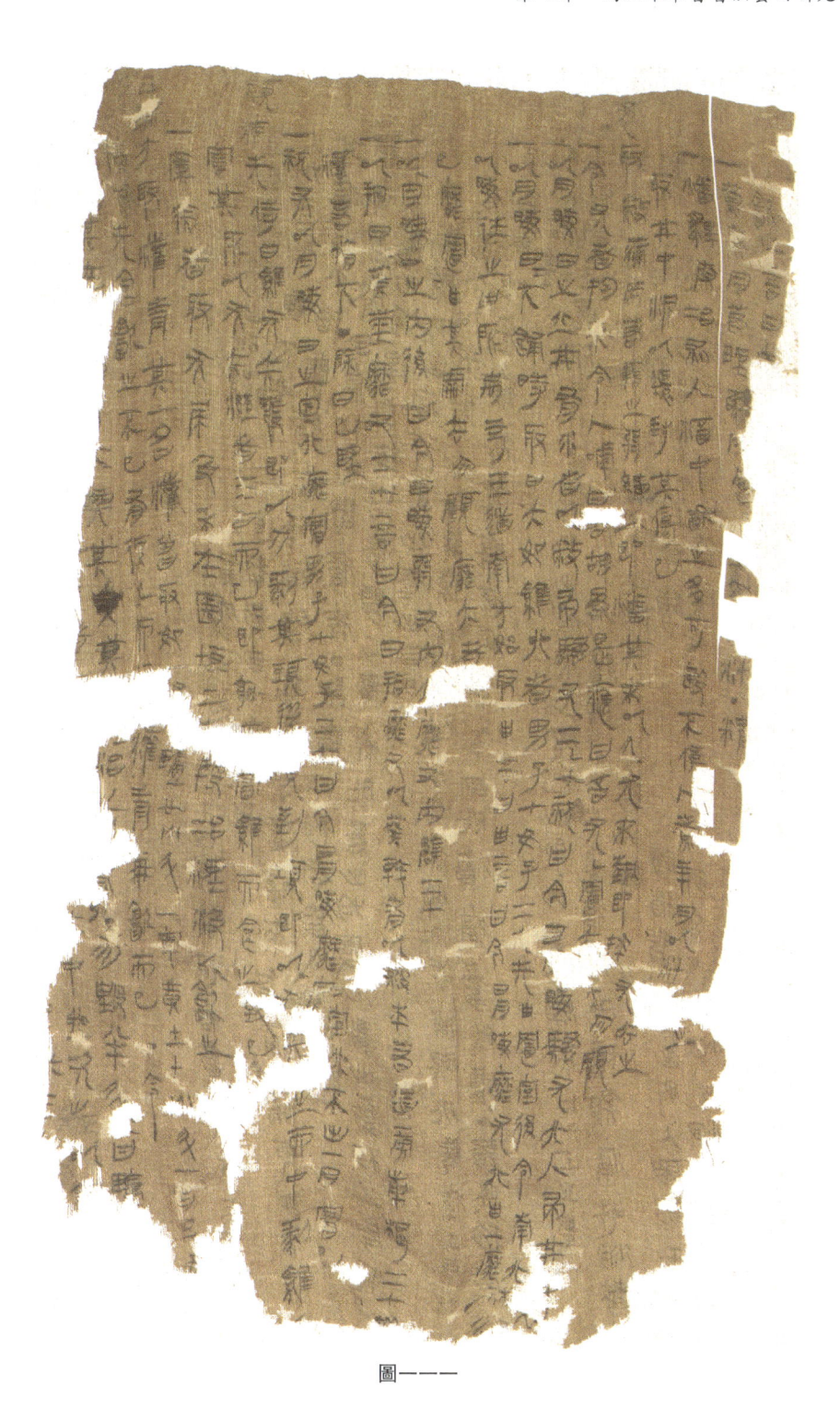

跡非常明顯，如"若"字多寫成"荅"，其中"㇇"的折轉變成了挑勢的橫筆，"口"則有了明顯的斷口。在筆劃上則點、挑、波、磔並舉，在線條的運作中則方圓共用、粗細相間，章法上更是欹斜正側、參差錯落，具有極高的藝術觀賞價值。

或許是因為抄手的不同，馬王堆帛書中的古隸抄本具有各擅勝場的藝術風采，例如《春秋事語》（見圖一一二）的古隸字體用筆厚重樸實，橫平豎垂，波而不傾，磔而不張，一派雍容大度的古樸氣象。至如《戰國縱橫家書》（見圖一一三）則筆道縱橫，方圓並舉，舒展俊逸，波則內斂，磔則外張，一種雄毅豪放的氣勢躍動於字裡行間。又如《老子》甲本（見圖一一四）則取勢方正，用筆粗細適意，布字大小合宜，具有一種自然雅稚的墨韻。再如《陰陽五行》乙篇（見圖一一五）則用筆秀逸而細勁，謀篇布白更是匠心獨運，多次出現兩字一行橫排書寫的帛書片斷，儼然一件刻意經營出來的書法作品，有着令人驚歎的藝術魅力。

從藝術觀賞的角度論，馬王堆帛書中的古隸抄本是其精華所在，但從抄寫的規範和整飭等方面來看，大批用漢隸（或稱為今隸）抄寫的帛書則給人們提供了比較工整、成熟的隸書範本。這種帛書抄本的字體在構形上已比較規範，用筆已比較有規律，線條已完全失去了篆書圓轉的態勢，呈現在世人面前的是，其字形呈正方或扁方形。筆劃以方折為主，橫畫方入尖收或蠶頭雁尾並用，左波右磔對比強烈，字距行間規整有序，儼然一種謹嚴、成熟而定型的漢隸字體。這種字體的帛書抄本當以《相馬經》《五星占》《老子》乙本、《周易》（見圖一一六）等為其代表。

帛書字體的不同形態，給中國書法發展史的研究，特別是給隸變研究提供了絕好的第一手材料。書法界一般都認為，隸書起源于戰國晚期，成熟於西漢晚期，精熟于東漢末期。隨着地下資料的不斷出土，這種傳統的看法都在逐一地進行更正。例如對隸書起源問題的研究，已有不少學者從湖北出土的包山楚簡和四川出土的青川木牘來追溯隸書的起源。裘錫圭先生更在其《文字學概要》[①]一書中指出："隸書在戰國時代就已基本形成了。"而且關於隸

[①] 商務印書館，1988年。

圖一一二

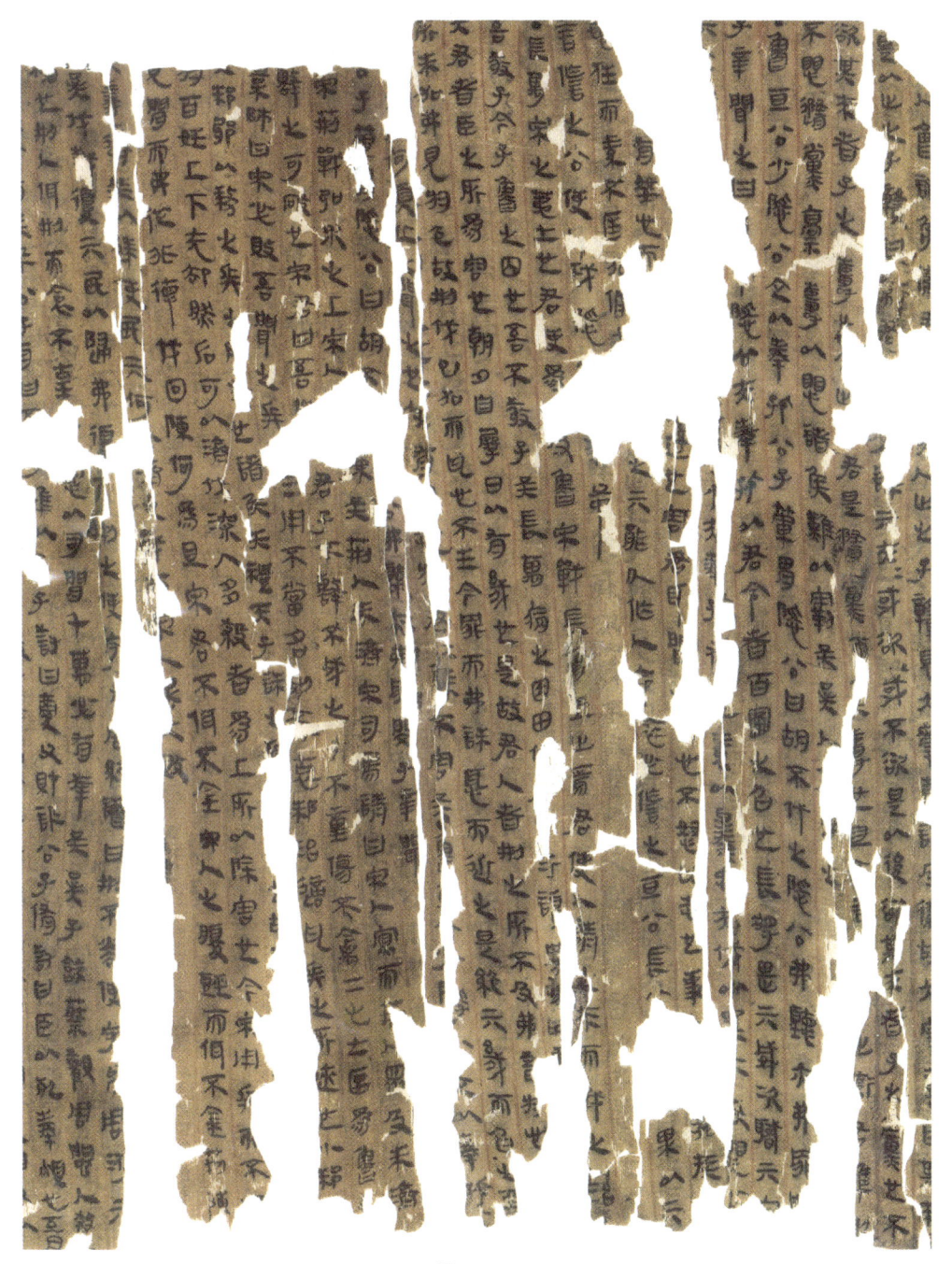

圖一一三

第七章　馬王堆帛書書法藝術研究

圖一一

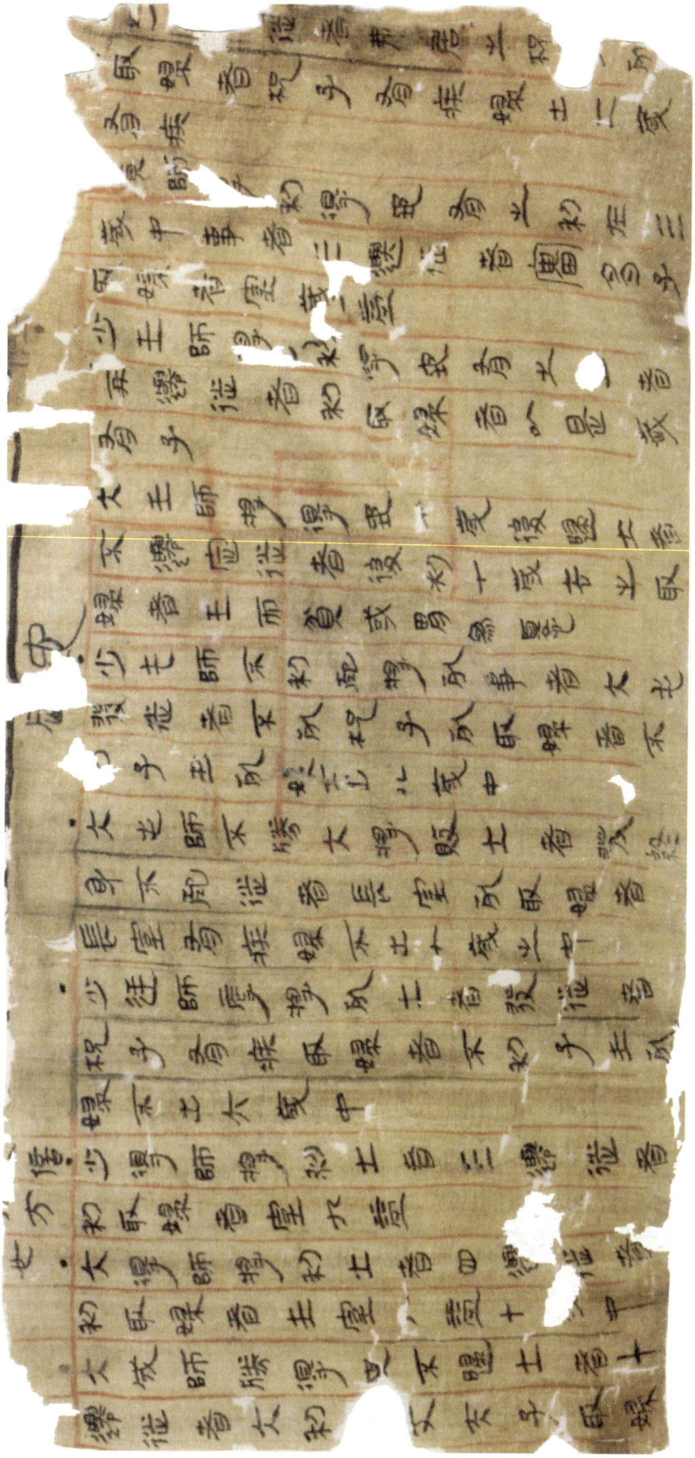

圖一五

第七章　馬王堆帛書書法藝術研究

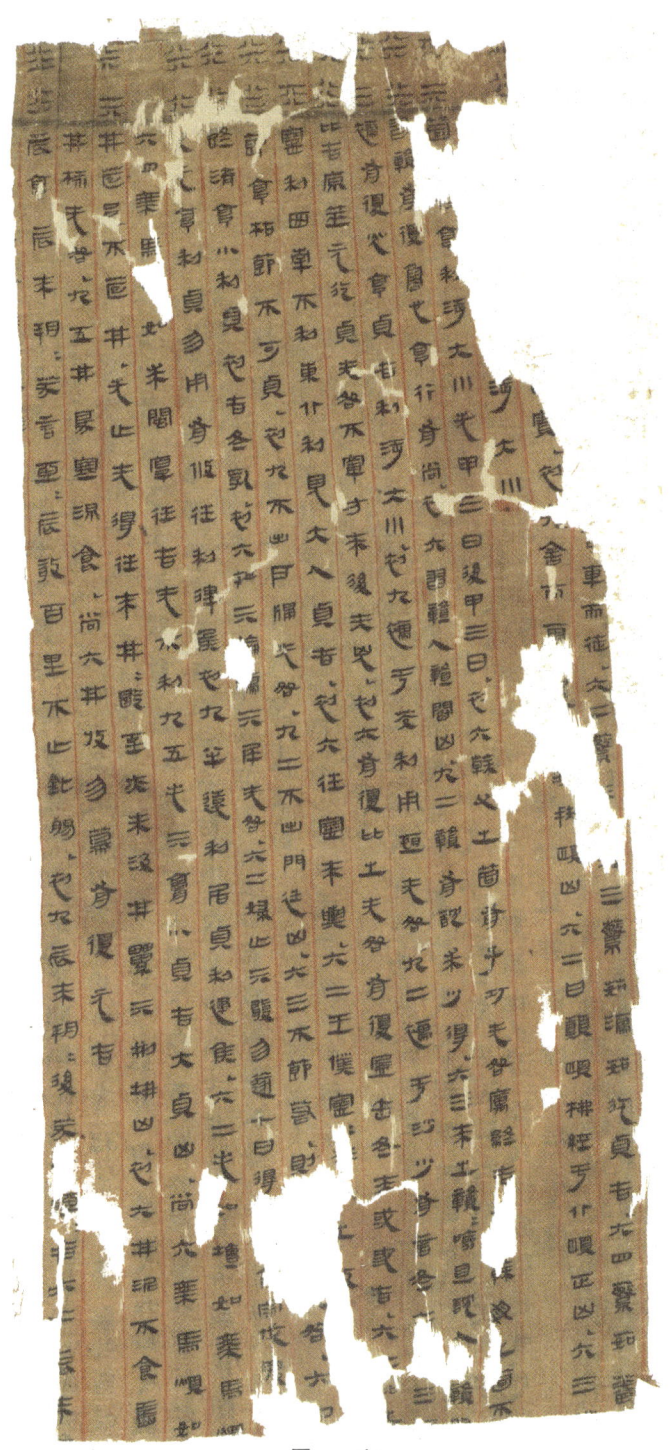

圖一一六

書的起源，現在已至少追溯到了春秋末年的山西侯馬盟書，常耀華先生曾專門撰寫了《開隸變端緒的東周盟書》①一文，明確提出："東周盟書宜為隸變之濫觴。"他指出，盟書已出現了"前所未有的藏頭露尾、有輕有重、有肥有瘦的新型筆劃，例如撇、捺筆劃的出現，大大簡化了篆引纏繞的筆法，改變了筆劃的基本走向，由上下運轉變成左右舒展，從而使篆書的扭結得以解放，使字勢由二維向四維空間擴張，形成八面來風之勢"。由此可見，隸書的起源，保守一點地說，也應定在春秋晚期，即公元前496年前後為宜。

隸書發軔於春秋晚期，歷經戰國時期的不斷演進，其隸變的過程，應該說在湖北睡虎地出土的大批秦簡的書寫時期，已基本上完成了。這也就是說，那以波挑為主要特色的秦隸，已為漢字的隸變做了總結性的工作。馬王堆帛書中的古隸抄本，其形態與睡虎地出土的秦隸基本相同，它完全擺脫了篆書的結構方式和用筆規律，以點、挑、波、磔等隸書的基本筆劃嫻熟地構就一個個橫向取勢、方正為主的字形。很顯然，帛書中的古隸抄本乃是隸變完成階段的秦隸在秦漢之交的長沙出現的一種範本。

隸變既然在秦代基本完成，那麼隸書的成熟期也就不會晚至西漢末年或東漢晚期。現已有許多學者明確提出：隸書的確立在西漢初年已經開始（參見牛克誠《簡冊體制與隸書的形成》②一文）。其實，不僅是隸書的確立，而且隸書的成熟也在西漢初年就已完成。這裡所說的隸書也就是人們平常所說的今隸，或者叫八分隸書。一般說來，所謂八分隸書的顯著特點乃是構形扁方，筆劃已具有規律性的波勢和挑法。左波右磔對比強烈，字形內斂而外張，構形部件穩定一致。如果我們根據這些特點來檢測帛書中的隸書抄本，那麼，很容易發現，這些八分隸書的主要特徵在帛書中已充分地顯示了出來。以帛書《相馬經》（見圖一一七）為例，我們可以很容易地歸納出如下特點：

（1）構形比較規範，結構趨於扁平方正。

（2）用筆已很有規律，橫畫切鋒重入，方起尖收，呈蠶頭雁尾之態，點、挑、撇、捺已成為構形的主要筆劃，並且各以成熟而定型的姿態組構字形。

---

① 《中日書法史論研討會論文集》，文物出版社，1994年。
② 同上。

（3）線條以方折為主，長短相聚，粗細相間，已完全沒有篆書線條圓轉纏繞的態勢。

（4）章法上則分行布白，整齊有序，或行距推近、字距拉開，或行距較寬、字距較密，均疏密有致，整齊劃一。

由此，我們完全可以說，帛書中的隸書抄本，無論是在用筆和結構上，還是在線條的運用和構形的規律性上都是一種已經相當成熟、相當規範化的八分隸書了，以之與東漢後期的碑刻隸書相比較，也毫不遜色，就是將它與晉唐以後的經抄本相比較，也各占勝場。

馬王堆帛書不僅給書史研究，特別是給隸變研究提供了詳實而嶄新的珍貴資料，而且亦給傳統的隸書臨摹研究開闢了一個新的境界，提供了一種全新的範本。

眾所周知，在中國書法史上，傳統的帖學一直佔有重要地位。直到清代，隨著清代漢學的復興以及金石學研究的不斷深入，才出現了以碑學改良帖學的主張和理論，也只有在這種提倡碑學的旗幟下，漢代的諸種隸書名碑，才得到充分的利用和肯定，以至

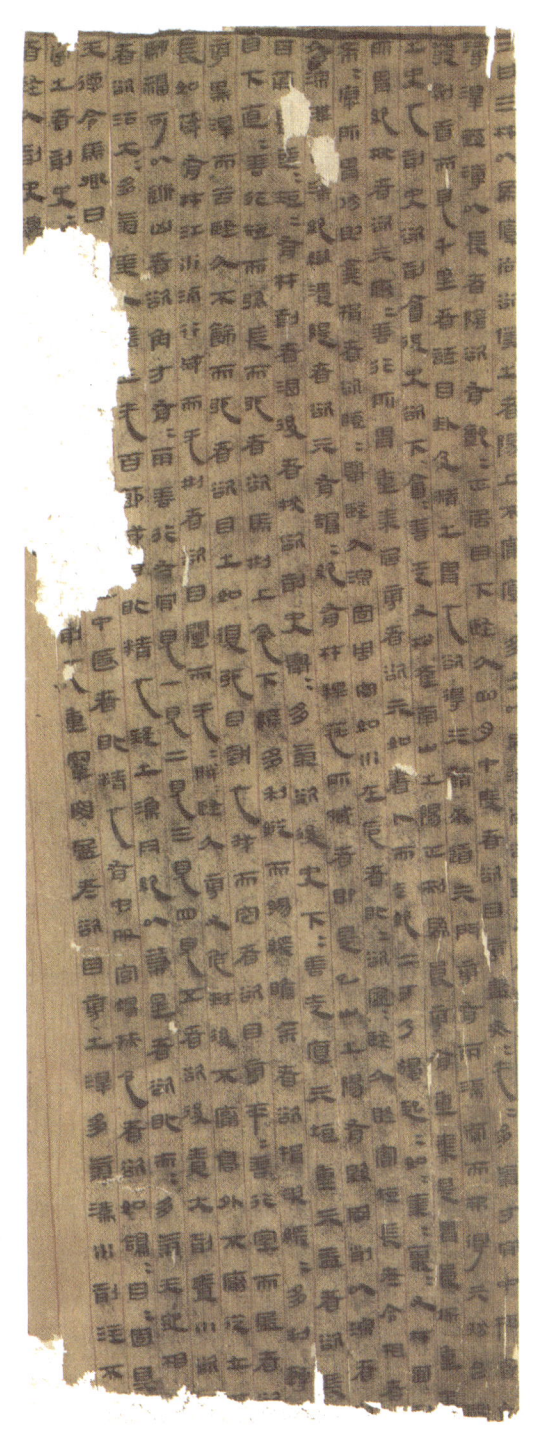

圖一一七

眾多的書法愛好者，都或多或少地在漢代碑拓的海洋中尋求隸書的神韻和意趣。但不無遺憾的是，這種種碑刻，不論其刻工技藝怎樣超群拔俗，終不能完全表達當時書寫者筆下的韻味，而加上碑拓效果的好壞，更決定了人們很難直接領略和把握漢隸的真實面貌。馬王堆帛書的出土，無疑是極大地彌補了這個缺憾。它既不是如竹木簡那樣是單行分書，也不是如碑刻那樣經過刻刀的修飾，而是成篇地用墨直接抄寫在絲絹上的漢代人的隸書抄本。它可以讓我們從中品味帛書書法的行氣、布白和章法，尋覓漢初隸書的用筆規律和結構方式，從而免除了過去看碑拓時那種霧裡看花、難得其真的煩惱，充分領略法帖如那樣惟妙惟肖地傳達書寫者思想情緒的筆墨神韻。或許正因為如此，帛書出土以後，即得到書法界同行的寶愛、臨摹，其研究創作之風氣也正在日漸形成。可以預見，隨着帛書書法藝術研究的不斷深入，以及帛書藝術愛好者的反覆臨摹和實踐，一種具有漢初書風氣象的帛書書法藝術將以其特殊的風格和雋永的文化內涵矗立於中國書法藝術之林。

康有為曾在《廣藝舟雙楫》中強調，習書法者，需"上通篆分而知其源，中用隸意以厚其氣，旁涉行草以得其變，下觀諸碑以借其法，流觀漢瓦晉磚而得其奇，浸而淫之，釀而醞之，神而明之"。其實，馬王堆漢墓出土的帛書是兼具康氏所言"源、氣、變、法、奇"五大要素之藝術瑰寶。凡有志於此者，自可從中領略其無窮的藝術魅力，成就其書法藝術創作的獨特風格。

二、帛書書體形態簡析

帛書，是一種不同于簡牘的文字載體，而馬王堆帛書又處於漢字發展史上最重要的隸變時期，故其獨特的風格、特殊的歷史地位，是值得書法界重視的。下面就來介紹一下馬王堆帛書的書體形態。

1. 馬王堆帛書基本情況

馬王堆帛書是1973年在馬王堆3號墓發掘出土的，該墓墓主為西漢初期長沙國丞相，軑侯利蒼的兒子。出土時，帛書盛放在一個長約60釐米、寬30釐米、高20釐米的長方形漆盒中。這些帛書分為整幅和半幅兩種形式。整幅幅寬48釐米，半幅幅寬24釐米。由於帛書的材質及長時間受到棺液的浸泡，出土時皆殘損嚴重。經專家學者的整理，發現這批帛書共有15件，50餘種古佚書，12萬多字，内容涉及多學科，按《漢書·藝文志》可分為六藝、諸子、數術、方技、其他五類。

帛書的抄寫有一定的格式，有的用墨或硃砂先在帛上鉤出便於書寫的直行欄格，即後世所說的"烏絲欄"和"朱絲欄"。整幅寬的每行書寫70至80字不等，半幅寬的則每行寫20至40字不等；篇章之間多用墨丁或朱點作為區別的標誌，篇名一般在全篇的末尾一兩個字的空隙後標出，並多記明篇章字數。

根據該墓出土的一枚紀年簡，可以斷定該墓的下葬年代是漢文帝前元十二年（公元前168年）。而根據帛書中的明確紀年，如《陰陽五行》甲篇中的"廿五年、廿六年"（秦始皇二十五、二十六年，也就是公元前222年、公元前221年），《刑德》甲篇中的"今皇帝十一年"（漢高祖十一年，公元前196年）和《五星占》中的"文帝三年"（公元前177年），等可以推斷，馬王堆帛書抄寫的年代大致在秦始皇統一六國（約公元前221年）至漢文帝十二年（公元前168年）之間。

2.馬王堆帛書的書體形態

馬王堆帛書共有15件，50餘種古佚書，12萬多字，按其抄寫的年代及字體和書體風格變化，可以把馬王堆帛書分為：篆隸、古隸和今隸三種書體。但書寫的人不同又會使每種書體形式不同。由於内容繁多，所以我們僅在每種書體下具體介紹其中一篇帛書的書體形態。

（1）篆隸

篆隸是指字體並不是典型的篆書，而是一種保留篆書形體結構較多的隸書，是以隸書的筆意書寫篆書結構的字體。它處於隸變的初期。這類字體的結構大都是篆書，但書寫時卻帶有隸意。這類帛書有：《陰陽五行》甲篇《五十二病方》《足臂十一脈灸經》《陰陽十一脈灸經乙本》《卻穀食氣》等。現在具體介紹一下《足臂十一脈灸經》的書體形態。這一抄本不避諱劉邦的名號，時代應該為秦始皇時期。

①筆劃特徵

篆隸這種字體因為處於隸變的初期，所以其筆劃較多的帶有篆書的特性，但又已經完全不是篆書那種迴環婉轉的形態。

1）橫畫書寫較為隨意，大致可分為三種書寫形式。

a.橫畫中篆意較明顯，例如：◌（者）、◌（而）等字。這類字的橫畫都想保持篆書的圓轉態勢，但卻都不再是篆書那樣分兩筆書寫。比如"者"，方起運筆，一氣呵成，向上行走，形成一個圓弧。"而"字則是有明顯的先下行再上行的筆勢，但也是一筆而成。

b.橫畫中有了波磔。如：◌（之）、◌（上）、◌（可）等字。帶上挑狀的橫畫大多形成一個小型的波浪，筆致跳動而有節奏、剛中帶柔，富有變化。

c.橫畫平整，無圓轉也無波磔。如：◌（三）、◌（下）、◌（其）、◌（而）、◌（上）等字。這些字的橫畫基本呈一條直線，在筆劃上無多大的變化，但在取勢上卻多種多樣。有平整的◌（上）字；有向下傾斜的◌（下）字；有向上傾斜的◌（而）字。

2）豎畫大都是由輕至重，頭細尾粗，如：◌（韋）字。而且，其豎畫並不是完全的一條直線，它會有彎曲和傾斜的形式。

a.彎曲的豎畫，是在那豎筆之中或多或少的帶有了一些波痕，如：◌（即）、◌（肝）等字。

b.傾斜的豎畫，指的是線是直的，但卻不是向下取勢，而是向左下方。這種寫法應該是由篆書的圓轉筆勢向隸書的方正筆勢過渡中的一種形式。如：◌（中）、◌（牛）等字。

c.除了上兩種豎畫外，在《足臂》篇中也偶爾會出現直的豎畫，只是這種筆劃較少見，如：◌（取）、◌（下）等字。他們明朗勁爽，給人一種歷練的感覺。它的出現改變了篆書書寫勻速、緩慢的方法。

3）轉折，是《足臂》中篆隸書體筆劃區別最為明顯的一筆。它不再全都為圓弧狀，而出現了尖角。例如：◌（實）、◌（東）、◌（有）等字。這些字在轉折處都出現了頓筆，然後再換筆下行，形成尖角。但是其圓轉的筆勢仍會不經意的出現，如：◌（日）、◌（足）等字。

②結構特徵

1）字形長扁不一，既有篆書的窄長結構，也有隸書的扁平形態，這樣顯得自然生動,張弛有度。

第一組:▨(令)、▨(韋)、▨(年)、▨(上)

第二組:▨(出)、▨(目)、▨(已)、▨(相)

第一組中的字書手都把豎畫寫得縱長,第二組中的字則寫得比較拘謹。

2)單個字的結構比較鬆散(見表一)。

表一

上下結構	
左右結構	

無論是上下結構還是左右結構,書手似乎都寫得比較隨意,上下結構的字就寫成縱長型,左右結構的字就寫成方扁型,為了達到這一目的,而不計較字的緊實度。

3)偏旁結構的巧妙組合,使得字體顯得生動活潑(見表二)。

表二

臑	
溫	
物	
循	

這一點主要表現在通過偏旁的高低錯位以及一些筆劃的書寫方式調整上,如"臑""溫""物""循"這四個字都在左右高低錯落上有所表現。而"溫""物"兩字則在筆劃上有明顯的篆隸區別。兩個"溫"字的"水"字結構,一個為斜直筆,一個則帶有篆書的弧度。兩個"物"字的橫筆,一個書寫

馬王堆帛書研究

成篆書的圓轉形式，一個則直接寫成古隸的橫挑筆。

③章法

章法是一幅作品字與字、行與行之間是否疏密得當，大小相宜。帛書書寫時會畫上"烏絲欄"，豎寫成行，橫卻不成列。從虛處看，字距不一，有縱放下垂的字，其下虛處多些。另外，每段的末尾，留有長短不一的空白，呈現出虛與實的變化。筆劃多的占地多，筆劃少的占地少（見圖一一八）。

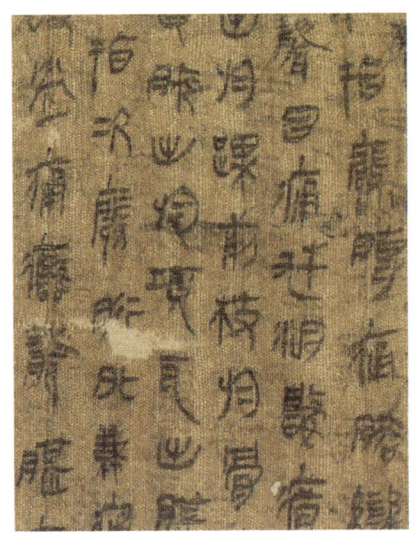

圖一一八

1）從圖中我們看到竹簡上的字有大有小，結體為縱勢，錯落有致，線條雖無明顯的粗細變化。但整體看上去富有節奏感。

2）章法布白空闊疏宕，字與字之間的距離比較寬鬆，有一種疏朗的感覺。而在整篇書寫時，書者也不會刻意的追求緊湊。

3）就單個的字而言，字體變異不雷同。雖為同一字，其寫法不一，這樣豐富多樣（見表三）。

表三

出		
足		
下		
溫		
日		

330

4）字的傾斜方向不一，即使是同一個字也有所區別。這主要通過字的筆劃來改變，如 （内）、（中）等字。兩個"内"字由於橫畫一個向上傾斜，一個向下傾斜，從而使得一個左低右高向左傾斜，一個左高右低向右傾斜。兩個"中"字，則通過豎畫的方向改變，而使得字體的傾斜度有了變化。

（2）古隸

古隸就是與秦隸十分相近的那種字體。它間於篆隸之間，結構上隸變的痕跡非常明顯。在筆劃上點、挑、波、磔並舉，但波磔表現的不明顯，還具有篆書的遺意。在線條的運作中則方圓共用，粗細相間。這類帛書有：《春秋事語》《戰國縱橫家書》《老子》甲本、《五行》《九主》《明君》《德聖》《刑德》甲篇、《陰陽五行》乙篇、《出行占》《天文氣象雜占》等。下面具體介紹《戰國縱橫家書》。這篇內容避諱漢高祖劉邦而不避諱漢惠帝，所以他的抄寫年代應該在公元前206年至公元前195年之間。

①筆劃特徵

1）橫畫的起筆有的比較圓潤，有的則比較方正，但收筆時都已經有了波挑的趨勢，但並不是很明顯。圓潤的有 （之）、（言）、（立）等字。方起入筆的有 （下）、（大）、（之）等字。從這些字可以看出，這時的上挑已經出現了雁尾的筆勢。

2）豎畫在直行中帶有少許的屈曲。例如 （仁）、（中）、（信）等字。從這些字看，一般都為重起圓入，下壓停頓，再開始下行，因此造成直筆帶有彎曲的形態。

有些直畫寫得特別修長，如：（薛）、（軍）等字。這些長筆並沒有下壓停頓的形式，而是一筆寫成，但他們的取勢並不是向下行走的，而是一個向左一個向右。

3）裝飾性筆劃，有些表現在長斜筆上。這種筆劃一般為細入後往右下行筆，逐漸攤開筆毫，越行越粗，提筆時向右上行，用筆尖形成一尖細的鉤劃。如：（夫）、（它）、（死）等字。有些表現是把最後一筆寫得特別的粗重，如（也）、（之）、（王）等字。這些字長畫和短畫、細筆和粗筆形成了鮮明的對比，富有節奏和韻律。

4）捺畫主要有長捺、短捺之分。長捺較舒展，短捺較拘謹，但這些捺畫已經具有隸書特色。

長捺：▨（不）、▨（大）、▨（入）；

短捺：▨（某）、▨（大）、▨（不）。

長捺為逆鋒起筆，折筆後向右下頓筆，中鋒行筆力度增加，捺腳處頓筆後，提筆向右出鋒，有種延綿不絕之勢。短捺一般短而粗，自左上方向右下方逆鋒起筆，筆力逐漸加重，收筆處向下轉筆後回鋒收筆，戛然而止。

5）折畫，在古隸字體簡中，已經很少能見到圓轉的形態，大多數為方折形態。如：▨（當）、▨（而）、▨（臣）等字。一般都為外方內圓。而圓轉的筆劃一般只在固定的某些字上會出現，如：▨（陽）、▨（物）中的"勿"字，一般就寫成圓轉形態。

②結構特徵

1）寬度一致，長度有變

因為文字書寫在帛書上，受"烏絲欄"的束縛，文字的寬度是一樣的，但長度並沒有受到限制。字形大體分為長方形、正方形和扁方形（見表四）。

表四

長方形	▨（薛）	▨（使）	▨（氏）
正方形	▨（樂）	▨（是）	▨（而）
扁方形	▨（之）	▨（三）	▨（曰）

2）從單個的字來看，書者十分講求穿插騰挪、參差錯落、左右舒展、上下伸張和豐富多彩的變化，以達到生動活潑的藝術效果。

a.左右勻稱型

這類字以左右的高低勻稱為基本要求，達到左右兩部分的和諧統一。但左右勻稱，並不是絕對的平均分配，有時為左緊右松，有時為左松右緊，形

成以左讓右或以右讓左的格局，從而達到了勻稱而生動的效果。如：▆
（斷）▆（報）▆（諸）等字。

b.左縮右伸或右縮左伸型

為使字形生動活潑，簡書中將許多左右結體的字打破平整，形成了參差錯落的形態。

左縮右伸型：▆（勸）、▆（則）、▆（救）；

右縮左伸型：▆（將）、▆（殘）、▆（擇）。

這些字或是將左邊的偏旁或是將右邊的偏旁寫得比較拘謹，從而使得字體有了高低錯落的動感。

c.上展下縮或下展上縮型

屬於上下結構的字較少，總得來看可分為兩種，上展下縮和下展上縮型、前一種如▆（魯）等字，上部分寫得舒展，而下部分書寫緊密。後一種如▆（粱）、▆（忌）、▆（賢）等字。上部分寫得緊湊，而下部分寫得修長。而這兩種都使得字形有種延伸加長的感覺。

d.上下結構緊密

有些書寫成上小下寬的形式，如：▆（胃）字。有些書寫成上寬下窄的形式，如：▆（粱）字。無論何種書寫，都使字體形成了方扁狀。

③章法

總得來看，《戰國縱橫家書》佈局均勻疏朗，字與字之間留有一定的間距。線條有着粗細的變化，以方筆為主，方圓並舉，字形修長舒展，結體多為縱勢，但也已經有了扁平的形態。筆劃或長或短，整體看上去富有節奏感（見圖一一九）。

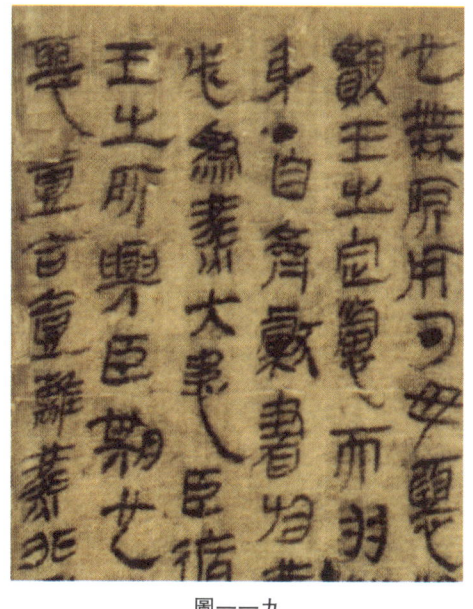

圖一一九

333

就單個字而言，文字長短及大小不一，錯落有致，雖然書寫在帛書上，它的寬度卻並不是一樣的，如：■（下）和■（曰）兩字，就有強烈的大小及寬窄對比。

雖為同一字，其寫法卻不一樣。有的表現在用筆上，有的表現在構形上，還有的表現在偏旁的寫法上，這樣使得簡文章法豐富多樣（見表五）。

表五

下		
之		
辶	（過）	（道）

④風格特徵

從整個簡文來看，其開頭與結尾的字跡並不一樣，應該為三位書手所寫，所以他們的風格是不一樣的。一個顯得剛勁挺拔，字體縱長，用筆頓挫有力，轉折處棱角分明，一派雄健之氣。另兩個，字體雖然也是縱長，但用筆比較纖細，圓轉處較多，這就使得字體少了一份剛勁，多了分秀美（見表六）。

表六

之		而	
也		臣	
有		王	

從上面這六個字，我們可以看出右側的字跡，方折明顯，橫畫中的波挑痕跡隨處可見，隸意更為明顯。

（3）漢隸

漢隸，也稱今隸。這種字體構形上較規範，線條已經完全失去篆書圓轉的態勢。字形呈正方或扁方形。筆劃以折為主。橫畫方入尖收或蠶頭雁尾並用，左波右磔對比強烈。字距間規整有序。這類帛書有《相馬經》《五星占》《經法》《十六經》《稱》《道原》《老子》乙本、《周易》《刑德》乙篇等。下面集中介紹《五星占》的書法形態。該書中有"孝惠元""高皇后元"的明確紀年，可知這卷帛書的抄寫年代不會晚於漢文帝初年。

①筆劃特徵

1）橫畫帶有波磔。其筆劃或為方入尖收，或蠶頭雁尾並用，左波右磔，例如：

第一組：（寸）、（百）、（廿）；

第二組：（來）、（下）、（而）；

第三組：（寸）、（大）、（下）。

第一組橫畫着筆均勻，方折起筆，行筆筆直，略向上傾，至末端輕輕收筆，呈尖狀。第二組橫畫較之第一組而言，筆勢有了明顯變化，為圓入，且不再筆直行筆，而是帶有了波痕，收筆時上挑，形成蠶頭雁尾之勢。第三組橫畫區別與前兩組的最大特點便是其無收筆上挑的筆勢，無論其為何種起筆方式，到後來都會形成整條直線粗細一致。

2）轉折處變得方正。不過達到方正的結果卻有兩種方式。

第一組：（而）、（四）、（日）、（月）；

第二組：（軍）、（出）、（司）、（客）。

第一組的運筆橫到折處時，需要下壓，再稍頓，隨勢而轉後直下。這種筆法使得轉角出形成一個沒有棱的角。第二組的運筆和第一組有相似之處，但在轉角處第二組是提筆上升，再順勢而下，使得筆劃棱角分明。

3）豎畫筆直，長豎一般形成上細下粗的垂露狀，短豎則上下粗細無變化，如：

（平）、（千）、（下）、（不）。

4）豎鉤一般寫成斜式，如：

（時）、（將）、（得）。

5）長畫中捺筆與豎筆突出，筆勢飛動，輕重頓挫富有變化，具有藝術美，例如：

（也）、（夫）、（凶）、（將）、（澤）。

②結構特徵

1）由小篆的縱勢長方變為扁平。例如：

▨（國）、▨（東）、▨（在）、▨（而）、▨（其）。

2）偶爾有縱勢，例如：

▨（澤）▨（也）▨（得）。

3）字體結構緊密。例如：

▨（台）▨（盡）▨（錫）▨（陽）。

4）緊密的結構中又有不同的組合方式，左右結構的字有兩種組合方式，一個為左緊右松型，一個為左松右緊型。上下結構的字，主要為上緊下松型，這些組合方式使得字體看起來生動活潑富有了變化（見表七）。

表七

左緊右松	▨（諸）▨（張）
左松右緊	▨（期）▨（戰）▨（則）
上緊下松	▨（呈）▨（晨）

③章法特徵

1）大多數字體方正、窄平，但仍有些寫得比較灑脫恣肆。這一部分的章法特點，主要是靈動而富有變化（見圖一二〇）。

2）字體的間距比較大，行距緊密。字體有大有小，錯落有致。整體來看，帛書顯得非常的工整，乾淨。

3）從單個的字來看，無論是筆劃多的，還是少的，書者都力求把其寫成方扁型，只是在整篇中會偶爾有幾個縱長字體或縱長筆劃。如▨、▨兩字。上半部分寫成方扁的形態，但那一豎筆，則改變了整個字的態勢，成為縱長的字。

4）用裝飾性筆劃使得有些字主

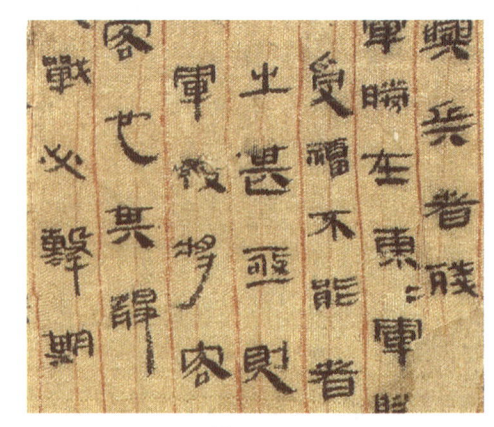

圖一二〇

筆突出，使得原本規整的畫面，有了主次之分，給人以深刻印象。主筆主要是由重筆和長筆來突出，如：▨（無）、▨（卑）、▨（凡）等字。

（4）三種字體的比較

馬王堆帛書的三種字體，幾乎反映了隸變時期的書體特點，因此把他們放在一起比較，能夠更好的認識隸變的過程。

①從筆劃上來看

1）選擇逐漸明朗化

a.篆隸的筆劃，無論是橫畫、豎畫還是轉折處都會呈現出多樣化的趨勢，無統一的形式。這可能與隸變最初的混亂狀況分不開。

篆隸的橫畫基本有三種狀況：筆劃中篆書的圓轉還有所保留、隸書的波磔形態開始出現以及橫畫平整無變化。如：▨（者）、▨（之）、▨（三）等字。

豎畫也大致有三種形態：豎畫雖直但帶有彎曲狀、豎畫雖直但呈斜式以及偶爾的直豎。如：▨（即）、▨（中）、▨（取）等字。

轉折處，圓轉與方折並存，但圓轉的筆劃出現的頻率還較高。且這時的方折筆劃只是採用頓筆再換筆的形式而形成，因此尖角較多。如：▨（實）、▨（足）等字。

b.古隸筆劃特徵就明顯的比較統一，變化沒有篆隸的那麼多。這說明經過隸變初期那種筆劃激蕩紛呈的時期後，書者慢慢有了選擇。比如說在橫畫上比較統一，無論其入筆如何，它最終都會帶有隸書中波磔的痕跡，如：▨（之）、▨（大）等字。

豎畫上只有兩種特徵，帶有少許的屈曲以及豎直，但這種屈曲的程度相對於篆隸來說要小，如▨（仁）、▨（軍）等字。

在轉折處，篆書的圓潤已經基本消失，只會固定的出現在"勿"等少數的幾個字上，其餘的大多為方折的筆劃，雖然折筆仍然已頓筆再換筆為主，但偶爾會出現下壓形成方折的形式。如：▨（當）、▨（而）等字。

c.漢隸已經是隸書筆劃較成熟的時期，因此筆劃的選擇已經逐漸成了種定式。

橫畫上，全都帶有波磔，並出現了隸書中最有特色的蠶頭雁尾，如：

[寸]（寸）、[下]（下）等字。

豎畫上，無論是長豎還是短豎，其總體趨勢都是豎直為主。如：[千]（千）、[下]（下）等字。

轉折處，圓轉的形態已經基本消失，轉折處已經完全變得方正。但這種方正也通過不同的方式來表達，其中較多的是通過下壓的筆劃，隨勢而轉形成沒有棱角的方折，如：[而]（而）、[四]（四）等字。

2）漢隸中的點畫出現

用同一個字來比較，如"下"字，其點畫，在篆隸中是沒有的，它一般是寫成長捺，如：[下]。古隸中相較於篆隸是有所進步的，把點寫成捺的形式已經減弱，如：[下]。而在漢隸中，點畫已經出現並形成新的筆劃，如：[下]。

②從結構上來看

1）從字體的結構趨向扁平

通過三種字體比較，字形由長扁不一，既有篆書的窄長結構，也有隸書的扁平形態，慢慢轉變成了扁平的形態。篆隸的字體還是以修長為主，偶爾的一些筆劃少的字會寫得方扁，如[可]（可）、[上]（上）等字。古隸的字形已經是修長與方扁共存了，如：[中]（中）、[立]（立）等字。漢隸由於已經是成熟的隸書，在它已十分成熟的書體中是完全呈方扁的形態，在《五星占》這種成熟初期的漢隸雖有幾筆縱勢，但主要還是以方扁的為主。如：[澤]（澤）、[客]（客）等字。

2）字形趨向左低右高

成熟的隸書在字的傾斜度上是有一種特色的，即往往是左低右高的形式，向左傾斜。而在這三種字體中只有《五星占》最為接近這種傾斜的角度，而其餘的兩篇則傾斜的方向比較複雜。如《足臂》就有三種傾斜方式，一種是向右，如：[其]（其）；一種是向左，如：[而]（而）；還有一種是平整，如：[上]（上）。《戰國縱橫家書》也有兩種方式，一種向左，如：[之]（之）；一種向右，如：[薛]（薛）。不過這時向左傾斜已經多過向右傾斜。

通過對比，我們能較為清晰地看到漢字隸變的過程。筆劃由混亂向定式如筆劃已具有規律性的波勢和挑法，左波右磔對比強烈等方向發展。隸書的顯著特點如構形扁方，字形內斂而外張，構形部件穩定一致等在西漢初期也開始成為一種定式。這對以往學者們認為隸書的成熟期不會晚於西漢末年或東漢晚期的看法產生了衝擊。現在，我們可以認為隸變可能在西漢初年就已經完成了。

三、帛書《陰陽五行》甲篇書法藝術特徵淺析

在馬王堆帛書中，《陰陽五行》甲篇保存了大量楚國古文的寫法，又兼有篆、隸的筆意，書法藝術特徵鮮明。本節試從書法形式的構成要素——線條、結體、章法、風格等方面對其書法藝術特徵略作分析。

1.線條特徵

（1）起止筆法明晰

起筆和收筆是保證線條品質，顯示書體特徵的重要地方。

此帛書在用筆上多是切鋒重入，方起尖收，長短相聚如劍出。如：

（可）、（壬）、（十）。

這幾個字中"可"字的最上一橫畫。"壬"字的上下兩橫畫，"十"字的横、豎畫的起筆都是方起，中鋒行筆，逐漸減力，收筆輕提尖收。線條飽滿、遒勁，富有力度，且有粗細變化。除此之外還有少部分圓起尖收的，如：

（星）、（方）。

"星"字的最後一橫畫，"方"字的橫畫，起筆都是圓起尖收，有一種圓潤暢通之感。

（2）提按變化明顯、出現"蠶頭""燕尾"的微弱信息

帛書《陰陽五行》甲篇由於抄寫的年代較早，隸化程度不深，偶爾會出現"蠶頭""雁尾"的一些筆意。見字例：

（箕）、（之）。

"箕"字最後一橫畫的蠶頭味很濃，起筆凝重。如果橫畫的末尾再向上挑出，就是我們所說的"波畫"了。"之"字的最後一筆結筆處重頓輕提，結筆輕疾形成"雁尾"。"之"字的"雁尾"和現在我們所說的"蠶頭雁尾"幾乎沒什麼差別了。但這些筆劃在《陰陽五行》甲篇中出現的頻率極少，相反在

同墓所出土的帛書《戰國縱橫家書》中則出現的頻率相對要高很多。如：🀄（矣）、🀄（也）、🀄（便）、🀄（之）等字。

帛書《戰國縱橫家書》中"也"的"波畫"已經具有"一波三折"的形態，且這些字的"雁尾"飽滿、飄逸靈動，和現在的隸書已經沒什麼差別。這種筆意在《戰國縱橫家書》中出現的頻率很高，說明其隸化程度明顯比《陰陽五行》甲篇的高，抄寫時代也應在《陰陽五行》甲篇之後。

（3）線條曲直有態，不僵直

馬王堆帛書書體的線條曲直有態，筆劃少有直來直往的，即使是一個點，也以曲筆寫之。至於橫豎撇捺等，或凸或凹，或向或背，幾乎無不以曲筆書寫的。曲直是橫面運動，提按是縱面運動，有了這兩種筆法，線條便有了最基本的變化。

①點畫：

所謂"一點成一字之規，一字乃終篇之准"。即說明了點在漢字結構中的重要性。帛書《陰陽五行》甲篇中出現的代表性點如下：

🀄（寅）、🀄（至）、🀄（賞）、🀄（必）。

"寅""至""賞""必"等字的點，可謂各不相同。這些形狀各異的點是靠不同的筆法來實現的，這也說明了當時筆法的豐富和變化。

②橫畫：

書法裡面，單字結構有一個重要的標誌性筆劃，那就是橫畫。橫畫的曲直有態可以說在帛書《陰陽五行》甲篇中表現的淋漓盡致。如："南""星"等字：

🀄（南）、🀄（春）、🀄（星）。

橫畫在這些字中並不是平直的，而是變化多端的。有的橫畫在一個字中同向呈仰視如"南"字最下面的兩橫；有的橫畫在一個字中同向呈俯視如"春"字的字頭橫畫；還有的橫畫在一個字中俯仰皆有，如"星"字的最後三橫畫，上面的橫畫呈俯視，下面的兩橫呈仰視。這些富有變化的線形給人一種靈動感，不呆板不僵硬。

③豎畫：

豎畫與橫畫一樣，並不是僵直的像一根鐵柱，也是富有變化的，例如：

■（月）、■（甬）。

"月"字的兩豎畫同向右凸出呈弧形；"甬"字的兩豎畫方向相背向中心呈弧形。這種彎曲的線條具有柔和、優美之感。這種彎曲的線條是相對垂直的線條而言的，垂直的線條具有一種莊嚴之感。

④撇捺

■（必）、■（戊）、■（兌）。

這幾個字的撇捺也都是有弧度的，弧度有大、有小，體現了線條變化的豐富。

（4）折筆

■（室）、■（其）、■（寅）。

我們看這些字的線條以方折為主，長短相聚，粗細相間，已完全沒有篆書線條圓轉纏繞的態勢，隸化程度較深。這一特徵在《戰國縱橫家書》中表現的更為明顯，如：

■（國）、■（臣）、■（田）、■（毋）、■（固）。

2.結體特徵

（1）字形有縱向取勢的，有橫向取勢的，篆隸相雜（見表八）。

表八

字形取勢	字例
縱向取勢	■（參）　■（賞）　■（有）　■（會）
橫向取勢	■（逆）　■（載）　■（寅）　■（丙）

■、■、■這三個字的篆意很濃，字形縱長，以圓曲的筆劃為主。■字的"寶蓋頭"已經開始隸化，是隸書的筆意，但下半部分還沒有開始隸化，仍保持着篆書的特點。而橫向取勢的這幾個字可以說無論從形體還是筆劃上隸化程度都很深，化曲為直如■字。它的篆體是丙。通過對比我們能看出它的筆劃變化，結體已趨方扁。這些都說明這種書體還處於隸變的激蕩時期，書體尚未定型。

341

（2）刻意誇大主筆，以強調筆勢。

清劉熙載在《藝概·書概》中云："畫山者必有主峰，為諸峰所拱向；作字者必有主筆，為余筆所拱向。主筆有差，則餘筆皆敗，故善書者必爭此一筆。"在帛書《陰陽五行》甲篇中出現誇大主筆的字如下：

▨（邑）、▨（凶）、▨（戴）。

這些誇張的超長筆劃拖曳蕩出，抒情味很強。這不但對篆體是一個衝擊，也是對隸書新體構建的積極嘗試。它表明篆體的草化和簡化已進一步加強，篆體字形的破壞也在加強。

（3）欹斜相依、節奏鮮明。

書家都說，寫正容易寫欹難。"欹"與"正"在每個字中總是互為依賴地存在着。沒有平正之筆的穩定之態，就顯不出欹側之筆的生動之美；沒有欹側的姿態，就感覺不到平正的重要。筆筆平正固然呆板，筆筆欹側，則字形墮落，所以一個字的眾多欹側之筆，一定要借助於某幾處平正之筆展開活動，才能取得"似欹反正"的效果。如：

▨（終）、▨（逆）。

▨字左邊的"冬"部寫的往右下傾斜即右邊呈斜勢，與左邊的平正正好形成鮮明的正欹關係。▨字左邊的雙人旁向右方傾斜，與右邊的平正正好形成正欹關係。

（4）帛書書寫中的留白、呼應之美。

結體中的"留白"就好比是音樂中的休止符，小說中的虛筆、戲劇中的暗場、繪畫中的空白等等。下面將本帛書結字佈置的疏密分為以下四種類型來探討（見表九）。

表九

上密下疏	上疏下密	左密右疏	左疏右密

從表二我們能看出此帛書單字結構的留白，變化多姿多彩、嫵媚動人。

（5）文字結構類型豐富：

漢字結構類型是按照不同的結構方法對漢字所作的形體結構類型上的分類,其所依據的標準是漢字的結構方式。因此,它不同於漢字構形法和漢字基本類型。漢字結構類型是在漢字系統內進行結構方面類型的劃分和研究。因此,它具有演變性、規範性和多層次多角度的切分性。本帛書的文字結構類型可分為如下五類（見表十）。

表十

類型	字例
獨體結構	火　中　止
左右結構	（傷）　（塗）　（韁）
上下結構	（貧）　（胃）　（與）
上中下結構	（嘗）　（會）　（冀）
包圍結構	（自）　（藏）　（司）

3.章法特徵

（1）字形參差，節奏鮮明。

由於文字的自然結構、書寫速度等因素的作用,字形會有大有小、有長有扁、有正有欹等許多變化,從而造成鮮明的節奏感。如：　、　、　這幾個字相對就比較大；而這幾個字　、　、　相對就較小。這只是隨便舉的幾個例子,其實字形的大小、長扁、正欹在本帛書中表現的非常顯明,但這種變化不是規律性的而是隨機的。

（2）字距疏密相向，虛實相生。

從圖一二一可以看出字與字之間的距離有大有小，字密處為實，字疏處為虛，虛實相生，巧奪天工。圖一二一中上面的細圓圈為字距較疏鬆處，下面的粗圓圈為字距較密集處。這種疏密對比關係使作品沉實而不板滯，空靈而不飄浮。

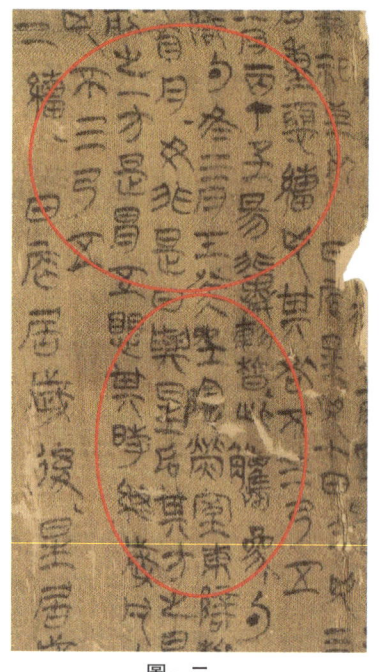

（3）章法上則分行布白，整齊有序，或行距推近、字距拉開，或行距較寬、字距較密，均疏密有致，整齊劃一。

從圖一二一可以看出此帛書的章法也獨具特色，不像甲骨文、簡書和石刻受載體的影響，章法受到局限。排列方式是縱有行而行無列，長度非常自由，有強烈的跳躍節奏感。

（4）行氣貫通，富於動感。

氣勢連貫俗稱"貫氣"。所謂"貫氣"，朱和羹在《臨池心解》①中有個最好的解釋："凡作一字，上下有承接，左右有呼應，打疊一片，方為盡善盡美。即此推之，數字，數行，數十行，總在精神團結，神不外散。"對章法的基本要求是要貫氣，就是說像以線貫珠一樣，用一種無形的氣把一個個散落的字貫穿起來，整幅佈局，似一氣呵成。但這條行氣線應該是有起伏變化的，不能像算盤珠一樣上下一致，那樣就太單調，缺乏動感。此局部的行氣線富有變化而且上下比較貫通。（見圖一二二）

（5）外輪廓線的變化。

沿一行字中每個字的外沿自上而下地勾畫出兩條線，可以看出這行字中的每個單字面積的大小變化，以及行內的"黑"與行間的"白"之間的變化。從"白"的角度看，兩行字相對的外沿虛線實際上構成行與行之間"白"的形態，它同樣是書法藝術效果的重

圖一二一

圖一二二

---

① 朱和羹"臨池心解"，《美術叢書》，上海神州國光社，1913年。

要組成部分。正如清代書法家、篆刻家鄧石如所說："計白當黑，無筆墨處也是妙境呀。"優秀的書手往往注意這種"白"的形態變化，它與黑的形態變化交融互生，相映成趣，產生一種生動的藝術效果，這也是"計白當黑"的另一個重要方面。圖一二二、一二三為本帛書的外輪廓線圖，從分析中可看出：外輪廓線寬窄的變化很大，兩行之間的空白空間也會變化強烈，和有字部分之間形成強烈的虛實變化。

4.風格特徵：古雅、飄逸的書風

風格也叫書法形象：書法形象包括點畫、結體、篇章，或雄渾，或清勁，或平穩，或險絕，或圓潤，或峭棱，或流動，或遲澀等等。

書法風格特徵的形成是由各時代的文化背景與特定時代的審美要求所決定的，更加上抄手的書寫風格不同。處於書體轉型時期的帛書《陰陽五行》甲篇在綜合上述因素的情況下所呈現出的書法風格是古雅、飄逸的書風，具有很高的藝術趣味。（見圖一二四）

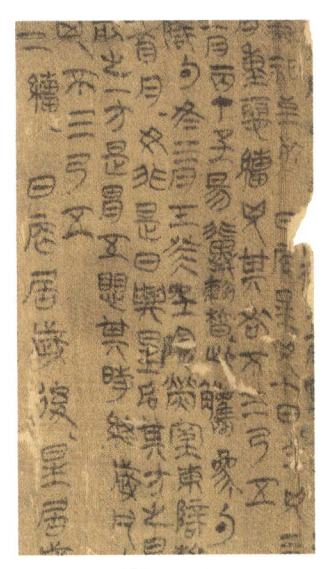

帛書《陰陽五行》甲篇用筆古樸奔放，厚重大方，無後世雕飾之弊。造型優美。章法也獨具特色，既不同于簡書，也不同於石刻，縱有行、橫無列，章法非常自由，這些都反映了先人在書法審美上的種種探索與追求。

圖一二三

圖一二四

附録　馬王堆帛書研究論著目録

一、帛書資料著録

1.專書

[1] 馬王堆漢墓帛書（壹），（線裝本，1函2冊），文物出版社，1974年。
[2] 馬王堆漢墓帛書（壹），（線裝本，1函8冊），文物出版社，1974年。
[3] 馬王堆漢墓帛書（壹），文物出版社，1975年。
[4] 馬王堆漢墓帛書經法，文物出版社，1976年。
[5] 馬王堆漢墓帛書（叁）（線裝本），文物出版社，1978年。
[6] 馬王堆漢墓帛書（壹）（精裝本），文物出版社，1980年。
[7] 馬王堆漢墓帛書（叁）（精裝本），文物出版社，1983年。
[8] 馬王堆漢墓帛書（肆）（精裝本），文物出版社，1985年。
[9] 馬王堆漢墓帛書竹簡，李正光編，湖南美術出版社，1988年。
[10] 馬王堆漢墓文物，傅舉有、陳松長編著，湖南出版社，1992年。
[11] 馬王堆帛書藝術，陳松長編著，上海書店出版社，1996年。
[12] 馬王堆帛書精選（全三册），（日）西林昭一等編集，每日新聞社・每日書道會，2003年。
[13] 馬王堆漢墓，何介鈞著，文物出版社，2004年。
[14] 長沙馬王堆漢墓簡帛集成，裘錫圭主編，湖南省博物館、復旦大學出土文獻與古文字研究中心編纂，中華書局，2014年。

2.單篇釋文・譯注

[1] 長沙馬王堆漢墓出土《老子》乙本卷前古佚書釋文，《文物》，1974年10期。

［2］《五星占》（附表）釋文，《文物》，1974年11期。

［3］馬王堆漢墓出土《老子》釋文，《文物》，1974年11期。

［4］馬王堆漢墓出土帛書《戰國策》釋文，《文物》，1975年4期。

［5］馬王堆漢墓出土醫書釋文（一），《文物》，1975年6期。

［6］馬王堆漢墓出土醫書釋文（二），《文物》，1975年9期。

［7］馬王堆漢墓出土帛書《春秋事語》釋文，《文物》，1977年1期。

［8］馬王堆漢墓帛書《相馬經》釋文，《文物》，1977年8期。

［9］馬王堆漢墓帛書《五星占》釋文，《中國天文學史文集》，科學出版社，1978年。

［10］西漢帛書《天文氣象雜占》釋文，《中國文物》，1979年第1期。

［11］馬王堆帛書《六十四卦》釋文，《文物》，1984年3期。

［12］馬王堆帛書《老子》乙本卷前古佚書《經法》釋文注解（一）（二）（三）（四）（五）（六）（七），（日）高橋庸一郎《甲南國文》，1984年3月—1991年3月。

［13］馬王堆帛書《刑德》乙篇釋文，《馬王堆漢墓文物》，湖南出版社，1992年5月。

［14］馬王堆帛書《繫辭》釋文，《馬王堆漢墓文物》，湖南出版社，1992年5月。

［15］馬王堆帛書《周易·繫辭》校讀，張政烺，《道家文化研究》第3輯，上海古籍出版社，1993年。

［16］帛書《繫辭》釋文，陳松長，《道家文化研究》第3輯，上海古籍出版社，1993年。

［17］帛書《二三子問》《易之義》《要》釋文，陳松長、廖名春，《道家文化研究》第3輯，上海古籍出版社，1993年。

［18］馬王堆漢墓出土老子甲本卷後古佚書九主篇、明君篇譯注，（日）二松學舍大學馬王堆帛書研究會，1993—1997年。

［19］帛書《二三子問》《繫辭》《易之義》《要》《繆和》《昭力》釋文，廖名春，《國際易學研究》第1輯，華夏出版社，1995年。

［20］帛書《要》釋文，（日）池田知久，《國際易學研究》第1輯，華夏出版社，1995年。

［21］馬王堆帛書《繆和》《昭力》釋文，陳松長，《道家文化研究》第6輯，上海古籍出版社，1995年。

［22］馬王堆漢墓出土老子乙本卷前古佚書經法·四度篇譯注，（日）東京大學馬王堆帛書研究會，1997年。

［23］馬王堆漢墓帛書老子甲本卷後古佚書九主篇譯注，（日）渡邊賢，《中國出土資料研究》創刊號，1997年。

［24］馬王堆漢墓出土帛書周易二三子問篇譯注，（日）東京大學馬王堆帛書研究會，1997年。

［25］馬王堆漢墓帛書老子甲本卷後古佚書明君篇譯注，（日）會穀佳光，《中國出土資料研究》第2號，1998年。

［26］馬王堆漢墓帛書《周易》之《要》篇釋文（上），（日）池田知久、牛建科，《周易研究》，1997年2期。

［27］馬王堆漢墓帛書《周易》之《要》篇釋文（下），池田知久、牛建科，《周易研究》，1997年3期。

［28］馬王堆漢墓出土帛書周易《二三子問》篇譯注（四），（日）東京大學馬王堆帛書研究會，《中國出土資料研究》第八號，2004年。

［29］帛書現代語譯：陰陽十一脈灸經·足臂十一脈灸經·難經，（日）淺野周，北京堂針灸，2005年。

［30］儒藏·出土文獻類·馬王堆漢墓帛書《周易》，龐樸主編，北京大學出版社，2007年。

［31］儒藏·出土文獻類·馬王堆漢墓帛書《五行》，龐樸主編，北京大學出版社，2007年。

［32］馬王堆出土文獻譯注叢書·五行·九主·明君·德聖，（日）齊木哲郎，日本東方書店，2007年。

二、帛書研究論著

1.專著

（1）帛書《周易》

［1］馬王堆帛書易經初步研究，嚴靈峰《經子叢書》第五冊，臺北成文出版社，1980年。

［2］帛書周易校釋，鄧球柏，湖南人民出版社，1987年。

［3］周易經傳溯源，李學勤，長春出版社，1992年。

［4］帛易說略，韓仲民，北京師範大學出版社，1992年。

［5］帛書周易注釋，張立文，中州古籍出版社，1992年。

［6］道家文化研究馬王堆帛書專號，陳鼓應主編，上海古籍出版社，1993年。

［7］易傳與道家思想，陳鼓應，臺灣商務印書館，1994年。

［8］馬王堆帛書易經斠理，嚴靈峰，文史哲出版社，1994年。

［9］帛書周易校釋（增訂本），鄧球柏，湖南出版社，1996年。

［10］馬王堆帛書周易經傳釋文，廖名春，上海古籍出版社，1996年。

［11］帛書周易研究，（美）邢文，人民出版社，1997年。

［12］易經（帛書《周易》英譯本），（美）夏含夷，美國紐約出版，1997年。

［13］出土簡帛周易疏證，趙建偉，臺灣萬卷樓圖書股份有限公司，2000年。

［14］周易異文校證，吳新楚，廣東人民出版社，2001年。

［15］周易經傳與易學史新論，廖名春，齊魯書社，2001年。

［16］漢易術數論研究——從馬王堆到《太玄》，（日）辛賢，汲古書院，2002年。

［17］今、帛、竹書周易綜考，劉大鈞，上海古籍出版社，2005年。

［18］馬王堆帛書《周易》經傳校讀，張政烺，中華書局，2008年。

［19］帛書周易論集，廖名春，上海古籍出版社，2008年。

［20］周易本義，李紅，湖南人民出版社，2009年。

［21］帛書《要》篇校釋，劉彬編著，光明日報出版社，2009年。

［22］馬王堆帛書《易之義》校釋與思想研究，廖伯娥，花木蘭文化出版社，2011年。

［23］帛書《易傳》新釋暨孔子易學思想研究，劉彬、孫航、宋立林，中國社會科學出版社，2016年。

（2）帛書《老子》

［1］帛書老子，臺北河洛圖書出版社，1975年。

［2］馬王堆漢墓帛書老子，文物出版社，1976年。

［3］馬王堆帛書老子試探，嚴靈峰，臺北河洛出版社，1976年。

［4］馬王堆帛書老子甲乙本，（日）赤井清美編，東京堂出版社，1977年。

［5］馬王堆老子，（日）鈴木喜一編，明德出版社，1977年。

［6］老子新注，任繼愈，上海古籍出版社，1978年。

［7］老子校讀，張松如，吉林人民出版社，1981年。

［8］帛書老子注釋與研究，許抗生，浙江人民出版社，1982年。

［9］老子注釋及評介，陳鼓應，中華書局，1984年。

［10］帛書老子校注析，黃釗，臺灣學生書局，1991年。

［11］帛書老子校劉師培「老子斠補」疏證，葉程義，文史哲出版社，1994年。

［12］老子思想的史官特色，王博，文津出版社，1994年。

［13］帛書老子校注，高明，中華書局，1996年。

［14］老子新校，鄭良樹，學生書局，1997年。

［15］老子校正，陳錫勇，裡仁書局，2000年。

［16］帛書老子與老子術，尹振環，貴州人民出版社，2000年。

［17］楚簡與帛書老子，鄒安華，民族出版社，2000年。

［18］楚簡老子辨析，楚簡與帛書《老子》的比較研究，尹振環，中華書局，2001年。

［19］簡帛老子研究，（美）韓祿伯，學苑出版社，2002年。

［20］老子帛書校注，徐志鈞，學林出版社，2002年。

［21］老子研究新編，李爾重，華中科技大學出版社，2003年。

［22］老子今注今譯（參考簡帛本最新修訂版），陳鼓應，商務印書館，2003年。

［23］《老子》考索，（日）澤田多喜男，汲古書院（日本），2005年。

［24］馬王堆出土文獻譯注叢書·老子，（日）池田知久，東方書店（日本），2006年。

［25］老子研究，張松輝，人民出版社，2006年。

［26］帛書老子再疏義，尹振環，商務印書館，2007年。

［27］老子新詮——無爲之治及其行上理則，鄧立光，上海古籍出版社，2007年。

［28］重識老子與《老子》，尹振環，商務印書館，2008年。

（3）帛書《五行篇》

［1］帛書五行篇研究，龐樸，齊魯書社，1980年。

［2］德行校釋，魏啟鵬，巴蜀書社，1991年。

［3］馬王堆漢墓帛書五行篇研究，（日）池田知久，汲古書院（日本），1993年。

［4］帛書五行篇校注及研究，龐樸，萬卷樓圖書股份有限公司（臺北），2000年。

［5］帛書五行箋釋，魏啟鵬，萬卷樓圖書股份有限公司（臺北），2000年。

［6］簡帛五行解詁，劉信芳，藝文印書館股份有限公司（臺北），2000年。

［7］簡帛文獻五行箋證，魏啟鵬，中華書局，2005年。

［8］馬王堆漢墓帛書五行研究，（日）池田知久著，王啟發譯，線裝書局、中國社會科學出版社，2005年。

［9］馬王堆出土文獻譯注叢書·五行·九主·明君·德聖，（日）齊木哲郎，東方書店（日本），2007年。

［10］簡帛《五行》研究，劉信芳，高等教育出版社，2016年。

（4）帛書《黃帝書》

［1］黃帝四經與黃老思想，余明光，黑龍江人民出版社，1987年。

［2］黃帝四經今注今譯，余明光，張國華，嶽麓書社，1993年。

［3］黃帝四經今注今譯，陳鼓應，臺灣商務印書館，1995年。

［4］黃帝四經（英譯本），（英）雷敦和，臺灣光啟出版社、利氏學社，1997年。

［5］馬王堆漢墓帛書黃帝書箋證，魏啟鵬，中華書局，2004年。

［6］黃帝四經 馬王堆漢墓帛書老子乙本卷前古佚書，（日）澤田多喜男，知泉書館（日本），2006年。

［7］黃帝四經今注今譯——馬王堆漢墓出土帛書（參照簡帛本最新修訂版），陳鼓應注譯，商務印書館，2007年。

（5）帛書《戰國縱橫家書》

［1］馬王堆漢墓帛書戰國縱橫家書，文物出版社，1976年。

［2］帛書戰國策，臺北河洛圖書出版社，1977年。

［3］帛書戰國策文字索引，（日）小南一郎，1986年。

［4］戰國策研究，鄭良樹，臺灣學生書局，1986年。

［5］馬王堆帛書戰國縱橫家書，（日）佐藤武敏監修、（日）工藤元男、早苗良修、藤田勝久譯注，朋友書店（日本），1993年。

［6］戰國策文新論，鄭傑文，山東人民出版社，1998年。

（6）帛書《春秋事語》

［1］馬王堆出土文獻譯注叢書・春秋事語，（日）野間文史，東方書店（日本），2006年。

［2］馬王堆出土文獻譯注叢書・春秋事語，（日）野間文史，東方書店（日本），2007年。

（7）馬王堆醫書

［1］馬王堆漢墓帛書導引圖，文物出版社，1979年。

［2］馬王堆漢墓帛書五十二病方，文物出版社，1979年。

［3］馬王堆醫書研究專刊（1），馬王堆帛書研究組編，1980年。

［4］馬王堆醫書研究專刊（2），馬王堆醫書研究組編，1981年。

［5］馬王堆出土醫書字形分類索引，（日）江村治樹，1987年。

［6］馬王堆醫書考注，周一謀、蕭佐桃主編，天津科技出版社，1988年。

［7］馬王堆養生氣功，周世榮，湖北科技出版社，1990年。

［8］《馬王堆漢墓出土・房中養生著作釋譯》，周一謀，海峰出版社，1990年。

［9］馬王堆漢墓醫書校釋（壹）（貳），魏啟鵬、胡翔驊，成都出版社，1992年。

［10］馬王堆古醫書考釋，馬繼興，湖南科技出版社，1992年。

［11］馬王堆醫學文化，周一謀等，上海文匯出版社，1994年。

［12］簡帛藥名研究，張顯成，西南師大出版社，1997年。

［13］馬王堆醫書譯注（英文本），（美）夏德安，美國哥倫比亞大學出版社，1998年。

［14］馬王堆古脈書研究，韓健平，中國社會科學出版社，1999年。

［15］馬王堆『五十二病方』の灸療法（08醫學史（2）），（日）小曽戸洋・町泉壽郎・花輪壽彦・石野尚吾，日本東洋醫學雜誌55別冊、社團法人日本東洋醫學會，2004年。

［16］《馬王堆漢墓帛書》肆、《張家山漢墓竹簡》所收十一經脈釋文總索引，（日）小林健二編，大東文化大學人文科學研究所，2004年。

［17］出土亡佚古醫籍研究，馬繼興，中醫古籍出版社，2005年。

［18］馬王堆導引術，周世榮編著，嶽麓書社，2005年。

［19］馬王堆簡帛與古代房事養生，周一謀著，嶽麓書社，2005年。

［20］馬王堆出土文獻譯注叢書・五十二病方，（日）小曽戸洋、長谷部英一、町泉壽郎，東方書店（日本），2007年。

［21］馬王堆古漢養生大講堂，何清湖等編著，中國中醫藥出版社，2009年。

［22］馬王堆出土文獻譯注叢書・却穀食気・導引圖・養生方・雜療方，（日）坂内栄夫・白杉悦雄，2011年。

［23］馬王堆醫方釋義，周德生、何清湖，人民軍醫出版社，2014年。

［24］馬王堆漢墓醫書，中國出土古醫書考釋與研究，馬繼興，上海科學技術出版社，2015年。

［25］馬王堆漢墓帛書《五十二病方》集注，張雷，中醫古籍出版社出版，2017年。

（8）馬王堆古地圖

［1］馬王堆漢墓帛書古地圖，文物出版社，1977年。

（9）數術類帛書

［1］《五星占》《天文氣象雜占》譯注，（日）川原秀城、宮島一彥，《新發現中國科學史資料的研究譯注篇》，京都大學人文科學研究所，1985年。

［2］馬王堆帛書五星占，上海古籍出版社，1996年。

［3］馬王堆帛書天文氣象雜占，上海古籍出版社，1996年。

［4］馬王堆帛書刑德研究論稿，陳松長，臺北古籍出版社出版，2001年。

［5］簡帛數術文獻探論，劉樂賢，湖北教育出版社，2003年。

［6］馬王堆天文書考釋，劉樂賢，中山大學出版社出版，2004年。

（10）其它

［1］《馬王堆漢墓帛書〈德行〉校釋》，魏啟鵬撰，巴蜀書社，1991年。

［2］簡帛佚籍與學術史，李學勤，臺北時報文化出版有限公司，1994年，江西教育出版社，2007年。

［3］馬王堆帛書漢字構形系統研究，王貴元，廣西教育出版社，1999年。

［4］馬王堆漢墓簡帛選字，童曼之，湖南美術出版社，1999年。

［5］帛書史話，陳松長，中國大百科全書，2000年。

［6］馬王堆簡帛文字編，陳松長，文物出版社，2001年。

［7］簡帛典籍異文研究，吳辛丑，中山大學出版社，2002年。

［8］簡帛發現與研究，馬今洪，上海書店出版社，2002年。

［9］二十世紀簡帛學研究，沈頌金，學苑出版社，2003年。

［10］簡牘帛書標題格式研究，林清源，臺北藝文印書館，2004年。

［11］出土簡帛從考，廖名春，湖北教育出版社，2004年。

［12］簡帛古書與學術源流，李零，三聯書店，2004年。

［13］古代帛書，劉國忠，文物出版社，2004年。

［14］簡帛文獻概述，駢宇騫，臺北萬卷樓圖書股份有限公司，2005年。

［15］簡帛典籍異文側探，徐富昌，臺北國家出版社，2006年。

［16］馬王堆簡牘帛書常用字匯，陳松長，上海書店出版社，2007年。

［17］簡帛研究文稿，陳松長，線裝書局，2007年。

［18］《馬王堆漢墓帛書（壹）》假借字研究，沈祖春著，巴蜀書社，2008年。

［19］馬王堆帛書書法大字典，唐金嶽書寫編著，湖南美術出版社，2010年。

2. 論文

（1）綜述和通論

［1］關於長沙馬王堆一號漢墓的座談紀要，《考古》，1972年5期。

［2］長沙馬王堆三號漢墓出土帛書簡介，洪樓，《歷史研究》，1974年1期。

［3］長沙馬王堆漢墓帛書概述，韓仲民，《文物》，1974年9期。

［4］座談長沙馬王堆漢墓帛書，唐蘭等，《文物》，1974年9期。

［5］長沙馬王堆三號漢墓出土的帛書，金鏞，《光明日報》，1974年10月。

［6］最近在中國發現的古文獻，（英）魯惟一，TP63卷，1977年。

［7］前漢書体史の基礎的考察–1–馬王堆出土帛書，（日）松清秀一，《和洋国文研究》第13號，1977年。

［8］關於漢代帛書文獻，（日）大久保莊太郎，《羽衣學園短期大學紀要》第14號，1978年。

［9］馬王堆出土儒家古佚書考，（日）島森哲男，《東方學》第56號，1978年。

［10］馬王堆老子甲乙本卷前後佚書與道法家，裘錫圭，《中國哲學》第2輯，1979年。

［11］記在美國舉行的馬王堆帛書工作會議，李學勤，《文物》，1979年11期。

［12］秦漢初的簡牘帛書的書體和隸書的成立，（日）浦野俊則，《二松學舍大學論集》，1979年。

［13］馬王堆漢墓帛書抄寫年代考，李裕民，《考古與文物》，1981年4期。

［14］略談馬王堆出土的帛書竹簡，周世榮，《長沙馬王堆醫書研究專刊》（2），1981年。

［15］長沙馬王堆漢墓出土的文字資料，（日）片山智士，《書論》（中國書道史の新資料〈特集〉通號18），1981年。

［16］罕見的古書——馬王堆三號漢墓帛書簡介，侯良，《湘圖通訊》，1982年1期。

［17］關於馬王堆漢墓出土的西漢帛畫、帛書的修裱，張耀選，《文物保護技術》，1982年3期。

［18］馬王堆帛書與《鶡冠子》，李學勤，《江漢考古》，1983年2期。

［19］馬王堆漢墓の總合研究——中国新書に基づく訳解（一），（日）福宿孝夫，《宮崎大学教育学部紀要人文科学》第54號，1983年。

［20］馬王堆漢墓の總合研究–2–補正訳の再掲と書法に関する考察，（日）福宿孝夫，《宮崎大学教育学部紀要人文科学》第56號，1984年。

［21］漢代竹書和帛書中的通假字與古音的考訂，周祖謨，《音韻學研究》，1984年3期。

［22］七十年代中國出土的秦漢簡冊和帛書，朱德熙、裘錫圭，《中國語文》，1984年6期。

［23］七十年代出土竹簡帛書對古籍之影響，鄭良樹，《故宮季刊》，1985年4期。

［24］竹簡帛書與校讎學、辨偽學，鄭良樹，《古文字研究》第10輯，1985年。

［25］秦漢帛書音系概述，劉寶俊，《中南民族學報》，1986年1期。

［26］關於竹書、帛書通假字的考察，張儒，《山西大學學報》1988年2期。

［27］長沙馬王堆漢墓研究綜述（上），傅舉有，《求索》，1989年2期。

［28］長沙馬王堆漢墓研究綜述（下），傅舉有，《求索》，1989年3期。

［29］新發現簡帛與秦漢文化史，李學勤，《淮陰師專學報·增刊·活頁文史叢刊》第121號，1989年。

［30］馬王堆漢墓帛書重文號釋例，楊琳，《文獻》，1990年3期。

［31］帛書與其周邊（日）相川佳予子，《古代文化》43-9，1991年9期。

［32］秦漢期的帛書的出土和研究的介紹，（日）大川俊隆，《古代文化》第43卷，1991年。

［33］論新出簡帛與學術研究，李學勤，《傳統文化與現代化》創刊號，1993年。

［34］簡帛和楚文化，李學勤，《簡帛佚籍與學術史》，臺北時報文化出版社，1994年。

［35］道家與帛書，李零，《道家文化研究》第3輯，1993年。

［36］馬王堆漢墓帛書的道家傾向，陳松長，《道家文化研究》第3輯，1993年。

［37］從臨沂漢簡、長沙帛書通假字再證古聲十九紐 時建國，《西北師大學報》，1993年6期。

［38］從簡帛文獻看使成式的形成，張顯成，《古漢語研究》，1994年第1期。

［39］傳世經典匡謬三則——出土文物研究劄記，張顯成，《古籍整理研究學刊》，1994年第4期。

［40］馬王堆帛書文字考釋，王貴元，《古漢語研究》，1995年3期。

［41］漢墓帛書字形辨析三則，王貴元，《中國語文》，1996年4期。

［42］長沙馬王堆漢墓帛書，陳松長，臺灣《書與人》專版，1996年。

［43］馬王堆漢墓帛書（肆）所見稱數法考察，徐莉莉，《古漢語研究》，1997年1期。

［44］論《馬王堆漢墓帛書》肆）的聲符替代現象及其與"古今字"的關係，徐莉莉，《華東師範大學學報》，1997年4期。

［45］簡帛文字與書學，葉培貴，《美術之友》，1998年4期。

［46］帛書述略，劉薔，《四川圖書館學報》，1998年5期。

［47］簡帛文字考釋劄記續，施謝捷，《文教資料》，1998年第6期。

［48］馬王堆帛書老子甲本に關すること—「借字」からの考察—，（日）小川貴史，《書叢》第12號，新潟大學書道研究會，1998年6月。

［49］馬王堆帛書文字拾零，王貴元，《江漢考古》，1999年3期。

［50］西漢藝術的燦爛奇葩——馬王堆畫帛書巡禮，陳松長，《故宮文物月刊》（臺北），1999年201輯。

［51］簡牘、帛書に見る古隸の發生，（日）小川貴史，《書叢》第13號，新潟大學書道研究會，1999年。

［52］馬王堆漢墓文獻及其定名，鄭豔娥，《圖書館》，2000年2期。

［53］70年代以來的秦漢簡帛文字研究，陸錫興，《南昌大學學報》，2000年3期。

［54］馬王堆的數術世界，李建民，載《方術 醫學 歷史》，臺灣天南書局出版，2000年。

［55］從郭店楚簡和馬王堆帛書論"晚書"的真偽，廖名春，《北方論叢》，2001年1期。

［56］馬王堆帛書古隸的美感特徵，席志強，《湖南農業大學學報》，2001年2期。

［57］簡帛文字考釋劄記再續，施謝捷，《文教資料》，2001年4期。

［58］出土簡帛與經學詮釋的範式問題，郭齊勇，《福建論壇（人文社會科學版）》，2001年5期。

［59］帛書研究五十年，沈頌金，《中國史研究動態》，2001年7期。

［60］簡帛發現100年，張翼飛，《瞭望》，2001年38期。

［61］馬王堆漢墓帛書簡說，陳松長，《湖南書畫》，2001年6月。

［62］70年代出土的竹簡帛書對《說文解字》研究之貢獻，陳徽治，《漯河職業技術學院學報》，2003年1期。

［63］論簡帛書法發展的内在原因及其載體的文化意義，周平，《湘潭工學院學報》，2002年2期。

［64］《說文》收字釋義文獻用例補缺——以簡帛文獻證《說文》，張顯成，《古漢語研究》，2002年3期。

［65］簡帛文獻與先秦兩漢漢語研究，張顯成，臺灣中國文化大學史學系等，《簡帛研究彙刊》第1輯，2003年。

［66］論簡帛文獻的語言研究價值，張顯成，《簡帛語言文字研究》第1輯，巴蜀書社，2002年。

［67］出土簡帛的分類及其在歷史文獻學上的意義，劉釗，《廈門大學學報》，2003年6期。

［68］二十世紀簡帛的發現與研究，謝桂華，《歷史研究》，2003年6期。

［69］よみがえる漢代學術の世界 馬王堆漢墓帛書，（日）福田哲之，《文字の發見が歷史をゆるがす：20世紀中國出土文字資料の証言》，二玄社，2003年。

［70］地下からの贈り物——簡牘資料の価値と研究狀況（6）漢代における書籍の「かたち」——馬王堆漢墓帛書・定州漢簡・阜陽漢簡・武威漢簡，（日）大櫛敦弘，《東方》第280號，東方書店2004年。

［71］再說馬王堆漢墓發掘的意義，王世民，《湖南省博物館館刊》第1輯，2004年。

［72］馬王堆帛書叢論，連劭名，《湖南省博物館館刊》第2輯，2005年。

［73］馬王堆帛書藝術簡論，陳松長，《藝海》，2005年2期。

［74］《馬王堆漢墓帛書》所反映的上古動補式，肖賢彬，《遼寧大學學報》，2005年4期。

［75］湖南簡帛的出土與研究，陳松長，《湖南大學學報》，2005年5期。

［76］馬王堆學淺論，陳松長，《江漢論壇》，2006年11期。

［77］《馬王堆漢墓帛書（壹）》假借字研究，沈祖春，西南大學碩士學位論文，2006年。

[78] 馬王堆漢墓帛書通用字研究，吳雲燕，華東師範大學碩士學位論文，2006年。

[79] 馬王堆簡帛書法初論，歐陽彩蓉，中央美術學院碩士學位論文，2006年。

[80]《馬王堆漢墓帛書》(三)(四)的時間副詞，郭曉紅，《簡帛文獻研究》第2輯，巴蜀書社，2006年。

[81] 馬王堆帛書—方術の再認識，朱淵清著、(日)高木智見譯，《中國出土文獻の世界——新發見と學術の歷史》創文社，2006年。

[82] 馬王堆帛書與歷史研究，李岩，《古籍整理研究學刊》，2007年3期。

[83] 馬王堆三號漢墓竹簡字詞考釋，王貴元，《中國語文》，2007年3期。

[84] 馬王堆帛書的抄本特徵，陳松長，《湖南大學學報》，2007年5期。

[85] 馬王堆史書、醫書通假字研究，何麗敏，西南大學碩士學位論文，2007年。

[86] 長沙馬王堆西漢墓帛書的修復與保護，周志元，中文善本古籍保存保護國際研討會論文集，2007年。

[87] 馬王堆漢墓帛書"單哉"、"單盈哉"試解，伊強，《中國歷史文物》，2008年2期。

[88] 馬王堆帛書"空白頁"及相關問題，陳松長，《文物》，2008年5期。

[89] 作品製作論：馬王堆帛書研究，(日)三輪玲子，《卒業研究集錄·書道學科》19年度大東文化大學，2008年。

[90] インタビュー 出土資料研究の最前線へ発信する——東方書店刊『馬王堆出土文獻訳注叢書』をめぐって，(日)池田知久，《東方》第323號，東方書店，2008年。

[91] 馬王堆漢墓帛書中的疑問範疇，郭曉紅，《古漢語研究》，2009年2期。

[92] 馬王堆漢墓與漢初長沙國的思想、文化和藝術研究，熊呂茂，《中國科技博覽》，2009年4期。

[93] 馬王堆簡帛異構字初探，黃文傑，《中山大學學報》，2009年4期。

[94] 淺析出土簡帛文獻對秦漢思想史的意義——以長沙馬王堆出土簡帛文獻為主，李輝，《知識經濟》，2009年13期。

[95] 可以和傳世文獻相對照的先秦出土文獻研究，(日)西山尚志，山東大學博士學位論文，2009年。

[96] 馬王堆史書、醫書所反映的上古韻部現象研究——以通假字為對象，劉芳池、何麗敏，《銅陵學院學報》，2010年4期。

[97] 齊襄公考——從馬王堆漢墓帛書談起，郭麗，《管子學刊》，2010年4期。

[98] 簡帛文字瑣議，周波，《語言研究集刊》第7輯，2010年。

[99] 淺談馬王堆帛書書法特徵，喻燕姣，《東方藝術》，2010年8期。

[100] 馬王堆帛書書法藝術特徵，唐金嶽，《湖南省博物館館刊》第6輯，2010年。

[101]《黃帝書》與簡帛《老子》思想淵源研究，李培志，河南大學博士學位論文，2010年。

[102] 談馬王堆漢墓簡帛材料中得"酒"，張海燕，《首都師範大學學報(社會科學版)》，

2011年1期。

[103] 淺議馬王堆漢墓簡帛文獻中的"漆"字，喻燕姣，《湖南省博物館館刊》第7輯，嶽麓書社，2011年。

[104] 馬王堆帛書書體特徵探析，陳松長、劉嬋，《文物鑒定與鑒賞》，2011年9期。

[105] 對馬王堆漢墓帛書"絲欄"的新認識，王樹金，《中國文物報》，2011年10月27日。

[106] 《馬王堆漢墓帛書（叁）》虛詞整理，謝小麗，簡帛網，2012年4月25日。

[107] 馬王堆簡帛文字的隸變研究，張樂，南昌大學碩士學位論文，2012年。

[108] 馬王堆帛書文字研究，劉聖美，魯東大學碩士學位論文，2012年。

[109] 《馬王堆漢墓帛書（肆）》補釋，劉玉環，《貴州師範大學學報（社會科學版）》，2013年3期。

[110] 馬王堆帛書藝術探索，李潺，《書法賞評》，2013年5期。

[111] 《馬王堆漢墓帛書（壹）》零箋，劉玉環，《求實》，2013年z1期。

[112] 馬王堆帛書"刑德小遊圖""天一圖"所見神煞研究，崔莎莎，復旦大學碩士學位論文，2013年。

[113] 《銀雀山漢簡》與《張家山漢簡》《馬王堆帛書》通假字聲母的對比研究，張潔，《歷史語言學研究》，2014年1期。

[114] 《馬王堆漢墓帛書（肆）》整理劄記（一），周波，《古文字研究》第30輯，中華書局，2014年。

[115] 說馬王堆帛書中與"企"同形之字可能釋為"立"，王輝，《古文字研究》第30輯，中華書局，2014年。

[116] 馬王堆簡帛古文遺跡述議，范常喜，《出土文獻研究》第30輯，中西書局，2014年。

[117] 馬王堆帛書補釋三則，王挺斌，簡帛網，2014年8月31日。

[118] 馬王堆帛書"張楚"注記與《史記·秦楚之際月表》之尊漢、尊楚問題，辛德勇，《出土文獻》第6輯，2015年。

[119] 馬王堆漢墓帛書分類探究，王樹金，《湖南省博物館館刊》第11輯，嶽麓書社，2015年。

[120] 馬王堆簡帛解故，蕭旭，《湖南省博物館館刊》第11輯，嶽麓書社，2015年。

[121] 借鑒馬王堆帛書，喬延坤，《中國書法》，2015年23期。

[122] 帛書整理の魅力：『長沙馬王堆漢墓簡帛集成』紹介，（日）廣瀨薰雄，《東方》第412號，東方書店，2015年。

[123] 馬王堆帛書《五星占》《天文氣象雜占》校補，蕭旭，復旦大學出土文獻與古文字研究中心網站，2015年4月6日。

[124] 馬王堆簡帛文字筆形變化論析，李麗姣，河北師範大學碩士學位論文，2015年5月。

[125] 秦漢時期的歲星和歲陰——從馬王堆帛書中的太陰說起，陳侃理，《〈長沙馬王堆漢

墓簡帛集成〉修訂研討會論文集》，湖南省博物館、復旦大學出土文獻與古文字研究中心、中華書局聯合主辦，2015年6月27—28日。

[126] 讀馬王堆簡帛零劄，陳劍，《〈長沙馬王堆漢墓簡帛集成〉修訂研討會論文集》，湖南省博物館、復旦大學出土文獻與古文字研究中心、中華書局聯合主辦，2015年6月27—28日。

[127] 讀《長沙馬王堆漢墓簡帛集成》散劄（上），侯乃峰、劉剛，《〈長沙馬王堆漢墓簡帛集成〉修訂研討會論文集》，湖南省博物館、復旦大學出土文獻與古文字研究中心、中華書局聯合主辦，2015年6月27—28日。

[128] 讀馬王堆帛書《相馬經》、《養生方》、《五十二病方》等篇瑣記，蘇建洲，《〈長沙馬王堆漢墓簡帛集成〉修訂研討會論文集》，湖南省博物館、復旦大學出土文獻與古文字研究中心、中華書局聯合主辦，2015年6月27—28日。

[129] 讀馬王堆帛書《刑德》、《陰陽五行》等篇瑣記，鄔可晶，《〈長沙馬王堆漢墓簡帛集成〉修訂研討會論文集》，湖南省博物館、復旦大學出土文獻與古文字研究中心、中華書局聯合主辦，2015年6月27—28日。

[130] 馬王堆簡帛古楚語舉證，蕭旭，《〈長沙馬王堆漢墓簡帛集成〉修訂研討會論文集》湖南省博物館、復旦大學出土文獻與古文字研究中心、中華書局聯合主辦，2015年6月27—28日。

[131] 讀馬王堆簡帛零劄，陳劍，《上古漢語研究》第1輯，商務印書館，2016年。

[132] 讀《長沙馬王堆漢墓簡帛集成》雜記，陳斯鵬，《古文字論壇》第2輯，中西書局，2016年。

[133] 馬王堆帛書天文文獻辭書學價值述略，侯建科，《重慶文理學院學報（社會科學版）》，2016年3期。

[134] 讀馬王堆帛書《刑德》、《陰陽五行》、《天文氣象雜占》瑣記，鄔可晶，《出土文獻研究》第15輯，中西書局，2016年。

[135] 馬王堆帛書的書體形態，朱小明，《環球人文地理》，2016年22期。

[136] 從馬王堆天文書看戰國秦漢時期的天文學，江玲，《漢書·藝文志·數術略》研究及補編，西南大學碩士學位論文，2016年。

[137] 馬王堆漢墓發掘報告和有關圖文研究，周世榮《紀念馬王堆漢墓發掘四十周年國際學術研討會論文集》，嶽麓書社，2016年10月。

[138] 馬王堆帛書"印文"、空白頁和襯頁及折疊情況綜述，陳劍，《紀念馬王堆漢墓發掘四十周年國際學術研討會論文集》，嶽麓書社，2016年10月。

[139] 馬王堆與西漢隸書，（美）邢文，《紀念馬王堆漢墓發掘四十周年國際學術研討會論文集》，嶽麓書社，2016年10月。

[140] 馬王堆簡帛考釋小記，陳偉武，《紀念馬王堆漢墓發掘四十周年國際學術研討會論

文集》，嶽麓書社，2016年10月。

[141] 馬王堆簡帛語詞劄逐，魯普平、王錦城，《古籍整理研究學刊》，2017年4期。

[142] 漢代簡帛零劄（八則），陳送文，《考古與文物》，2017年6期。

[143] 馬王堆漢墓簡帛新刊材料資料庫研製及用字研究，張文玥，西南大學碩士學位論文，2017年。

[144] 馬王堆帛書《刑德》、《陰陽五行》諸篇圖像復原，程少軒，《練祁研古：上海練祁古文字研究中心集刊》第1輯，中西書局，2018年。

[145] 馬王堆簡帛校讀劄記二則，魯普平，《古漢語研究》，2018年1期。

[146] 馬王堆帛書校讀拾補，沈培，《上古漢語研究》第2輯，商務印書館，2018年。

[147]《長沙馬王堆漢墓簡帛集成》校讀劄記，周波，《上古漢語研究》第2輯，商務印書館，2018年。

[148] 臺灣地區馬王堆文化研究的論題與進路，王超，《江漢考古》，2018年3期。

[149]《馬王堆漢墓帛書（叁）》特殊用字現象研究，劉賀、王嬋宇，《名作欣賞：評論版（中旬）》，2018年4期。

[150]《雲夢睡虎地秦簡》《馬王堆帛書》，馬斌，《江蘇教育》，2018年5期。

[151] 馬王堆漢墓帛書（肆）與《史記》名量結構比較，劉海平、汪迪，《文學教育》，2018年5期。

[152] 湖南長沙馬王堆帛書對後世書法的影響，覃富輝煌，《西部皮革》，2018年11期。

[153] 馬王堆帛書的"印文"、空白頁和襯頁及折迭情況綜述，陳劍，復旦大學出土文獻與古文字研究中心網站，2018年1月1日。

[154] 馬王堆漢墓簡帛對傳世古籍整理研究的作用，曾富城，中山大學碩士學位論文，2018年。

[155] 馬王堆簡帛字詞校補，魯普平，華東師範大學博士學位論文，2018年。

（2）帛書《周易》

[1] 馬王堆帛書易經初步研究自序，嚴靈峰《東方雜誌》（臺北），1980年8月。

[2] 三易和帛書卦序表徵稿，陳道生，《哲學與文化》，1981年3期。

[3] 馬王堆漢墓帛書《易經》卦序釋義，黎子耀，《中國哲學史研究》，1982年1期。

[4] 帛書《周易》別字諧聲臆測，丁南，《中華易學》，1982年3期。

[5] 略論馬王堆《易經》寫本，饒宗頤，《古文字研究》第7輯，1982年6月。

[6] 帛書《周易》別字諧聲，李旭升，《中華易學》，1982年5期。

[7] 馬王堆漢墓帛書《易經》與邵雍先天易學，冒懷辛，《哲學研究》，1982年10期。

[8] 馬王堆出土帛書《易經》初探，蒯超英、夏一方，《文博通訊》，1983年2期。

[9] 帛書《六十四卦》跋，張政烺，《文物》，1984年3期。

[10] 帛書《周易》，于豪亮，《文物》，1984年3期。

［11］再談馬王堆帛書周易，饒宗頤，《明報》，1984年7期。

［12］帛書《周易》釋疑一例，韓仲民，《文物天地》，1984年5期。

［13］帛書《周易》六十四卦淺說，韓仲民，《江漢論壇》，1984年8期。

［14］論馬王堆帛書易經之卦序，黃沛榮，《書目季刊》，1985年4期。

［15］帛《易》初探，劉大鈞，《文史哲》，1985年4期。

［16］馬王堆帛書易經六十四卦的重卦和卦序問題，嚴靈峰，《東方雜誌》，1985年。

［17］漢初帛書《周易》八卦研究，呂沛銘，《中華易學》，1986年2期。

［18］馬王堆帛書《周易》異文に反映する方音の特徵，（日）橘純信，《漢學研究》第24號，1986年。

［19］讀馬王堆帛書《周易》，溫公翊，《內蒙古民族師院學報》，1987年2期。

［20］帛易六十四卦芻議，周立升，《文史哲》，1986年4期。

［21］馬王堆帛書《六十四卦》校讀劄記，王輝，《古文字研究》第14輯，中華書局，1986年。

［22］馬王堆漢墓帛書易經內容概述，嚴靈峰，《無求備齋學術新著》，商務印書館（臺灣），1987年。

［23］馬王堆帛書《周易》卦文校證，王永嘉，《寧波師院學報》，1987年3期。

［24］馬王堆帛書《周易》異文考，王建慧，《香港中文大學中國文化研究所學報》第19卷，1988年。

［25］帛書《周易》"火水相射"釋疑，霍斐然，《文史》第29輯，1988年1月。

［26］馬王堆帛書《周易》的卦序卦位，李學勤，《中國哲學》第14輯，1988年1月。

［27］讀帛書《周易》，連劭名，《周易研究》，1988年1期。

［28］帛書《繫辭》淺說——兼論易傳的編撰，韓仲民，《孔子研究》，1988年4期。

［29］帛書《周易》與荀子一系《易學》，李學勤，《中國文化》創刊號，1989年。

［30］從帛書《易傳》看孔子與《易》，李學勤，《中原文物》，1989年2期。

［31］帛書《繫辭》略論，李學勤，《齊魯學刊》，1989年4期。

［32］馬王堆帛書《周易》《老子》與氣功養生法，周世榮，《湖南考古輯刊》第5期，1989年。

［33］《易傳》與《子思子》，李學勤，《中國文化》創刊號，1989年12月。

［34］從馬王堆漢墓帛書《周易》看陰陽家及其氣功流變，周世榮，《馬王堆養生氣功》，1990年。

［35］馬王堆帛書《周易》卦序研究，溫公翊，《哲學研究（增刊）》，1990年。

［36］《周易》卦序探源，歐陽維誠，《求索》，1990年6期。

［37］帛易芻議，于載治，《中華易學》，1991年7期。

［38］西漢馬王堆帛書斷片之研究，徐芹庭《易經深入》第2輯，臺灣普賢出版社，1991年。

[39] 《周易》帛書淺說，張立文，《中國文化與中國哲學》，三聯書店，1990年。
[40] 關於《周易》的十個問題，李學勤，《中華文化》，1992年1期。
[41] 帛書《繫辭傳》"大恒"說，饒宗頤，《中國文化研究所學報》（香港），1992年1期。
[42] 從馬王堆帛書本看《繫辭》與老子學派的關係，王葆玹，《道家文化研究》第1輯，1992年。
[43] 帛書《周易》中的通假字，陳徵治，《中華易學》，1992年1期。
[44] 馬王堆帛書《繫辭傳》校讀，黃沛榮，《周易研究》，1992年4期。
[45] 帛書《周易》卦名校釋，連劭名，《文史》第36輯，1992年。
[46] 帛書《繫辭》上篇析論，李學勤，《江漢考古》，1993年1期。
[47] 從帛書異文看《周易》訓詁中存在的問題，吳辛丑，《華南師大學報》，1993年1期。
[48] 馬王堆出土帛書《繫辭》為現存最早的道家傳本，陳鼓應，《哲學研究》，1993年2期。
[49] 帛書《繫辭》釋文補正，廖名春，《中國文化研究所學報》（香港），1993年第3期。
[50] 初觀帛書《繫辭》，張岱年，《道家文化研究》第3輯，上海古籍出版社，1993年。
[51] 帛書《繫辭》"易有大恒"的文化意蘊，余敦康，《道家文化研究》第3輯，上海古籍出版社，1993年。
[52] 馬王堆帛書《周易繫辭》校讀，張政烺，《道家文化研究》第3輯，上海古籍出版社，1993年。
[53] 帛書本《繫辭》，文讀後、朱伯崑，《道家文化研究》第3輯，上海古籍出版社，1993年。
[54] 讀帛書《繫辭》雜記，樓宇烈，《道家文化研究》第3輯，上海古籍出版社，1993年。
[55] 略談帛書《老子》與帛書《易傳·繫辭》，許抗生，《道家文化研究》第3輯，上海古籍出版社，1993年。
[56] 《繫辭傳》的道論及太極太恒說，陳鼓應，《道家文化研究》第3輯，上海古籍出版社，1993年。
[57] 帛書《繫辭》與戰國秦漢道家《易》學，王葆玹，《道家文化研究》第3輯，上海古籍出版社，1993年。
[58] 帛書《繫辭》探源，陳亞軍，《道家文化研究》第3輯，上海古籍出版社，1993年。
[59] 帛書《繫辭傳》校證，黃沛榮，《道家文化研究》第3輯，上海古籍出版社，1993年。
[60] 帛書《繫辭》與通行本《繫辭》的比較，張立文，《道家文化研究》第3輯，上海古籍出版社，1993年。
[61] 論帛書《繫辭》與今本《繫辭》的關係，廖名春，《道家文化研究》第3輯，上海古籍出版社，1993年。
[62] 從帛書《易傳》看今本《繫辭》的形成過程，王博，《道家文化研究》第3輯，上海古籍出版社，1993年。

[63] 帛書《繫辭》初探，陳松長，《道家文化研究》第3輯，上海古籍出版社，1993年。

[64] 帛書《繫辭傳》與《文子》，李定生，《道家文化研究》第3輯，上海古籍出版社，1993年。

[65] 帛書《繫辭》和帛書《黃帝四經》，陳鼓應，《道家文化研究》第3輯，上海古籍出版社，1993年。

[66] 帛書《周易》所屬的文化地域及其與西漢經學一些流派的關係，王葆玹，《道家文化研究》第3輯，上海古籍出版社，1993年。

[67] 帛書《繆和》《昭力》中的老學與黃老思想之關係，陳鼓應，《道家文化研究》第3輯，上海古籍出版社，1993年。

[68] 帛書《二三子問》《易之義》《要》《繆和》《昭力》簡說，廖名春，《道家文化研究》第3輯，上海古籍出版社，1993年。

[69] 帛書《周易》與卦氣說，（美）邢文，《道家文化研究》第3輯，上海古籍出版社，1993年。

[70] 帛書《繫辭》釋文再補，廖名春，《周易研究》，1993年4期。

[71] 論帛書《繫辭》的學派性質，廖名春，《哲學研究》，1993年7期。

[72] 也談帛書《繫辭》的學派性質，陳鼓應，《哲學研究》，1993年9期。

[73] 讀易私記，（日）伊東倫厚，《中國哲學》（日本）第22號，1993年10月。

[74] 帛書《周易》的幾點研究，李學勤，《文物》，1994年1期。

[75] 易學研究史上的重大收穫——評張立文教授《帛書周易注譯》，許樹棣，《史學月刊》，1994年2期。

[76] "大衍之數"章與帛書《繫辭》，廖名春，《中國文化》，1994年1—2期。

[77] 馬王堆漢墓帛書周易《要》篇的研究，（日）池田知久，《東洋文化研究所紀要》123，1994年2月。

[78] 馬王堆帛書《易傳》與孔門易學，陳來，《哲學與文化》，1994年2期。

[79] 帛書易經異文校釋（乾——履），劉大鈞，《周易研究》，1994年2期。

[80] 《帛書周易校釋》評介，周文章，《長沙電力學院學報》，1994年3期。

[81] 帛書《易經》異文校釋，劉大鈞，《周易研究》，1994年3期。

[82] 從帛書《易傳》看孔子之《易》教及其象數，鄧立光，《周易研究》，1994年3期。

[83] 論帛書《易傳》與《易經》的關係，廖名春，《孔子研究》，1994年4期。

[84] 帛書釋《要》，廖名春，《中國文化》，1994年10期。

[85] 《繫辭》帛書本與通行本的關係及其學派問題——兼答廖名春先生，王葆玹，《哲學研究》，1994年4期。

[86] 馬王堆漢墓帛書《周易》研究概說，（日）近藤浩之，《中國哲學研究》第8號，1994年。

［87］帛書《周易》的幾點研究，李學勤，《中國史研究動態》，1994年9期。

［88］馬王堆帛書《易經》初探美，（美）夏含夷，《古代中國》第19卷，1994年。

［89］馬王堆漢墓帛書「周易」研究概說－上－帛書「周易」研究20年の動向，（日）近藤浩之中国哲学研究（8），東京大学中国哲学研究会，1994年。

［90］馬王堆帛書《繫辭傳》殘本全文的剖析，嚴靈峰，《大易集要》，齊魯書社，1994年。

［91］帛書《二三子問》初論，陳松長，《馬王堆漢墓研究文集》，1994年5月。

［92］馬王堆帛書《易經》劄記，曹錦炎，《馬王堆漢墓研究文集》，1994年5月。

［93］"大衍之數"章與帛書《繫辭》，廖名春，《馬王堆漢墓研究文集》，1994年5月。

［94］馬王堆帛書易經中孔子贊易和"說卦"，嚴靈峰，《大陸雜誌》，1994年7期。

［95］帛書《要》篇及其學術史意義，李學勤，《中國史學》，1994年10月。

［96］《易緯·乾鑿度》的幾點研究——兼論帛書《周易》與漢易的關係，李學勤，《清華漢學研究》第1輯，1994年。

［97］帛書《易傳》引《易》考，廖名春，《漢學研究》，1994年2期。

［98］有關帛書《易傳》的幾個問題，嚴靈峰，《國際易學研究》第1輯，1995年。

［99］帛書《易傳》研究中的幾個問題，朱伯崑，《國際易學研究》第1輯，1995年。

［100］帛書《易傳》與《易經》的作者，李學勤，《國際易學研究》第1輯，1995年。

［101］帛書《易傳》的時代與人文精神，張立文，《國際易學研究》第1輯，1995年。

［102］《二三子問》《易之義》《要》的撰作年代以及黃老思想，陳鼓應，《國際易學研究》第1輯，1995年。

［103］易儒道三家主旨辨——就《繫辭》帛書本辨易儒道之異同，王德有，《國際易學研究》第1輯，1995年。

［104］帛書《易傳》散議，鄭萬耕，《國際易學研究》第1輯，1995年。

［105］帛書《繫辭》與今本《繫辭》——再論帛書《系傳》為道家之傳本，陳鼓應，《國際易學研究》第1輯，1995年。

［106］帛書《繫辭》與今本《繫辭》的關係及學派性質問題續論，廖名春，《國際易學研究》第1輯，1995年。

［107］馬王堆漢墓帛書《周易》之《要》篇研究，牛建科，《周易研究》，1995年2期。

［108］儒學與《周易》——馬王堆帛書研究的視角，（美）邢文，《中國社會科學院研究生院學報》，1995年2期。

［109］論《帛書周易》，鄧球柏，《湘潭大學社會科學學報》，1995年3期。

［110］論太極與大恒，連劭名，《周易研究》，1995年3期。

［111］關於帛書《易傳》的研究，廖名春，《傳統文化與現代化》，1995年6期。

［112］帛書《繫辭》駢枝，魏啟鵬，《道家文化研究》第6輯，上海古籍出版社，1995年。

［113］帛書《繫辭》校勘劄記，陳松長，《道家文化研究》第6輯，上海古籍出版社，1995年。

［114］帛書本《易說》讀後，朱伯崑，《道家文化研究》第6輯，上海古籍出版社，1995年。

［115］《要》篇略論，王博，《道家文化研究》第6輯，上海古籍出版社，1995年。

［116］論《易》之名"易"——兼談帛書《要》篇，劉昭瑞，《道家文化研究》第6輯，上海古籍出版社，1995年。

［117］《鶡冠子》與帛書《要》，（美）邢文，《道家文化研究》第6輯，上海古籍出版社，1995年。

［118］帛書《要》與《易之義》的撰作時代及其與《繫辭》的關係，王葆玹，《道家文化研究》第6輯，上海古籍出版社，1995年。

［119］《易》《老》相通論，周立升，《道家文化研究》第8輯，上海古籍出版社，1995年。

［120］讀易私記續，（日）伊東倫厚，《中國哲學》第16輯，1995年。

［121］帛書《易傳》的基本認識，李學勤，《古代中國》（美）第20輯，1995年。

［122］馬王堆漢墓帛書周易要篇的思想，（日）池田知久，《東洋文化研究所紀要》第126號，1995年。

［123］帛書《易之義》與先天卦位說，廖名春，《易醫文化與應用》，華夏出版社，1995年。

［124］帛書《易傳》概論，廖名春，《易學心知》，華夏出版社，1995年。

［125］從馬王堆帛書《要》篇追尋《易經》的原著精神，謝寶笙，《易學心知》，華夏出版社，1995年。

［126］《易》中九、六由來蠡測，王新春，《易學心知》，華夏出版社，1995年。

［127］帛書《周易》研究綜述，陳松長，《中國文化月刊》（臺灣），1995年。

［128］關於《易傳》的學派屬性問題——兼評陳鼓應《易傳與道家思想》，蕭漢明，《哲學研究》，1995年8期。

［129］帛書《周易》研究現況概述，黃琪莉，《中國文哲研究通訊》，1995年5：4期。

［130］帛書《易傳》象數說探微，廖名春，《漢學研究》，1995年2期。

［131］關於"圖""書"及今本與帛本卦序之探索，劉大鈞，《象數易學研究》第1輯，齊魯書社，1996年。

［132］馬王堆帛書《周易》"窮"字揭秘，任俊華，《許昌師專學報》，1996年1期。

［133］帛書《易傳》象數學說考釋，廖名春，《象數易學研究》第1輯，齊魯書社，1996年。

［134］也談"先天卦位"與"帛書卦位"，李仕澄，《象數易學研究》第1輯，齊魯書社，1996年。

［135］馬王堆漢墓帛書《周易·要篇》的成書年代，（日）池田知久著、陳建初譯，《簡帛研究譯叢》第1輯，1996年。

［136］帛書《周易》的整理過程及其編目，（日）近藤浩之著、曹學群譯，《簡帛研究譯叢》第1輯，1996年。

［137］帛書《周易》三題——釋"鍵川""設卦觀馬""禁民為非曰義"，梁韋弦，《古籍整

理研究學刊》，1996年1期。

[138] 帛書《周易·泰蓄》與《逸周書·大聚》，連劭名，《周易研究》，1996年2期。

[139] 從帛書《繆和篇》到《淮南子·繆稱訓》——關於穆生易學的一種推測，王博，《國際易學研究》第2輯，華夏出版社，1996年。

[140]《繫辭傳》屬儒不屬道論，呂紹綱，《國際易學研究》第2輯，華夏出版社，1996年。

[141] 再論《繫辭》太極與大衍之數諸問題——兼答廖名春先生，王葆玹，《國際易學研究》第2輯，華夏出版社，1996年。

[142] 帛書《易傳》窺管，魏啟鵬，《簡帛研究》第2輯，法律出版社，1996年。

[143] 帛書《易傳》的人文精神，張立文，《國際儒學研究》第2輯，中國社會科學出版社，1996年。

[144] 評帛書《易經》研究的兩種傾向，方向東，《周易研究》，1996年3期。

[145] 沈有鼎先生卦序論——兼論帛書《周易》的卦序特徵，（美）邢文，《中國哲學》第17期，嶽麓書社，1996年。

[146] 帛書《周易》的成書分析，（美）邢文，《傳統文化與現代化》，1996年3期。

[147] 先秦道家易學發微，陳鼓應，《哲學研究》，1996年7期。

[148] 先秦道家易學發微續，陳鼓應，《哲學研究》，1996年8期。

[149] 讀易私記又續，（日）伊東倫厚，《中村璋八博士古稀紀念東洋學論集》，1996年。

[150]《易傳》的道器論——帛書《易傳》繫辭篇與通行本《周易》繫辭上傳，（日）池田知久，《老莊思想》，放送大學教育振興會，1996年3月。

[151] 帛書《周易》與古代學術，（美）邢文，中國社會科學院研究生院博士學位論文，1996年。

[152] 帛書易與田何易異傳，王錦民，《古學經子——十一朝學術史新證》，華夏出版社，1996年。

[153] 帛書序與中天陣，歐陽紅，《易圖新辨》，湖南文藝出版社，1996年。

[154] 帛書《易傳》《易之義》研究，李學勤，《古文獻論叢》，上海遠東出版社，1996年。

[155]《周易》究竟屬於哪一家——《周易》學派歸屬問題研究綜述，張豐乾，《中華文化論壇》，1997年2期。

[156] 讀馬王堆帛書《要》篇談《易經》的若干問題，謝寶笙，《船山學刊》，1997年2期。

[157]《周易·說卦傳》錯簡說新考，廖名春，《周易研究》，1997年2期。

[158] 從帛書《易傳》證知孔子說《易》引用古熟語，鄧立光，《周易研究》，1997年3期。

[159]《周易》研究的一朵奇葩，李建國，《書屋》，1997年3期。

[160] 邱漢生先生與拙著《帛書周易校釋》——懷念邱漢生先生，鄧球柏，《周易研究》，1997年4期。

[161] 談帛書六十四卦卦序，王興業，《象數易學研究》第2輯，齊魯書社，1997年。

［162］今帛本卦序與先天方圖及"卦氣"說的再探索，劉大鈞，《象數易學研究》第2期，齊魯書社，1997年。

［163］《老子》的道器論——基於馬王堆漢墓帛書本，（日）池田知久，《東方學會創立50周年紀念東方學論集》，1997年。

［164］從帛書《易傳》證知孔子說《易》引用古熟語，鄧立光，《周易研究》，1997年3期。

［165］從早期《易傳》到孔子易說——重新檢討《易傳》成書問題，郭沂，《國際易學研究》第3輯，1997年。

［166］《帛書周易研究》序，李學勤，《中國文化》，1997年Z1期。

［167］『帛書周易』の卦序構成における「象」と「數」，（日）辛賢，《中國文化：研究と教育：漢文學會會報》第55號，1997年。

［168］漢前周易易傳佚篇之研究——以帛書《繆和》《昭力》篇為中心，林亨錫，清華大學思想文化研究所碩士學位論文，1997年。

［169］『馬王堆漢墓帛書易傳』二三子篇の龍，（日）近藤浩之，《東方學》第96號，1997年。

［170］考古學與《周易》若干問題，江林昌，《煙臺大學學報》，1998年1期。

［171］論帛書《周易》的篇名與結構，（美）邢文，《考古》，1998年2期。

［172］帛書《周易》《老子》虛詞劄記，吳辛丑，《簡帛研究》第3輯，1998年。

［173］論帛書《要》篇巫史之辨，（美）邢文，《簡帛研究》第3輯，1998年。

［174］帛書《繫辭》的年代與道論，王博，《道家文化研究》第12輯，三聯書店，1998年。

［175］馬王堆帛書《周易》與五行說，（美）邢文，《中國古代思維模式與陰陽五行說探源》，江蘇古籍出版社，1998年。

［176］馬王堆漢墓帛書『周易』研究概說（下）『帛書周易』研究の現狀と課題，（日）近藤浩之，《中國哲學研究》第12號，東京大學中國哲學研究會，1998年。

［177］馬王堆帛書『二三子問』の構成について，（日）渡邊大，《築波中國文化論叢》第18號，築波大學，1998年。

［178］馬王堆漢墓帛書『周易』研究概說（中）『帛書周易』研究の現狀と課題，（日）近藤浩之，《中國哲學研究》第11號，東京大學中國哲學研究會，1998年。

［179］帛書易傳與先秦儒家易學之分派，陳來，《周易研究》，1999年4期。

［180］帛書《八卦》與布林代數，侯維民，《甘肅高師學報》，2000年2期。

［181］帛書《繫辭》反映的時代與文化，金春峰，《周易研究》，2000年3期。

［182］從帛書《易傳》析述孔子晚年的學術思想，鄧立光，《周易研究》，2000年3期。

［183］帛書《繫辭》反映的時代與文化，金春峰，《周易研究》，2000年3期。

［184］從帛書《易傳》析述孔子晚年的學術思想，鄧立光，《周易研究》，2000年3期。

［185］釋《五行》與《繫辭》之型，劉信芳，《周易研究》，2000年4期。

［186］兩種《周易》本卦名與卦序之比較，張啟成，《黔南民族師範學院學報》，2000年4期。

[187] 君道"天、地、民、神、時"的視角——從帛書《周易》五行說看《要》篇君道之論,(美)邢文,《道家文化研究》第18輯,2000年。
[188] 帛書《繫辭傳》的編輯,(美)夏含夷《道家文化研究》第18輯,三聯書店,2000年。
[189] 帛書《易傳》整理的幾個問題,陳松長,《道家文化研究》第18輯,三聯書店,2000年。
[190] 帛書《要》篇釋文校記,裘錫圭,《道家文化研究》第18輯,三聯書店,2000年。
[191] 帛書《易傳》與帛書《德行》中的犯罪預防思想,崔永東,《政法論壇》,2001年2期。
[192] 孔子與《易傳》相關問題覆議,何澤恒,《周易研究》,2001年1期。
[193] 帛書《易傳》四篇天人道德觀析論,胡治洪,《周易研究》,2001年2期。
[194] 帛書《繆和》《昭力》"子曰"辨,丁四新,《中國哲學史》,2001年3期。
[195] 馬王堆帛書《繫辭》研究,連劭名,《周易研究》,2001年4期。
[196] 孔子與《易傳》相關問題覆議(續),何澤恒,《周易研究》,2001年5期。
[197] 帛書《易經》與西周法制,崔永東,《孔子研究》,2001年5期。
[198] 帛書《易傳》中的象數易學思想,劉大鈞,《哲學研究》,2001年11期。
[199] 無小與無大、善與不善——關於《帛書周易》二三子篇考察二則,(日)近藤浩之,《中國哲學》第30號,日本北海道中國哲學會,2001年。
[200] 帛書《繆和》略論,丁四新,《鄖陽師範高等專科學校學報》,2002年1期。
[201] 再論馬王堆帛書《繫辭》中的"馬",連劭名,《周易研究》,2002年3期。
[202] 論帛書《繆和》《昭力》的內在分別及其成書過程,丁四新,《周易研究》,2002年3期。
[203] 論帛書《繆和》《昭力》的內在分別及其成書過程,丁四新,《周易研究》,2002年3期。
[204] 簡論帛書《易傳》中的卦氣思想,井海明,《周易研究》,2002年4期。
[205] 試論帛書《衷》的篇名和字數,廖名春,《周易研究》,2002年5期。
[206] 試論帛書《衷》的篇名和字數,廖名春,《周易研究》,2002年5期。
[207] 孔子與《易經》——馬王堆帛書《易》之經傳中新發現,程石泉,《孔子研究》,2002年5期。
[208]《〈周易〉經傳與易學史新論》,劉彬,《周易研究》,2002年5期。
[209] 帛書《繆和》第二十四章にみえる說話と易の引用について——《呂氏春秋》《淮南子》《說苑》との比較を中心に,(日)渡邊大《中國文化》(日本)第60號,中國文化學會,2002年。
[210] 帛書《周易》"火水相射"小議,葛志毅,《管子學刊》,2003年1期。
[211] 釋帛書易傳《要》篇之"六府""五官",梁韋弦,《古籍整理研究學刊》,2003年3期。
[212] 從帛書《易傳》考察"文言"的實義,鄧立光,《周易研究》,2002年4期。

［213］帛書易經卦名異稱例析，穀越《恒道》第2輯，2003年。

［214］馬王堆帛書《六十四卦》異文、卦畫、卦序之管窺，胡志勇，《恒道》第2輯，2003年。

［215］《周易》通行本與帛書異文聲母研究，趙振興、陳燦，《古漢語研究》，2003年6期。

［216］今本、帛本、漢唐本《繫辭》異同考——並論帛本《繫辭》勝於今本《繫辭》，劉大鈞，《孔子研究》，2003年5期。

［217］由楚簡《周易》看馬王堆帛書《周易》經文，李學勤，《湖南省博物館館刊》第1輯，嶽麓書社，2004年。

［218］帛書《周易》釋文與句讀淺議，吳辛丑，《湖南省博物館館刊》第1輯，嶽麓書社，2004年。

［219］論帛書《二三子問》中的"精白"，李銳，《周易研究》，2004年4期。

［220］《周易·離》卦卦辭及九四爻辭新詮，曾憲通，《古籍整理研究學刊》，2004年4期。

［221］帛書《要》篇考釋，郭沂，《周易研究》，2004年4期。

［222］帛書易經異文研究，劉健海，臺灣師範大學國文學系碩士學位論文，2004年。

［223］帛書《周易》與通行本《周易》卦名異字考，朱方（木岡），《社會科學家》，2004年5期。

［224］今、帛、竹書《周易》疑難卦爻辭及其今、古文辨析一，劉大鈞，《周易研究》，2004年5期。

［225］從今、帛、竹書對比解《易經》"亨"字，劉保貞，《周易研究》，2004年6期。

［226］通行本、帛書、上博簡《周易》卦名辨異，侯敏，《北方論叢》，2004年6期。

［227］今、帛、竹書《周易》疑難卦爻辭及其今、古文辨析二，劉大鈞，《周易研究》，2004年6期。

［228］讀帛書《要》篇的管見，朱冠華，《新出土文獻與古代文明研究》，上海大學出版社，2004年。

［229］帛書《衷》篇疑難字考，廖名春，《新出土文獻與古代文明研究》，上海大學出版社，2004年。

［230］帛書《易傳》的性情思想研究，歐陽禎人，《湖南省博物館館刊》第1輯，嶽麓書社，2004年。

［231］今、帛、竹書《周易》疑難卦爻辭及其今、古文辨析三，劉大鈞，《周易研究》，2005年2期。

［232］帛書《易經》今古文字考，傅榮賢，《鹽城師範學院學報（人文社會科學版）》，2005年1期。

［233］竹書《易》、帛書《易》與傳世本《易》語言文字研究中的問題，楊端志，《山東大學學報》，2005年2期。

［234］出土文物與《周易》研究，李學勤，《齊魯學刊》，2005年2期。

[235] 今、帛、竹書《周易》與今、古文問題，劉大鈞，《周易研究》，2005年2期。
[236]《易傳》性・情二字人學解讀，歐陽禎人，《湖南省博物館館刊》第2輯，嶽麓書社，2005年。
[237] 關於帛書《易之義》解說坤卦卦爻辭之文義的辨正，梁韋弦，《周易研究》，2005年3期。
[238] 帛書易傳《要》篇透露出的卦氣知識及其成書年代，梁韋弦，《齊魯學刊》，2005年3期。
[239] 程伊川與馬王堆之間——天理、象數與漢宋易學的視角，（美）邢文，《周易研究》，2005年3期。
[240] 帛《易》源流蠡測，劉大鈞，《文史哲》，2005年4期。
[241] 帛書《繆和》《昭力》中"子"為孔子考，宋立林，《周易研究》，2005年6期。
[242] 帛書與今本《周易》之乾、坤二卦四題，朱冠華，《周易研究》，2005年6期。
[243] 由馬王堆帛書易傳看古書形成的複雜性，梁韋弦，《古籍整理研究學刊》，2005年6期。
[244]《周易》經傳方位觀念的文化意義與學術價值——兼論《說卦》、帛書《易之義》及漢代式盤的方位觀，楊濟襄，高雄中山大學中文系《易學與儒學國際學術研討會論文集（易學卷）》，2005年8月。
[245] 馬王堆漢墓帛書《周易》中的法律觀念和法律制度，崔永東，《長沙三國吳簡暨百年來簡帛發現與研究國際學術研討會論文集》，中華書局，2005年。
[246]《周易研究》之出土易學文獻研究綜述，黃海嘯，《周易研究》，2006年4期。
[247] 簡帛《周易・夬卦》"喪"字補說，范常喜，《周易研究》，2006年4期。
[248] 今、帛本《乾》卦卦義考，劉震，《中國哲學史》，2006年4期。
[249] 也談《易經》簡帛本的蠱、豐二卦——與蕭漢明先生商榷，鄭任釗、鄭張尚芳，《周易研究》，2006年6期。
[250] 馬王堆漢墓帛書《周易》的謙遜思想とその思想史的意義，李承律，《人文科學》（日本）第11號，大東文化大學人文科學研究所，2006年3月。
[251] 馬王堆帛書《周易》本經通假字研究，劉元春，復旦大學碩士學位論文，2006年。
[252] 帛書《周易》校記，何琳儀，《周易研究》，2007年1期。
[253] 帛書《要》與《墨子》稱說"尚書"意旨新探——兼與郭沂、廖名春諸學者商榷，馬士遠，《學術月刊》，2007年1期。
[254] 由帛書《易》看乾坤二卦兩條爻辭的義訓，藍甲雲，《古漢語研究》，2007年1期。
[255] 帛書《昭力》易學觀初探，劉震，《周易研究》，2007年2期。
[256] 帛書易傳《要》篇"五正"考釋，劉彬，《周易研究》，2007年2期。
[257]《易傳》類帛書零劄九則，丁四新，《周易研究》，2007年2期。

[258] 從帛書《易傳》看孔子易學解釋及其轉向，林忠軍，《北京大學學報》，2007年3期。
[259] 論《恒》卦——以帛書《易傳》為例，劉震，《孔子研究》，2007年3期。
[260] 帛書《易之義》鍵川、陰陽、剛柔、文武思想合論，王瑩，《周易研究》，2007年3期。
[261] 帛書《周易》研習二十三年——我與拙著《帛書周易校釋》，鄧球柏，《船山學刊》，2007年3期。
[262] 讀帛書《繆和》篇，劉大鈞，《周易研究》，2007年4期。
[263] 再讀帛書《繆和》篇，劉大鈞，《周易研究》，2007年5期。
[264] 讀帛書《繆和》劄記，宋立林，《周易研究》，2007年5期。
[265] 帛書《周易》以史解經芻議，郭彧，《周易研究》，2007年5期。
[266] 帛書《周易》及其數位化，鄧球柏，《長沙大學學報》，2007年6期。
[267] 帛書《易傳》研究綜述，王化平，《古籍整理研究學刊》，2007年6期。
[268] 帛書《要》篇管窺，高源貴，《消費導刊》，2007年11期。
[269] 帛書《易傳》詮釋理路論要，張克賓，山東大學碩士學位論文，2007年。
[270] 帛書《易傳》卦爻辭研究，劉震，山東大學博士學位論文，2007年。
[271] 今、帛、竹書《周易》卦序研究，李尚信，山東大學博士學位論文，2007年。
[272] 馬王堆帛書《周易》通假字例釋，劉元春，中國文字研究，2007年2期。
[273] 帛書《要》篇"損益"章校釋，劉彬，《周易研究》，2008年2期。
[274] 論帛書《要》篇"《損》《益》說"的兩個問題，劉彬，《中國哲學史》，2008年2期。
[275] 馬王堆帛書《易傳》的政治思想——以《繆和》《昭力》二篇之義為中心，陳來，《北京大學學報》，2008年2期。
[276] 由占筮到德義的創造性詮釋——帛書《要》篇"夫子老而好《易》"章發微、張克賓，《社會科學戰線》，2008年3期。
[277] 從帛書《周易》"小""少"的區分釋"亨小利"，（日）西山尚志，《周易研究》，2008年3期。
[278] 試論新出土簡帛古籍的文獻語料價值——以簡帛古本《易經》為例，韓軍，《圖書館理論與實踐》，2008年3期。
[279] 讀馬王堆帛書《衷》篇，劉大鈞，《周易研究》，2008年3期。
[280] 是"初筮吉"還是"初筮告"——《周易》蒙卦卦辭異文辨析，劉新華，《周易研究》，2008年3期。
[281] 論帛書《二三子問》中的"精白"，李銳，《學燈》，2008年8期。
[282] 續讀馬王堆帛書《衷》篇，劉大鈞，《周易研究》，2008年4期。
[283] 帛書《要》篇"夫子老而好易"章新釋，廖名春，《周易研究》，2008年4期。
[284] 論今、帛本《周易》卦序的先後問題，李尚信，《哲學研究》，2008年6期。
[285] 帛書《周易》淺析，楊賢，國際河洛文化研究院《第十一屆全國中醫藥文化學術研

討會；第十屆全國易學與科學學術研討會論文集》，2008年7月。

［286］略論馬王堆帛書《周易》本經通假字的類型與傳承，劉元春，《廣西社會科學》，2008年8期。

［287］利用出土文獻校讀《周易》經文，秦惊，復旦大學碩士學位論文，2008年。

［288］馬王堆帛書《周易》考釋，肖從禮，西北師範大學碩士學位論文，2008年。

［289］讀簡帛《周易》劄記五則，肖從禮，《簡帛研究2005》，廣西師範大學出版社，2008年。

［290］從新出簡帛釋《周易·萃》卦初六爻辭，廖名春，《湖北大學學報》，2009年1期。

［291］新出土文獻與思想史的改寫——兼論日本的先秦思想史研究，（日）淺野裕一，《文史哲》，2009年1期。

［292］從新出簡帛釋《周易·萃》卦初六爻辭，廖名春，《湖北大學學報》，2009年1期。

［293］漢初易學傳流管窺，劉光勝，《甘肅理論學刊》，2009年1期。

［294］帛書《周易》卦序與宇宙論，李尚信，《中國哲學史》，2009年1期。

［295］今、帛本《易傳》"剛柔"解《易》的詮釋學考察，徐強，《周易研究》，2009年1期。

［296］帛書《易傳》成書問題新探，劉光勝，《遼寧師範大學學報》，2009年1期。

［297］帛書《要》篇新釋五則，劉彬，《周易研究》，2009年2期。

［298］帛書《易傳》學派屬性研究述評，李銳，《中國史研究動態》，2009年3期。

［299］《周易本義》簡介，楊年保，《雲夢學刊》，2009年4期。

［300］《馬王堆帛書〈周易〉經傳校讀》，問要，《周易研究》，2009年4期。

［301］《帛書〈要〉篇校釋》序，廖名春，《周易研究》，2009年4期。

［302］馬王堆帛書《要》考述，連劭名，《周易研究》，2009年5期。

［303］馬王堆帛書《繫辭》研究綜述，于兵，《湖南省博物館館刊》第5輯，嶽麓書社，2009年。

［304］馬王堆帛書『周易』における「小」・「少」の區分から見た「亨小利」の解釋，（日）西山尚志，《人文科學》第14輯，大東文化大學人文科學研究所，2009年。

［305］帛書《周易》淺析，楊賢，第十一屆全國中醫藥文化學術研討會暨第十屆全國易學與科學學術研討會論文集，2009年。

［306］由"占筮"到"德義"——據帛書《易傳》析論《周易》解釋的視域轉換，徐強，《大連理工大學學報》，2010年1期。

［307］帛書《易傳》乾坤之義疏論，張克賓，《孔子研究》，2010年1期。

［308］帛書《易之義》對《周易》經文的闡述，王瑩，《內蒙古師範大學學報》，2010年1期。

［309］讀馬王堆漢墓帛書《衷》篇劄記，王化平，《周易研究》，2010年2期。

［310］今、帛本《坤》卦卦義考，劉震，《周易研究》，2010年3期。

［311］帛書《二三子問》"龍之德"之意蘊及憂患意識，王瑩，《周易研究》，2010年3期。

[312]《周易·晉》卦爻辭新釋，廖名春，《社會科學戰線》，2010年4期。

[313] 帛書《衷》篇新釋八則，劉彬，《周易研究》，2010年5期。

[314]《繆和》《昭力》與孔子易教，宋立林，《周易研究》，2010年6期。

[315]《周易》古經簡本、帛本及通行本叢劄十則，蕭聖中，《古文字研究》第28輯，中華書局，2010年。

[316] 馬王堆帛書《周易》經文照片校正，魏慈德，《古文字研究》第28輯，中華書局，2010年。

[317] 出土與今本《周易》六十四卦經文考釋，鄭玉姍，臺灣師範大學國文學系博士學位論文，2010年。

[318] 帛書《要》篇新釋六則，劉彬，簡帛研究網，2010年9月30日。

[319] 帛書《衷》篇校劄釋記，劉彬，第三屆世界儒學大會學術論文集，2010年。

[320] 帛書《要》篇研究的集大成之作——劉彬博士《帛書〈要〉篇校釋》讀後，李尚信，《孔子研究》，2011年1期。

[321] 帛書《要》篇"詩書禮樂不□百扁難以致之"考覆，孫航，《周易研究》，2011年1期。

[322] 再談馬王堆帛書衷篇之篇名與字數，趙振國，《大江周刊（論壇）》，2011年2期。

[323] 從帛書《要》篇看孔子"好《易》"的實質和意義，劉彬，《孔子研究》，2011年2期。

[324] 續讀帛書《二厽子》，劉大鈞，《周易研究》，2011年2期。

[325] 馬王堆帛書《周易》掛爻辭校劄九則，丁四新，《周易研究》，2011年第3期。

[326] 從今本《周易》及帛書《周易》看《易經》的性質流變，陳作飛，《求索》，2011年7期。

[327] 從帛書《要》篇看孔子"好《易》"的實質和意義，劉彬，簡帛研究網，2011年1月1日。

[328] 論帛書《衷》篇的象數思想，劉彬，簡帛研究網，2011年3月30日。

[329] 馬王堆帛書《衷》篇《易贊》章新探，趙振國，曲阜師範大學碩士學位論文，2011年。

[330] 馬王堆帛書《要》篇校讀，曹菁菁，《文獻》，2012年1期。

[331] 帛書《要》篇研究的重要推進——讀《帛書〈要〉篇校釋》，宋立林、孫航，《社會科學戰線》，2011年3期。

[332]《易》類出土文獻考論，張慶利，《綏化學院學報》，2012年5期。

[333] "加我數年，五十以學易"章考辨，邱豐饒，《止善》，2012年13期。

[334] 馬王堆帛書《周易》校劄八則，丁四新《湖南省博物館館刊》第8輯，嶽麓書社，2012年。

[335] 馬王堆帛書《二三子》疑難字句釋讀，丁四新、汪奇超，《周易研究》，2013年4期。

[336] 幽贊而達乎數,明數而達乎德——由《要》與《諸子略》對讀論儒之超越巫史,李若暉,《文史哲》,2013年5期。
[337] 馬王堆帛書《易傳》政治思想探微,張克賓,《孔子研究》,2013年第5期。
[338] 帛書《衷》篇"《鍵》之詳說"章新釋、劉彬,《廊坊師範學院學報(社會科學版)》,2013年5期。
[339] 帛《易》研究需百年,牛刀小試《要》開篇——再評劉彬先生《帛書〈要〉篇校釋》,孫航,《廊坊師範學院學報(社會科學版)》,2013年5期。
[340] 帛書《要》篇"周梁山之占"考釋,趙均強,《周易研究》,2013年6期。
[341] 馬王堆帛書《周易》書法風格特色分析,江柏萱,《書畫藝術學刊》,2013年14期。
[342] 論先秦時代可能有一篇專門講占筮的解《易》之作,楊靜剛,《東華漢學》,2013年18期。
[343] 敬畏與責任:馬王堆帛本解易著作生態環境思想一瞥,陳亞軍,《宗教哲學》,2013年65—66期。
[344] 馬王堆帛書《繫辭》釋文異文校正,張玲玲,曲阜師範大學碩士學位論文,2013年。
[345] 由馬王堆帛書《要》篇談古代文獻中"類似文本"的演變,陳立正,《甘肅社會科》,2013年。
[346] 論帛書《要》篇的"損益之道",張克賓,第七屆海峽兩岸周易學術研討會論文集,2013年8月。
[347] 從帛書《易傳》論孔門對文王之德的傳承與轉化,郭梨華,陳致主編,《簡帛·經典·古史》,上海古籍出版社,2013年。
[348] 帛書《繫辭》校讀劄記五則,孫航,第七屆海峽兩岸周易學術研討會論文集,2013年8月。
[349] 馬王堆帛書《周易》釋文校注,于豪亮,上海古籍出版社出版,2013年。
[350] 論帛書《易經》中的卦畫與爻畫,董延壽、史善剛,《哲學研究》,2014年1期。
[351] 損益與易道及《易》書——帛書《要》篇"損益之道"章釋蘊,張克賓,《煙臺大學學報(哲學社會科學版)》,2014年4期。
[352] 帛書《繫辭》新釋七則,劉彬,《船山學刊》,2014年3期。
[353] 論馬王堆《帛書易傳》的理論方法,朱金發,《南陽師範學院學報》,2014年8期。
[354] 關於馬王堆帛書中"五正"解說的辨正,奚亞麗,《蘭台世界》,2014年27期。
[355] 帛書《繆和》篇新校釋與思想研究,趙曉陽,曲阜師範大學碩士學位論文,2014年。
[356] 馬王堆帛書《易傳》的哲學思想,丁四新,《江漢論壇》,2015年1期。
[357] 帛書《要》篇"損益之道"句補譯問題新探,孫航、李微、劉永昆,《德州學院學報》,2015年1期。
[358] 論馬王堆帛書《要》篇"觀其德義"的易學內涵,丁四新、李攀,《武漢大學學報

（人文科學版）》，2015年1期。

[359] 帛書《繫辭》新釋六則，劉彬，《廊坊師範學院學報（社會科學版）》，2015年3期。

[360] 馬王堆帛書《繫辭》成書問題覆議，趙爭，《周易研究》，2015年6期。

[361] 由君子"恒德"到"觀其德義"——《易傳》和《帛書易傳》的心性觀比較，朱金發，《哲學研究》，2015年7期。

[362] 帛書《繆和》首章校釋，孫航，《周易文化研究》第7輯，2015年。

[363] 帛書《二三子》"卑謙易告"試解，高中華，《文藝評論》，2015年10期。

[364] 帛書《易傳》與《黃老帛書》的陰陽觀，曾春海，《哲學與文化》，2015年10期。

[365] カテゴリーとしての八卦の形成：馬王堆出土帛書《周易》讀後覺書，（日）山田慶兒，《思想》（1097），岩波書店，2015年。

[366] 帛書《要》"夫子老而好易"章發微，單育辰，《〈長沙馬王堆漢墓簡帛集成〉修訂研討會論文集》，湖南省博物館、復旦大學出土文獻與古文字研究中心、中華書局聯合主辦，2015年6月27—28日。

[367] 馬王堆帛書《易傳》字詞釋讀四則，王輝，《〈長沙馬王堆漢墓簡帛集成〉修訂研討會論文集》，湖南省博物館、復旦大學出土文獻與古文字研究中心、中華書局聯合主辦，2015年6月27—28日。

[368] 談孔子對《艮》卦辭的論說，陳耀森，簡帛網，2015年8月30日。

[369] 帛書《易傳》五篇對《漢語大詞典》的訂補價值，張文玥，簡帛網，2015年9月15日。

[370] 釋帛書《周易·習贛》的"訣"字——兼談《習贛·六四》的斷句及解釋問題，王甯，《周易研究》，2016年1期。

[371] 帛書《昭力》篇政治倫理思想探析，吳國龍，《雲夢學刊》，2016年1期。

[372] 讀帛書《繫辭》，劉大鈞，《周易研究》，2016年3期。

[373] 帛書《周易》《易》今古文與漢易卦氣學，梁韋弦，《福建師範大學學報（哲學社會科學版）》，2016年3期。

[374] 再讀帛書《繫辭》，劉大鈞，《周易研究》，2016年4期。

[375] 帛書《易傳》五篇對《漢語大詞典》的訂補價值，張文玥，《浙江理工大學學報（社會科學版）》，2016年4期。

[376] 黃帝帛書《五正》篇讀校拾遺，孟繁璞，簡帛網，2016年1月28日。

[377] 馬王堆帛書《易傳》校補，蕭旭，復旦大學出土文獻與古文字研究中心網站，2016年6月18日。

[378] 馬王堆帛書《二三子》疑難字句釋讀，丁四新，《紀念馬王堆漢墓發掘四十周年國際學術研討會論文集》，嶽麓書社，2016年。

[379] 馬王堆帛書周易卦序的數學建構，羅見今，《高等數學研究》，2017年1期。

［380］讀《馬王堆帛書〈周易〉經傳校讀》雜誌，侯乃峰，《古籍研究》，2017年1期。
［381］馬王堆帛書《六十四卦》異體字源流考，于淼，《中國語文》，2017年5期。
［382］孔子易學研究的創新性成果——評《帛書〈易傳〉新釋暨孔子易學思想研究》，李尚信，《孔子研究》，2017年5期。
［383］帛書《易傳》的哲學新知——讀丁四新新著《周易溯源與早期易學考論》，馮立，《社會科學動態》，2017年第10期。
［384］敬畏與責任——馬王堆帛書本解易著作生態環境思想一瞥，陳亞軍，《道家文化研究》第31輯，中華書局，2017年。
［385］攻堅克難創見迭出——評《帛書〈易傳〉新釋暨孔子易學思想研究》，林忠軍，《內蒙古財經大學學報》，2018年1期。
［386］帛書《易傳》孔子論"龍"思想發微，劉永昆，《廊坊師範學院學報（社會科學版）》，2018年1期。
［387］從帛書《易傳》看《周易》對戰國晚期社會各階層的指導意義，孫瀟，《長江叢刊》，2018年4期。
［388］馬王堆帛書《易傳·衷》篇研究，郝蘇彤，武漢大學碩士學位論文，2018年。

（3）帛書《老子》

［1］試談馬王堆漢墓中的帛書《老子》，高亨、池曦朝，《文物》，1974年11期。
［2］馬王堆出土《老子》乙本卷前古佚書的研究——兼論其與漢初儒法鬥爭的關係，唐蘭，《考古學報》，1975年1期。
［3］讀馬王堆出土的《老子》，波多野太郎、梁國豪釋，《明報》，1975年4期。
［4］關於馬王堆出土《老子》古本，（日）今枝二郎《大正大學研究紀要》61，1975年11月。
［5］帛書老子所反映出的若干問題，徐復觀，《明報》，1975年6期。
［6］馬王堆出土『老子』古寫本について（創立50年記念論文集），（日）今枝二郎，《大正大學研究紀要·佛教學部·文學部》第61號，1975年。
［7］"法令滋彰"還是"法物滋彰"——讀帛書本《老子》劄記，礪冰，《歷史研究》，1976年2期。
［8］馬王堆出土老子考，（日）波多野太郎，《東方宗教》第47號，1976年。
［9］《老子》在戰國時可能只有一種道家傳本，邱錫昉，《文物》，1976年11期。
［10］關於馬王堆出土的帛書《老子》，（日）木村英一，《追手門學院創立十周年紀念文集》（文學部篇），1976年10月。
［11］馬王堆老子からみた河上公本，（日）島邦男，《集刊東洋學》第36號，1976年。
［12］關於帛書《老子》——那些資料的初步吟味，（日）金穀治，《中國哲學史的展望和摸索》，1976年。
［13］從馬王堆《老子》看河上公本，（日）島邦男，《東洋學集刊》第36號，1976年。

［14］大陸出土帛書《老子》蠡測，袁宙宗，《黃埔月刊》，1976年10月。

［15］楚帛書《老子》德先道後問題蠡測，邱德修，《中華文化復興月刊》（臺北），1977年11月。

［16］從引伸義看今本與帛書《老子》的一個異文，夏平，《急就二集》，中華書局（香港），1977—1979年。

［17］馬王堆帛書《老子》章節劃分的一個註解，（美）韓祿伯，《古代中國》第4卷，1978—1979年。

［18］帛書《老子》甲乙本與今本《老子》勘校劄記，高明，《文物資料叢刊》，1978年2期。

［19］馬王堆漢墓帛書《老子》甲本為秦楚間寫本說，周采泉，《社會科學戰線》，1978年2期。

［20］帛書《老子》文體考，（日）小池一郎，《中國文學報》第29號，1978年。

［21］馬王堆帛書老子假借字研究，鄭崇楷，香港中文大學碩士學位論文，1978年。

［22］論老子其人和《老子》其書，劉毓璜，《歷史學》，1979年2期。

［23］論帛書本《老子》，鄭良樹，《書目季刊》，1979年2期。

［24］道的寫狀——《老子校讀》摘抄，張松如，《吉林大學學報》，1979年4期。

［25］馬王堆帛書《老子》和其成本年代問題，（美）韓祿伯，《中國文化》（臺灣），1979年2冊。

［26］馬王堆帛書《老子》校讀，（美）韓祿伯，《通報》第65卷，1979年。

［27］馬王堆三號漢墓帛書老子甲本，伊藤伸，《書品》第258期，1979年。

［28］《老子》本體論考——根據帛書第一章的解釋，（日）穴澤辰雄，《加賀博士退官紀念中國文史哲學論集》，1979年。

［29］評有關帛書《老子》的論述，華鐘彥，《河南師大學報》，1980年1期。

［30］《老子·德經》柬釋，王煥鑣，《杭州大學學報》，1981年1期。

［31］帛本《老子》摘瑕，榮石，《西南師範大學學報》，1981年2期。

［32］從馬王堆漢墓出土的兩種帛書來看《老子》對祖國醫學的影響，郭兵權，《醫學與哲學》，1981年4期。

［33］論馬王堆帛書《老子》與王弼本之不同，（美）羅伯特·G.亨利克斯，《通報》第65卷，1980年。

［34］馬王堆帛書本中的老子哲學，（美）韓祿伯，《中國宗教學會會刊》，1981年9期。

［35］馬王堆帛書《老子》中的異體字，（美）韓祿伯，《中國語言學報》第10卷，1981年。

［36］秦初漢時代の仮借文字についての考察——馬王堆「老子」帛書の実例をめぐって，Herforth D.，《哲学》第33號，1981年。

［37］從帛書《老子》論嚴遵《道德指歸》之真偽，鄭良樹，《古文字研究》第7輯，1982年。

[38] 論《老子》的章節劃分，（美）韓祿伯，《亞非學院學報》（倫敦）第45卷，1982年。

[39] 馬王堆三号漢墓帛書「老子」乙本と卷前古佚書，田中有，《書品》第264期，1982年。

[40] 從馬王堆帛書看《老子想爾注》的宗教和哲學意義，（美）鮑則嶽，《亞非學院學報》45卷，1982年。

[41] 論帛書本《老子》，鄭良樹，《竹簡帛書論文集》，中華書局，1982年1月。

[42] 馬王堆帛書《老子》初探（上、下），劉殿爵，《明報月刊》，1982年17期。

[43] 法物鉤沉——讀《老子》斷想之一，趙紀彬，《文史哲》，1983年3期。

[44]《老子》一書的經傳結構及編次，李炳海，《東北師大學報》，1984年1期。

[45] 論帛書本《老子》哲學結構，涂又光，《哲學研究》，1984年1期。

[46] 馬王堆《老子》評議，（美）鮑則嶽，《亞洲研究學報》卷44，1984年。

[47] 論帛書本《老子》的社會學說，塗又光，《楚史論叢》，湖北人民出版社，1984年。

[48] 帛書《老子》甲乙本中的通假字，王大年，《古漢語論集》第1輯，湖南教育出版社，1985年。

[49] 讀《老子》劄記，趙錫元，《吉林大學學報》，1985年6期。

[50] 帛書《老子》的用韻問題，陳廣忠，《復旦學報》，1985年6期。

[51] 馬王堆帛書《老子》和其文本的傳承線路，（美）韓祿伯，《中國文化》（臺灣），1985年2冊。

[52] 王弼和河上公未見過的《老子》版本，（美）鮑則嶽，《亞非學院學報》（倫敦）48卷，1985年。

[53]《老子》帛書乙本"聖"字韻讀考，田宜超，《語言文字研究專輯》上海古籍出版社，1986年。

[54]《帛書老子校注析》序，王沐，《湘潭大學學報》，1987年1期。

[55] 從帛書《老子》看《老子》的原結構佈局，尹振環，《復旦學報》，1987年2期。

[56] 馬王堆帛書《周易》《老子》與氣功養生法，周世榮，《湖南考古輯刊》第5輯，1989年。

[57] 帛書《老子》考——《老子》成立過程初探，（日）澤田多喜男，《中國——社會和文化》第4號，1989年。

[58] 從馬王堆漢墓帛書《老子》看道家氣功，周世榮，《馬王堆養生氣功》，湖北科學技術出版社，1990年。

[59] 帛書《老子》和通行本的文字差異，毛遠明，《四川師院學報》，1991年2期。

[60]「馬王堆漢墓帛書」德篇道篇考——原初的「老子」試探，（日）沢田多喜男，《千葉大学人文研究》第20號，1991年。

[61] 帛書《老子》一章的哲理和語言，王松茂，《黃淮學刊》，1992年1期。

［62］馬王堆出土『帛書老子』の思想：第一章の解釈，（日）石飛憲，《国語教育論叢》第2號，1992年。

［63］馬王堆出土『帛書老子』の思想：『老子』生成論の再檢討，（日）石飛憲，《国語教育論叢》第3號，1993年。

［64］恢復《老子》的本來面目——帛書《老子》與今本《老子》之比較研究，尹振環，《文獻》，1992年3期。

［65］馬王堆漢墓《老子》手抄本和《秦律》殘卷中的"弗"，何莫邪、何樂士，《古漢語研究》，1992年4期。

［66］帛書《老子》道論試探，周生春，《哲學研究》，1992年6期。

［67］『帛書老子』續考——乙本の文脈において見た，（日）澤田多喜男，《中國研究集刊》第11号，1992年。

［68］「老子」の成立時期と成書の經過について——新出土資料等をもとに，（日）向井哲夫，《東方宗教》第79號，1992年。

［69］書《馬王堆老子寫本》後，饒宗頤，《道家文化研究》第3輯，上海古籍出版社，1993年。

［70］關於帛書《老子》——其資料性的初步探討，（日）金穀治，《道家文化研究》第3期，上海古籍出版社，1993年。

［71］論《馬王堆漢墓帛書老子》，尹振環，《大陸雜誌》，1993年9期。

［72］"德"之語義與老子的思想内核，朱炳祥，《湖北民族學院學報》，1994年4期。

［73］再論《馬王堆漢墓帛書〈老子〉》，尹振環，《文獻》，1995年1期。

［74］從馬王堆帛書看老子相爾注的宗教與哲學意義，（美）鮑則岳，卜憲群、孫曉譯，《簡帛研究譯叢》第1輯，湖南出版社，1996年。

［75］帛書《黃帝四經》對《老子》學說的繼承和發展，鄭傑文，《管子學刊》，1996年3期。

［76］申論《老子》的年代，李學勤，《道家文化研究》第6輯，1995年。

［77］帛書《老子》含義不同的文句，尹振環，《道家文化研究》第10輯，1996年。

［78］馬王堆漢墓帛書老子釋讀劄記，劉信芳，《湖南省博物館四十周年紀念論文集》，1996年。

［79］《老子》"㪍父"考論——兼與《後讀書雜誌》"教文"說商兌，李水海，《無錫教育學院學報》，1997年1期。

［80］帛書與西漢《老子》傳本，鄭良樹，《中文學刊》，1997年1期。

［81］《老子》篇名篇次考辨——三論帛書《老子》，尹振環，《文獻》，1997年3期。

［82］《老子》道器論——馬王堆漢墓帛本，（日）池田知久，《東方學會創立50周年紀念東方學論集》，1997年。

［83］帛書《老子》三段另釋，郭世銘，《北京大學學報》，1997年5期。

［84］馬王堆帛書《老子》優於傳世諸本的實例剖析，呂茂烈，《東方論壇》，1998年1期。
［85］帛老之犯罪學說初探，崔永東，《文獻》，1998年1期。
［86］《帛書老子校注》考評，尹振環，《文獻》，1998年2期。
［87］帛書述略，劉薔，《四川圖書館學報》，1998年5期。
［88］帛書《老子》甲乙本中的法律思想試析，崔永東，《政法論壇》，1999年4期。
［89］《帛書〈老子〉含義不同的文句》質疑，王三峽，《荊州師範學院學報》，1999年6期。
［90］楚簡與帛書《老子》的作者和時代印記考，尹振環，《貴州文史叢刊》，2000年2期。
［91］從簡、帛用韻比較論《老子》的作者——與郭沂商榷，陳廣忠，《安徽大學學報》，2000年4期。
［92］利天下而不敢自利之德——析楚簡與帛書《老子》之"德"，尹振環，《中共中央黨校學報》，2001年3期。
［93］論馬王堆四種黃老帛書中的政治辯證法思想，吳顯慶，《黑龍江社會科學》，2001年3期。
［94］關於研究出土簡帛文獻的方法論思考——回顧簡、帛《老子》研究有感，黃釗，《中國哲學史》，2001年3期。
［95］帛書《老子》假借字考，姚一斌，《雲南師範大學學報》，2001年3期。
［96］楚簡與帛書《五行》篇章結構及其相關問題，徐少華，《中國哲學史》，2001年3期。
［97］從簡本看今本《老子》的形成——兼論帛書本在《老子》文本流傳過程中的地位，寧鎮疆，《中州學刊》，2001年4期。
［98］近20年帛書《老子》研究述要，劉固盛，《學術月刊》，2001年6期。
［99］帛書研究五十年，沈頌金，《中國史研究動態》，2001年7期。
［100］帛書《黃帝四經》對《老子》的繼承和發揮，權光鎬，《南京社會科學》，2001年8期。
［101］楚簡、帛書、今本三種《老子》校讀劄記，周建姣，《中文自學指導》，2002年1期。
［102］簡帛《老子》思想研究之前緣問題報告——兼論楚簡《太一生水》的思想，丁四新，《現代哲學》，2002年2期。
［103］論《老子》必須研究簡、帛《老子》，尹振環，《貴州社會科學》，2002年2期。
［104］也談帛、簡《老子》之研究，尹振環，《中國哲學史》，2002年4期。
［105］《帛書老子校注》音韻求疵，麥耘，《古文字研究》第24輯，中華書局，2002年。
［106］楚簡本、帛書本、河上公注本三種《老子》仁義觀念之比較，高華平，《中國歷史文物》，2003年1期。
［107］新出土簡帛佚籍與中國教育史研究，米靖，《教育研究》，2003年3期。
［108］《老子》簡、帛本與傳世本關係的幾個"模型"，李存山，《中國哲學史》，2003年3期。

[109] 帛書系《老子》の成立事情——莊子後學との關係を中心に，(日)福田一也，《中國研究集刊》第35號，大阪大學中國學會，2004年。
[110]《馬王堆漢墓帛書》(《老子》乙本卷前古佚書) 校讀劄記，戎輝兵，南京師範大學碩士學位論文，2004年。
[111] 從馬王堆帛書《老子》看老子理想王國的社會屬性，楊溯，《華僑大學學報》，2005年1期。
[112] 譜成《老子》的三個關鍵作者，程一凡，《湖南省博物館館刊》第2輯，嶽麓書社，2005年。
[113]《黃老帛書》成書年代的新假說，張增田，《管子學刊》，2005年2期。
[114] 談簡帛本《老子》的"銛銳"，劉樂賢，《長沙三國吳簡暨百年來簡帛發現與研究國際學術研討會論文集》，中華書局，2005年。
[115] 典籍異文之鑒別與運用——以簡帛本與今本《老子》為例，徐富昌，《出土文獻研究方法論文集初集》，國立臺灣大學出版中心，2005年。
[116] 從劉向校書再論馬王堆帛書《老子》乙本卷前古佚書非《黃帝四經》——兼論古籍流傳研究中的兩個方法論誤區，徐建委，《雲夢學刊》，2006年3期。
[117] 試論《老子》中幾個從"兌"之異文，許文獻，《湖南省博物館館刊》第3輯，嶽麓書社，2006年。
[118] "老學"又見生花筆——序李水海先生《帛書〈老子〉校箋譯評》，張永鑫，《太湖》，2006年4期。
[119] 帛書老子乙本の文字形體——漢隸の成熟，(日)佐野光一，《若木書法》第5號，國學院大學若木書法會，2006年。
[120] 帛書《老子》的特殊體系所反映的學術思想特色，劉晗，《管子學刊》，2007年1期。
[121] 澄清對簡帛本《老子》的誤解，馮廣宏，《文史雜誌》，2007年2期。
[122]『老子』研究の新道路元標——池田知久著『馬王堆出土文獻訳注叢書老子』，(日)堀池信夫，《東方》第311號，東方書店，2007年。
[123] 帛書本《老子》四英譯本的三維審視，馮曉黎，上海外國語大學博士學位論文，2007年。
[124] 馬王堆帛書《老子》虛詞研究，宋斌，首都師範大學碩士學位論文，2008年。
[125] 郭店楚簡、馬王堆帛書、王弼本《老子》版本比較與分析，劉黛，北京大學碩士學位論文，2008年。
[126] 簡帛道家文獻述論，張傳官，廈門大學碩士學位論文，2008年。
[127] 先秦老學傳播與接受論，禹建春，河南大學碩士學位論文，2008年。
[128] 帛書《老子》詞彙研究，張豔，復旦大學博士學位論文，2008年。
[129] 先秦黃老之學淵源與發展，李笑岩，山東大學博士學位論文，2009年。

[130] 法家における「勢」の展開——馬王堆帛書『老子』乙本卷前古佚書を手がかりに,（日）小崎智則,《名古屋大學中國哲學論集》第9號, 名古屋大學中國哲學研究會, 2010年。

[131]《老子乙本卷前古佚書》副詞初探, 孫惠惠、吳開兵,《咸寧學院學報》, 2010年10期。

[132]《黃帝書》與簡帛《老子》思想淵源研究, 李培志, 河南大學博士學位論文, 2010年。

[133] 帛書《老子》若干章句讀解, 姚雷娜, 西北大學碩士學位論文, 2010年。

[134]《老子》簡帛本與傳世本之異文整理與研究, 成美英, 華南師範大學碩士學位論文, 2010年。

[135] 試探《黃老帛書》對《老子》"道""德"的改造及其政治思想, 顧亞琦, 河北師範大學碩士學位論文, 2010年。

[136]《黃老帛書》與陸賈《新語》無為思想比較研究, 李佳, 河北師範大學碩士學位論文, 2010年。

[137]《黃老帛書》哲學思想探析, 張翠娟, 西藏民族學院碩士學位論文, 2010年。

[138]《老子》首章新釋, 廖名春,《哲學研究》, 2011年9期。

[139] 今井凌雪の篆書法：中国新出土資料「馬王堆三号漢墓帛書老子甲本」を手掛かりに,（日）西川陽華,《美術科研究》第29號, 2011年。

[140] 帛書《老子》研究綜述, 張鑫,《語文知識》, 2012年2期。

[141] 簡帛《老子》研究史略, 吳秀婷, 鄭州大學碩士學位論文, 2012年。

[142]『老子』の形而上學と「自然」思想—北大簡を中心として,（日）池田知久,《東アジア文化交涉研究》第7卷, 2014年。

[143] 讀馬王堆漢墓帛書劄記一則, 劉釗,《語言研究集刊》, 2015年1期。

[144] 論帛書《老子》的"為", 徐洪偉,《楚學論叢》第4輯, 2015年。

[145] 讀帛書《老子》劄記《〈長沙馬王堆漢墓簡帛集成〉修訂研討會論文集》, 李銳, 湖南省博物館、復旦大學出土文獻與古文字研究中心、中華書局聯合主辦, 2015年6月27—28日。

[146]《老子釋詁三則》, 孟繁璞, 復旦大學出土文獻與古文字研究中心網站, 2015年8月21日。

[147] 北大簡《老子》字詞補正與相關問題討論, 蘇建洲, 簡帛網, 2015年9月21日。

[148] 異本合刊之《老子》：楚簡本+馬王堆帛書本——兼論建立《老子》批判性版本, 費小兵、劉雄,《荊楚學刊》, 2016年2期。

[149]《老子》的養生思想——以郭店楚簡、馬王堆帛書、北京大學藏竹書為中心,（日）池田知久、曹峰,《華中師範大學學報（人文社會科學版）》, 2016年4期。

[150] 馬王堆帛書《老子》"道可道也非恒道也"瑣議，李若暉，《〈長沙馬王堆漢墓簡帛集成〉修訂研討會論文集》，李銳，湖南省博物館、復旦大學出土文獻與古文字研究中心、中華書局聯合主辦，2015年6月27—28日。

[151] 再論"寵辱若驚"，許文獻，《紀念馬王堆漢墓發掘四十周年國際學術研討會論文集》，嶽麓書社，2016年10月。

[152] 讀秦漢簡帛劄記，白於藍、黃巧萍，《中國文字研究》，2017年1期。

[153]《老子》劄記三則，李銳、張帆，《中國文字研究》，2017年2期。

[154] 簡帛《老子》"大器免成""天象無型"解——兼說道家型、器之譬，林志鵬，《杭州師範大學學報（社會科學版）》，2017年3期。

[155] 馬王堆漢墓帛書《老子》與王弼本異體字對比研究，李志文，西南民族大學碩士學位論文，2017年。

[156]『老子』における「天下」全體の政治秩序の構想—馬王堆帛書甲本に基づいて—（日）池田知久、穀中信一編，《中國出土資料の多角的研究》，汲古書院，2018年。

（4）帛書《明君》《德聖》

[1] 馬王堆帛書『明君』の思想史的意義，（日）湯浅邦弘，《中國研究集刊》第6號，1988年。

[2] 馬王堆帛書《九主》《明君》《德聖》校補，蕭旭，《湖南省博物館館刊》第8輯，嶽麓書社，2012年。

[3] 馬王堆帛書《德聖》校讀，韓宇嬌，《出土文獻》第4輯，中西書局，2013年。

[4] 馬王堆帛書《德聖》篇研究——兼談郭店簡《太一生水》的分篇、分章及其與《老子》的5關係，鄔可晶，簡帛文獻與古代史——第二屆出土文獻青年學者國際論壇論文集，中西書局，2015年。

[5] 略論帛書《明君》的文本來源和學派歸屬，鄔可晶，《紀念馬王堆漢墓發掘四十周年國際學術研討會論文集》，嶽麓書社，2016年。

（5）帛書《伊尹·九主》

[1] 馬王堆帛書『伊尹九主』をめぐって：訳及び注，（日）三條彰久，《史學》第62卷3號，1993年。

[2] 帛書《伊尹·九主》與古代思想，連劭名，《文獻》，1993年3期。

[3] 前黃老形名之學的珍貴佚篇——讀馬王堆漢墓帛書《伊尹·九主》，魏啟鵬，《道家文化研究》第3輯，上海古籍出版社，1993年。

[4] 帛書《伊尹·九主》與黃老之學，余明光，《道家文化研究》第3輯，上海古籍出版社，1993年。

[5] 帛書"天企"考釋，魏啟鵬，《簡帛研究彙刊》第1輯，2003年。

[6] 帛書"九主圖"殘片略考，陳松長，《文物》，2007年4期。

［7］《史記·殷本紀》與馬王堆帛書《九主》，（日）廣瀬薰雄，紀念司馬遷誕辰2150周年暨國際學術討論會會議論文，2005年8月。

［8］馬王堆漢墓帛書《老子》甲本卷後古佚書《九主》研究，孫燕紅，山東大學碩士學位論文，2010年。

［9］《管子·七臣七主》篇中得"七臣七主"再認識，蘇曉威，《中國典籍與文化》，2011年3期。

［10］試論馬王堆漢墓帛書《九主》篇中的"八商"（下），孫燕紅，《湖南省博物館館刊》第9輯，嶽麓書社，2013年。

［11］試論馬王堆漢墓帛書《九主》篇中的"八商"（上），孫燕紅，《湖南省博物館館刊》第7輯，嶽麓書社，2011年。

［12］西漢"九主"傳說探論，孫燕紅，《文化遺產》，2017年3期。

［13］出土資料中的伊尹與黃老思想，郭梨華，《哲學與文化》，2017年10期。

（6）帛書《五行》篇

［1］馬王堆帛書解開了思孟五行說之謎——帛書《老子》甲本卷後古佚書之一的初步研究，龐樸，《文物》，1977年10期。

［2］馬王堆漢墓帛書《五行篇》所見的身心問題，（日）池田知久，《文物》，1977年10期。

［3］帛書《五行篇》校注，龐樸，《中華文史論叢》第4輯，1979年。

［4］思孟五行新考，龐樸，《文史》第7輯，1979年。

［5］子思、孟子五行說考辨，李耀仙，《抖擻》，1981年45期。

［6］新五行說商榷，趙光賢，《文史》第14輯，1982年。

［7］思孟五行說——その多樣なる解釋と龐樸說，（日）影山輝國，《人文科學科紀要》第81輯，1985年。

［8］帛書《五行篇》的思想史位置——來自儒家的向天的接近，（日）淺野裕一，《島根大學教育學部紀要》第19卷（人文·社會科學編），1985年12期。

［9］帛書《五行》與《尚書·洪范》，李學勤，《學術月刊》，1986年11期。

［10］《五行篇》評述，龐朴，《文史哲》，1988年1期。

［11］思孟五行說的再思考，魏啟鵬，《四川大學學報》，1988年4期。

［12］「馬王堆漢墓出土老子甲本卷後古佚書五行篇」訳注，（日）池田知久，《二松學舍大學論集》第32號，1989年。

［13］孟子後學對身心關係的看法——以馬王堆漢墓帛書《五行篇》為中心，黃俊傑，《清華學報》，1990年1期。

［14］荀子非孟的思想史背景——論《思孟五行說》的思想內涵，黃俊傑，《國立臺灣大學歷史學系學報》，1990年15期。

［15］「馬王堆漢墓出土老子甲本卷後古佚書五行篇」訳注－2－，（日）池田知久，《二松學

舍大學論集》第33號，1990年。

[16] 馬王堆漢墓出土老子甲本卷後古佚書五行篇」訳注–3–，（日）池田知久，《二松學舍大學論集》第34號，1991年。

[17] 馬王堆漢墓出土老子甲本卷後古佚書五行篇」訳注–4–，（日）池田知久，《二松學舍大學論集》第35號，1992年。

[18] 德之行與德之氣——帛書《五行篇》《德聖篇》論道德、心性與形體的關係，楊儒賓，《中國文哲研究的回顧與展望論文集》，1992年。

[19] 長沙馬王堆漢墓出土《帛書五行篇》新解，（日）齋木哲郎，《中國出土資料研究》第2號，1998年。

[20] 從簡帛佚籍《五行》談到《大學》，李學勤，《孔子研究》，1998年3期。

[21] 竹帛《五行篇》比較，龐樸，《人民政協報》，1998年3月。

[22] 帛書《五行》與先秦儒家《詩》學，王博，達慕思會議論文，1998年5月。

[23] 馬王堆帛書《五行》的再認識，李學勤，《中國古代思維模式與陰陽五行說探源》，江蘇古籍出版社，1998年。

[24] 竹帛五行篇與思孟五行說，龐樸，《本世紀出土思想文獻與中國古典哲學研究論文集：上冊》，輔仁大學出版社，1999年。

[25] 從郭店竹簡《五行》檢視帛書《五行》說文對經文的依違情況，陳麗桂，《本世紀出土思想文獻與中國古典哲學研究論文集：上冊》，輔仁大學出版社，1999年。

[26] 簡、帛《五行》的禮樂考述，郭梨華，《本世紀出土思想文獻與中國古典哲學研究論文集：上冊》，輔仁大學出版社，1999年。

[27] 帛書《五行》所引《燕燕》詩為《魯》《齊》詩考，袁慶述，《中國文學研究》，2000年1期。

[28] 簡帛《五行》慎獨及其相關問題，劉信芳，《湖北師範學院學報（哲學社會科學版）》，2001年2期。

[29] 八角廊簡《文子》與帛書《五行》，（美）邢文，《道家文化研究》第18輯，三聯書店2000年。

[30] 從簡本《五行》到帛書《五行》，李存山，《郭店楚簡國際學術研討會論文集》，湖北人民出版社，2000年。

[31] 楚簡與帛書《五行》篇章結構及其相關問題，徐少華，《中國哲學史》，2001年3期。

[32] 簡帛《五行》"經文"比較，梁濤，《華學》第5輯，紫禁城出版社，2001年。

[33] 長沙馬王堆漢墓出土"帛書五行篇"新解——以與秦儒的關係爲中心，（日）齋木哲郎著、安永欣譯，《簡帛研究二〇〇一》，廣西師範大學出版社，2001年。

[34] 簡帛《五行》述略，劉信芳，《江漢考古》，2001年1期。

[35] 簡帛《五行》認識論術語試解四則，劉信芳，《簡帛語言文字研究》第1輯，2002年。

[36] 帛書"天企"考釋，魏啓鵬《簡帛語言文字研究》第1輯，巴蜀書社，2002年。
[37] 簡帛《五行》直承孔子詩學，魏啟鵬，《中國文化論壇》，2002年2期。
[38] 簡帛《五行》新探——兼論《五行》在思想史中的地位，梁濤，《孔子研究》，2002年5期。
[39] 簡帛《五行》研究中的幾個問題，梁濤，《周秦社會與文化研究——紀念中國先秦史學會成立20周年學術研討會論文集》，2002年。
[40] 帛簡《五行》篇與原始"五行"說，田文軍、李富春，《武漢大學學報》，2003年1期。
[41] 從《長沙馬王堆漢墓帛書·五行》所引《詩經》異文看先秦至漢的《詩經》傳播，梁振傑，《焦作師範高等專科學校學報》，2003年3期。
[42] 帛書《五行》慎獨說小議，李景林，《人文雜誌》，2003年6期。
[43]《五行篇》の成立事情——郭店寫本と馬王堆寫本の比較，（日）淺野裕一，《中國出土資料研究》7，中國出土資料學會，2003年3月。
[44] 簡帛五行對讀，陳偉，《湖南省博物館館刊》第1輯，嶽麓書社，2004年。
[45]《五行》補注，龐樸，《新出土文獻與古代文明研究》，上海大學出版社，2004年。
[46] 簡帛《五行》校讀，王佳靖，華東師範大學碩士學位論文，2004年。
[47] 從簡帛《五行》引出的幾點思考（提綱），李尚信，《簡帛儒學研究》，2005年。
[48] 楚簡與帛書《五行》篇若干問題探析，徐少華，《長沙三國吳簡暨百年來簡帛發現與研究國際學術研討會論文集》，中華書局，2005年。
[49]"色"與"禮"的關係——《孔子詩論》、馬王堆帛書《五行》《孟子·告子下》之比較，曹峰，《孔子研究》，2006年6期。
[50] 帛書《五行》"言相送海也"考，袁慶述，《簡帛語言文字研究》第2輯，巴蜀書社，2006年。
[51] 馬王堆漢墓帛書《五行》篇校讀劄記，戎輝兵，《湖南省博物館館刊》第3期，嶽麓書社，2006年。
[52]『孟子』萬章下篇「金聲而玉振之」考——馬王堆漢墓帛書『五行』を手がかりに，（日）西信康，《北海道大學大學院文學研究科研究論集（6）》，北海道大學文學研究科，2006年。
[53] 竹帛《五行》篇為子思、孟子所作論——兼論郭店楚簡《五行》篇出土的歷史意義，陳來，《孔子研究》，2007年1期。
[54]《馬王堆漢墓帛書五行研究》，李銳、（日）池田知久，《儒教文化研究》，2007年2期。
[55] 帛書《五行》篇說部思想研究——兼論帛書《五行》篇與孟子的思想，陳來，《中華文史論叢》第3輯，2007年。
[56]"慎獨"與帛書《五行》思想，陳來，《中國哲學史》，2008年1期。
[57] 竹帛《五行》與傳世文獻新探，張豐乾，《社會科學戰線》，2008年8期。

[58] 簡帛五行篇與思孟學派研究，蘇瑞隆，《儒家思孟學派論集》，齊魯書社，2008年12月。

[59] 簡帛《五行》與《詩經》《尚書》之學，常森，古道照顏色——先秦兩漢古籍國際學術研討會，2009年1月。

[60] 簡帛《五行》篇與孟子之學，常森，《中國典籍與文化》，2009年3期。

[61] 論簡帛《五行》與《詩經》學之關係，常森，《文學遺產》，2009年6期。

[62] 帛書《五行》篇"䣢下子輕思於翟"，段新釋、廖明春，《古文字研究》第28輯，中華書局，2010年。

[63] 簡帛《五行》篇"悳"概念的義理結構，王中江，《學術月刊》，2011年3期。

[64] 帛書《五行》對孟子身心觀的繼承與發揮，高正偉，《文藝評論》，2011年6期。

[65] 馬王堆漢墓帛書《五行》篇"說"文與《孟子》的關係——兼論何為"子思唱之，孟軻和之"，孫希國，《古代文明》，2012年1期。

[66] 德行內外——以簡帛《五行》篇為中心，孟慶楠，《中國哲學史》，2012年2期。

[67] 簡帛《五行》篇的發現與研究，孫希國，《遼東學院學報（社會科學版）》，2012年4期。

[68] 簡帛《五行》篇的結構及哲學意義，余志琴，《宜賓學院學報》，2013年第8期。

[69] 簡帛《五行》篇的結構及哲學意義，甘偉、馮雪華，《東南大學學報（哲學社會科學版）》，2013年S1期。

[70] 思孟"五行"與《五行》的結構，邢文、陳致主編，《簡帛·經典·古史》，上海古籍出版社，2013年。

[71] 論簡、帛《五行》之三層經解，張錦枝，《哲學分析》，2015年4期。

[72] 論馬王堆帛書《五行》與儒家《內業》之關係，林志鵬，《〈長沙馬王堆漢墓簡帛集成〉修訂研討會論文集》湖南省博物館、復旦大學出土文獻與古文字研究中心、中華書局聯合主辦，2015年6月27—28日。

[73] 從出土《五行》版本差異看子思著作與道家的關係——兼論先秦儒家學派爭鳴初始階段的特點，黃效，《重慶理工大學學報（社會科學版）》，2016年10期。

[74] 從馬王堆帛書《五行》看荀子慎獨思想，商曉輝、謝揚舉，《甘肅社會科學》，2017年4期。

[75] 簡帛《五行》篇"聖人論"探究，甘偉，《廣西社會科學》，2017年2期。

[76] 〈中庸〉「誠者天之道也」再考——以其與〈五行〉之關係為中心，（日）淺野裕一、談仁，《饒宗頤國學院院刊》，2017年4期。

[77] 簡帛〈五行〉「聞君子道」試解——兼論「聖」字字義之原始與演變，陳廷嘉，《奇萊論衡：東華文哲研究集刊》，2018年5期。

（7）帛書《黃帝書》（經法、十六經、稱、道原）

[1]《黃帝四經》初探，唐蘭，《文物》，1974年10期。

[2]漢初黃老思想和法家路線——讀長沙馬王堆三號漢墓出土帛書劄記，程武，《文物》，1974年10期。

[3]馬王堆出土《老子》乙本卷前古佚書的研究——兼論其與漢初儒法鬥爭的關係，唐蘭，《考古學報》，1975年1期。

[4]《十大經》初論，高亨、董治安，《歷史研究》，1975年1期。

[5]馬王堆出土《老子》乙本前古佚書探原，龍晦，《考古學報》，1975年2期。

[6]《十大經》的思想和時代，康立，《歷史研究》，1975年3期。

[7]法家路線和黃老思想——讀帛書《經法》，康立、衛今，《文物》，1975年7期。

[8]法家對黃老之學的吸收和改造——讀馬王堆帛書《經法》等篇，湯新，《文物》，1975年8期。

[9]黃老之學是維護封建統治的法家重要流派，上海市重型機械製造公司工人歷史研究小組，《文物》，1976年3期。

[10]黃老思想與道法關係——讀帛書《經法》，俊奎，《破與立》，1976年3期。

[11]再談黃老思想和法家路線——讀長沙馬王堆三號漢墓出土帛書劄記之二，田昌五，《文物》，1976年4期。

[12]《十大經》的年代與"四人邦"的野心，史明，《考古》，1977年2期。

[13]關於馬王堆漢墓《老子》乙本卷前古佚書，（日）今枝二郎，《大正大學研究紀要》第63號，1977年。

[14]道家帛書，（英）Y. H. 詹，《通報》第63卷，1977年。

[15]《黃帝四經考辨》，朱曉海，臺灣大學中文所碩士論文，1977年。

[16]黃老帛書的哲學思想，鐘肇鵬，《文物》，1978年2期。

[17]馬王堆帛書「經法」「十大経」「稱」「道原」小考，（日）内山俊彥，《東方學》，56號，1978年。

[18]對《〈十大經〉初論》的質疑，高振鐸，《吉林師大學報》，1978年2期。

[19]關於古佚書《經法》等四篇，（日）金穀治，《加賀博士退館紀念中國文史哲學論集》，講談社，1979年3月。

[20]讀《經法》，郭元興，《中華文史論叢》第2輯，1979年。

[21]《經法》等古佚書四種釋文校補，溫公翊，《中國語文》，1979年5期。

[22]漢初流行的黃老哲學，任繼愈主編，《中國哲學史》，人民出版社，1979年。

[23]略說黃老學派的產生和演變，許抗生，《文史哲》，1979年3期。

[24]《黃老帛書》哲學思想初探，葛榮晉，《中國哲學史論文集》，山東人民出版社，1979年。

[25] 黃老思想,（美）杜維明,《亞洲研究學報》39卷,1979年。
[26] 道、義、法——在黃帝道家學說中的三個關鍵概念,（德）簡雲華,《中國哲學學報》7卷,1980年。
[27]《黃帝四經》思想探源,魏啓鵬,《中國哲學》,1980年4輯。
[28] 馬王堆《老子》甲乙本卷前後佚書與"道法家"——兼論《心術上》《白心》為慎到田駢學派作品,裘錫圭,《中國哲學》,三聯書店,1980年。
[29] 道家思想の起源と系譜（下）：黃老道の成立を中心として,（日）淺野裕一,《島根大學教育學部紀要》14號,1980年。
[30] 道家思想の起源と系譜（下）：黃老道の成立を中心として,（日）淺野裕一,《島根大學教育學部紀要》15號,1981年。
[31] 漢初黃老思想的一個側面,（日）西川靖二,《東方學》62輯,1981年。
[32] 馬王堆出土《老子》乙本卷前古佚書的研究,唐蘭,《馬王堆漢墓研究》,湖南人民出版社,1981年。
[33] 黃老思想的構造和位置——讀《經法》等四篇時的思考,（日）島森哲男,《東洋學集刊》45號,1981年。
[34] 黃帝内經與黃老哲學思想淵源,冷其林,《成都中醫學院學報》,1981年4期。
[35] 試論（黃帝帛書）的"道"和"無為"的思想,葛榮晉,《中國哲學史研究》,天津人民出版社,1981年。
[36]《經法》等佚書是田駢的遺著,董英哲,《人文雜誌》,1982年1期。
[37] 試論漢初黃老思想——兼論馬王堆出土古佚書為漢初作品,姜廣輝,《中國哲學史研究集刊》第2輯,上海人民出版社,1982年。
[38]《經法》等篇中的樸素辯證法思想,方克,《學術論壇》,廣西人民出版社,1982年。
[39] 馬王堆三號漢墓帛書《老子》乙本卷前古佚書,（日）田中有《書品》264期,1982年。
[40] 馬王堆帛書與《鶡冠子》,李學勤,《江漢考古》,1983年2期。
[41] 略論漢初的黃老之學,楊育坤,《秦漢史論叢》2輯,1983年。
[42] 黃老思想論略,趙吉惠,《中國歷史文獻研究集刊》3輯,1983年。
[43] 關於黃老哲學的性質問題——對《黃老帛書》和《淮南子》道、氣理論的剖析,吳光,《學術月刊》,1984年8期。
[44] 黃帝道家著作《十六經》中的政治哲學,（英）Y. H. 詹,《中國哲學學報》10卷,1983年。
[45]《經法》四篇的再研究——兼論新道家的發展,熊鐵基,《秦漢新道家略論稿》,上海人民出版社,1984年。
[46] 試論黃老之學的理論特點與歷史作用,吳光,《浙江學刊》,1984年3期。
[47] 論黃老學派的形成與發展,吳光,《浙江大學學報（人文社會科學版）》,1984年4期。

[48] 黃老道的政治思想——與法術思想之對比，（日）淺野裕一，《日本中國學會報》36，1984年10月。

[49] 馬王堆帛書より見た道家思想の一側面——「経法」等4篇の古佚書を中心として，（日）齐木哲郎，《東方學》，69輯，1985年。

[50] 黃老思想初探——讀長沙馬王堆三號漢墓出土的古佚書《黃帝四經》，余明光，《湘潭大學學報》，1985年1期。

[51] 論《黃帝四經》的思想史文獻價值，趙吉惠，《中國歷史文獻研究》1輯，華中師大出版社，1986年。

[52] 論《黃老帛書》的主要思想，金春峰，《求索》，1986年2期。

[53] 帛書《老子》乙本卷前古佚書釋文補正，錢玄，《語言學研究集刊》1輯，1986年。

[54] 馬王堆漢墓帛書"黃帝書"研究評述，劉翔，《中國文化與中國哲學》，東方出版社，1986年。

[55] 黃老之學與黃帝四經，（日）內山俊彥，《對中國古代思想史自然認識》，創文社，1987年。

[56] 論六家要旨所述道論源於黃學（讀漢墓帛書黃帝四經），余明光，《中國哲學史》，1987年2期。

[57]《黃老》帛書的思想和時代，金春峰，《漢代思想史》，中國社會科學出版社，1987年。

[58] 關於"黃老之學"《黃帝四經》產生時代考證，趙吉惠，《東北師大學報》，1987年9期。

[59] 馬王堆文物的研究動向——黃老思想研究的展開，（日）菅本大二，《新漢文教育》5號，1987年。

[60] 帛書四篇的思想特徵及其對後來哲學的影響，祝瑞開，《先秦社會和諸子思想新探》，福建人民出版社，1987年。

[61] 論道家的兩個流派——帛書《黃帝四經》與《老子》的比較，余明光，《求索》，1988年1期。

[62] 黃老帛書《經法》的政治哲學——兼論淵源於稷下之學，胡家聰，《中國哲學史研究》，1988年4期。

[63]《〈黃帝四經〉與黃老思想》序，李學勤，《湘潭大學學報》，1989年1期。

[64] 漢初黃老之學與《黃老帛書》的哲學思想，陽憲邦主編，《中國哲學通史》，中國人民大學出版社，1988年。

[65] 黃老之學源于秦楚說質疑，知水，《管子學刊》，1989年4期。

[66] 關於《黃老帛書》之我見，黃釗，《管子學刊》，1989年4期。

[67]《經法》中的制法理論，（美）特納·卡林，《古代中國》14卷，1989年。

[68]「称」の思想：馬王堆帛書『称』に於ける天道と統治原理，（日）湯浅邦弘，《島根

大学教育学部紀要・人文・社会科学》23卷，1989年。

［69］範蠡思想與帛書《黃帝書》，李學勤，《浙江學刊》，1990年1期。

［70］在黃老道家中的人類本性與它的宇宙之本，（英）Y．H．詹，《中國哲學學報》17卷，1990年。

［71］黃老帛書中的自然法則，（美）彼俞布·瑞達《東西方哲學》40卷，1990年。

［72］黃老帛書裡的道法思想，陳麗桂，《中國學術年刊》，1990年。

［73］漢墓出土黃帝四經所論道法關係初探，沈清松，《漢代文學與思想學術討論會論文集》，1990年。

［74］黃老帛書之文化考察，譚家健，《求索》，1991年1期。

［75］從《黃老帛書·稱》看《帛書老子》的分章圓點，尹振環，《貴州師範大學學報》，1991年2期。

［76］《鶡冠子》與黃老思想，（美）彼俞布·瑞達，《古代中國》16卷，1991年。

［77］道家帛書和早期法家思想，（英）Y．H．詹，《中國古代神話與考古》，1991年。

［78］標誌黃老之學新水準的黃老帛書，黃釗主編，《道家思想史綱》，湖南師範大學出版社，1991年。

［79］《經法》的名理思想，岑賢安，張立文主編《理》（中國哲學範疇精粹叢書），1991年10月。

［80］《黃帝四經》的宇宙圖式與社會秩序——兼論《黃帝四經》對董仲舒的影響，張國華，《湖南大學社會科學學報》，1992年2期。

［81］關於《黃帝四經》的幾點看法——序余明光先生《〈黃帝四經〉今注今譯》，陳鼓應，《哲學研究》，1992年8期。

［82］漢初黃老政治的理論指導——《黃老帛書》，那薇，《漢代道家的政治思想和直覺體悟》，齊魯書社，1992年。

［83］《黃老帛書》，劉蔚華、苗潤田，《稷下學史》，中國廣播電視出版社，1992年。

［84］《經法》等四書中的軍事辨證法思想，方克，《中國軍事辨證法史》中國書店，1992年。

［85］從《經法》等佚書四篇與《韓非子》思想的關係論韓非之學本於黃老之說，康韻梅，《中國文學研究》，1992年。

［86］『春秋事語』と『経法』等四篇，（日）向井哲夫，《東方學》84輯，1992年。

［87］《黃老帛書》"執道循理"的論識論觀點，夏甄陶，《中國認識論思想史稿》，中國人民大學出版社，1992年。

［88］《黃老帛書》初探，陳錦淞，《上海第二工業大學學報》，1993年1期。

［89］《帛書古佚書》乙本考，（日）澤田多喜男，《千葉大學人文研究》，1993年3月。

［90］帛書《黃帝四經》與《老子》的比較，余明光，《黃帝四經今注今譯》，嶽麓書社，

1993年。
[91] 帛書《繫辭》和帛書《黃帝四經》，陳鼓應，《道家文化研究》第3輯，上海古籍出版社，1993年。
[92] 論《黃帝四經》產生的地域，王博，《道家文化研究》第3輯，上海古籍出版社，1993年。
[93] 《稱》篇與《周祝》，李學勤，《道家文化研究》第3輯，上海古籍出版社，1993年。
[94] 馬王堆帛書《老子》乙本卷前古佚書並非《黃帝四經》，裘錫圭，《道家文化研究》第3輯，上海古籍出版社，1993年。
[95] 楚帛書與《道原篇》，饒宗頤，《道家文化研究》第3輯，上海古籍出版社，1993年。
[96] 帛書《道原》和《老子》論道的比較，胡家聰，《道家文化研究》第3輯，上海古籍出版社，1993年。
[97] 《黃老帛書》哲學淺議，蕭萐父，《道家文化研究》第3輯，上海古籍出版社，1993年。
[98] 馬王堆帛書《經法·大分》及其他，李學勤，《道家文化研究》第3輯，上海古籍出版社，1993年。
[99] 帛書"十四經"正名，高正，《道家文化研究》第3輯，上海古籍出版社，1993年。
[100] 董仲舒和黃老思想，（美）薩拉·奎因，《道家文化研究》第3輯，上海古籍出版社，1993年。
[101] 《黃帝四經》與董仲舒，余明光，《黃帝四經今注今譯》，嶽麓書社，1993年3月。
[102] 帛書老子乙本卷前四篇古佚書思想體系研究，黃慶惠，輔仁大學碩士學位論文，1993年。
[103] "黃老"思想與秦漢之際的軍事戰爭，余明光，《秦漢文化與華夏傳統》，學林出版社，1993年。
[104] 關於《黃老帛書》四篇成書年代等問題的研究，陳鼓應，《國故新知：中國傳統文化的再詮釋》，北京大學出版社，1993年。
[105] 小議帛書《稱》的戰爭觀，徐勇、黃樸民，《齊文化從論》，華齡出版社，1993年。
[106] 帛書《稱》的戰爭觀，徐勇、黃樸民，《江漢論壇》，1994年2期。
[107] 古代中國的道與德——黃老帛書，（美）彼俞布·瑞達，1993年。
[108] 道原考，（日）大山昌道，《漢學研究》，1994年3月。
[109] 先秦道家研究的新方向——從馬王堆漢墓帛書《黃帝四經》說起，陳鼓應，《管子學刊》，1995年1期。
[110] 先秦道家研究的新方向（續）——從馬王堆漢墓帛書《黃帝四經》說起，陳鼓應，《管子學刊》，1995年2期。
[111] 《黃帝四經》與漢代道家思想，張運華，《湘潭大學社會科學學報》，1995年4期。
[112] 《黃帝四經》與百家之學，白奚，《哲學研究》，1995年4期。

[113] 黃老學術向黃老道教之轉變，余明光、譚建輝，《湘潭大學學報》，1995年5期。

[114] 馬王堆帛書《稱》和古代的祝，連劭名，《文獻》，1996年2期。

[115] 《黃帝四經》中的社會政治思想和領導管理思想，艾畦，《天津黨校學刊》，1996年2期。

[116] 從原始道家到黃老之學的邏輯發展，丁原明，《山東大學學報》，1996年3期。

[117] 《黃帝書》與楚文化，蔡靖泉，《理論月刊》，1996年4期。

[118] 帛書《黃帝四經》對《老子》學說的繼承和發展，鄭傑文，《管子學刊》，1996年8期。

[119] 《黃老帛書》，王錦民，《古學經子——十一朝學術史新證》，華夏出版社，1996年。

[120] 中國古代學派的分水嶺——兼論《黃帝四經》的法家歸屬，王德有，《哲學研究》，1996年10期。

[121] 馬王堆《老子》乙本卷前古佚書的黃老政治思想，劉澤華主篇，《中國政治思想史》，浙江人民出版社，1996年。

[122] 《黃帝四經》對老子思想的吸收和繼承，艾畦，《中國哲學史》，1997年3期。

[123] 關於帛書《經法》《十六經》《稱》《道原》四篇的成立，（日）渡邊大，《中國文化研究與教育》，1997年。

[124] 馬王堆帛書『十六経』の蚩尤像，湯淺邦弘，《東方宗教》第89號，日本道教學會，1997年。

[125] 「經法」の"道"と形名參同，（日）芳賀良信，第49回日本中國學會，1997年10月18日；刊于芳賀良信《禮と法の間隙——前漢政治思想研究》，汲古書院，2000年8月。

[126] 道家黃老學"推天道以明人事"的思維方式，胡家聰，《管子學刊》，1998年1期。

[127] 帛書《黃帝四經》中的刑法思想，崔永東，《法學研究》，1998年3期。

[128] 帛書《黃帝四經》中的陰陽刑德思想初探，崔永東，《中國哲學史》，1998年4期。

[129] 《黃帝四經》中的陰陽學說，（英）雷敦和，《中國古代思維模式與陰陽五行說探源》，江蘇古籍出版社，1998年。

[130] 帛書《黃帝四經》中的犯罪學說初探，崔永東，《學術月刊》，1999年2期。

[131] 「經法」の形名思想における思惟形式，（日）芳賀良信，《東方學》第97號，日本東方学会，1999年。

[132] 馬王堆帛書《經法·道法》與傳說中的蚩尤，連劭名，《文獻》，2000年4期。

[133] 帛書《黃帝書》研究，林靜茉，台灣師範大學博士學位論文，2000年。

[134] 馬王堆漢墓帛書《經法》所見"刑"——"名"——"實"，曹峰，《曙光11日中文化交流の懸橋》，日中文化研究會編，2000年。

[135] 馬王堆漢墓帛書《經法》所見"道""名""法"研究，曹峰，《中國哲學研究》第

16號，東京大學中國哲學研究會，2001年。
[136] 論馬王堆四種黃老帛書中的政治辯證法思想，吳顯慶，《黑龍江社會科學》，2001年3期。
[137] 《黃老帛書》研究綜述，張增田，《安徽大學學報》，2001年4期。
[138] 帛書《黃帝四經》對《老子》的繼承和發揮，權光鎬，《南京社會科學》，2001年8期。
[139] 《黃帝四經》中的"刑德"研究，（英）雷敦和著、陳松長譯，《簡帛研究二〇〇一》，廣西師範大學出版社，2001年。
[140] 《黃老帛書》所見的另一種德治方略，張增田，《中國哲學史》，2002年1期。
[141] 帛書《經法》《十六經》所見"賢"的思想，（日）渡邊大，《後漢經學研究會論集創刊號》，2002年。
[142] 《黃老帛書》法治思想初探，張增田，《華南理工大學學報》，2002年3期。
[143] 《黃老帛書》之刑德關係諸說辨，張增田，《管子學刊》，2002年3期。
[144] "正道不殆"：《黃老帛書》治國方略中的制度訴求，張增田，《廣西大學學報》，2003年1期。
[145] 從出土之簡帛資料研析——"法家歸本於黃老"之真義，羅獨修，《簡帛研究彙刊》第1輯，臺灣中國文化大學史學系等，2003年。
[146] 黃老帛書的宇宙生成論及其相關問題，鄭倩琳，《戰國時期道家之宇宙生成論》，國立臺灣師範大學碩士學位論文，2003年。
[147] 帛書《道原》與《淮南子·原道》思想的比較，孫長祥，《簡帛研究彙刊1》，台灣中國文化大學史學系等，2003年5月。
[148] 帛書《稱》補箋，魏啓鵬，《湖南省博物館館刊》第1輯，嶽麓書社，2004年。
[149] 論《黃帝帛書》刑名思想，徐文武，《求索》，2005年1期。
[150] 《馬王堆漢墓帛書·〈老子〉乙本卷前古佚書》校讀劄記，戎輝兵，《東南文化》，2005年2期。
[151] 試析帛書《黃帝四經》"道生法"思想的內涵及意義，荊雨，《中國哲學史》，2005年4期。
[152] 論墨家思想對黃老學的影響——以馬王堆帛書《黃老帛書》為例，薛柏成，《社會科學戰線》，2005年5期。
[153] 馬王堆帛書劄記四則，劉樂賢，《簡帛研究二〇〇二——二〇〇三》，廣西師範大學出版社，2005年。
[154] 論述名實的最早出土資料，張顯成，《簡帛研究二〇〇二——二〇〇三》，廣西師範大學出版社，2005年。
[155] 馬王堆漢墓帛書《經法》所見幾個重要概念的研究，曹峰，《簡帛研究二〇〇二——

二〇〇三》，廣西師範大學出版社，2005年。

［156］黃帝書〈十六經〉的宇宙生成論，（日）淺野裕一，《出土文獻研究方法論文集初集》，國立臺灣大學出版中心，2005年。

［157］黃老考，（日）澤田多喜男《東洋古典學研究》第20號，東洋古典學研究會，2005年。

［158］本體之道的論說——論帛書《道原》的哲學思想，丁四新，《湖南省博物館館刊》，第2輯，嶽麓書社，2005年。

［159］黃帝書『十六經』の宇宙生成論，（日）淺野裕一，《中國研究集刊》第39號，2005年。

［160］從劉向校書再論馬王堆帛書《老子》乙本卷前古佚書非《黃帝四經》——兼論古籍流傳研究中的兩個方法論誤區，徐建委，《雲夢學刊》，2006年3期。

［161］馬王堆帛書《稱》新証，連劭名，《湖南省博物館館刊》第3輯，嶽麓書社，2006年。

［162］《三德》與《黃帝四經》對比研究，曹峰，《江漢論壇》，2006年11期。

［163］《黃帝四經》陰陽刑德思想述論，賴世力，西南政法大學碩士學位論文，2006年。

［164］勢篇に見る黃老思想の分析——齊田常と越范蠡の接點，（日）谷中信一，《史艸》第47號，日本女子大學史學研究會，2006年。

［165］《黃帝四經》所見"名"的分類，曹峰，《湖南大學學報》，2007年1期。

［166］制度下的和諧——帛書《黃帝四經》形名思想解析，荊雨、程彪，《吉林大學社會科學學報》，2007年2期。

［167］淺析道家的"守雌"和"靜因"哲學思想——馬王堆漢墓《老子》乙本卷前古佚書局部164解讀，任文召，《北京廣播電視大學學報》，2007年2期。

［168］いわゆる《黃帝四經》に見える"名"の研究，曹峰，《人文科學12》，大東文化大學人文科學研究所，2007年3月。

［169］上博楚簡『亙先』の宇宙生成論——馬王堆漢墓帛書『道原』との關連を通して——，（日）潁川智，《日本中國學會報59》，日本中國學會，2007年10期。

［170］帛書《黃帝四經》研究，李夏，山東大學博士學位論文，2007年。

［171］先秦黃老學的結構性演進及其相關問題研究，徐勇勝，陝西師範大學碩士學位論文，2007年。

［172］《黃老帛書》治術思想研究，張炳磊，南華大學碩士學位論文，2007年。

［173］西漢前期黃老學說下的法律思想與法治實踐研究，楊頡慧，鄭州大學博士學位論文，2007年。

［174］《黃帝四經》中的政治思想，袁翊軒，臺灣大學政治學研究所碩士學位論文，2007年。

［175］馬王堆漢墓帛書"單哉""單盈哉"試解，伊強，《中國歷史文物》，2008年2期。

［176］帛書《稱》之文體及其流變，劉信芳，《文獻》，2008年4期。

［177］"名"與"法"的接點，曹峰，《人文科學》（日本）第13號，大東文化大學人文科學研究所，2008年。

［178］"馬王堆黃老帛書四種"書名相關問題探討，陳清茂，《興大人文學報》，2008年40期。

［179］馬王堆帛書黃帝書的性質，李若暉，《齊魯學刊》，2009年2期。

［180］《黃帝四經》的價值觀及其意義，詹石窗、張欣，《廈門大學學報》，2009年2期。

［181］馬王堆漢墓《黃帝四經》之學派歸屬辨析，熊呂茂，《求索》，2009年10期。

［182］《黃帝四經》管理哲學研究，張欣，廈門大學博士學位論文，2009年。

［183］帛書《黃帝四經》的因循為治與老子的無為而治，奚亞麗，《通化師範學院學報》，2010年7期。

［184］論《黃帝四經》中的"道生法"思想，葛鑫，重慶大學碩士學位論文，2010年。

［185］《黃帝四經》的道家思想研究，李晶旭，西南大學碩士學位論文，2010年。

［186］論帛書《黃帝書》的"齊家"理論，李培志，《魯東大學學報（哲學社會科學版）》，2011年5期。

［187］馬王堆漢墓帛書《經法·六分》篇釋文商榷，陳燕，《蘭台世界》，2011年22期。

［188］帛書《黃帝書》與《韓非子》"齊家"思想比較——兼論《黃帝書》的產生年代，李培志，《吉首大學學報（社會科學版）》，2012年2期。

［189］馬王堆帛書經法君正章試解——兼論老子乙卷前古佚書之性質與先秦漢初論語之傳，黃人二，《考古》，2012年5期。

［190］馬王堆帛書《經法·國次》新證，連劭名，《湖南省博物館館刊》8輯，2012年。

［191］《黃老帛書》與《淮南子》無為思想比較研究，賈嫻，河北師範大學碩士學位論文，2012年。

［192］老子與馬王堆黃老帛書的政治觀之比較研究，蘇上毓，南華大學碩士學位論文，2012年。

［193］馬王堆帛書叢釋，連劭名，《北京教育學院學報》，2013年1期。

［194］刑名學與中國古代法典的形成——以清華簡、《黃帝書》資料為線索，王沛，《歷史研究》，2013年4期。

［195］《黃帝四經》的"刑德"思想研究，銀會芳，東南大學碩士學位論文，2013年。

［196］《黃帝四經》《太一生水》成書於戰國前中期考證，梁奇，《周口師範學院學報》，2014年3期。

［197］《黃帝四經》對道家農業思想的繼承與革新，郜俊斌，《農業考古》，2014年4期。

［198］《淮南子》引帛書《黃帝四經》舉偶，楊棟，《古籍整理研究學刊》，2014年4期。

［199］帛書《道原》「迵同大虛」解義，馬耘，《臺北大學中文學報》，2014年16期。

［200］《黃老帛書》中的司法理念，崔永東，《人民法院報》，2014年6月13日。

［201］《黃老帛書》之氣，王小虎，《光明日報》，2014年7月1日。
［202］從《經法》中的政治思維論「道」與「天」的意義，朱弘道，臺灣大學哲學研究所碩士學位論文，2015年。
［203］《經法》等四篇學派研究重探，李銳，《哲學門》，2015年1期。
［204］黃帝帛書《十六經》主體作者為范蠡，宋占營，《淄博師專學報》，2015年1期。
［205］《黃帝四經》中的帝王"南面之術"，秦鋒祥，《鄭州航空工業管理學院學報（社會科學版）》，2015年2期。
［206］"有一而有氣"：《鶡冠子》"元氣"思想芻議，王小虎，《廣西社會科學》，2015年3期。
［207］《鶡冠子》研究述評，趙景飛，《貴州師範學院學報》，2015年4期。
［208］從《稱》中之陰陽思想論其根源及其在兵、法思想上的運用，郭梨華，《哲學與文化》，2015年10期。
［209］《黃帝四經》陰陽觀對《管子》「定靜」工夫形成之影響，黃崇修，《哲學與文化》，2015年10期。
［210］從《帛書〈黃帝四經〉》人格理論看道家人格思想的雙重整合，奚亞麗，《通化師範學院學報》，2015年11期。
［211］黃老道家德政思想的新探討——以帛書《黃帝四經》為中心，葉樹勳，《道家文化研究》第29輯，中華書局，2015年。
［212］《黃老帛書》的政治思想研究，祁濤，西北大學碩士學位論文，2015年。
［213］讀《長沙馬王堆漢墓簡帛集成》劄記八則，范常喜，《〈長沙馬王堆漢墓簡帛集成〉修訂研討會論文集》，湖南省博物館、復旦大學出土文獻與古文字研究中心、中華書局聯合主辦，2015年6月27—28日。
［214］讀馬王堆帛書《十六經·成法》，黃冠雲，《〈長沙馬王堆漢墓簡帛集成〉修訂研討會論文集》，湖南省博物館、復旦大學出土文獻與古文字研究中心、中華書局聯合主辦，2015年6月27—28日。
［215］釋帛書《十六經》的"憲敖"，劉樂賢，《〈長沙馬王堆漢墓簡帛集成〉修訂研討會論文集》，湖南省博物館、復旦大學出土文獻與古文字研究中心、中華書局聯合主辦，2015年6月27—28日。
［216］《十六經·觀》語詞零劄，孟蓬生，《〈長沙馬王堆漢墓簡帛集成〉修訂研討會論文集》，湖南省博物館、復旦大學出土文獻與古文字研究中心、中華書局聯合主辦，2015年6月27—28日。
［217］試論帛書《黃帝四經》對《淮南子》的影響，楊棟、邱陽，《關東學刊》，2016年6期。
［218］《經法》四篇：漢初政治無為而治的理論來源，胡振濤，《產業與科技論壇》，2016年

15期。

[219] 讀簡帛古書劄記二則，鄔可晶，《出土文獻研究》第16輯，中西書局，2017年。

[220]《黄帝四經》成書時代辨析，袁青，《道家文化研究》第30輯，中華書局，2016年。

[221] 釋馬王堆帛書《十六經》的"憲敖"，劉樂賢，《古文字研究》第31輯，中華書局，2016年。

[222] 帛書《經法·道法》箋證，連劭名《高明先生九秩華誕慶壽論文集》，科學出版社，2016年。

[223]《經法》等四篇學派研究重探，李鋭，《紀念馬王堆漢墓發掘四十周年國際學術研討會論文集》，嶽麓書社，2016年。

[224]《黄帝四經》中的陰陽思想，郭梨華，《紀念馬王堆漢墓發掘四十周年國際學術研討會論文集》，嶽麓書社，2016年。

[225] 帛書《黄帝四經》與漢初文學思想研究，王嶠夢，西南大學碩士學位論文，2016年。

[226]《黄帝四經》法思想的人性論基礎——兼論《經法·道法》的邏輯結構，曹峰，《道家文化研究》第30輯，中華書局，2016年。

[227] 馬王堆帛書《稱》叢考，連劭名，《西部考古》，2017年2期。

[228] 簡帛研讀雜識三則，王挺斌，《簡帛》第15輯，上海古籍出版社，2017年。

[229]《黄老帛書》中的陰陽家思想研究，鞠秋洋，武漢大學碩士學位論文，2017年。

[230] 讀馬王堆漢墓帛書《道原》劄記一則，李寶珊，第七屆出土文獻研究與比較文字學全國博士生論壇，2017年10月24—27日。

[231] 讀馬王堆漢墓帛書《十六經·立命》劄記，（日）廣瀨薰雄，古籍新詮——先秦兩漢文獻國際學術研討會暨中國文化研究所五十周年慶典會議論文，香港中文大學中國語言及文學系、中國文化研究所劉殿爵中國古籍研究中心主辦，2017年12月14—15日。

[232] 20世紀以來黄老學研究的回顧與反思，袁青，《史學月刊》，2018年1期。

（8）帛書《春秋事語》

[1]《春秋事語》解題，張政烺，《文物》，1977年1期。

[2] 馬王堆漢墓帛書《春秋事語》和《左傳》的事、語對比研究——談《左傳》的成書年代和作者，徐仁甫，《社會科學戰線》，1978年4期。

[3]《春秋事語》校釋，鄭良樹，《竹簡帛書論文集》，中華書局，1982年1月。

[4]《春秋事語》と戰國策士，高橋均，《中國文化——研究と》41，1983年6月。

[5] 戰國より漢初に至る春秋説話伝承の一側面——読馬王堆漢墓帛書「春秋事語」（秦漢特輯），（日）近藤則之，《中國哲學論集》，10輯，1984年。

[6] 論《春秋事語》，左松超，《國際孔學會議論文集》，1988年6月。

[7]《春秋事語·韓、魏章》考辯，徐勇，《中國史研究》，1988年11期。

[8]「春秋事語」考，（日）吉本道雅，《泉屋博古館紀要》6號，1990年。
[9] 帛書《春秋事語》與《管子》，駢宇騫，《文獻》，1992年2期。
[10]「春秋事語」と「經法」等四篇，（日）向井哲夫，《東方學》84輯，1992年。
[11]《春秋事語》與《左傳》的流傳，李學勤，《簡帛佚籍與學術史》，臺灣時報文化出版有限公司，1994年。
[12] 讀帛書本《春秋事語》，吳榮曾，《文物》，1998年2期。
[13] 出土文獻與《管子》校釋，鞏曰國，《管子學刊》，2003年2期。
[14]《春秋事語》研究二題，王莉，《古籍整理研究學刊》，2003年5期。
[15]《春秋事語》剳論，龍建春，《台州學院學報》，2004年2期。
[16] 帛書《春秋事語》校讀，裘錫圭，《湖南省博物館館刊》第1號，嶽麓書社，2004年。
[17] 帛書《春秋事語》校注，王莉，東北師範大學碩士學位論文，2004年。
[18] 帛書《春秋事語》考論，李建軍，《圖書館理論與實踐》，2006年5期。
[19] 早期"事語"類文獻形態及其流變研究——以馬王堆帛書《春秋事語》和阜陽"事語"類材料的比較研究為中心，趙爭，上海大學碩士學位論文，2007年。
[20]「春秋事語」と「左傳」，（日）野間文史、渡邊義浩編，《兩漢における詩と三傳》，汲古書院（日本），2007年。
[21] 帛書《春秋事語》研究，牟穎，北京語言大學碩士學位論文，2008年5月。
[22] 馬王堆漢墓帛書《春秋事語》補釋三則，郭永秉，《出土文獻與古文字研究》第2輯，復旦大學出版社，2008年。
[23] 論《春秋事語》與《春秋》三傳，牟穎，《2009年兩岸四地"《春秋》三傳與經學文化"學術研討會論文集》，2009年8月。
[24] 馬王堆漢墓帛書《春秋事語》與《左傳》——兼論戰國時期的史學觀念，羅新慧，《史學史研究》，2009年4期。
[25] 馬王堆漢墓帛書《春秋事語》校補，蕭旭，簡帛研究網，2009年4月2日。
[26] 馬王堆帛書《春秋事語》性質論略，劉偉，《古代文明》，2010年2期。
[27] 馬王堆帛書《春秋事語》性質再議，趙爭，《古代文明》，2011年第1期。
[28] 馬王堆帛書《齊桓公與蔡夫人乘舟章》的文獻價值，郭麗，《歷史教學（下半月刊）》，2011年20期。
[29] 長沙馬王堆帛書《春秋事語》研究綜述，趙爭，《阿壩師範高等專科學校學報》，2011年4期。
[30] 馬王堆帛書《齊桓公與蔡夫人乘舟章》的文獻價值，郭麗，《歷史教學（下半月刊）》，2011年10期。
[31] 馬王堆帛書《春秋事語》性質再議——兼與劉偉先生商榷，趙爭，《古代文明》，2011年1期。

［32］《春秋事語》與《左傳》的對比研究，王曉岑，遼寧師範大學碩士學位論文，2011年。
［33］長沙馬王堆帛書《春秋事語》"魯事語"研究，趙小波，北京師範大學碩士學位論文，2012年。
［34］帛書《春秋事語》實詞研究，祝美好，遼寧師範大學碩士學位論文，2014年。
［35］《春秋事語》（一至四章）新釋文與注釋，郭永秉，《湖南省博物館館刊》第10輯，嶽麓書社，2014年。
［36］釋《春秋事語》"殺里克"章的"責"字，何有祖，簡帛網，2015年10月1日。
［37］帛書《春秋事語》"燕大夫"章補說，何有祖，簡帛網，2015年10月2日。
［38］簡本《春秋事語》與《管子·大匡》《左傳》對讀劄記，蔡慧婕，《景德鎮學院學報》，2016年4期。
［39］馬王堆帛書《春秋事語》再校，蕭旭，復旦大學出土文獻與古文字研究中心網站，2016年6月17日。
［40］馬王堆帛書《春秋事語》騰義，《文物春秋》，2017年5期。
［41］讀帛書《春秋事語》劄記二則，何有祖，《戰國文字研究的回顧與展望》，中西書局，2017年。

（9）帛書《戰國縱橫家書》

［1］馬王堆帛書《戰國縱橫家書》的史料價值，楊寬，《文物》，1975年2期。
［2］戰國中期的合縱連橫戰爭和政治路線鬥爭——再談馬王堆帛書《戰國策》，楊寬，《文物》，1975年3期。
［3］帛書別本《戰國策》各篇的年代和歷史背景，馬雍，《文物》，1975年4期。
［4］關於帛書《戰國策》中蘇秦書信若干年代問題的商榷，曾鳴，《文物》，1975年8期。
［5］《戰國策》校證，鄭良樹，《臺灣大學文史哲學報》，1975年24期。
［6］帛書本《戰國策》的整理問題，鄭良樹，《新加坡南洋大學李光前文物館彙刊》，1976年4月2日。
［7］司馬遷所沒有見過的珍貴史料——長沙馬王堆帛書《戰國縱橫家書》，唐蘭，《馬王堆漢墓帛書戰國縱橫家書》，文物出版社，1976年。
［8］關於馬王堆漢墓帛書類似《戰國策》部分的名稱問題，諸祖耿，《南京師範學院學報》，1978年4期。
［9］再論《戰國縱橫家書》第四篇及其有關年代問題——答曾鳴同志，馬雍，《文物》，1978年12期。
［10］從帛書《戰國策》的借字看經典中的借字，夏乎，《急就二集》，中華書局（香港），1978年。
［11］《戰國策》校讀記，楊昶，《江漢論壇》，1982年2期。

［12］《戰國策》"觸讋說趙太后"章中的錯字，裘錫圭，《文史》第15輯，中華書局，1982年。
［13］論帛書本《戰國策》的分批及命名，鄭良樹，《竹簡帛書論文集》，中華書局，1982年。
［14］帛書本《戰國策》校釋，鄭良樹，《竹簡帛書論文集》，中華書局，1982年。
［15］帛書本《戰國策》二三事，鄭良樹，《戰國策研究》（增訂三版），學生書局，1982年。
［16］帛書《戰國策》和《史記·蘇秦列傳》的分岐，徐朔方，《史漢論稿》，江蘇古籍出版社，1984年。
［17］馬王堆出土《戰國縱橫家書》和《史記》，（日）工藤元男，《中國正史的基礎研究》，早稻田大學出版社，1984年。
［18］《戰國策蘇秦以連橫說秦》校釋，繆文遠，《四川大學學報叢刊》第27輯，1985年。
［19］《戰國策觸龍說趙太后》校釋，繆文遠，《四川大學學報》，1985年3期。
［20］《戰國策》的基礎研究（附帛書《戰國策》文字索引），（日）小南一部，《昭和61年度科學研究費補助金研究成果報告書》，1986年2月。
［21］馬王堆帛書「戰國縱橫家書」の構成と性格，（日）藤田勝久，《愛媛大學教養部紀要》，2號，1986年。
［22］「史記」穰侯列伝に関する一考察——馬王堆帛書「戰國縱橫家書」を手がかりとして，（日）藤田勝久，《東方學》71號，1986年。
［23］對劉向編校工作的再認識——《戰國策》與《戰國縱橫家書》比較研究，姚福申，《復旦學報》，1987年6期。
［24］戰國縱橫家書與相關古籍之關係，吳昌廉，《國立中興大學文史學報》，1989年19期。
［25］帛書《戰國縱橫家書》研究，（美）布蘭夫·烏米科，華盛頓大學博士學位論文，1989年。
［26］以帛書《戰國縱橫家書》對三晉史的若干訂正，王蒻，《文物季刊》，1990年1期。
［27］《戰國縱橫家書》與蘇秦史料辨正，車新亭，《北京師範大學學報》，1990年3期。
［28］一個《戰國縱橫家書》的帛書文本，（美）布蘭夫·烏米科，《古代中國》16卷，1991年。
［29］讀《戰國縱橫家書》釋文注釋劄記，裘錫圭，《文史》9輯，1992年。
［30］戰國會盟符——馬王堆漢墓帛書「戰國縱橫家書」二章，（日）工藤元男，《東洋史研究》，1994年。
［31］帛書《戰國縱橫家書》前十四章結構時序考辨，青城，《管子學刊》，1995年2期。
［32］由帛書《戰國縱橫家書》說蘇秦死因，鄭傑文，《文學前沿》，2000年1期。
［33］《戰國策》"割挈馬兔"校釋，張顯成，《文獻》，2000年3期。
［34］齊王に見せた夢——「戰國縱橫家書」における覇權のかたち，（日）大櫛敦弘，《人

文科學研究》第8號，高知大學人文學部人間文化學科，2001年。
［35］《戰國縱橫家書》"之"字用法考，曾曉潔，《湖南第一師範學報》，2002年2期。
［36］論帛書《戰國縱橫家書》中的政治辯證法思想，吳顯慶，《綏化師專學報》，2002年2期。
［37］《戰國縱橫家書》所見蘇秦散文時事考辨，秦丙坤，《西北師大學報》，2002年4期。
［38］《戰國縱橫家書》"頯"字考，白於藍，《古籍整理研究學刊》，2002年4期。
［39］《戰國縱橫家書》所見蘇秦散文時事考辨，秦丙坤，《西北師範大學學報》，2002年4期。
［40］書簡と使人——「戰國縱橫家書」より見た外交活動の一側面，（日）大櫛敦弘，《人文科學研究》第9號，高知大學人文學部人間文化學科，2002年。
［41］談帛書《戰國縱橫家書》的篇章結構及其與《戰國策》的關係，王澤文，《追尋中華古代文明的蹤跡——李學勤先生學術活動五十年紀念文集》，復旦大學出版社，2002年。
［42］蘇秦生平考略，蕭漢明，《楚地出土簡帛文獻思想研究》第5輯，湖北教育出版社，2002年。
［43］論蘇秦的外交思想，蕭漢明，《楚地出土簡帛文獻思想研究》第5輯，湖北教育出版社，2002年。
［44］「戰國縱橫家書」に見える蘇秦の活動に關する試論，（日）近藤浩之，《中國哲學》第32號，北海道中國哲學會，2004年。
［45］三十年來戰國縱橫家研究綜述，劉雯芳，《山西大學學報》，2004年4期。
［46］韓〔イン〕との密約——「戰國縱橫家書」第一部分の理解に向けて，（日）大櫛敦弘，《人文科學研究》第11號，高知大學人文學部人間文化學科，2004年。
［47］《戰國策·趙策》劄記兩則，楊福泉，《文獻》，2007年1期。
［48］《戰國縱橫家書》所載"蘇秦事蹟"不可信，趙生群，《浙江師範大學學報》，2007年1期。
［49］「戰國縱橫家書」蘇秦紀事本末案，（日）近藤浩之，《中國哲學》第35號，北海道中國哲學會，2007年。
［50］《戰國縱橫家書》中"其"字用法考，栗延斌、王倫，《雞西大學學報》，2007年5期。
［51］蘇代散文研究，朱素娟，蘭州大學碩士學位論文，2007年。
［52］蘇秦行年試說，潘定武，《黃山學院學報》，2009年2期。
［53］《戰國縱橫家書》社會稱謂研究，鄭茜，福建師範大學碩士學位論文，2009年。
［54］《戰國縱橫家書》詞彙研究，謝保成，中山大學碩士學位論文，2009年。
［55］馬王堆帛書《戰國縱橫家書》校補，蕭旭，《湖南省博物館館刊》第6輯，嶽麓書社，2010年。

［56］帛書《戰國縱橫家書》中上行文書的來源及形成，孫瑞、李可欣，《湘潭大學學報（哲學社會科學版）》，2012年1期。

［57］《戰國縱橫家書》注釋，張淑琳，遼寧師範大學碩士學位論文，2012年。

［58］《戰國縱橫家書》《戰國策》文相關辭主問題考論，裴登峰，《文獻》，2013年6期。

［59］《戰國縱橫家書》代詞研究，王添羽，遼寧師範大學碩士學位論文，2014年。

［60］《戰國縱橫家書》敘事研究，馬雲龍，濟南大學碩士論文，2014年。

［61］《戰國縱橫家書》——我國最早的新聞信辨析，韓鴻、賀冬琴，《新聞界》，2016年15期。

［62］馬王堆帛書《戰國縱橫家書》拾遺，鞠煥文，復旦大學出土文獻與古文字研究中心網站，2015年12月2日。

［63］《戰國縱橫家書》"之"字用法研究，王中宇、陳曉東，《牡丹江師範學院學報（哲學社會科學版）》，2016年3期。

［64］《戰國縱橫家書》與《戰國策》對讀劄記五則，孫靜，《安康學院學報》，2016年6期。

［65］《戰國縱橫家書》文字考辨三則，沈月，第七屆出土文獻研究與比較文字學全國博士生論壇，2017年10月24—27日。

［66］讀馬王堆《戰國縱橫家書》零劄，翁明鵬，第七屆出土文獻研究與比較文字學全國博士生論壇，2017年10月24—27日。

（10）帛書《五星占》

［1］中國天文學史上的一個重要發展——馬王堆漢墓帛書中的《五星占》，劉雲友，《文物》，1974年11期。

［2］從帛書《五星占》看"先秦渾儀"的創制，徐振韜，《考古》，1976年2期。

［3］中國天文學史的一個重要發現—馬王堆漢墓帛書中的《五星占》，席澤宗，《中國天文學史文集》，科學出版社，1978年4月。

［4］從馬王堆帛書《五星占》的出土試探我國古代的歲星紀年問題，陳久金，《中國天文學史文集》，科學出版社，1978年。

［5］從元光曆譜及馬王堆帛書《五星占》的出土再探顓頊曆問題，陳久金、陳美東，《中國天文學史文集》，科學出版社，1978年。

［6］試論《五星占》的時代和內容，何幼琦，《學術研究》，1979年1期。

［7］關於《五星占》問題答客難，何幼琦，《學術研究》，1981年3期。

［8］馬王堆出土五星占，（日）藪內清，《科學史中國文明》，日本放送出版協會，1982年2月。

［9］關於馬王堆三號墓出土的「五星占」，（日）藪內清，《小野勝年博士頌壽紀念論集》，1982年。

［10］我國最早系統的行星觀測紀錄——馬王堆漢墓帛書行星位置表的分析，張培瑜等，

《南京大學學報》增刊2，1985年。

[11] 馬王堆漢墓帛書中的《五星占》，席澤宗，《中國古代天文文物論集》，文物出版社，1989年。

[12] 馬王堆漢墓帛書《五星占》研究，劉彬徽，《馬王堆漢墓研究論文集》，湖南出版社，1994年。

[13] 論二十八宿古距度在先秦時期的應用及其意義，宋會群、苗雪蘭，《自然科學史研究》，1995年2期。

[14] 帛書《五星占》的價值及編制時代，白光琦，《殷都學刊》，1997年3期。

[15] 從《五星占》看我國的干支紀年的演變，莫紹揆，《自然科學史研究》，1998年1期。

[16] 馬王堆帛書《五星占》劄記，劉樂賢，《簡帛數術文獻探論》，湖北教育出版社，2003年。

[17] 《馬王堆天文書考釋》注釋商兌，劉釗，《簡帛》第2輯，上海古籍出版社，2007年。

[18] 太歲系統差異形成考，雷寶、詹石窗，《華中師範大學學報（人文社會科學版）》，2010年1期。

[19] 太白行度考——中國古代の惑星運動論（1），（日）武田時昌，《東方學報》第85冊，京都大學人文科學研究所，2010年。

[20] 帛書《五星占》校讀劄記，劉建民，《中國典籍與文化》，2011年3期。

[21] 馬王堆帛書《五星占》釋文校讀劄記（七則），劉釗、劉建民，《古籍整理研究》，2011年4期。

[22] 從周家臺《日書》與馬王堆《五星占》談日書與秦漢天文學的互相影響，（美）墨子涵《簡帛》第6輯，2011年。

[23] 馬王堆漢墓帛書《五星占》研究評述，王樹金，《湖南省博物館館刊》第7輯，2011年。

[24] 說馬王堆帛書《五星占》的"地盼動"，王挺斌，《簡帛》第11輯，上海古籍出版社，2015年。

[25] 馬王堆帛書《五星占》"辰星運行占"文本復原及相關問題研究，任達，第七屆出土文獻研究與比較文字學全國博士生論壇，2017年10月24—27日。

（11）帛書《天文氣象雜占》

[1] 帛書所記"張楚"國號與西漢法家政治，劉乃和，《文物》，1975年5期。

[2] 馬王堆帛書《天文氣象雜占》簡述，顧鐵符，《文物》，1978年2期。

[3] 馬王堆帛書中的彗星圖 席澤宗，《文物》，1978年2期。

[4] 二千多年前的彗星圖，《人民畫報》，1978年6期。

[5] "張楚"非國號辨，鮑善淳，《文史哲》，1979年5期。

[6] 關於"張楚"問題的一封信，張政烺，《文史哲》，1979年6期。

［7］漢代人的彗星觀念，（英）魯惟一，《遠東古代博物館館刊》，1980年。

［8］"張楚"是國號不是年號，張文質，《中國歷史博物館刊》，1983年。

［9］緯書的天文氣象雜占的成立與展開，（日）安居香山，《讖緯思想的綜合的研究》，國書刊行會，1984年。

［10］馬王堆漢墓帛書彗星圖試釋，陳奇猷，《上海博物館集刊》，1986年3期。

［11］"張楚"不是國號，李雷，《社會科學戰線》，1987年1期。

［12］古代的雲氣占，（英）魯惟一，《亞非學院學報》第51卷，1988年。

［13］馬王堆出土的天文氣象雜占，（日）安居香山，《緯書與中國的神秘思想》，平河出版社，1988年。

［14］馬王堆帛書《雲氣彗星圖》研究，顧鐵符，《中國古代天文文物論集》，文物出版社，1989年。

［15］出土漢簡帛書上的曆法，張培瑜，《出土文獻研究續集》，文物出版社，1989年。

［16］帛書天文氣象雜占的性質與纂輯年代，魏啟鵬，《馬王堆漢墓研究論文集》，湖南出版社，1994年。

［17］帛書天文氣象雜占的彗星圖占新考，王勝利，《馬王堆漢墓研究論文集》，湖南出版社，1994年。

［18］論帛書白虹及《燕丹子》，李學勤，《簡帛佚籍與學術史》，臺北時報文化出版社，1994年。

［19］馬王堆漢墓帛書《彗星圖》，江曉原，《歷史上的占星學》，上海科技教育出版社，1995年。

［20］從馬王堆漢墓文物看兩千年前的天文星象，喻燕姣，《星空：天文館期刊》第7輯，2000年。

［21］古代中國の彗星予言（前），（日）串田久治，《中國研究集刊》第28號，大阪大學中國學會，2001年。

［22］古代中國の彗星予言（後），（日）串田久治，《中國研究集刊》第29號，大阪大學中國學會，2001年。

［23］古代中國天文學の社會科學的研究——彗星と流星の"予言と災異說"，（日）串田久治，《平成11—12—13年度科研基盤研究（C）研究成果報告書》，2002年。

［24］馬王堆帛書《天文氣象雜占》補注，劉樂賢，《簡帛數術文獻探論》，湖北教育出版社，2003年。

［25］帛書《天文氣象雜占》釋文訂補，陳松長，《出土文獻研究》第6輯，2004年。

［26］帛書《天文氣象雜占》研究三題，陳松長，《簡帛》第1輯，2006年。

［27］帛書《天文氣象雜占》釋文再補，陳松長、劉紹剛、王樹金，《出土文獻研究》第8輯，2007年。

［28］再論馬王堆帛書中的"是＝"句，魏宜輝，《東南文化》，2008年4期。
［29］從馬王堆星占簡帛看戰國星占術特色，歐陽傲雪，陝西師範大學碩士學位論文，2009年。
［30］馬王堆漢墓帛書《天文氣象雜占》"雲氣占"試考，王樹金，《湖南省博物館館刊》第6輯，嶽麓書社，2010年。
［31］帛書《天文氣象雜占》雜考，王樹金，《湖南省博物館館刊》第9輯，嶽麓書社，2013年。
［32］讀馬王堆帛書《天文氣象雜占》劄記，劉嬌，《出土文獻與古文字研究》第5輯，上海古籍出版社，2013年。
［33］馬王堆漢墓帛書《天文氣象雜占》零識，洪德榮，《簡帛研究（2016秋冬卷）》，廣西師範大學出版社，2016年。
［34］根據馬王堆帛書《天文氣象雜占》中的圖像資料校讀相關傳世古書劄記二則，劉嬌，《出土文獻與古文字研究》第6輯，上海古籍出版社，2015年。
［35］談談馬王堆漢墓帛書《天文氣象雜占》的文本年代，田煒，《古文字研究》第31輯，中華書局，2016年。
［36］馬王堆帛書"彗星圖"名稱試考，王樹金，《紀念馬王堆漢墓發掘四十周年國際學術研討會論文集》，嶽麓書社，2016年。
［37］根據馬王堆帛書《天文氣象雜占》中的圖像資料校讀相關傳世古書劄記二則，劉嬌，《出土文獻與古典學重建論集》，中西書局，2018年。

（12）帛書《相馬經》

［1］關於長沙馬王堆漢墓帛書《相馬經》的探討，謝成俠，《文物》，1977年8期。
［2］伯樂相馬考，何清谷，《人文雜誌》，1983年第6期。
［3］古代的相馬與相馬經，熊傳薪，《明報》，1985年9月15日。
［4］相馬經與汗血馬，傅舉有，《大公報》，1985年12月26日。
［5］相馬術源流和古代養馬文明，陳恩志，《農業考古》，1987年2期。
［6］藻辭譎喻、意藴宏深——從帛書《相馬經·大光破章》看屈賦比喻象徵手法的形成，趙逵夫，《遼寧師範大學學報》，1988年3期。
［7］楚國養馬初探，張君，《湖北大學學報》，1988年3期。
［8］馬王堆漢墓出土《相馬經·大光破章故訓傳》發微，趙逵夫，《江漢考古》，1989年3期。
［9］馬王堆漢墓帛書《相馬經》發微，趙逵夫，《文獻》，1989年4期。
［10］從雲夢秦簡《日書》看秦國的六畜飼養業，賀潤坤，《文博》，1989年第6期。
［11］先秦兩漢馬政述略，米壽祺，《社會科學》，1990年2期。
［12］帛書《相馬經·大光破章故訓傳》與被放漢北的新證，趙逵夫，《屈原與他的時代》，

人民文學出版社，1996年8月。
［13］馬王堆漢墓帛書《相馬經》研究綜述，王樹金，《湖南省博物館館刊》第5輯，嶽麓書社，2009年。
［14］馬王堆漢墓帛書《相馬經》研究三十年，王樹金，《湖南省博物館館刊》第5輯，嶽麓書社，2009年。
［15］馬王堆帛書《相馬經》校補，蕭旭，復旦大學出土文獻與古文字研究中心網站，2015年1月27日。
［16］馬王堆帛書《相馬經》初讀，高一致，簡帛網，2015年8月7日。
［17］讀馬王堆帛書《相馬經》瑣記，蘇建洲，《出土文獻》8輯，2016年。
［18］關於馬王堆漢墓帛書《相馬經》重文號的漏抄與誤抄，張傳官，《古文字研究》第31輯，中華書局，2016年。
［19］馬王堆帛書《相馬經》釋讀小劄，陳偉武，《古文字論壇》第2輯，中西書局，2016年。
［20］馬王堆帛書《相馬經》研究，高一致，秦漢簡帛農事資料分類匯釋及相關問題研究，武漢大學博士學位論文，2017年。
［21］馬王堆漢墓帛書《相馬經》校讀劄記，張傳官，上海古籍出版社，2018年5月。

（13）帛書《刑德》

［1］馬王堆《刑德》乙本九宮圖諸神釋——兼論出土文獻中的顓頊與攝提，饒宗頤，《江漢考古》，1993年1期。
［2］帛書《刑德》略說，陳松長，《簡帛研究》第1輯，法律出版社，1993年。
［3］馬王堆帛書《刑德》試探，（法）馬克·卡林諾斯基，《華學》第1輯，中山大學出版社，1995年。
［4］馬王堆漢墓星占書初探，劉樂賢，《華學》第1輯，中山大學出版社，1995年。
［5］馬王堆帛書《刑德》中的軍吏，李學勤，《簡帛研究》第2輯，法律出版社，1996年。
［6］帛書《刑德》乙本釋文校讀，陳松長，《湖南省博物館四十周年紀念論文集》，湖南教育出版社，1996年。
［7］馬王堆帛書《刑德》乙本文字釋讀商榷，黃文傑，《中山大學學報》，1997年3期。
［8］帛書《刑德》乙本釋文訂補，陳松長，《簡牘學研究》第2輯，甘肅人民出版社，1997年。
［9］馬王堆帛書《刑德》丙篇試探，陳松長，《簡帛研究》第3輯，廣西教育出版社，1998年。
［10］馬王堆帛書《刑德》甲、乙本的比較研究，陳松長，《文物》，2000年3期。
［11］馬王堆帛書《刑德》乙篇研究，胡文輝，《中國早期方術與文獻》，中山大學出版社，2000年。

[12] 從馬王堆星占文獻看《河圖帝覽嬉》，劉樂賢，《華學》第5輯，紫禁城出版社，2001年。

[13] 論帛書《刑德》的撰抄年代，陳松長，《國際儒學研究》第11輯，2001年。

[14] 馬王堆漢墓帛書《刑德》乙篇再探，劉國忠，《新古典新義》，臺灣學生書局，2001年。

[15] 馬王堆漢墓帛書《刑德》篇與干支紀年，張培瑜、張健，《華岡文科學報》，2002年25期。

[16] 銀雀山兵陰陽書與馬王堆兵陰陽術之比較，陳松長，《華學》第6輯，紫禁城出版社，2003年。

[17] 《刑德》研究中的幾個問題，劉樂賢，《簡帛數術文獻探論》，湖北教育出版，2003年。

[18] 馬王堆帛書《星占書》釋叢，劉樂賢，《簡帛數術文獻探論》，湖北教育出版，2003年。

[19] 帛書『刑德』小考，（日）末永高康，《中國思想における身體・自然・信仰　坂出祥伸先生退休記念論集》，東方書店，2004年8月。

[20] 馬王堆帛書『刑德』の刑德大遊をめぐって，（日）末永高康，《中國出土資料學會》，2004年度第2回例會，2004年12月11日。

[21] 帛書《刑德》甲篇箋注（雲氣占部分），陳松長，《湖南省博物館館刊》第2輯，嶽麓書社，2005年。

[22] 帛書《刑德》與《天文氣象雜占》，陳松長，《簡帛研究二〇〇五》，廣西師範大學出版社，2005年。

[23] 帛書《刑德》分野說略考，陳松長，《中國的視覺世界》國際會議論文集、巴黎《語滙叢刊》2005年11月，《簡帛研究二〇〇六》，廣西師範大學出版社，2008年11月。

[24] 馬王堆帛書《刑德》甲、乙本的初步研究，陶磊，《簡帛研究二〇〇四》，廣西師大出版社，2006年。

[25] 釋馬王堆帛書《日月風雨雲氣占》中的"木剽"和"沒戴"，劉釗，《簡帛》第1輯，上海古籍出版社，2006年。

[26] 馬王堆帛書《刑德》研究述評，于兵，《湖南省博物館館刊》第6輯，嶽麓書社，2010年。

[27] 馬王堆帛書星宿分野考，晏昌貴，《湖南省博物館館刊》第8輯，2012年。

[28] 馬王堆帛書"太陰刑德大遊圖"補議，程少軒，《古文字研究》第30輯，中華書局，2014年。

[29] 馬王堆帛書《刑德》甲、乙本"九宮圖"數思想與形制特徵關係研究，孫基然，《湖南省博物館館刊》第9輯，嶽麓書社，2013年。

[30] 馬王堆帛書"戌戌奇風"與楚漢彭城之戰，程少軒，《簡帛研究二〇一四》，廣西師範大學出版社，2014年。

［31］秦將桓齮之死新考，蔣文，《紀念馬王堆漢墓發掘四十周年國際學術研討會論文集》，嶽麓書社，2016年。

［32］馬王堆帛書《刑德》甲篇"刑德小遊"占辭與漢軍討伐陳豨之役，程少軒，《中國出土資料研究》20號，2016年。

（14）帛書《陰陽五行》甲篇（《式法》）

［1］帛書《陰陽五行》與秦簡《日書》，陳松長，《簡帛研究》第2輯，法律出版社，1996年。

［2］帛書《陰陽五行》甲篇的文字釋讀與相關問題，陳松長，《簡帛語言文字研究》第1輯，巴蜀書社，2002年。

［3］馬王堆帛書《式法》"徙""式圖"篇講疏，劉玉堂、劉金華，《江漢論壇》，2002年4期。

［4］馬王堆帛書《式法·祭》復原，劉樂賢，《湖南省博物館館刊》第1期，嶽麓書社，2004年。

［5］讀《馬王堆帛書式法釋文摘要》小記，裘錫圭，《新出簡帛研究》，文物出版社，2004年。

［6］關於「式法」的發言概要，（日）池田知久，《新出簡帛研究》，文物出版社，2004年。

［7］馬王堆帛書《式法》初論，陳松長，《新出簡帛研究》，文物出版社，2004年。

［8］馬王堆帛書《式法》中的"二十八宿"與"式圖"，汪濤，《新出簡帛研究》，文物出版社，2004年。

［9］馬王堆帛書《式法·天一》補釋，劉樂賢，《新出簡帛研究》，文物出版社，2004年。

［10］帛書《式法》"徙"篇試論，劉國忠，《新出簡帛研究》，文物出版社，2004年。

［11］馬王堆帛書《式法·刑日》圖初探，李若暉，《新出簡帛研究》，文物出版社，2004年。

［12］馬王堆帛書《式法》中的"無堯"和"郜"，劉樂賢，《出土文獻與古文字研究》第2輯，復旦大學出版社，2008年。

［13］馬王堆帛書《式法》所記祝禱儀式疏釋，范常喜，《文化遺產》，2011年第1期。

［14］馬王堆漢墓帛書《式法》"張（長）室"補釋，劉樂賢，《湖南省博物館館刊》第7輯，2011年。

［15］馬王堆帛書「刑德」篇「刑德大遊」についての一考察，（日）小倉聖，《早稻田大學大學院文學研究科紀要》第4分冊，2012年。

［16］從戰國古文釋馬王堆帛書《式法》中的幾個字，范常喜、劉傑，《考古與文物》，2013年3期。

［17］據戰國楚簡釋馬王堆帛書《式法》中的兩個字，范常喜，《周易研究》，2015年1期。

［18］馬王堆漢墓帛書「陰陽五行」甲篇「衍」「雜占之四」綴合校釋，（日）名和敏光，

《出土文獻》8輯，2016年。

[19] 馬王堆漢墓帛書《陰陽五行》甲篇整體結構的復原，(日) 名和敏光、廣瀬熏雄，《出土文獻研究》第15輯，中西書局，2016年。

[20] 馬王堆帛書《陰陽五行》甲篇校補，蕭旭，復旦大學出土文獻與古文字研究中心網站，2015年3月25日。

[21] 馬王堆漢墓帛書《陰陽五行》甲篇整體結構的復原，(日) 名和敏光、廣瀬熏雄，《〈長沙馬王堆漢墓簡帛集成〉修訂研討會論文集》，湖南省博物館、復旦大學出土文獻與古文字研究中心、中華書局聯合主辦，2015年6月27—28日。

[22] 馬王堆帛書《陰陽五行》甲篇《術》《雜占之四》綴合校釋，(日) 名和敏光，《〈長沙馬王堆漢墓簡帛集成〉修訂研討會論文集》，湖南省博物館、復旦大學出土文獻與古文字研究中心、中華書局聯合主辦，2015年6月27—28日。

[23] 馬王堆漢墓帛書《陰陽五行》甲篇《諸神吉凶》前半章綴合校釋，(日) 名和敏光，世界漢字學會第四屆年會"表意文字體系與漢字學科建設"國際學術研討會會議論文，2015年6月24—28日。

[24] 說馬王堆帛書《堪輿》章用作"厭"的"庫"，程少軒，"2016古文字學與音韻學研究工作坊"，2016年。

[25] 馬王堆帛書《陰陽五行》甲篇《堪輿》章的重新復原，程少軒，《紀念馬王堆漢墓發掘四十周年國際學術研討會論文集》，嶽麓書社，2016年。

[26] 馬王堆漢墓帛書《陰陽五行》甲篇《諸神吉凶》綴合校釋，(日) 名和敏光《紀念馬王堆漢墓發掘四十周年國際學術研討會論文集》，嶽麓書社，2016年。

[27] 以馬王堆帛書《陰陽五行》篇訂補《漢語大詞典》九則，陶浩、熊貴娟，《重慶文理學院學報(社會科學版)》，2017年1期。

[28] 馬王堆帛書《上朔》綜論，黃儒宣，《文史》，2017年2期。

[29] 馬王堆漢墓帛書《陰陽五行》甲篇《室》《築》綴合校釋，(日) 名和敏光，第28屆中國文字學國際學術研討會，2017年5月。

[30] 北大漢簡《堪輿》篇與馬王堆帛書《堪輿》章集釋，賀璐璐，《出土簡帛所見堪輿文獻的整理與研究》，西南大學碩士學位論文，2017年。

[31] 馬王堆漢墓帛書《陰陽五行》甲篇《雜占之七》綴合校釋，(日) 名和敏光，第三屆出土文獻與上古漢語研究(簡帛專題)學術研討會暨2017中國社會科學院社會科學論壇論文，2017年8月。

[32] 馬王堆漢墓帛書《陰陽五行》甲篇抄寫者身份和抄寫年代補說，田煒，復旦大學出土文獻與古文字研究中心編，《戰國文字研究的回顧與展望》，中西書局，2017年。

[33] 馬王堆漢墓帛書《陰陽五行》甲篇《徙》《天地》《女發》《雜占之二》綴合校釋，(日) 名和敏光，世界漢字學會第五屆年會"漢字文化圈各表意文字類型調查整理研

究報告"國際學術研討會論文，2017年9月。
［34］馬王堆漢墓帛書《陰陽五行》甲篇《雜占之六》《築（二）》《五行禁日》綴合校釋，（日）名和敏光，"中國簡牘學術研討會"會議論文，2017年9月。
［35］北京大學漢簡「堪輿」と馬王堆帛書『陰陽五行』甲篇「堪輿」の對比研究，（日）名和敏光、谷中信一編，《中國出土資料の多角的研究》，汲古書院，2018年3月。

（15）帛書《陰陽五行》乙篇

［1］馬王堆《陰陽五行》之《天一圖》——漢初天一遺說考，饒宗頤，《饒宗頤二十世紀學術文集》卷3，臺灣新文豐出版股份有限公司，2003年。
［2］日本的馬王堆漢墓帛書研究近況——以《陰陽五行》乙篇為重點，（日）名和敏光，《出土文獻》第3輯，中西書局，2012年。
［3］馬王堆帛書《陰陽五行》乙篇《太陰刑德大遊圖》復原，程少軒，《〈長沙馬王堆漢墓簡帛集成〉修訂研討會論文集》，湖南省博物館、復旦大學出土文獻與古文字研究中心、中華書局聯合主辦，2015年6月27—28日。
［4］馬王堆帛書《上朔》神靈名小考，程少軒，《古文字研究》第31輯，中華書局，2016年。
［5］馬王堆帛書《刑德》《陰陽五行》諸篇曆法研究——以《陰陽五行》乙篇為中心，程少軒，《中央研究院歷史語言研究所集刊》第87本2分，2016年。
［6］睡簡《日書·玄戈》篇、馬王堆帛書《玄戈昭榣》章集釋，賀璐璐，《出土簡帛所見堪輿文獻的整理與研究》，西南大學碩士學位論文，2017年。
［7］馬王堆漢墓帛書《陰陽五行》乙篇綴合之一（稿），（日）名和敏光，《出土文獻與傳世典籍的詮釋國際學術研討會會議論文集》，復旦大學出土文獻與古文字中心，2017年10月14—15日。

（16）帛書《出行占》

［1］《出行占》摘釋，劉樂賢，《簡帛數術文獻探論》，湖北教育出版社，2003年。
［2］帛書《出行占》中的幾個時間概念略考，陳松長，《出土文獻研究》第7輯，上海古籍出版社，2005年。

（17）馬王堆醫書

［1］長沙馬王堆一號漢墓出土的藥物，何祚成，《新醫藥學雜誌》，1973年2期。
［2］馬王堆帛書四種古醫學佚書簡介，中醫研究院醫史研究室，《文物》，1975年6期。
［3］《馬王堆三號漢墓帛畫導引圖的初步研究》，中醫研究院、醫史文獻研究室，《文物》，1975年6期。
［4］馬王堆帛書《卻穀食氣篇》考，唐蘭，《文物》，1975年第6期。
［5］我國現已發現的最古醫方——帛書《五十二病方》，馬繼興、李學勤，《文物》，1975年9期。

[6] 一九七二年和一九七三年我國出土的最古醫方,中醫研究院醫史文獻研究室,《新醫藥學雜誌》,1975年9期。

[7] 馬王堆3號墓出土文獻之一醫書,(美)夏德安,《古代中國》第2卷,1976年。

[8] 馬王堆漢墓出土医書釈文について:歯科学の位置と病巣感染理論,(日)杉本茂春,《日本歯科医史学会会誌》第4卷2号,1976年。

[9] 兩千一百年前我國已經把體育鍛煉用於防病治病請看:馬王堆三號墓出土的導引圖,周世榮,《體育報》,1977年5月30日。

[10] 解放後出土文物在醫學史上的科學價值,馬繼興,《文物》,1978年1期。

[11] 談帛書《導引圖》中的"膚積""積",李今庸,《文物》,1978年2期。

[12] 從馬王堆漢墓醫書看早期的經絡學說,李鼎,《浙江中醫學院學報》,1978年2期。

[13] 長沙馬王堆一號漢墓出土的藥物,趙友琴,《山東中醫學院學報》,1978年4期。

[14] 《從馬王堆三號漢墓出土的導引圖看五禽戲》,周世榮,《五禽戲》,人民體育出版社,1978年。

[15] 從帛書《五十二病方》看先秦藥學的發展,張振平,《山東中醫學院學報》,1979年1期。

[16] 談西漢帛書《導引圖》中的"貓蹶",沈壽,《文物》,1979年1期。

[17] 《素問·脈解篇》新證——讀帛書經脈篇劄記,李鼎,上海中醫藥雜誌,1979年1期。

[18] 談西漢帛書《導引圖》中的"引膚積",沈壽,《文物》,1979年3期。

[19] 主動按摩和老年保健——從馬王堆的保健圖譜談起,曲祖貽,《上海中醫藥雜誌》,1979年4期。

[20] 馬王堆古醫書中有關藥物製劑的文獻考察,馬繼興,《中國藥學雜誌》,1979年9期。

[21] 談西漢帛書《導引圖》中的"引煩",沈壽,《文物》,1979年9期。

[22] 馬王堆3號漢墓中發現的醫書,(日)AKahoriAKira, *SudhoffsArehiv* 第63卷,1979年。

[23] 試論馬王堆三號漢墓出土導引圖,唐蘭,《馬王堆漢墓帛畫導引圖》,文物出版社,1979年。

[24] 從馬王堆三號漢墓帛畫導引圖看我國古代體操,李德驥、魏大鴻,《華中師院學報》,1980年1期。

[25] 馬王堆出土的古醫書,馬繼興,《中華醫史雜誌》,1980年1期。

[26] 馬王堆古醫書中經絡針灸研究資料探討,何宗禹,《中華醫史雜誌》,1980年2期。

[27] 從馬王堆漢墓醫書談經絡及"是動""所生"病候,郭兵權,《山東中醫學院學報》,1980年4期。

[28] 我國最古的藥酒釀制法,馬繼興,《中國藥學雜誌》,1980年7期。

[29] 從《五十二病方》應用水銀來看我國古代製藥化學的成就,尚志鈞,《中國藥學雜

誌》，1980年9期。

[30] 西漢帛畫《導引圖》解析，沈壽，《文物》，1980年9期。

[31] 導引考——古代的養生術與醫學，（日）阪出祥伸，《池田末利博士古稀紀念東洋學論集》，1980年。

[32] 談馬王堆古醫書中的膏劑，張振平，《山東中醫學院學報》，1981年1期。

[33] 關於《五十二病方》的書名及其外科成就的討論，傅芳、李經律，《中華醫史雜誌》，1981年1期。

[34] 馬王堆醫書考證譯釋問題探討，何宗禹，《中華醫史雜誌》，1981年2期。

[35] 對帛書《五十二病方》外治法初探，孔祥序，《成都中醫學院學報》，1981年2期。

[36] 馬王堆漢墓醫書中藥物劑量的考察，馬繼興，《中藥通報》，1981年3期。

[37] 《五十二病方》中"隋"字的考釋，趙有臣，《文物》，1981年3期。

[38] 《卻穀食氣篇》初探，吳志超、沈壽，《北京體育學院學報》，1981年3期。

[39] 從馬王堆漢墓出土的兩種帛書來看《老子》對祖國醫學的影響，郭兵權，《醫學與哲學》，1981年4期。

[40] 新出土医学資料——馬王堆医帛と武威医簡，（日）赤堀昭，《書論》（中国書道史の新資料〈特集〉通號18），1981年。

[41] 馬王堆古醫書中有關采藥、製藥和藏藥的記述，馬繼興，《中醫雜誌》，1981年7期。

[42] 長沙馬王堆醫書訓釋剳記，陸宗達，《說文解字通論》，北京出版社，1981年。

[43] 帛書足臂十一脈灸經訓釋剳記，趙友臣，《日本醫史學雜誌》，1981年。

[44] 從三種古經脈文獻看經絡學說的形成和發展，湖南省博物館、中醫研究院醫史文獻研究室，《馬王堆漢墓研究》，1981年。

[45] 《五十二病方》簡介，尚志鈞，《皖南醫學院學報》，1982年1期。

[46] 馬王堆出土の帛書「足臂十一脈灸経」札記（一），趙有臣，《日本医史学雑誌》第27卷1號，1981年。

[47] 馬王堆出土の帛書「足臂十一脉灸经」说书礼記（二），趙有臣，《日本医史学雑誌》第27卷2號，1981年。

[48] 漢墓新發現の醫書と抱樸子，（日）村上嘉寶，《東方學報》第53冊，1981年。

[49] 新出土醫藥資料における自然品目の探究，（日）森村謙一，《東方學報》第53冊，1981年。

[50] 『陰陽十一脈灸經』の研究，（日）赤堀昭，《東方學報》第53冊，1981年。

[51] 長沙馬王堆出土醫書一瞥，周一謀，《科學天地》，1982年2期。

[52] 馬王堆帛書《足臂十一脈灸經》初探，姚純發，《中華醫史雜誌》，1982年3期。

[53] 經絡學說的起源形成及其展望，孟昭威，《中國針灸》，1982年4期。

[54] 為《五十二病方》"久脂"補注，孫啟明，《中醫雜誌》，1982年4期。

[55] 馬王堆醫書中有關經絡問題的研究，何宗禹，《中國針灸》，1982年5期。
[56] 經絡學說的起源及經絡實質之我見，劉精徵，《中國針灸》，1982年5期。
[57] 《五十二病方》中的古代軟膏，孫啟明，《藥學通報》，1982年第5期。
[58] 馬王堆醫帛書抄定年代考，錢超塵，《陝西中醫》，1982年5期。
[59] 《五十二病方》藥物炮製概況，尚志鈞，《中藥通報》，1982年6期。
[60] 《足臂十一脈灸經》學術觀點在內經中的體現，李志道，《中醫雜誌》，1982年9期。
[61] 試論《五十二病方》為秦醫方書抄本——兼及《武威漢代醫簡》，楊鶴年，《古籍論叢》福建人民出版社，1982年。
[62] 寫於漢代的醫方，（日）Akahori AKira《ishigaku雜誌》第28卷，1982年。
[63] 馬王堆三號墓的醫書，（日）藪內清，《從科學史看中國文明》，日本放送出版協會，1982年。
[64] 《五十二病方：翻譯和綜述》，（美）夏德安，加利福尼亞大學博士學位論文，1982年。
[65] 馬王堆導引圖出土十年間，周世榮，《生命在於運動》創刊號，1983年。
[66] 《五十二病方》"膏、脂"釋義，孫啟明，《中成藥研究》，1983年1期。
[67] 解放後考古發現的醫藥資料考述，戴應新，《考古》，1983年2期。
[68] 馬王堆漢墓帛書《五十二病方》中關於癃閉證治的探討，董漢良，《北京中醫學院學報》，1983年3期。
[69] 帛書《五十二病方》有關喉科文獻淺識，于在江，《中醫藥學報》1983年3期。
[70] 從《五十二病方》看先秦時期痔瘻科成就，潘遠根、曠惠桃，《中華醫史雜誌》，1983年3期。
[71] 帛書《五十二病方》有關耳鼻喉科文獻淺識，張贊臣、何常德，《中華醫史雜誌》，1983年3期。
[72] 《五十二病方》"樸累"考，孫啟明，《中成藥研究》，1983年5期。
[73] 馬王堆一號漢墓出土藥物探討古代預防醫學思想，黃道生，《浙江中醫雜誌》，1983年8期。
[74] 馬王堆醫書所見"陵陽子明經"佚說——《廣雅》補證之一，饒宗頤，《文史》第20輯，1983年。
[75] 古醫書《脈法》詮釋，毛良，《上海中醫藥雜誌》，1983年10期。
[76] 《五十二病方》與疣的簡便療法，朗需才、曲志申，《中醫雜誌》，1983年12期。
[77] 長沙馬王堆醫書研究第二次學術討論會在長沙召開，鬱保生，《湖南中醫學院學報》，1984年2期。
[78] 試論《五十二病方》是我國現存最早的一部驗方集，宋經中、吳子明，《湖南中醫學院學報》，1984年2期。
[79] 運用《五十二病方》外用方治驗三則，禹新初，《湖南中醫學院學報》，1984年2期。

[80] 馬王堆帛書（足臂十一脈灸經）有關問題的再探，何宗禹，《中華醫史雜誌》，1984年3期。

[81] 帛書《陰陽脈死候》和《靈樞·經脈篇》，余自漢，《中華醫史雜誌》，1984年4期。

[82] 馬王堆三號漢墓帛畫導引圖的探討，談清霖，《安徽中醫學院學報》，1984年3期。

[83] 《五十二病方》語言初探，崔錫章，《陝西中醫》，1984年3期。

[84] 《五十二病方》"腸積"之研究，李經律，《河南中醫》，1984年4期。

[85] 從帛書《經脈》看"是動、所生病"，張登部，《上海針灸雜誌》，1984年4期。

[86] 考古發掘擴大了醫學研究範圍，侯良，《江漢考古》，1984年第4期。

[87] 帛書《五十二病方》中的食養療法，陳湘萍，《中醫藥學報》，1984年4期。

[88] 《五十二病方》"駱阮""白苦""苦浸"考，孫啟明，《中成藥研究》，1984年8期。

[89] 馬王堆漢墓出土帛書導引圖中"膚積"病考，李今庸，《讀古醫書隨筆》，北京人民衛生出版社，1984年。

[90] 《五十二病方》"瘄病"探討，曠惠桃，《湖南中醫學院學報》，1984年Z1期。

[91] 馬王堆帛書校訛舉隅，任應秋，《任應秋論醫集》，北京人民衛生出版社，1984年11月。

[92] 略論馬王堆竹木簡醫書，周一謀，《湖南中醫雜誌》，1985年1期。

[93] 《養生方》闕文試補，孫光榮，《湖南中醫雜誌》，1985年2期。

[94] 談馬王堆導引圖和《諸病源候論》中的導引術式，周世榮，《湖南中醫學院學報》，1985年2期。

[95] 《五十二病方》中幾種藥物的考釋，趙有臣，《中華醫史雜誌》，1985年2期。

[96] 《五十二病方》方劑學試探，談宇文，《江蘇中醫雜誌》，1985年3期。

[97] 《足臂十一脈灸經》的"脈"是"經筋"嗎？——與姚純發同志商榷，毛良，《中華醫史雜誌》，1985年4期。

[98] 《五十二病方》"陀"釋義，孫啟明，《中華醫史雜誌》，1985年第4期。

[99] 《五十二病方》製劑瑣談，談宇文，《中華醫史雜誌》，1985年第4期。

[100] 《足臂十一脈灸經》的脈是"感傳線"嗎？——與孟昭威同志商榷，毛良，《上海針灸雜誌》，1985年4期。

[101] 帛書"冶"與《內經》"治"，孫啟明，《中醫雜誌》，1985年5期。

[102] 馬王堆帛書「五十二病方」中の湯と膏の調整に用いられた操作，（日）赤堀昭，《日本医史学雑誌（故小川鼎三理事長追悼号）》第31卷1號，1985年。

[103] 《五十二病方》之人部藥，（日）村上嘉寶，《新發現中國科學史資料の研究·論考篇》，京都大學人文科學研究所，1985年。

[104] 馬王堆漢墓出土醫書三則，（日）山田慶兒《新發現中國科學史資料の研究·論考篇》，京都大學人文科學研究所，1985年。

［105］新出土醫藥關係文物，（日）櫻井謙介，《新發現中國科學史資料の研究・論考篇》，京都大學人文科學研究所，1985年。

［106］《五十二病方》用藥方法概況，尚志鈞，《湖南中醫學院學報》，1986年1期。

［107］經絡學說新探—馬王堆帛醫書與《倉公傳》的比較研究，彭堅，《湖南中醫學院學報》，1986年2期。

［108］帛書《脈法》初探，馬繼興，《湖南考古輯刊》第3輯，1986年。

［109］從馬王堆《導引圖》到華佗的五禽戲，周一謀，《北京中醫學院學報》，1986年4期。

［110］從《詩經》古文字推測帛書《五十二病方》的成書年代，孫啟明，《中華醫史雜誌》，1986年4期。

［111］從藥物產地看《五十二病方》的產生時代，尚志鈞，《湖南中醫學院學報》，1986年4期。

［112］從馬王堆醫書看醫學源流問題，周一謀，《醫學與哲學》，1986年5期。

［113］馬王堆漢墓醫書的藥物學成就，馬繼興，《中醫雜誌》，1986年5期。

［114］馬王堆漢墓醫書的藥物學成就（續），馬繼興，《中醫雜誌》，1986年6期。

［115］《五十二病方》中病因舉例，陳湘萍，《中醫藥學報》，1986年6期。

［116］馬王堆出土的醫書和各種文獻，周一謀，《圖書館》，1986年第6期。

［117］馬王堆竹簡養生方與中國古代養生學，周世榮，《考古與文物》，1986年6期。

［118］導引的沿革，（日）阪出祥伸，《導引體要》影印本附錄，穀口書店，1986年。

［119］《五十二病方》煎藥法，談宇文，《湖南中醫學院學報》，1987年1期。

［120］《五十二病方》中的兒科内容小析，陳達理，《中華醫史雜誌》，1987年1期。

［121］長沙馬王堆三號漢墓出土的藥物，劉麗仙，《中國醫藥學報》，1987年1期。

［122］馬王堆出土的醫書和各種文獻，周一謀，《圖書館》，1987年2期。

［123］《五十二病方》藥物選釋，孫啟明，《浙江中醫學院學報》，1987年2期。

［124］馬王堆帛書《胎產書》對優生學的貢獻，曠惠桃，《湖南中醫學報》，1987年3期。

［125］試述《五十二病方》對外科學的貢獻，秦發中，《河北中醫》，1987年4期。

［126］帛書《五十二病方》校注譯析二則，張喜德，《陝西中醫學院學報》，1987年4期。

［127］馬王堆醫書釋讀瑣議，裘錫圭，《湖南中醫學院學報》，1987年4期。

［128］《足臂十一脈灸經》淺探，陳國清，《中華醫史雜誌》，1987年4期。

［129］《五十二病方》研究概況，陳湘萍，《中醫雜誌》，1987年5期。

［130］從《五十二病方》看先秦時期的骨傷科成就，劉藝、王和鳴，《福建中醫藥》，1987年5期。

［131］馬王堆三號漢墓《養生方》簡文釋讀瑣議，裘錫圭，《湖南考古輯刊》第4輯，1987年。

［132］西元前二世紀的文獻中所描寫的中國古代的房中術，（美）夏德安，《哈佛亞洲研究

學報》第47卷，1987年。

[133] 馬王堆漢墓医簡（含釋文），田中有，《書品》第292期，1987年。

[134]《五十二病方》的按摩醫學，孫其斌、苟延德，《中華醫史雜誌》，1988年1期。

[135]《五十二病方》祝由療法淺析，袁瑋，《湖南中醫學院學報》，1988年1期。

[136]《五十二病方》外治法初探，萬細叢，《湖南中醫學院學報》，1988年1期。

[137]《五十二病方》析疑四則，賴雷成，《國醫論壇》，1988年3期。

[138]《五十二病方》中幾種輔料在製藥上的應用，黃代秀、楊梓懿，《中藥通報》，1988年7期。

[139] 馬王堆漢墓医帛における齒病について（日本齒科医史学会第16回（昭和63年度）学術大会講演抄録），（日）戶出一郎、別部智司、佐藤恭道、雨宮義弘，《日本齒科医史学会会誌》第15卷1號，1988年。

[140] 帛畫《導引圖》中的"引胠積"及今用，王健民，《浙江中醫學院學報》，1989年1期。

[141] 馬王堆醫書文物與仲景若干本草用藥考證，柴瑞霽、柴瑞靐，《湖南中醫學院學報》，1989年1期。

[142] 西漢帛畫《導引圖》考辨，沈壽，《成都體育學院學報》，1989年1期。

[143] 西漢帛畫《導引圖》考辨，沈壽，《體育文史》，1989年1期。

[144] 馬王堆醫書中時間醫學思想探討，胡劍北，《山西中醫》，1989年2期。

[145]《五十二病方》灸方淺析，吳中朝，《山西中醫》，1989年2期。

[146]《馬王堆醫書考注》評介，馬研，《湖南中醫學院學報》，1989年2期。

[147] 古墓醫書澤綿後世，周一謀，《醫古文知識》，1989年第3期。

[148] 馬王堆醫書《雜療方》考辨，潘遠根，《湖南中醫學院學報》，1989年3期。

[149]《五十二病方》成書時地考，董尚樸，《中醫藥學報》，1989年5期。

[150]《卻穀食氣》考析（上）（中）（下），陳濤秋，《東方氣功》，1989年4—6期。

[151] 從帛醫書與《靈樞》的比較看經脈循行的發展，陳國清，《中國醫藥學報》，1989年6期。

[152] 楚地掘瑰寶，醫海閃明珠——《馬王堆醫書考注》評介，胡謙明，《湖南中醫雜誌》，1989年6期。

[153] 馬王堆三號漢墓出土藥物鑒定研究，劉麗仙，《考古》，1989年9期。

[154] 論馬王堆醫書中的生殖醫學，劉吉善，《湖南中醫學院學報》，1990年1期。

[155] 淺探馬王堆漢墓醫書中的五官科學術成就，彭清華，《國醫論壇》，1990年1期。

[156]《萬物》與《五十二病方》有關藥物內容的比較，萬芳、鐘贛生，《中國醫藥學報》，1990年2期。

[157]《五十二病方》活血化淤藥初探，潘少驊，《中醫藥學報》，1990年2期。

［158］帛書《卻穀食氣》研究，魏啟鵬，《四川大學學報》，1990年第2期。

［159］《馬王堆漢墓醫書校釋》序，李學勤，《四川大學學報》，1990年第2期。

［160］馬王堆醫書研究，周一謀，《湖南中醫學院學報》，1990年3期。

［161］馬王堆醫書學術研究一瞥——上篇：帛書經脈四種，彭堅，《湖南中醫學院學報》，1990年3期。

［162］馬王堆醫書考注散論，周一謀，《醫學與哲學》，1990年4期。

［163］中華全國首屆馬王堆醫書學術討論會會議紀要，潘遠根，《湖南中醫學院學報》，1990年4期。

［164］《五十二病方》對傷科外治法的貢獻，李盛華、潘文，《中國中醫骨傷科雜誌》，1990年5期。

［165］《五十二病方》成書年代考，李書田，《中醫函授通訊》，1990年6期。

［166］試論馬王堆出土竹簡《養生方》，辛智科，《陝西中醫》，1990年6期。

［167］醫術與咒術的療法，（日）山田慶兒，《每日新聞》，1990年6月15日。

［168］考古發掘中出土的醫學文物，傅芳，《中國科技史料》，中國科學技術出版社，1990年。

［169］中國古代醫術的新發現——長沙馬王堆漢墓的醫書，傅舉有，《每日新聞》，1990年8月16日。

［170］熊經鳥伸——馬王堆《導引圖》的前前後後，鄭傑文，《中國古代養生之道》，山東教育出版社，1990年。

［171］對馬王堆醫書的探討，張琪、王子良，《黑龍江中醫藥》，1991年1期。

［172］馬王堆醫書的骨傷科成就，陶惠寧，《中國中醫骨傷科雜誌》，1991年1期。

［173］《五十二病方》中所見麻風病的口腔表徵，周大成，《口腔醫學縱橫》，1991年1期。

［174］《引書》與《導引圖》，李學勤，《文物天地》，1991年第2期。

［175］秦漢之際針灸療法理論的建立，廖育群，《自然科學史研究》，1991年第3期。

［176］試析《足臂十一脈灸經》中幾個病候，熊繼柏，《湖南中醫學院學報》，1991年3期。

［177］武威、馬王堆漢墓出土古醫籍雜考，施謝捷，《古籍整理研究學刊》，1991年5期。

［178］帛書《五十二病方》對食療學的貢獻，陳湘萍，《四川中醫》，1991年5期。

［179］《卻穀食氣》試釋，劉士敬、張曉陽，《按摩與導引》，1991年5期。

［180］《五十二病方》中動物藥應用的初步探討，陳勤，《中國中藥雜誌》，1991年8期。

［181］馬王堆醫籍的音韻特點研究，劉士敬，北京中醫學院碩士學位論文，1991年。

［182］馬王堆房中醫書，宋書功，《中國古代房室養生集要》，中國醫藥科技出版社，1991年。

［183］馬王堆出土醫籍，廖育群，《岐黃醫道》，遼寧教育出版社，1991年。

［184］《五十二病方》的文字通用及研究意義，李書田，《四川中醫》，1992年1期。

［185］馬王堆醫書《養生方》性藥探討，郭建生、王小娟，《湖南中醫學院學報》，1992年4期。

［186］馬王堆醫書注釋辨疑，龍月雲，《湖南中醫學院學報》，1992年4期。

［187］帛書《養生方》及《雜療方》中的方藥，周一謀，《福建中醫藥》，1992年6期。

［188］馬王堆房中書研究，李零，《文史》，1992年6期。

［189］《五十二病方》氣功考識，郭冰能，《氣功》，1992年第12期。

［190］馬王堆房中書的內容和術語，李零，《古代中國》第17卷，1992年。

［191］長沙馬王堆出土帛書經脈書研究之一——從帛書經脈書論《內經》脈走向體系的二元性，劉宗漢，《文史》第36輯，1992年。

［192］有關道家的《導引圖》的研究——文字解讀與體操姿態，（日）福宿孝夫，《宮崎大學教育學部紀要》第72號，1992年。

［193］帛書《脈法·相脈之道》初探，彭堅，《中華醫史雜誌》，1993年2期。

［194］馬王堆漢墓醫書考釋，史常永，《中華醫史雜誌》，1993年3期。

［195］出土文物中的方藥知識，陳月明等，《中藥學史》，巴蜀書社，1993年6月。

［196］馬王堆古佚書的道家與醫家，魏啟鵬，《道家文化研究》第3輯，上海古籍出版社，1993年。

［197］帛書《卻穀食氣篇》義證，胡翔驊，《道家文化研究》第3輯，上海古籍出版社，1993年。

［198］《馬王堆帛醫書》的胎產生育觀，陳農，《上海中醫藥雜誌》，1993年第8期。

［199］從《五十二病方》看五七言詩的起源，胡文輝，《廣州日報》，1993年11月24日。

［200］馬王堆出土醫籍，申先甲，《中國春秋戰國科技史》，人民出版社，1994年1月。

［201］釋簡帛醫書中的"戒"，張顯成，《甘肅中醫學院學報》，1994年1期。

［202］簡帛醫書中的中藥異名，張顯成，《醫古文知識》，1994年2期。

［203］帛書導引圖題記"滿欥"考，廖名春，《古漢語研究》，1994年2期。

［204］《五十二病方》俑與薛別釋，孫啟明，《中華醫史雜誌》，1994年3期。

［205］從《五十二病方》"灸其泰陰、泰陽"談起——十二"經脈穴"源流考，黃龍祥，《中醫雜誌》，1994年3期。

［206］簡帛醫書藥名釋讀續貂，張顯成，《甘肅中醫學院學報》，1994年4期。

［207］關於馬王堆和張家山出土醫書中兩個詞語解釋的辨正，劉釗，《古籍整理研究學刊》，1994年5期。

［208］墓主雖命短，藏書重養生，周一謀，《長壽》，1994年5期。

［209］試論傳統經脈體系之形成——兼論成馬王堆脈書的歷史地位，杜正勝，《馬王堆漢墓研究文集》，湖南出版社，1994年。

［210］馬王堆古醫書中的呼吸養生法，馬繼興，《馬王堆漢墓研究文集》，湖南出版社，

1994年。

[211] 帛書《養生方》及《雜療方》中的中藥，周一謀，《馬王堆漢墓研究文集》，湖南出版社，1994年。

[212] 五十二病方與越方，（美）夏德安著，陳松長譯，《馬王堆漢墓研究文集》，湖南出版社，1994年。

[213] 帛書五十二病方的語法特點，（日）大西克也，《馬王堆漢墓研究文集》，湖南出版社，1994年。

[214] 馬王堆醫書與睡虎地秦簡日書，劉樂賢，《馬王堆漢墓研究文集》，湖南出版社，1994年。

[215]《導引圖》與《引書》，彭浩，《馬王堆漢墓研究文集》，湖南出版社，1994年。

[216] 高羅佩與馬王堆房中書，李零，《馬王堆漢墓研究文集》，湖南出版社，1994年。

[217] 淺談《胎產書》在現代優生學上的價值，喻燕姣，《馬王堆漢墓研究文集》，湖南出版社，1994年。

[218] 帛書"×××加醴"方與漢代蒸餾器，唐友波，《馬王堆漢墓研究文集》，湖南出版社，1994年。

[219] 從馬王堆醫書到《黃帝內經》《方士養生術》，馬伯英，《中國醫學文化史》，上海人民出版社，1994年。

[220] 馬王堆醫書與飲食療法，喻燕姣，《華夏文化》，1994年Z1期。

[221] 馬王堆『南方禹藏』図考（小田教授華甲記念特集），《龍谷史壇》第103號，1994年。

[222] 馬王堆漢墓帛書《禹藏埋胞圖》箋證，李建民，《中央研究院歷史語言研究所集刊》第65本第4分，1994年。

[223] "橐吾"即"鬼臼"——簡帛醫書短劄，張顯成，《成都中醫學院學報》，1995年1期。

[224] 論馬王堆帛書對痔瘺病的診治，周一謀，《湖南中醫學院學報》，1995年2期。

[225] 馬王堆帛書《養生方》"加"義明辨，倪世美，《成都中醫藥大學學報》，1995年第2期。

[226] 釋馬王堆醫書中的"澡""㒼"，張顯成，《中華醫史雜誌》，1995年2期。

[227] 牙源性眶下間隙感染的最早史料，朱久育，《口腔醫學縱橫》，1995年3期。

[228] 中國古代食品保健的歷史淵源探討，李萃，《食品科學》，1995年4期。

[229]《五十二病方》治則學初探，王心東，《中國中醫基礎醫學雜誌》，1995年4期。

[230]《五十二病方》鵲棠考辨，孫啟明，《中華醫史雜誌》，1995年4期。

[231]《卻穀食氣篇》與《導引圖》，（日）吉川忠夫，《古代中國人的不死幻想》，東方書店，1995年。

[232] 馬王堆漢墓帛書"人字"圖考釋，李建民，《大陸雜誌》，1995年5期。

[233] 淺談馬王堆醫書祝由療法，喻燕姣，《華夏文化》，1995年6期。

[234] 談馬王堆醫書中的食療食補方（上），周一謀，《食品與健康》，1995年6期。

[235] 談馬王堆醫書中的食療食補方（下），週一謀，《食品與健康》，1995年6期。

[236] 苦酒非醋說君知，孫啟明，《家庭中醫藥》，1995年6期。

[237] 古代中醫治療破傷風方藥淺析，何振輝，《中國中醫骨傷科》，1995年第6期。

[238] 道家《養生長壽術》與馬王堆漢墓《導引圖》，王繼昌、楊俊超，《中國氣功》，1995年7期。

[239] 馬王堆醫書中性醫學文獻概論，王立，《中醫雜誌》，1995年10期。

[240] 馬王堆醫書脈診水準初探，關曉光、白善吉，《江蘇中醫》，1995年12期。

[241] 先秦傷科史略，李昂，《中華醫史雜誌》，1996年2期。

[242] 馬王堆醫書藥名試考，張顯成，《湖南中醫學院學報》，1996年4期。

[243] 馬王堆醫書疑難藥名考釋二則，張顯成，《甘肅中醫學院學報》，1996年4期。

[244] 馬王堆醫書藥名"汾困"試考，張顯成，《中華醫史雜誌》，1996年4期。

[245]《五十二病方》"取石大如拳"思辨，孫啟明，《中華醫史雜誌》，1996年4期。

[246] 淺談生活環境對經絡敏感現象的影響，張載信，《安徽中醫學院學報》，1996年5期。

[247] 淺論"相脈之道"，劉士敬，《中醫藥學報》，1996年6期。

[248] 馬王堆醫書釋讀剳記，張顯成，《簡帛研究》第2輯，1996年。

[249]《馬王堆古醫書考釋》補正，張顯成，《湖南省博物館四十周年紀念論文集》，湖南省教育出版社，1996年。

[250] 馬王堆醫書祝由術研究四則，喻燕姣，《湖南省博物館四十周年紀念論文集》，1996年。

[251] 中外古代早期醫學文獻述略，馬學博，《圖書館理論與實踐》，1997年1期。

[252] 追溯文字演變 精研醫學文獻——竹帛醫書別體字選編，鄧春源，《醫古文知識》，1997年1期。

[253]《五十二病方》"麋蕪本"別釋，孫啟明，《中華醫史雜誌》，1997年2期。

[254] 中國古代"禁方"考論，李建民，《中研院史語所集刊》，第68本1分，1997年。

[255] 馬王堆帛書《五十二病方》中一個久被誤釋的藥名，劉釗，《古籍整理研究學刊》，1997年3期。

[256] 從《五十二病方》看先秦時期中藥學發展概況，聶耀，《內蒙古醫學院學報》，1997年3期。

[257] "相脈之道"考析，劉士敬，《中華醫史雜誌》，1997年4期。

[258] 從祝由看古代巫術的醫療作用，張素玲、王中茂，《洛陽師專學報》，1997年6期。

[259] 談方劑辨證與中成藥的臨床應用，董漢良，《中醫雜誌》，1997年12期。

[260] 明堂與陰陽——以《五十二病方》"灸其泰陰泰陽"為例，李建民，《臺灣中央研究

院歷史語言研究所集刊》第70本第1分，1998年。

[261] 論《馬王堆漢墓帛書》(肆)的聲符替代現象及其與"古今字"的關係，徐莉莉，《華東師範大學學報》，1997年4期。

[262] 馬王堆出土的醫學帛書，趙璞珊，《中國古代醫學》，中華書局，1997年。

[263] 中國的性愛文獻（8）《合陰陽》竹簡/《雜療方》帛，（日）土屋英明，《東方》第203號，東方書店，1998年。

[264] 馬王堆帛簡書房中術產生的背景，朱越利，《中華醫史雜誌》，1998年1期。

[265] 《五十二病方》物量詞舉隅，張麗君，《古漢語研究》，1998年1期。

[266] 唾咒法略考，王興國、杜洪柱、王旭，《中醫藥研究》，1998年1期。

[267] 《中國的性愛文獻》10《胎產書》帛，（日）土屋英明，《東方》第204號，東方書店，1998年。

[268] 馬王堆漢墓《導引圖》探索與辨析——從陰陽五行與五時、五方談起，呂利平、郭成傑，《成都體育學院學報》，1998年3期。

[269] 馬王堆醫書對心身醫學的貢獻，蔡鐵如，《中醫雜誌》，1998年5期。

[270] 《五十二病方》中的幾種輔料在製藥中的應用，黃代秀，《中藥通報》，1998年7期。

[271] 《五十二病方與越方》，（美）夏德安著，陳松長譯，《簡帛研究譯叢》第2輯，湖南人民出版社，1998年。

[272] 讀《簡帛藥名研究》，苟曉燕、余濤，《簡帛研究》第3輯，廣西教育出版社，1998年。

[273] 帛書《陰陽十一脈灸經》及簡本《脈書·十一經脈》對《靈樞》有關文字的考證，夏慶，《甘肅中醫學院學報》，1999年3期。

[274] 悠久の體ほぐし——馬王堆導引圖の世界，（特集體ほぐしの科學的背景）——（實踐的技法の世界），張勇《體育の科學》第49卷6號，杏林書院，1999年。

[275] 帛書《五十二病方》中的"財"，徐莉莉，《辭書研究》，1999年第6期。

[276] 《胎產書》整理本標點辯誤，鄧義英，《成都師專學報》，2000年1期。

[277] 淺談馬王堆帛書《五十二病方》，姚純發，《中華醫史雜誌》，2000年3期。

[278] 漢馬王堆帛書《五十二病方》與古代《巫醫》，賴鵬舉，《整合中醫學》，2000年3期。

[279] 經分——一個重要的經絡概念，張維波，《中國針灸》，2000年4期。

[280] 帛書"茜荚"別釋，孫啟明，《中華醫史雜誌》，2000年4期。

[281] 馬王堆三號漢墓出土の胎產書について，（日）米倉亮，《日本醫史學雜誌》第46卷3號，2000年。

[282] 《馬王堆醫書校釋》評介，張壽仁，《醫簡論集》，臺灣蘭台出版社，2000年。

[283] 《十一脈灸經》考，胡文輝，《中國早期方術與文獻叢考集》，中山大學出版社，2000年。

［284］茜荬考辨，孫啟明，《醫古文知識》，2001年1期。

［285］馬王堆醫書"強食產肉"新解，劉吉善，《湖南中醫學院學報》，2001年2期。

［286］論醋在敦煌遺書、馬王堆竹簡古醫方中的臨床應用，叢春雨，《敦煌研究》，2001年2期。

［287］《馬王堆醫帛書》中"人病馬不癇"之"不"字談，孫啟明，《中華醫史雜誌》，2001年3期。

［288］馬王堆房中書的性養生理論及其文化內涵，周浩禮、吳植恩，《醫學與社會》，2001年6期。

［289］馬王堆漢墓の房中養生の竹簡についての研究（古代房中術の成立を中心に），（日）嚴善焰，《中國出土資料研究》第5號，2001年。

［290］馬王堆《帛書·經脈篇》脈氣流注思想管窺，田建輝，《浙江中醫雜誌》，2001年7期。

［291］經絡循行線是如何確定的，黃龍祥，《中國中醫基礎醫學雜誌》，2001年9期。

［292］馬王堆帛書房中術的內容，朱越利，《簡帛研究二〇〇一》，廣西師大出版社，2001年。

［293］馬王堆漢墓医書——『五十二病方』『養生方』，（日）小曽戶洋，《漢方の臨床》第48卷10號，2001年。

［294］帛書《陰陽十一脈灸經》甲、乙本異文考察，徐莉莉，《中國文字研究》，2001年。

［295］帛書《五十二病方》數量詞研究，張俊之、張顯成，《簡帛語言文字研究》第1輯，巴蜀書社，2002年。

［296］馬王堆房中書的性養生理論及其文化內涵，周浩禮，《中國性科學》，2002年1期。

［297］帛書《五十二病方》"者"字用法淺析，孟美菊、王建民，《黔西南民族師範高等專科學校學報》，2002年2期。

［298］"膏藥"考，李具雙，《中醫文獻雜誌》，2002年2期。

［299］《靈樞》"濇滲"當作"洇燥"考，范登脈，《中醫文獻雜誌》，2002年3期。

［300］《諸病源候論》語詞劄記，葉紀勇，《古籍整理研究學刊》，2002年3期。

［301］《五十二病方》烏頭中毒解救方藥簡析，譚語武、譚語文，《中華醫史雜誌》，2002年4期。

［302］從馬王堆醫帛書到《靈樞·經脈》看經絡學說的起源和發展，李海峰，《中醫文獻雜誌》，2002年4期。

［303］馬王堆《導引圖》部分功法淺析，樊賢進，《安徽中醫臨床雜誌》，2002年5期。

［304］《武威漢代醫簡》與《五十二病方》中的調護方法比較，張延昌，《湖南中醫藥導報》，2002年11期。

［305］帛書《五十二病方》和《武威漢代醫簡》中的調特殊使役句及其在後世的演變，梁

銀峰,《古文字研究》第24輯, 2002年。

[306] 中国最古の健身術「馬王堆導引図」から学ぶ（私の授業ノート）, 張勇,《大学体育》第29卷1號, 公益社団法人 全国大学体育連合, 2002年。

[307] 馬王堆導引図の世界：悠久のからだほぐし（教育研究資料）, 張勇,《大学体育》第29卷1號, 公益社団法人, 全国大学体育連合, 2002年。

[308] 從《馬王堆漢墓帛書》(肆) 中的俗字看漢字形聲化, 王建民,《簡帛語言文字研究》第一輯, 巴蜀書社, 2002年。

[309]《馬王堆漢墓帛書》(肆) 俗字研究, 王建民, 西南師範大學碩士學位論文, 2002年。

[310] 關於早期經絡和奇經八脈的關係考察, 李東鎬, 北京中醫藥大學博士後論文, 2002年。

[311] 從《導引圖》等文物看中華養生文化, 呂利平,《安慶師範學院學報》, 2003年2期。

[312] 馬王堆帛書房中術的理論依據（上）, 朱越利,《宗教學研究》, 2003年3期。

[313] 馬王堆帛書房中術的理論依據（下）, 朱越利,《宗教學研究》, 2003年3期。

[314]《五十二病方》詞語拾零, 孟蓬生,《中國語文》, 2003年3期。

[315]《馬王堆漢墓帛書》(肆)——"數·量·名"形式的發展探析, 陳近朱,《中文自學指導》, 2003年5期。

[316] 馬王堆醫書針灸學術成就初探, 王家鶯、蘇伺志,《湖南中醫雜誌》, 2003年6期。

[317] 從帛書考經絡之起源, 卓廉士,《四川中醫》, 2003年10期。

[318]《陰陽十一脈灸経》文字攷,（日）林克,《大東文化大學漢學會誌》第42號, 2003年。

[319]《五十二病方》構詞法研究, 張正霞, 西南師範大學碩士學位論文, 2003年。

[320] "熊頸鴟顧"及其他, 姚海燕,《醫古文知識》, 2004年1期。

[321] 馬王堆漢墓房中書與古代道論, 連劭名,《湖南省博物館館刊》第1期, 嶽麓書社, 2004年。

[322] 論帛書《胎產書》的重要價值, 周一謀,《湖南省博物館館刊》第1期, 嶽麓書社, 2004年。

[323] 古代中國的食譜和美食：以虎溪山與馬王堆的資料為例,（美）夏德安,《湖南省博物館館刊》第1輯, 2004年。

[324] 簡帛醫藥文獻考釋舉隅, 張光裕、陳偉武,《湖南省博物館館刊》第1期, 嶽麓書社, 2004年。

[325] 從馬王堆醫書俗字談簡帛俗字研究對後世俗字研究的意義, 張顯成,《湖南省博物館館刊》第1輯, 嶽麓書社, 2004年。

[326] 馬王堆医書『養生方』の再檢討,（日）天野陽介、宮川浩也、花輪壽彦,《日本医史學雜誌》第50卷1號, 2004年。

[327] 砭倉綜合療法治療再生障礙性貧血, 張茂文,《中國針灸》, 2004年4期。

[328] 《五十二病方》詞彙二題，張正霞，《中華醫史雜誌》，2004年4期。

[329] 從巫祝用"土"到以"土"為藥論——兼論馬王堆醫書巫祝用土，沈晉賢，《安徽大學學報》，2004年6期。

[330] 吐納行氣術與保健治療功——試析漢簡《引書》和帛畫《導引圖》，雷震，《成都體育學院學報》，2004年6期。

[331] 馬王堆漢墓の房中養生の竹簡についての研究——古代の房中導引を中心に——，嚴善炤，《中國出土資料研究》第8號，2004年。

[332] 馬王堆医書『養生方』の写真版再考，（日）宮川浩也，《人文科學》第9號，大東文化大学人文科学研究所，2004年。

[333] 《足臂十一脈灸經》文字攷，（日）林克，《大東文化大學漢學會誌》第43號，2004年。

[334] 馬王堆漢墓帛書祝由方中的"由"，李家浩，《河北大學學報》，2005年1期。

[335] 《五十二病方》醫療器物與技術之研究，楊金生，《中華醫史雜誌》，2005年1期。

[336] 帛書《五十二病方》聯合式複音詞，張正霞，《樂山師範學院學報》，2005年1期。

[337] 馬王堆帛書《脈法》《陰陽脈死候》考疑，金仕榮、姚純發，《中醫藥學刊》，2005年2期。

[338] 兩千年前的健身體操圖壁，傅舉有，《學習導報》，2005年2期。

[339] 解說帛書《脈法》中的"寒頭暖足"，周貽謀，《湖南省博物館館刊》第2輯，嶽麓書社，2005年。

[340] 馬王堆醫書的新興量詞，張顯成，《湖南省博物館館刊》第2輯，嶽麓書社，2005年。

[341] 《五十二病方》補釋二則，徐時儀，《醫古文知識》，2005年3期。

[342] 從導引圖與養生功法的流變探研中國健身氣功的本質特徵，王震、邱丕相、李志明，《體育科學》，2005年7期。

[343] 簡帛醫書經脈命名剖析，林磊，《針灸臨床雜誌》，2005年9期。

[344] 馬王堆漢墓帛書《卻穀食氣》篇校讀，彭浩，《出土文獻研究》第7輯，上海古籍出版社，2005年。

[345] 「脈法」文字攷，（日）林克，《大東文化大學漢學會誌》第44號，2005年。

[346] 馬王堆漢墓出土《五十二病方》における呪術的治療の一側面——"禹步""唾""噴"による治療の意味，（日）阪出祥伸，《東方宗教》第106號，日本道教學會，2005年。

[347] 淺議《靈樞·經脈》對《帛書》十一脈經絡理論的發展，崔華峰，《山東中醫藥大學學報》，2006年3期。

[348] 論帛書所言"寒頭暖足"與疾病防治，周貽謀，《醫學與哲學》，2006年5期。

[349] 從《導引圖》論古代運動醫學，劉遠航，《體育文化導刊》，2006年9期。

[350] 《導引圖》的用處何在？，陸洪飛，《歷史學習》，2006年10期。

［351］中國古代の醫學史料―とくに馬王堆醫書について，（日）小曾戶洋，明治大學法學研究科特別講義，2006年10月18日。

［352］馬王堆醫學帛書研究的新發現，（日）小曾戶洋，北京中醫藥大學"雙中北"醫史講座外專學術講座，2006年10月25日。

［353］《導引圖》・華佗・五禽戲，劉國良，《歷史教學》，2006年12期。

［354］秦漢間藥物計量單位的考察，盧琴、張瑞賢，《中國中藥雜誌》，2006年24期。

［355］《五十二病方》與巫術文化，孔慧紅，陝西師範大學碩士學位論文，2006年。

［356］馬王堆漢墓帛畫《導引圖》，鄭署彬，《歷史學習》，2007年1期。

［357］簡帛醫籍文獻的學術價值，馮春，《湖北中醫學院學報》，2007年2期。

［358］《陰陽十一脈灸經》文字攷補，（日）林克《大東文化大學漢學會誌》第46號，2007年。

［359］秦漢"小兒醫"略議，王子今，《西北大學學報》，2007年4期。

［360］帛書《五十二病方》"人病馬不痫"考證，劉瑞明，中醫文獻雜誌，2007年第4期。

［361］對西漢初期導引式分類及名稱的研究——從西漢初期的竹簡和帛畫中的導引式名稱分類和比較研究來看其時代的導引式命名特徵，劉樸，《山東體育學院學報》，2007年5期。

［362］帛書《五十二病方》成書年代考證，張正霞，《文物春秋》，2007年6期。

［363］"（月穀）"字考證 劉慶宇，《中醫藥文化》，2007年6期。

［364］馬王堆漢墓資料所見之藏胞巫術，呂亞虎、王暉，《求索》，2007年10期。

［365］中華文化與中醫性房事養生性康復的實踐認識，王明輝、金傑輝，《中華中醫藥學刊》，2007年11期。

［366］《五十二病方》和《武威漢代醫簡》副詞比較研究，于文霞，華東師範大學碩士學位論文，2007年。

［367］先秦兩漢的脈診——以馬王堆及張家山醫學簡帛與《內經》《難經》為例，王志玲、王敏弘，2007年學士後中醫學系系友回娘家暨國醫節學術研討會會議論文，2007年3月4日。

［368］馬王堆醫書中的消渴，章紅英，第五次全國中醫藥防治糖尿病學術會議論文，2007年12月。

［369］馬王堆帛書《陰陽脈死候》的初步研究，姚純發、金仕榮，中華中醫藥學會第八屆中醫藥文獻學術研討會論文，2007年12月。

［370］馬王堆《胎產書》與傳世胎產理論的比較研究，王淑民，第七屆全國中醫文獻學術研討會論文，2007年12月。

［371］馬王堆漢墓資料所見求子巫術淺析，呂亞虎，《歷史教學》，2008年1期。

［372］古醫籍中幾對形近致誤字考辨——"胜"與"（朎）"、"怒"與"恐"、"前"與

"俞"、"膏"與"鬲"(膈),金永日,《中醫藥文化》,2008年1期。

[373] 馬王堆古醫書異文通用說略,李書田,《國醫論壇》,2008年2期。

[374] 《五十二病方》禁咒內容研究,李叢,《江西中醫學院學報》,2008年2期。

[375] 帛書《五十二病方》の文字形體,(日)佐野光一,《若木書法》第7號,國學院大學若木書法會,2008年。

[376] 對馬王堆導引圖中引腰痛動作的剖析,裘玲珍,《湖北體育科技》,2008年2期。

[377] 以馬王堆古醫書補《漢語大字典》條目之不足,李書田,《吉林中醫藥》,2008年3期。

[378] 以馬王堆古醫書補《漢語大字典》書證之不足,李書田,《中醫文獻雜誌》,2008年3期。

[379] 從馬王堆《導引圖》看中國傳統體育與藝術精神,陳劍,《南京藝術學院學報(美術與設計版)》,2008年4期。

[380] 《五十二病方》中黃芪和白薇的臨床運用探討,徐愛華,《中醫研究》,2008年7期。

[381] 《馬王堆漢墓簡帛》古醫書「脈」字考——兼論原始脈觀,陳惠玲,《先秦兩漢學術》,2008年10期。

[382] 以馬王堆古醫書補《漢語大字典》義項之不足,李書田,《河南中醫》,2008年10期。

[383] 從馬王堆醫書到《黃帝內經》看經絡辨證的早期發展,石全福、王宮博,《針灸臨床雜誌》,2008年11期。

[384] 馬王堆導引功法在中醫內科疾病的運用,孫群,南京中醫藥大學碩士學位論文,2008年。

[385] 中國長沙馬王堆漢墓帛書《五十二病方》痔題譯釋與淺論,陳少明,中華中醫藥學會第十二次大腸肛門病學術會議暨第十一屆中日大腸肛門病學術交流會論文彙編,2008年10月。

[386] 馬王堆帛書《五十二病方·祛疣》所涉之巫術與民俗,劉玉堂,《中南民族大學學報》,2009年1期。

[387] 《黃帝內經》的成書年代新議,高也陶,《江西中醫學院學報》,2009年2期。

[388] 馬王堆漢墓帛書與仲景咽喉病辨治思想,劉揚,《長春中醫藥大學學報》,2009年3期。

[389] 馬王堆出土醫書與《黃帝內經》成書上限,高也陶,《江西中醫學院學報》,2009年3期。

[390] 馬王堆帛書《五十二病方》釋讀再探3例,張雷,《安徽中醫學院學報》,2009年5期。

[391] 對西漢帛畫《導引圖》和竹簡《引書》中的器械治療導引式的比較研究,劉樸,《山東體育學院學報》,2009年5期。

[392] 馬王堆古醫書養生思想淺談,何清湖、周興,《中醫藥文化》,2009年5期。

［393］馬王堆漢墓《導引圖》研究綜述，王卉，《湖南省博物館館刊》第5輯，嶽麓書社，2009年。

［394］簡帛醫書"冶"字考，段禎，《甘肅中醫學院學報》，2009年6期。

［395］帛書《胎產書》所見早期孕育信仰淺析，呂亞虎，《江漢論壇》，2009年6期。

［396］馬王堆醫書抄錄年代研究概況，陳紅梅，《中醫文獻雜誌》，2009年6期。

［397］帛書《五十二病方》通假字語音關係研究，何麗敏、劉芳池，《安徽文學（下半月）》，2009年6期。

［398］導引行氣深度放鬆——馬王堆導引催眠功，李精誠，《中華養生保健》，2009年12期。

［399］馬王堆の胎産書禹蔵図人字図について，（日）大形徹《人文學論集》第27號，2009年。

［400］馬王堆出土『五十二病方』にみられる薬の作り方の意義，（日）遠藤次郎、鈴木達彦，《日本醫史學雜誌》第55卷2號，2009年。

［401］醫療與身體——以先秦兩漢出土文獻為中心，劉孝聖，臺灣大學碩士學位論文，2009年。

［402］《五十二病方》編寫體例探討，陳紅梅，《天津中醫藥大學學報》，2010年1期。

［403］馬王堆漢墓醫書《十問》劄記一則，范常喜，《湖南省博物館館刊》第6輯，嶽麓書社，2010年。

［404］《導引圖》題記"鷂北"淺議，王卉，《湖南省博物館館刊》第6輯，嶽麓書社，2010年。

［405］馬王堆漢墓帛書《雜療方》校釋劄記，劉釗，《古文字研究》第28輯，中華書局，2010年。

［406］馬王堆医学帛書の研究（第38回日本歯科医史学会学術大会），（日）小曽戸洋，《日本歯科医史学会会誌》第28巻4號，日本歯科医史学会，2010年。

［407］馬王堆漢墓帛書《五十二病方》校讀與集釋，劉欣，復旦大學碩士學位論文，2010年。

［408］馬王堆帛書《五十二病方》出土37年來國內外研究現狀，張雷，針灸經絡研究回顧與展望國際學術研討會論文集，2010年10月。

［409］馬王堆房中書の書誌學的考察：十問合陰陽天下至道談を中心として，（日）大形徹，《人文學論集》第28號，2010年。

［410］馬王堆導引術鍛煉對中老年女性情緒影響的實驗研究，劉先萍、王震、周廣瑞，《上海體育學院學報》，2010年5期。

［411］讀《天下至道談》劄記一則，李銳，《簡帛語言文字研究》第5輯，巴蜀書社，2010年馬王418堆漢墓帛書《五十二病方》研究綜述，劉欣，《中國學研究》第10輯，濟南出版社，2010年。

［412］《導引圖》與《引書》的比較分析，姚海燕，《中華醫史雜誌》，2010年5期。

［413］"疕"之含義考辨，劉慶宇、曲如意，《中醫藥文化》，2010年5期。

［414］健身氣功·馬王堆導引術鍛煉對中老年女性心境改善的實驗研究，劉先萍、王震、王自友，《中國體育科技》，2010第5期。

［415］帛書《五十二病方》的漢語史價值——從為《漢語大詞典》補充語料出發，張正霞，《重慶文理學院學報》，2010年5期。

［416］漢代導引俑與導引術，蘇奎，《中國歷史文物》，2010年5期。

［417］馬王堆帛書《五十二病方》出土37年來國內外研究現狀，張雷，《中醫文獻雜誌》，2010年6期。

［418］帛書《五十二病方》偏正式復音詞論析，張正霞，《內江師範學院學報》，2010年9期。

［419］健身氣功五禽戲的形成與發展——從馬王堆導引圖養生功法探研，張淑君，《搏擊（武術科學）》，2010年9期。

［420］《五十二病方》記載的鮮藥外治皮膚病經驗，鄧丙成，《中國中西醫結合皮膚性病學雜誌》，2010年5期。

［421］經方起源考，任靈賢、黃煌，《南京中醫藥大學學報》，2011年1期。

［422］唐以前"牡痔""牝痔"病名考，孫基然、劉洋、孫麗娜等，《中華醫史雜誌》，2011年1期。

［423］從經絡學說的視角探研健身氣功·馬王堆導引術的健身原理，穆長帥、王震，《中國運動醫學雜誌》，2011年2期。

［424］《馬王堆漢墓帛書·五十二病方》之文獻用名考證——以"酸漿"同物異名理論辨析，塗海強，《求索》，2011年2期。

［425］馬王堆帛書藥名補釋五則，劉玉環，《昆明學院學報》，2011年第2期。

［426］馬王堆《五十二病方》與楚人"四方"觀念，劉玉堂、賈海燕，《中國文化研究》，2011年3期。

［427］馬王堆簡帛、張家山漢簡文字考釋5則，羅寶珍，《福建中醫藥大學學報》，2011年3期。

［428］馬王堆帛書《五十二病方》蟲類藥應用析義，林大勇、曲道煒、李斌，《國際中醫中藥雜誌》，2011年4期。

［429］帛書《五十二病方》的十宗"最"，張雷，《中國中醫藥報》，2011年4期。

［430］馬王堆漢墓帛書《五十二病方》蟲類藥應用析義，林大勇、曲道煒、李斌，《國際中醫中藥雜誌》，2011年4期。

［431］讀《養生方》劄記，王卉，《湖南省博物館館刊》，嶽麓書社，第7輯，2011年。

［432］帛書《五十二病方》成書年代新探，陳紅梅，《圖書館工作與研究》，2011年10期。

［433］漢代健身圖譜《導引圖》探源，李健兵，《蘭台世界》，2011年23期。
［434］從馬王堆帛書《卻穀食氣》探道家養生長壽秘訣，朱膽，首屆中日傳統醫藥與亞健康學術論壇論文集，2011年5月。
［435］馬王堆養生思想淺談，何清湖、周興，第五屆國學國醫嶽麓論壇論文集，2011年5月。
［436］馬王堆古醫書病名、藥名例釋，管駿捷，華東師範大學碩士學位論文，2011年。
［437］從《帛書》到《黃帝内經》經脈名稱發展之探究，趙樹宏、張豔春、馬淑然，《中國中醫藥現代遠端教育》，2012年22期。
［438］《五十二病方》"信"字辨正，張雷，《中醫文獻雜誌》，2012年4期。
［439］《五十二病方》中酒療法的運用淺析，楊天仁、劉雲平，《中醫藥信息》，2012年3期。
［440］帛書《五十二病方》卷首目錄探討，陳紅梅，《時珍國醫國藥》，2012年2期。
［441］論長沙馬王堆漢墓出土醫學資料的分類與價值，陳光田，《河南師範大學學報（哲學社會科學版）》，2012年3期。
［442］西漢初期健康導引術式名稱中哲學問題的探討，劉樸，《西安體育學院學報》，2012年2期。
［443］說"魃"，劉釗，《中國典籍與文化》，2012年4期。
［444］《馬王堆漢墓帛書[肆]》釋文校勘劄記，周祖亮，《簡帛語言文字研究》第6輯，巴蜀書社，2012年。
［445］馬王堆醫書養生思想實用性之探討，周德生、周鴻圖、胡華、李曉沙、王培雷，《湖南省博物館館刊》第8輯，2012年。
［446］馬王堆帛書醫書卷書手的判別，李憲專，《書畫藝術學刊》，2012年12期。
［447］《五十二病方》的重新整理與研究，廣瀨薰雄，《文史》第99輯，中華書局，2012年。
［448］馬王堆帛書《養生方》《雜禁方》校讀，周波《文史》第99輯，中華書局，2012年。
［449］秦漢導引研究，王榮民，中興大學碩士學位論文，2012年。
［450］馬王堆簡帛外治法文獻語詞新釋，張本瑞、張如青，《中華中醫藥學會醫古文分會成立30周年暨第二十次學術交流會論文集》，2012年11月。
［451］基於民生視角的中醫藥文化研究——以馬王堆養生文化為例，陳小平、何清湖，《湖南師範大學社會科學學報》，2013年2期。
［452］簡帛針灸文獻的内容與特點探討，張雷，《中醫藥臨床雜誌》，2013年4期。
［453］《五十二病方》記載皮膚病史料特點探析，鮑燕，《中國中醫基礎醫學雜誌》，2013年4期。
［454］馬王堆醫書脈證關係研究，關曉光、隋小平、侶雪平、王一靜，《中醫中醫藥學報》，2013年4期。
［455］淺析《胎產書》的胎孕胎育理論，李歡玉、雷磊，《湖南中醫藥大學學報》，2013年

5期。

［456］健身氣功・馬王堆導引術鍛煉改善高血壓患者生存品質的實驗研究，劉娜、劉鯤，《四川體育科學》，2013年5期。

［457］馬王堆帛書《五十二病方》《養生方》釋文校讀劄記，陳劍，《出土文獻與古文字研究》第5輯，上海古籍出版社，2013年。

［458］馬王堆漢墓帛書「導引圖」整理瑣記（三題），（日）廣瀨熏雄，《出土文獻與古文字研究》第5輯，上海古籍出版社，2013年。

［459］論馬王堆醫書中的飲食養生理念與方法，黃巍、何清湖、姚勤，《湖南中醫雜誌》，2013年7期。

［460］馬王堆漢墓帛書《胎產書》研究綜述，王卉，《湖南省博物館館刊》第9輯，嶽麓書社，2013年。

［461］健身氣功馬王堆導引術挽弓動作分析，張麗萍，《體育時空》，2013年11期。

［462］從北大醫簡「一洍一傅」談簡帛醫藥文獻所見「灑」與「傅」，鄧佩玲，《中醫藥雜誌》，2013年24卷S1期。

［463］《脈法》教你穿衣戴帽》，陳洪、何清湖，《中國中醫藥報》，2013年5月23日。

［464］戰國秦漢的房中文獻概述，孫孝忠，《中醫文獻雜誌》，2013年5期。

［465］帛書篆文《五十二病方》，相魯閩，《河南中醫》，2013年8期。

［466］《五十二病方》中的急症救治方法舉例，張本瑞、丁媛、張如青，《中國中醫急症》，2013年9期。

［467］試論帛書《五十二病方》的方藥淵源與傳承，周祖亮，《時珍國醫國藥》，2013年1期。

［468］馬王堆帛書《五十二病方》灸療學成就，張雷、蔡榮林、胡玲，《中國針灸》，2013年3期。

［469］《馬王堆漢墓帛書（肆）》補釋，劉玉環，《貴州師範大學學報（社會科學版）》，2013年3期。

［470］簡帛針灸文獻的內容與特點探討，張雷，《中醫藥臨床雜誌》，2013年4期。

［471］馬王堆帛書《脈法》研究，李翠翠，曲阜師範大學碩士學位論文，2013年。

［472］中國罐療法溯源——《五十二病方》角法研究，陳澤林，《天津中醫藥》，2013年2期。

［473］《五十二病方》中的鬼神，支鈺明，首都師範大學碩士學位論文，2013年。

［474］"瘖"字源流考，劉釗，《書馨集》，上海古籍出版社，2013年。

［475］簡帛醫藥文獻中的"七"，李明曉，《出土文獻綜合研究集刊》第1輯，巴蜀書社，2014年。

［476］馬王堆漢墓古脈書研究綜述，趙爭，《中醫文獻雜誌》，2014年4期。

［477］馬王堆漢簡養生方之十問探討，徐蕾，《現代養生B》，2014年6期。

[478] 馬王堆養生理論研究的現狀與展望，魏一葦、何清湖、劉禹希，《湖南中醫藥大學學報》，2014年9期。

[479] 馬王堆漢簡《天下至道談》校補，蕭旭，《湖南省博物館館刊》第10輯，嶽麓書社，2014年。

[480] 馬王堆出土《脈法》中"寒頭暖足"對養生的啟示，丁樹棟、管恩蘭，第十二次中醫藥防治老年病學術研討會暨老年病防治科研進展學習班會議論文集，2014年10月17日。

[481] 從《導引圖》看古代運動養生文化，丁樹棟、管恩蘭，《2014年中華中醫藥學會第七屆李時珍醫藥論壇暨濁毒理論論壇論文集》，2014年11月。

[482] 漢簡《脈書》與帛書《陰陽十一脈灸經》互校三則，呂志峰，《中國文字研究》，2015年1期。

[483] 馬王堆巫醫類簡帛校讀劄記，周波，《中國文字研究》，2014年2期。

[484] 馬王堆古醫書用字現象考察，周朋升，《古籍整理研究學刊》，2014年6期。

[485] 簡論馬王堆醫書《十問》"審夫陰陽"生命觀及現世價值，劉蔚，《湖南中醫藥大學學報》，2014年3期。

[486] 經筋—經絡的初始形式——從馬王堆帛書探討經絡學說的形成，沈國權、龔利、邵盛、孫武權、張喜林，《上海針灸雜誌》，2014年1期。

[487] 馬王堆帛書新釋一則，蔡偉，復旦大學出土文獻與古文字研究中心網站，2014年11月8日。

[488] 馬王堆出土《脈法》中"寒頭暖足"對養生的啟示，丁樹棟、管恩蘭，《中華中醫藥學會第十二次中醫藥防治老年病學術研討會論文集》，2014年10月。

[489] 馬王堆帛書與傳世古籍對讀劄記二則，周波，《中國語文》，2015年5期。

[490] 馬王堆醫書藥物詞語考辨二則，周祖亮，《中醫文獻雜誌》，2015年5期。

[491]《馬王堆漢墓帛書（肆）》整理劄記（二），周波，《出土文獻與古文字研究》第6輯，上海古籍出版社，2015年。

[492]《五十二病方》"身有癰者"祝由語補疏，范常喜，《湖南省博物館館刊》第11輯，嶽麓書社，2015年。

[493]《五十二病方》釋文字詞勘誤，鐘如雄、胡娟，《西南民族大學學報（人文社科版）》，2015年11期。

[494]《五十二病方》"穀汁"考，張雷，中國中醫基礎醫學雜誌，2015年12期。

[495] 馬王堆漢墓醫書，馬繼興，《中國出土古醫書考釋與研究》，上海科學技術出版社，2015年。

[496] 馬王堆帛書《胎產書》《養生方》校補，蕭旭，復旦大學出土文獻與古文字研究中心網站，2015年2月3日。

［497］健身氣功馬王堆導引術對中老年心肺功能影響的研究，錢軼帆，上海中醫藥大學碩士學位論文，2015年。

［498］江陵張家山漢簡《脈書》與漢墓馬王堆帛書《脈法》比較考察，金愛英，世界漢字學會第四屆年會"表意文字體系與漢字學科建設"國際學術研討會會議論文，2015年6月24—28日。

［499］馬王堆養生文化國際傳播及其研究現狀的特點探討，魏一葦、何清湖、陳小平、嚴暄暄，世界中醫藥學會聯合會中醫藥文化專業委員會第一屆學術研討會論文集，2015年6月。

［500］馬王堆漢墓竹書《十問》與楚竹書《凡物流形》——讀《長沙馬王堆漢墓簡帛集成》劄記，曹錦炎，《〈長沙馬王堆漢墓簡帛集成〉修訂研討會論文集》，湖南省博物館、復旦大學出土文獻與古文字研究中心、中華書局聯合主辦，2015年6月27—28日。

［501］《胎產書》之"始"，（日）大形徹，《〈長沙馬王堆漢墓簡帛集成〉修訂研討會論文集》，湖南省博物館、復旦大學出土文獻與古文字研究中心、中華書局聯合主辦，2015年6月27—28日。

［502］讀馬王堆漢墓醫書劄記（二）劉建民，《〈長沙馬王堆漢墓簡帛集成〉修訂研討會論文集》，湖南省博物館、復旦大學出土文獻與古文字研究中心、中華書局聯合主辦，2015年6月27—28日。

［503］《五十二病方》若干字詞考辯，張如青，《〈長沙馬王堆漢墓簡帛集成〉修訂研討會論文集》，湖南省博物館、復旦大學出土文獻與古文字研究中心、中華書局聯合主辦，2015年6月27—28日。

［504］《長沙馬王漢墓簡帛集成》醫書商兌兩則，張顯成，《〈長沙馬王堆漢墓簡帛集成〉修訂研討會論文集》，湖南省博物館、復旦大學出土文獻與古文字研究中心、中華書局聯合主辦，2015年6月27—28日。

［505］馬王堆《五十二病方》中內服醫方試析，張雪丹，《〈長沙馬王堆漢墓簡帛集成〉修訂研討會論文集》，湖南省博物館、復旦大學出土文獻與古文字研究中心、中華書局聯合主辦，2015年6月27—28日。

［506］馬王堆醫書詞語考證二題，周波，《〈長沙馬王堆漢墓簡帛集成〉修訂研討會論文集》，湖南省博物館、復旦大學出土文獻與古文字研究中心、中華書局聯合主辦，2015年6月27—28日。

［507］讀漢代醫簡劄記，劉玉環，《昆明學院學報》，2016年1期。

［508］馬王堆醫書"疾＝"及一處殘字的考釋，劉建民，《語言研究集刊》，2016年1期。

［509］馬王堆漢墓出土帛書《胎產書》對《周易》優生理論的運用，李春豔，《山西檔案》，2016年1期。

［510］馬王堆和張家山幾種古脈書中的口腔疾患，李曉軍、朱郎，《中華醫史雜誌》，2016

年2期。

[511] 簡帛醫籍字詞釋義要則，李燁、田佳鷺、張顯成，《求索》，2016年2期。

[512] 近5年我國健身氣功·馬王堆導引術研究進展，化清新、何寶慶、賴劍慧、許鴻康，《搏擊·武術科學》，2016年2期。

[513] 馬王堆醫書的生態思想及當代價值研究，陳小平、王歆妍、江娜，《湖南中醫藥大學學報》，2016年2期。

[514] 馬王堆醫書的方劑學整理研究，夏洽思、李美紅、邱林、胡方林，《湖南中醫雜誌》，2016年2期。

[515] 馬王堆醫書的藥物學研究概況，夏洽思、李美紅、邱林、胡方林，《湖南中醫雜誌》，2016年3期。

[516] 是"失"還是"先"——馬王堆醫書釋讀一則，張顯成，《出土文獻綜合研究集刊》第3輯，巴蜀書社，2016年。

[517] 《足臂十一脈灸經》"牧牧"考，李麗、王育林，《吉林中醫藥》，2016年4期。

[518] 馬王堆漢墓帛書《五十二病方》"燦燦然"釋義商榷，孔德超、張顯成，《管子學刊》，2016年4期。

[519] 冬葵考，曹鵬，《蘭台世界》，2016年11期。

[520] 馬王堆醫書對語文辭書編纂的價值，張顯成，《湖南省博物館館刊》第12輯，嶽麓書社，2016年。

[521] 讀馬王堆古醫書劄記（五則），劉建民，《簡帛》第13輯，上海古籍出版社，2016年。

[522] 《脈法》中"寒頭暖足"對養生的啟示，丁樹棟，中國老年醫學學會第二屆中國老年醫學與科技創新大會論文集，2016年4月。

[523] 《馬王堆醫書校讀（五則）》，周波，"出土文獻與中國古典學"國際學術研討會會議論文，2016年4月7—9日。

[524] 產後藏胞與婦幼保健信仰，呂亞虎，《秦漢社會民生信仰研究——以出土簡帛文獻為中心》，中國社會科學出版社，2016年。

[525] 漢簡帛醫書五種字詞集釋，胡娟，西南大學博士學位論文，2016年。

[526] 簡帛醫書虛詞研究，程文文，西南大學博士學位論文，2016年。

[527] 正在撰寫中的《馬王堆養生經》一書簡介，周貽謀，《紀念馬王堆漢墓發掘四十周年國際學術研討會論文集》，嶽麓書社，2016年。

[528] 探討《五十二病方》的慢性病防治思想，周德生，《紀念馬王堆漢墓發掘四十周年國際學術研討會論文集》，嶽麓書社，2016年。

[529] 《雜禁方》校讀（三則），陳偉，《紀念馬王堆漢墓發掘四十周年國際學術研討會論文集》，嶽麓書社，2016年。

[530] 馬王堆醫書中的身體隱喻與身體觀，（美）夏德安，《紀念馬王堆漢墓發掘四十周年

［531］馬王堆帛書《陰陽脈死候》考釋劄記（五則），施謝捷，《紀念馬王堆漢墓發掘四十周年國際學術研討會論文集》，嶽麓書社，2016年。

［532］馬王堆醫簡《十問》"容成"在文獻中的演變研究，王准，《紀念馬王堆漢墓發掘四十周年國際學術研討會論文集》，嶽麓書社，2016年。

［533］《天下至道談》與漢初的黃老之學，張繼海，《紀念馬王堆漢墓發掘四十周年國際學術研討會論文集》，嶽麓書社，2016年。

［534］馬王堆簡帛字詞考釋三則，蔡偉，《紀念馬王堆漢墓發掘四十周年國際學術研討會論文集》，嶽麓書社，2016年。

［535］《馬王堆漢墓帛書（肆）》整理劄記（三），周波，《紀念馬王堆漢墓發掘四十周年國際學術研討會論文集》，嶽麓書社，2016年。

［536］馬王堆漢墓帛書《雜療方》考釋一則，劉釗，《出土文獻與中國古代文明——李學勤先生八十壽誕紀念論文集》，中西書局，2016年。

［537］馬王堆帛書《五十二病方》中藥物的先煎與後下之我見，徐東、蘇玉貞、楊麗、拱健婷、趙麗瑩、米文娟、李陽、趙婷、閆永紅，《世界中醫藥》，2017年1期。

［538］馬王堆古醫書殘字考釋劄記，劉建民，《中國文字學報》，2017年1期。

［539］馬王堆醫書釋文校讀及殘片綴合劄記，鄭健飛，《文史》，2017年第1期。

［540］《五十二病方》"詘"及相關諸問題，孫基然，《中華醫史雜誌》，2017年2期。

［541］帛書《五十二病方》中"財"字釋及其他，姚海燕，《中醫藥文化》，2017年4期。

［542］早期醫家身體觀之"寒頭暖足"探討，熊益亮、趙希睿、王群、於紅、張其成，《中華中醫藥雜誌》，2017年5期。

［543］從漢語虛詞角度考察馬王堆醫書的成書時代，程文文、張海豔，《銅仁學院學報》，2017年5期。

［544］馬王堆"導引術"與舞蹈的中醫養生價值探析，朱奕，《廣州體育學院學報》，2017年5期。

［545］《五十二病方》一詞多形現象整理分析，趙倩，《現代語文（語言研究）》，2017年12期。

［546］《五十二病方》傷科治法方藥探討，周紅海、吳晶琳、黃雲鴻、陸延、余進爵，《中國中醫骨傷科雜誌》，2017年12期。

［547］簡帛祝由方研究綜論，常麗梅，西南大學碩士學位論文，2017年。

［548］先秦兩漢簡帛醫書身體觀研究，熊益亮，北京中醫藥大學博士學位論文，2017年。

［549］馬王堆簡書《十問》中的食韭養生法，張葦航，第二屆出土涉醫文獻研討會論文集，2017年5月5—8日。

［550］馬王堆帛書《陰陽脈死候》成書問題考論，趙爭，第二屆出土涉醫文獻研討論

［551］《五十二病方》"沸"字考辨——兼論古代一種特殊煎藥法，張如青，第二屆出土涉醫文獻研討會論文集，2017年5月5—8日。

［552］帛書《五十二病方》中"財"字釋及其他，姚海燕，第二屆出土涉醫文獻研討會論文集，2017年5月5—8日。

［553］漢簡帛醫書字詞考釋四則，劉春語，第二屆出土涉醫文獻研討會論文集，2017年5月5—8日。

［554］馬王堆漢墓簡帛醫書及相關文字補說（三題），周波，《出土文獻與傳世典籍的詮釋國際學術研討會會議論文集》，2017年10月14—15日。

［555］馬王堆醫書校讀（續），周波，古籍新詮——先秦兩漢文獻國際學術研討會暨中國文化研究所五十周年慶典會議論文，香港中文大學中國語言及文學系、中國文化研究所劉殿爵中國古籍研究中心主辦，2017年12月14—15日。

［556］馬王堆漢墓醫書《養生方》綴合五則，劉建民，《江漢考古》，2018年3期。

［557］馬王堆帛書《五十二病方》祝由語"噴"義及其宗教文化意蘊，陳寧，《信陽師範學院學報（哲學社會科學版）》，2018年4期。

［558］馬王堆醫書校讀（三），周波，《出土文獻》第12輯，中西書局，2018年。

［559］讀馬王堆漢墓帛書與張家山漢簡中經脈文獻劄記二則，劉建民、劉如夢，《簡帛》第16輯，上海古籍出版社，2018年。

（18）木人占

［1］馬王堆漢墓帛書《木人占》探述，王樹金，《出土文獻研究》第12輯，中西書局，2013年。

（19）"太一將行"圖

［1］馬王堆漢墓的"神祇圖"帛畫，周世榮，《考古》，1990年10期。

［2］馬王堆漢墓"神祇圖"應屬辟兵圖，李零，《考古》，1991年10期。

［3］馬王堆漢墓帛畫"太一將行"圖淺論，陳松長，《美術史論》，1992年3期。

［4］馬王堆漢墓帛畫"神祇圖"辨正，陳松長，《江漢考古》，1993年1期。

［5］論《太一避兵圖》，李家浩，《國學研究》第1輯，北京大學出版社，1993年。

［6］馬王堆漢墓"神祇圖"與原始護身符錄，李建毛，《馬王堆漢墓研究論文集》，湖南出版社，1994年。

［7］圖詩與辭賦——馬王堆新出"大一出行圖"私見，饒宗頤，《湖南省博物館四十周年論文集》，湖南教育出版社，1996年。

［8］馬王堆帛書《太一避兵圖》與南方楚墓中的鎮墓神，連劭名，《南方文物》，1997年2期。

［9］馬王堆《太一出行圖》與秦簡《日書·出邦門》，胡文輝，《江漢考古》，1997年3期。

［10］馬王堆帛書《社神護魂圖》闡釋，楊琳，《考古與文物》，2000年2期。

［11］論"兵避太歲"戈與"太一避兵圖"爭論癥結、引出問題以及是否檢驗與其正解，黃盛璋，《陝西歷史博物館館刊》第10輯，2003年。

［12］漢畫"太一"像——對象徵圖像的一次具體考察，潘中華，東南大學碩士學位論文，2005年。

［13］依據疊印痕跡尋證馬王堆3號漢墓《"大一將行"圖》的原貌，李淞，《美術研究》，2009年2期。

［14］馬王堆《辟兵圖》研究，黃儒宣，《中央研究院歷史語言研究所集刊》第85本2分，2014年。

［15］馬王堆漢墓帛畫《"太一將行"圖》新探，鄭曙斌，《湖南省博物館館刊》第10輯，嶽麓書社，2014年。

［16］馬王堆《太一祝圖》考，來國龍，簡帛網，2014年11月10日。

［17］談《太一將行圖》的復原問題，（日）廣瀨薰雄，《紀念馬王堆漢墓發掘四十周年國際學術研討會論文集》，嶽麓書社，2016年。

［18］《太一祝圖》，洪德榮，《出土文獻與傳世典籍的詮釋國際學術研討會會議論文集》，復旦大學出土文獻與古文字中心，2017年10月14—15日。

（20）喪服圖

［1］馬王堆漢墓《喪服圖》簡論，曹學群，《湖南考古輯刊》第6輯，1994年。

［2］說武威《禮》簡與馬王堆《喪服圖》，陳成國，《中國禮制史·秦漢卷》，1997年。

［3］馬王堆帛書《喪服圖》所記喪服制度考論，胡平生，《湖南省博物館館刊》第1輯，嶽麓書社，2004年。

［4］馬王堆漢墓《喪服圖》再認識，范志軍，《中原文物》，2006年3期。

［5］漢代帛畫和畫像石中所見喪服圖與行喪圖，范志軍，《文博》，2006年3期。

［6］馬王堆漢墓《喪服圖》研究述評，王卉，《湖南省博物館館刊》第4輯，2007年。

［7］馬王堆漢墓帛畫《喪服圖》用途新探，于兵，《湖南省博物館館刊》第8輯，嶽麓書社，2012年。

［8］馬王堆漢墓《喪服圖》新探，程少軒，《出土文獻與古文字研究》第6輯，上海古籍出版社，2015年。

［9］馬王堆《喪服圖》續考，來國龍，《高明先生九秩華誕慶壽論文集》，科學出版社，2016年。

［10］再論馬王堆漢墓帛書《喪服圖》，胡平生，《紀念馬王堆漢墓發掘四十周年國際學術研討會論文集》，嶽麓書社，2016年。

［11］"為父期"與五服差等：再讀馬王堆漢墓《喪服圖》題記，李維睿，《湖南科技學院學報》，2017年8期。

［12］馬王堆漢墓出土の「喪服図」をめぐって：秦漢時代の親族関係に関する若干の考

察，（日）下倉涉，《歷史と地理》第708號，山川出版，2017年。

（21）城邑圖
[1] 馬王堆三號漢墓出土帛書"城邑圖"及其有關問題，徐蘋芳，《簡帛研究》第1輯，法律出版社，1993年。
[2] 漢初《葬律》與馬王堆帛書《居葬圖》，曹旅寧，簡帛網，2014年12月24日。
[3] 馬王堆三號漢墓出土的《居葬圖》，董珊，《紀念馬王堆漢墓發掘四十周年國際學術研討會論文集》，嶽麓書社，2016年。

（22）小城圖
[1] 記顧鐵符先生復原的馬王堆三號墓帛書中的小城圖，傅熹年，《文物》，1996年6期。

（23）地形圖、駐軍圖
[1] 長沙馬王堆三號漢墓出土地圖的整理，馬王堆漢墓帛書整理小組，《文物》，1975年2期。
[2] 二千一百多年前的一幅地圖，譚其驤，《文物》，1975年2期。
[3] 長沙馬王堆三號漢墓出土地圖整理情況，馬王堆漢墓帛書整理小組，《測繪通報》，1975年2期。
[4] 馬王堆漢墓出土地圖所說明的幾個歷史地理問題，譚其驤，《文物》，1975年6期。
[5] 馬王堆出土古地圖與漢代的村，（日）池田雄一，《歷史與地理》第242號，1975年。
[6] 馬王堆三號漢墓出土駐軍圖整理簡報，馬王堆漢墓帛書整理小組，《文物》，1976年1期。
[7] 馬王堆漢墓出土的守備圖探討，詹立波，《文物》，1976年1期。
[8] 有關馬王堆古地圖的一些資料和幾方漢印，周世榮，《文物》，1976年1期。
[9] 馬王堆三號墓出土文獻之二地圖，（美）王安國，《古代中國》第2卷，1976年。
[10] 關於中國古代的小陂・小渠・井戸灌溉——馬王堆出土駐軍圖介紹，（日）池田雄一，《中央大學亞洲史研究》，1977年。
[11] 近年出土の漢代地図について：長沙馬王堆出土帛書地図と和林格爾出土壁畫地図，（日）船越昭生，《鷹陵史學》第3卷4號，1977年。
[12] 古代中國地圖，（美）Bulling. A. Gutkind，《探險》，1978年2期。
[13] 談談我國古代地圖的科學成就，曹婉如，《文物》，1978年1期。
[14] 馬王堆出土的地圖和裴秀製圖六體，曹婉如，《中國古代科技成就》，中國青年出版社，1978年3月。
[15] 地図学の見地よりする馬王堆出土地図の検討，（日）海野一隆，《東方學報》第51冊，1979年。
[16] 關於帛書《駐軍圖》的幾個問題，朱桂昌，《考古》，1979年6期。
[17] 試論長沙馬王堆三號漢墓中出土地圖的數理基礎，楊文衡，《科學史文集》第3輯，

　　　　　上海科學技術出版社，1980年。
［18］我省現存最早的地圖，李龍如，《湘圖通訊》，1980年6期。
［19］關於《駐軍圖》繪製的年代問題，傅舉有，《考古》，1981年2期。
［20］馬王堆古地圖有關問題研究，周世榮，《馬王堆漢墓研究》，湖南人民出版社，1981年。
［21］兵器與《駐軍圖》，高至喜，《馬王堆漢墓研究》，湖南人民出版社，1981年。
［22］年代最早的地圖——馬王堆三號漢墓出土《長沙國南部與地圖》，單先進，《馬王堆漢墓研究》，湖南人民出版社，1981年。
［23］有關馬王堆古地圖的幾個問題，傅舉有，《文物》，1982年2期。
［24］古代中國的地圖與馬王堆出土地圖，（日）武田通治，《地理》，1982年11期。
［25］長沙馬王堆古地圖與漢代測繪技術，金應春，《測繪學報》，1983年1期。
［26］馬王堆三號漢墓出土《駐軍圖》新考，白建綱，《考古與文物叢刊》，1983年11月。
［27］馬王堆三號漢墓地形圖古城邑的調查，周世榮，《湖南考古輯刊》第2輯，1984年。
［28］馬王堆漢墓出土地形圖拼接復原中的若干問題，張修桂，《自然科學史研究》第3卷，1984年7月。
［29］世界上最早的地圖，松竹，《中國科技史料》，1984年4期。
［30］西漢初期長沙國南界探討——馬王堆漢墓出土古地圖的論證，張修桂，《中國歷史地理論叢》，1985年2期。
［31］馬王堆《駐軍圖》測繪精度及繪製特點研究，張修桂，《地理科學》，1986年4期。
［32］馬王堆漢墓帛書古地圖城邑要塞調查記，周世榮，《文物天地》，1986年6期。
［33］馬王堆《駐軍圖》主區範圍辨析與論證，張修桂，《歷史地理》，1986年1期。
［34］馬王堆出土地形圖的若干歷史地理問題探討，張修桂，《歷史地理》，1986年5期。
［35］從馬王堆出土的地圖中試論南越國的北界，徐俊鳴，《嶺南文史》，1987年2期。
［36］漫談古代的軍用地圖，莊春波，《歷史教學》，1988年11期。
［37］漢代的軍用地圖，莊春波，《文史知識》，1989年9期。
［38］馬王堆帛地圖考，吳承園，《地圖》，1990年1期。
［39］馬王堆古地圖作者，張修桂、譚其驤主編，《中國歷代地理學家評傳》第1卷，山東教育出版社，1990年。
［40］馬王堆地形圖測繪特點研究，張修桂，《中國古代地圖集》，文物出版社，1990年7月。
［41］馬王堆漢墓出土的駐軍圖，傅舉有，《中國古代地圖集》，文物出版社，1990年7月。
［42］關於馬王堆帛書古地圖的整理與研究，韓仲民，《中國古代地圖集》，文物出版社，1990年。
［43］帛書地圖，（日）辻正博，《古代文化》第43卷9號，1991年。
［44］釋馬王堆《地形圖》之"封中"，婁雨亭，《中國歷史地理論叢》，1991年2期。
［45］馬王堆漢墓古地圖交通史料研究，王子今，《江漢考古》，1992年4期。

[46] 馬王堆三號漢墓出土的帛書"城邑圖"及其有關問題，徐蘋芳，《簡帛研究》第1輯，法律出版社，1993年。

[47] 關於馬王堆古地圖及其相關幾個問題，曹學群，《考古》，1994年4期。

[48] 從馬王堆3號墓出土地圖看墓主官職，劉曉路，《文物》，1994年6期。

[49] 馬王堆漢墓出土的地圖，董粉和，《中國秦漢科技史》，人民出版社，1994年。

[50] 關於《駐軍圖》中的有關問題及其繪製年代，熊傳薪，《馬王堆漢墓研究論文集》，湖南出版社，1994年。

[51] 關於《駐軍圖》軍事要素的比較研究，李均明，《馬王堆漢墓研究論文集》，湖南出版社，1994年。

[52] 馬王堆帛書古地圖不是秦代江圖，周世榮，《馬王堆漢墓研究論文集》，湖南出版社，1994年。

[53] 論馬王堆古地圖的繪製年代，曹學群，《馬王堆漢墓研究論文集》，湖南出版社，1994年。

[54] 馬王堆古地圖有關方位問題淺析，吳順東，《馬王堆漢墓研究論文集》，湖南出版社，1994年。

[55] 對長沙馬王堆西漢墓出土古地圖中冷道、齕道、舂陵等城址的考證，周九誼，《湖南科技學院學報》，1996年Z1期。

[56] 從"龍川長印"的出土再談漢初長沙國的南方邊界，周世榮、龍福廷，《考古》，1997年9期。

[57] 《地形圖》與秦代新道，曹學群，《考古耕耘錄》，嶽麓書社，1999年。

[58] 馬王堆三號漢墓出土地形圖城邑考辨，曲英傑，《揖芬集》，社會科學文獻出版社，2002年。

[59] 現存中國古代孤本、珍品輿圖賞析（三）《長沙國南部駐軍圖》，孫果清，《地圖》，2003年3期。

[60] 兩千多年前的地圖，傅舉有，《學習導報》，2004年7期。

[61] 馬王堆漢墓研究評述，何介鈞，《湖南省博物館館刊》第1輯，嶽麓書社，2004年。

[62] 馬王堆出土帛書地圖柱狀物的寓意，周九宜，《株洲師範高等專科學校學報》，2005年4期。

[63] 馬王堆地圖中的舜帝陵廟，尤慎，《湖南科技學院學報》，2005年10期。

[64] 長沙馬王堆漢初地形圖的測繪科技及相關科技思想，王子嵐，武漢大學碩士學位論文，2005年。

[65] 中國古地圖——地形圖，萬方，《書屋》，2006年3期。

[66] 論馬王堆漢墓"駐軍圖"應正名為"箭道封域圖"，邢義田，《湖南大學學報》，2007年5期。

［67］論馬王堆出土《地形圖》之九嶷山圖及其技術傳承，姜生，《中國歷史地理論叢》，2009年3期。

［68］馬王堆漢墓《駐軍圖》研究述評，喻燕嬌，《湖南省博物館館刊》第6輯，嶽麓書社，2009年。

［69］馬王堆漢墓《地形圖》《駐軍圖》再探討，張京華，《湖南省博物館館刊》，嶽麓書社，第6輯，2010年。

［70］從放馬灘圖和馬王堆稀世地圖看地圖發展，陳恩星、莫軍凱、楊江、王淦毅，《中國地名》，2011年2期。

［71］A Re-Interpretation of Two Ma Wang Dui Maps，楊偉婷，清華大學（臺灣）歷史研究所碩士學位論文，2012年。

［72］馬王堆漢墓《地形圖》研究綜述，余斌霞，《湖南省博物館館刊》第9輯，嶽麓書社，2013年。

［73］馬王堆《駐軍圖》"封"字試釋，黃聖松，《紀念馬王堆漢墓發掘四十周年國際學術研討會論文集》，嶽麓書社，2016年。

［74］馬王堆地圖所見聚落及其空間分佈，林獻忠，《楚學論叢》第6輯，湖北人民出版社，2017年。

［75］馬王堆出土《地形圖》中的聚落，（日）池田雄一著、鄭威譯，《中國古代的聚落與地方行政》，復旦大學出版社，2017年。

［76］馬王堆出土《駐軍圖》中的聚落和灌溉，（日）池田雄一著、鄭威譯，《中國古代的聚落與地方行政》，復旦大學出版社，2017年。

［77］漢代的地方行政與官衙：尹灣漢簡與馬王堆《小成圖》，（日）池田雄一著、鄭威譯，《中國古代的聚落與地方行政》，復旦大學出版社，2017年。

（24）其他帛圖

［1］馬王堆帛書"物則有形"圖初探，陳松長，《文物》，2006年6期。

［2］帛書"九主圖殘片"略考，陳松長，《文物》，2007年4期。

［3］馬王堆帛書"物則有形"圖圓圈内文字新解，曹峰，《古文字學論稿》，安徽大學出版社，2008年。

［4］馬王堆帛書《陰陽宅位宅形吉凶圖》小考，陳松長，《紀念馬王堆漢墓發掘四十周年國際學術研討會論文集》，嶽麓書社，2016年。